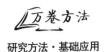

万卷方法

研究方法·基础应用

设计质性研究：
有效研究计划的全程指导

Designing Qualitative Research 5Ed

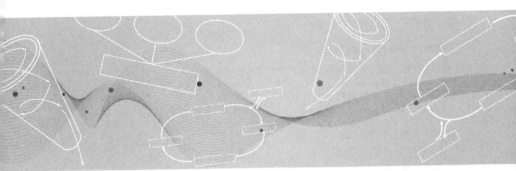

凯瑟琳·马歇尔（Catherine Marshall）

格雷琴·B.罗斯曼（Gretchen B. Rossman）

著

何江穗　译

重庆大学出版社

版贸核渝字(2012)第 151 号

图书在版编目(CIP)数据

设计质性研究:有效研究计划的全程指导:第 5 版/
(美)马歇尔(Marshall, C.),(美)罗斯曼(Rossman, B. G.)著;何江穗译.
—重庆:重庆大学出版社,2015.1(2021.10 重印)
(万卷方法)
书名原文:Designing Qualitative Research
ISBN 978-7-5624-8237-6

Ⅰ.①设… Ⅱ.①马…②罗…③何… Ⅲ.①社会科学—研究方法 Ⅳ.①C3

中国版本图书馆 CIP 数据核字(2014)第 126712 号

设计质性研究:有效研究计划的全程指导
(第 5 版)

凯瑟琳·马歇尔 格雷琴·B.罗斯曼 著
何江穗 译
策划编辑:雷少波
责任编辑:雷少波 版式设计:雷少波
责任校对:关德强 责任印制:张 策
*
重庆大学出版社出版发行
出版人:饶帮华
社址:重庆市沙坪坝区大学城西路 21 号
邮编:401331
电话:(023)88617190 88617185(中小学)
传真:(023)88617186 88617166
网址:http://www.cqup.com.cn
邮箱:fxk@ cqup.com.cn(营销中心)
全国新华书店经销
重庆市国丰印务有限责任公司印刷
*
开本:940mm×1360mm 1/32 印张:12 字数:310 千
2015 年 1 月第 1 版 2021 年 10 月第 4 次印刷
印数:9 001—12 000
ISBN 978-7-5624-8237-6 定价:45.00 元

作译者介绍

凯瑟琳·马歇尔（Catherine Mashall）　北卡罗来纳大学教堂山分校教育领导系教授,她在加利福尼亚大学圣塔芭芭拉分校获得博士学位。马歇尔在教学和研究中一贯的目标是使用跨学科的研究路径来分析学校文化、国家政策文化、性别问题和社会公正议题;曾获得由教育政治协会授予的坎贝尔终身学术成就奖(2009),并被美国教育协会选为政治和政策分会的主席。马歇尔写作或编辑了 *Activist Educators*: *Breaking Past Limits*; *Culture and Education Policy in the American States*; *The Assistant Principal*: *Leadership Choices and Challenges*; *The New Politics of Gender and Race*(editor); and *Feminist Critical Policy Analysis*(Vols. 1 and 2)等著作。在早期的学术生涯中,她开展了对政策的质性研究,并向数以百计的博士生讲授如何运用并调整质性研究取向进而写出可行的研究计划。

格雷琴·B. 罗斯曼（Gretchen B. Rossman）　马萨诸塞大学阿默斯特分校国际教育中心教授,她在宾夕法尼亚大学获得博士学位。她专长于质性研究设计和方法、混合方法监控和评估以及教育研究。在过去的 25 年里,罗斯曼与他人合著了 9 本书,其中两本是重要的质性研究教材:与沙伦·拉利斯(Sharon Rallis)合著的 *Learning in the Fielel* 的第 3 版(准备中)以及现在这本书的第 5 版。罗斯曼教授曾担任美国教育研究协会方法分会质性研究组项目主席。

何江穗　现任教于中国政法大学社会学院。在美国加州大学圣地亚哥分校社会学系获博士学位。研究领域包括比较-历史社会学、农村社会学及社会学质性研究方法。发表的作品包括《动员与参与——第三部门募捐机制个案研究》(合著)、《弱者的武器》(合译)等。

作者前言

自从本书第 1 版出版以来，进行系统研究的情境已经经历了翻天覆地的变化。在准备这个最新版本的时候，我们"竭尽全力"。第 5 版可以自成一体：我们加入了关于哲学、历史和质性研究类型的扩展材料，包括对文化研究、酷儿理论、批判种族理论的讨论。对研究与政策实践协调一致的方式也给予了更多的关注——从确定社会问题一直到汇报研究发现的形式。我们还加入了全新的一章（第 3 章），专门讨论真实和伦理。同时，对伦理议题的讨论交织贯穿了全书。因此，在整本书中，有丰富的论及真实、有效和一般伦理考量的新材料。此外，我们也大量扩展了相关的指南，包括在研究计划阶段对资料分析进行考虑、在准备写作最终报告的过程中对分析的处理等。

特别是，所有的章节都按照便于读者阅读的原则，对写作风格进行了实质性的修改。所有的章节也更新了参考书目，尽管有些祖父母级的经典研究仍在其中。这一版的另一个新颖之处是：每一章的最后都列出了本章的关键词。

在这些章节之中，我们简要地说明了与视力不足或者身体受限制的观察者有关的问题，这对资料收集很必要。我们还加入了新的一小节（在第 6 章），讨论了跨越社会身份差异进行访谈。

现在的许多大学校园里，质性研究身处相对温和的氛围之中。我们更少强调捍卫质性研究的恰当性，而更多地强调肯定地说出这种恰当性。我们相信：对多种文化问题进行质性研究是"好的"，支持这种观点的势头使我们跨越了保守趋势。这种保守趋势规定了恰当的——且可接受的——研究只能采取随机控制试验这种唯一的形式。而这样的规定被写进了对研究进行管理的政策以及对美国联邦政府资助项目的评估之中。所以，本书的这一版反映出了这样一些转向。我们对大学这一机构怀有敬意，大学持续地与各种政治浪潮进行抗争，并保护不同的研究探索。大学仍然是质性研究可以找到支持的友善之地。

正如我们现在所写的这样，质性研究方法已经成熟了。第5版谈及了令人振奋的发展和新的应用所带来的进步和挑战。

这本书最初是为了满足给质性研究设计提供建议这一需求，考虑到质性研究多种类型的复杂、灵活和争议。这种需求仍然存在：博士生、研究管理人员、政策分析师以及希望运用多种研究方法进行团队研究的研究者，这些人都将继续在这个版本中找到清晰而直接的指导。质性研究设计现在也应用于以下领域的研究：健康行为、教育、城市规划、公共关系和传播、社会学、国际研究、心理学、管理、社会工作、卫生政策、护理，等等。我们的关注点是对应用领域的研究。我们承认质性研究的许多发展来源于自我民族志、表演民族志和文化民族志，但我们主要的读者仍然是那些在这样一些领域工作的人——这些领域要求对复杂问题给出实践的答案。

最初写作本书是因为质性研究报告很迷人，但很神秘。朴实的、形象再现的民族志看起来就像是魔法，研究者和学生并不能从这些研究中得到指导，尽管有几位研究者用一些章节或附录描述了他们的研究过程，也有一些课本赞扬了质性研究的哲学立场和文化假定。我们最初写这本书是为了填补这个空白，为质性研究设计提出专门的建议。现在是这本书的第5版，从那些最早开始系统地记录研究设计和过程的研究者的经历中，还有从我们博士生的刨根问底中，我们获益良多。因此，我们将读者与经典民族志和其他质性研究类型连接起来，同时，也指出了在面对新世纪新问题时研究者要考虑的议题和设计中面对的困境。此外，这一版本扩展并深化了之前版本中的一些讨论。后现代主义、女性主义、批判种族理论，以及其他一些认为研究应当直接有助于被研究者的研究取向带来了一些挑战，这一版本讨论了将这些挑战整合到质性方法之中的策略。

第5版继续提供了范例，详细阐述学理、伦理、政治和技术这些方面的进步所带来的方法挑战如何影响研究设计。比如说，范例包括了研究者在设计对难民和移民人群进行研究时所面临的挑战,还有一些新的部分讨论了翻译成英文以及与伦理审查委员会打交道等议题。另一些有趣的范例包括对研究者的一些明确政治立场的讨论。这些立场主张在进行社区发展评估的同时,推动民主制度;这些立场还主张面对批判理论家的难题,在汇报研究发现时,不能殖民化那些允许研究者进入他们生活的人们。质性研究设计不是线性的,这就要求不同的教学策略;我们希望:这些范例能帮助读者将对设计的建议应用于他们自己的研究。

我们两位作者加在一起已经给研究生上了 55 年的质性方法课程! 每年我们每个人的每个班上都有 10 ~ 20 位学生进行质性研究,想想我们已经帮助产生了多少质性研究者! 没有什么能够比得上我们的学生在课堂上和博士论文中提出的挑战,这让我们时时面对质性研究的困境。我们希望感谢那些数以百计的学生,他们不断地给我们压力,希望看到有创新的研究取向,他们还从真正的社会问题中提出了新鲜的研究问题。许多学生友好地允许我们在范例中使用了他们的问题。最后,从学术期刊评审人的工作中,从匿名的评审中,还有从来自我们自己学生的批评建议中,我们,还有我们的读者,都获益良多。谢谢阿伦·孔茨(Aron Kuntz)和梅兰妮·肖弗纳(Melanie Schoffner)同意将最早出现在本书第 4 版中的"两位学习者之间的通信"用于这一版本。尽管他们不再是学生了,但是跟我们一样,他们仍然还是学习者。我们很感谢保罗·圣约翰·弗里索利(Paul St. John Frisoli)的特别的编辑和写作工作,他的工作带来了这一版本的一些实质修订,并平衡了这些修订。我们感谢梅维斯·贾纳冈(Mavis Jarnigan),她平静而坚定地处理了这个新版本的复杂的重写工作。我们也很感谢美国 Sage 出版公司的维基·奈特(Vicki Knight),她在这个版本的出版过程中一直给予我们指导,并分享了她的智慧。我们也感谢这本书的评审人,他们提出了一些重要的见解,我们已经将它们整合到这本书中了。我们希望我们的努力将有助于为实践提供指导,帮助研究者写出合理可靠、深思熟虑且保持敏感的研究计划书,推动开展强劲有力且合乎伦理的质性研究。

简明目录

目录

专题目录

表格目录

图形目录

范例目录

1

导　论

以统计为代表的理性化知识存在着局限。无论如何精确，量化都不能激发行动，在社会纽带是由共同情感——而非简单计算——铸就的社会中，尤其如此。

——玛丽·普维（Poovey，1995，p. 84）

　　质性研究方法已经成为社会科学及其应用领域——如教育学、区域规划、医学、社会工作、社区发展和管理学——中越来越重要的研究方式。长期以来，社会科学中占主导地位的研究方法是从实验科学中借鉴来的。现在社会科学研究则展示了一系列替代的研究类型，这些类型的图景有时是令人困惑的。人类学中有常人方法学（ethnomethodolgy）、常人文化研究（ethnoscience），当然还有大家更熟悉的民族志（ethnography）。[①]社会学中产生了象征互动论和芝加哥学派。现象学则源自西方哲学流派，而与现象学相关的跨学科研究促生了社会语言

[①]　本书作者在这里提到的几个人类学研究类别，国内学者的翻译各有不同。如常人方法学（ethnomethodology）也被译做俗民方法学、民族志方法论，甚至人种学方法论。最后的一个翻译应当是受有些学者将民族志（ethnography）译为人种志的影响。在本书的翻译中，这些研究类型的译名都采纳了目前社会学和人类学界普遍接受的翻译。在译者看来，这些译名也是较恰切的翻译。如果其他学科有不同的译法，敬请见谅。此外，在本译本的正文中，如本处所示，对一些易混淆的概念都在其后用括号加注了英文。——译者注

学、话语分析(discourse analysis)、生活史研究和叙事研究(narrative analysis)。心理学则贡献了临床方法。

批判理论的传统——包括后现代主义、后结构主义和后殖民主义的研究视角——促成了批判话语分析,涵盖了一系列多样的研究,如女性主义研究取向、批判种族理论和分析、酷儿理论(queer theory)和分析、文化研究、批判民族志(critical ethnography)、自我民族志(autoethnography)。表演民族志(performance ethnography)是一种新兴的、有魅力的呈现方式,而电脑技术的高速发展则孕育了互联网民族志(internet ethnography)和多模式的研究形式。行动研究和参与研究经常有明确的意识形态取向和解放取向,这些研究不但倾向于批评最根本的社会结构和社会过程,提倡对社会结构和社会过程的彻底变革,而且希望将整个研究系统重新概念化。现在这些源自传统研究和跨学科研究的类型中,有许多研究类型经常被应用于政策研究和专业领域。十多年前,邓津和林肯就已经指出:"'质性研究革命'接手社会科学和相关专业领域的程度是相当激动人心的。"(Denzin & Lincoln, 1994, p. ix)今天依然如此。

对质性——或者说解释的①——研究范式来说,什么组成了一个恰当的研究?质性研究学科中的每一个传统对此都有不同的假设。在本书中,当我们提到质性研究和质性研究方法时,仿佛它们都存在一致的研究取向。如果确实如此的话,这将会使初学者感到安心,但是非常遗憾,情况并非如此。正如邓津和林肯所言:"质性研究是一个自在自为的研究领域。它

① 在这里,作者事实上明确了质性研究的本质是解释的(interpretive)。解释(interpret)一词的含义是指用说者和听者熟悉的话语、词汇、形式来描绘和阐释他们不熟悉的事物。解释(interpret)的这一含义是与诠释学(hermeneutics)联系在一起的。然而,中文的"解释"一词同时也有说明因果关系的含义,因此,英文 explain 通常也被译作"解释",而这一层含义实际上是与实证主义有关联的。为了进行区别,在本书的译文中,explain 一般译作"说明",而"解释"都是 interpret 及其衍生词汇的翻译。关于 interpret 和 explain 的相关讨论,可参见:Abbott, Andrew. *Method of Discovery: Heuristics for the Social Sciences.* New York: W. W. Norton & Company, 2004。——译者注

交叉结合了不同的学科、研究领域和研究主题。围绕质性研究这个词的术语、概念和假设形成了一个复杂的、相互连接的组合。"(Denzin & Lincoln,2005,p. 2)①

　　质性研究类型之间存在着巨大的差异,有许多非常出色的论述讨论了这些研究类型各自的假设和研究取向。尽管质性研究者的方法立场不同,但他们都倾向于赞成一些相同的价值标准,也按照一组类似的步骤来开展研究。日常生活中所表现出来的社会互动的复杂性、互动参与者自己赋予这些互动的多样意义,这些都引起了质性研究者的兴趣。质性研究者也敏锐地意识到他们所致力于研究的解释——他们自己的和他人的——处于复杂的诠释环(hermeneutic circles)的不同层面。这些兴趣使得质性研究者关注自然场景,而非实验室;这也促进了相应研究范式的形成,这种研究范式强调:在进行一项研究时,应该运用多种研究方法,这些研究方法是"范围相当广的、融会贯通的解释实践"(Denzin & Lincoln,2005,p. 4)。这样看来,质性研究是注重实践的,是解释性的,是扎根于人们生活经验的。罗斯曼和拉利斯(Rossman & Rallis,2003)指出了质性研究的五个一般特点以及进行质性研究的研究者的四个典型立场。

　　质性研究通常——

- 是在自然场景下进行的;
- 采用了多种方法,确保研究对象作为人得到了应有的尊重;
- 关注情境;
- 是自然出现并逐渐展开的;
- 根本上是解释性的。

　　而自我定位为质性研究者的学者倾向于——

_____

① 在这段英文引文中出现了"[sic]",意为"原文如此"。在这里,本书的作者是指引文的作者犯了一个语法错误(动词 surround 应该是第三人称单数形式)。但译成中文后,这种语法错误已经看不出来了。所以在译者注中进行说明。——译者注

- 认为社会世界是整体性的、复杂的;
- 在开展研究时,致力于系统的反思;
- 对他们自己的经历和身份认同保持敏感,并警惕这些经历和认同会对研究产生怎样的影响(也就是说,这些研究者具有自我反思精神);
- 强调采用复杂的论证方式,这种方式在演绎和归纳之间辩证往复(参见表1.1)。

表1.1 质性研究和质性研究者的特征

质性研究
- 发生在自然世界 - 运用多种方法,这些方法是互动的和人本主义的 - 关注情境 - 是逐渐出现的,而不是严格预设的 - 根本上是解释性的
质性研究者
- 整体地看待社会现象 - 系统地反思自己在研究中的位置 - 对自己的个人生平经历以及这种经历对研究的影响保持警惕 - 运用复杂的论证方式,这种论证是多层次的和反复的

改编自:Rossman & Rallis,2003,pp.8,10,使用已获得许可。

也就是说,质性研究是一种研究社会现象的、宽泛的研究取向。质性研究的多种类型都是自然主义的,是解释性的,近来也越来越强调批判性。这些研究类型通常采用多种研究方法。对那些致力于理解或者改变复杂社会现象而选择某种质性研究类型的研究者而言,对那些为实现合乎伦理的研究实践而在制定研究计划时努力寻求具体建议的研究者而言,本书将致力于为他们提供帮助。

* * * * *

有洞察力的个案研究、记叙丰富的民族志、复杂个人经历的多种叙述,这些都是系统研究的成果。然而,这些成果在开始只是谨慎的研究计划。二十多年以前,为了撰写出完备的、有说服力的研究计划,质性研究者不得不费力地寻找各种实用的写作指南。此后,出版了许多有用的教材(我们在本章的结尾列出了几本);在如何精心策划可靠的研究计划方面,这些教材提供了具体指导。这些教材帮助弥补了一些研究的不足,比如说,一些政策研究只提出了发现和建议,却并未说明导向这些发现和建议的研究细节;还有一些质性研究的报告中没有提供足够的细节来举例论述这些研究是如何设计的。质性研究的初学者很难从这些研究报告中学会如何设计出有用的、有潜力的研究。而在另一些研究报告中,好像整个研究进行得非常顺利,没有一点混乱,但这些混乱是任何研究都本应有的。从这样的研究中也很难学到什么东西。对那些以质性研究方法的假设和实践为基础的、合乎伦理要求的研究而言,本书将为写出有效且有说服力的研究计划书提供详细而精确的指导。

尽管质性研究在正式的研究领域中占有了一席之地,正如我们前面提及的①——质性研究方法对社会科学及其应用领域"激动人心的接手",博士论文指导委员会和基金会的评阅人仍然希望读到的研究计划书经过深思熟虑、合理可靠、严格精确、合乎伦理规范。本书将按照写作一份质性研究计划书的过程来组织章节结构,并强调:要写出一份能说服评阅人的计划书,需要详细叙述遵循质性研究优势所采取的确切研究步骤、所坚持的研究原则,并对这些优势进行解释说明②。

社会学家、临床心理学家、社区卫生工作者、犯罪学家、人

---

① 这里指的是本书第2页中所引述的邓津和林肯的说法:"'质性研究革命'接手社会科学和相关专业领域的程度是相当激动人心的。"——译者注

② "rationale"英文原意指的是对观点和看法进行合乎逻辑、条理清晰的详细解释,甚至因果说明。因此,在译文中,一般情况下,将此译为"解释说明",但其中应有合逻辑、条理分明之意。因此,在一些段落中,根据上下文,在需要特别强调其逻辑性时,也译作"合理的解释说明"。将"解释"与"说明"结合在一起,也因为其中可能既有解释,也有说明。关于"解释"与"说明"的差异,请参见本书第2页的脚注。——译者注

类学家、政治学家、区域规划人员以及其他在社会科学及其应用领域工作的人员都会发现本书很有帮助。尽管(由于我们自己的研究背景)本书的许多例子来自教育学,但本书所讨论的原则、挑战和机遇可以转化运用于这些学科及其他应用领域。

如果要学习质性研究各种类型及其侧重方法之间微妙差异的话,有许多教材、读本和学术期刊论文可以阅读。这本书并不打算取代这些学术资源。还有一些学术资源论述了质性研究的哲学基础、历史发展、实践的原则和方法以及质性研究的各种发现。本书希望能够对这些学术资源有所补充。本书的目标是提供实际的、有用的指导,以写出符合质性研究范式的、成功的研究计划书。

在这里,我们需要提醒大家注意,本书中的许多例子——事实上本书的整个结构和组织——都暗示研究计划的发展过程是线性的、透明的。但是,正如我们在全书中一再指出的那样,这不是事实。本书提供的研究范例都言辞精炼,但这通常是因为本书呈现的是这些范例的最后版本。从本书的结构来看,从 A 点到 B 点的发展似乎是以一种毫无瑕疵的、相当符合逻辑的方式推进的。这些是在正式学术写作中对往复的、循环递归的过程进行描述时需要面对的挑战。研究中的循环往复和挫败在学术写作中都被掩盖了。我们相信本书的读者会牢记这一点。

需要考虑的事项

在考虑写作一份按照质性方法来开展研究的研究计划书时,研究者会发现仔细考虑三个相互关联的问题是很有价值的。我们把这三个相互关联的问题称为"**做的可能性**""**应当**

做的可能性"和"愿意做的可能性"。①

"做的可能性"：考虑可行性

　　讨论研究的可行性——"做的可能性"——时，有一组需要注意的事项。对研究所需资源（时间、资金）的估计、进入研究地点或/和接触目标人群的可能性、研究者的知识储备和研究技巧，这些都需要考虑清楚。希望获得基金资助的研究计划书和博士论文研究的计划书都需要讨论研究所需要的资源，进入研究场所和确定研究对象的策略也需要进行讨论。在研究计划书中，研究者需要展示她②有能力开展一项全面的、合乎伦理规范的质性研究。在引述方法论研究文献、讨论试调查和以前的研究经历时，研究者需要展现她的质性研究经历以及对当下方法论讨论的熟悉程度，进而在当下的研究发展图景中找到她的研究的位置。

　　因此，这一系列问题关注的是对可行性的考虑。有足够的资源来支持这项研究吗？有可能在研究场所中接近并找到愿意参与的研究对象吗？这项研究关注的问题足够聚焦，并表明这项研究能够完成吗？研究者是否提供了可以证明她研究方

---

① 请注意：每章所重点讨论的概念或问题，其在该章首次出现时用黑体标示，并且在章后有中英对照。本书第 3 版的两个中译本对"do-ability"、"should-do-ability"和"want-to-do-ability"有不同的翻译。李政贤翻译为"可行性""应行性"和"必行性"，而王慧芳翻译为"研究的可行性""研究的必要性""研究者的兴趣和实力"。李译很工整，容易记，但意思的准确上略有欠缺。"want-to-do-ability"指的是研究者的兴趣，并无必须或必然进行研究的意思。而且"应行性"和"必行性"在中文中的差异也并不明确。王译也采取了意译的方式，"可行性"和"必要性"的翻译工整明确，但将"want-to-do-ability"译作"研究者的兴趣和实力"有过度阐释之嫌，与研究者实力有关的讨论并不在这一小节之中。本译本采取了直译的方式，虽然表达略显拗口，但能尽量传达英文作者的原意。参见李政贤译：《质性研究：设计与计划撰写》，台湾五南出版公司 2006 年版；王慧芳译：《设计质性研究》，湖南美术出版社 2008 年版。——译者注

② 本书两位作者的学术研究都涉及性别研究。因此，两位作者特别注意在非特指情况下对男性和女性第三人称单数"他（he）"/"她（she）"的使用。两位作者的策略是男性人称和女性人称交替使用，而在同一自然段中使用同一性别的第三人称单数。翻译时，译者没有进行改动。作者使用男性第三人称时，译作"他"；作者使用女性第三人称时，译作"她"。——译者注

法能力的证据?

"应当做的可能性":考虑研究潜力和研究伦理

在写作一份可靠的研究计划书时,另一组需要考虑的问题是要证明这项研究是有研究潜力的。这项研究将有助于某一社会科学学科或应用领域中当下的理论讨论和具体研究讨论;或者这一研究将有助于政策讨论和政策制订;或者/并且这一研究将对实践有所贡献。研究者应当说明这项研究将对学术研究、政策和/或实践有所贡献,应当讨论"那又怎么样?"这一常见问题。研究者应当能够以令人信服的方式、以渊博的知识来回答为什么这项研究应当进行。这一组考虑是以下面这些问题为中心的:"为什么应该进行这项研究?""这项研究对学术研究有什么贡献?""对政策讨论呢?""对实践呢?"

然而,这些"应当"考虑的事项还有另一个关键层面,这一层面涉及了伦理和伦理实践这一相当重要的领域。这项研究中会出现哪些伦理考量和伦理议题? 为了谨慎地应对这些伦理议题,研究者可以依靠哪些资源? 伦理考量在任何与人有关的研究中都非常重要,所以对这一点的强调会贯穿本书,在第3章中我们将再次讨论这一主题。

"愿意做的可能性":持久且延续的研究兴趣

这一组问题关注的是研究者对研究主题的投入。与不偏不倚的科学家这一假设截然不同,质性研究者(我们认为,所有的研究者)深切地关注她所希望研究的主题。然而,质性研究既非幼稚的主观主义研究,亦非有偏见的研究(这些都是很常见的批评)。相反,质性研究方法承认:在社会科学各学科和应用领域中,所有研究都是主观的(就研究者的主观关注而言),质性研究方法将这一话语转化为对认识论的讨论以及确保研究真实可信的那些策略(我们将在第3章对研究的真实可信进行全面讨论)。一项研究从设计到实施到分析到写完最终报告这样一步一步地推进,需要对研究的全心投入以及强烈的兴趣。因此,这些方面的重要性是第三组需要考虑的事项所关注的内容。

也就是说,研究计划书应该表明个案的重要性,能够说服研究计划书的评阅人这项研究可以被完成,也应当被完成,而且研究者有足够的精力和兴趣来支撑这项研究。

需要面对的挑战

研究计划书包括两个主要部分:(1)**概念框架**和(2)**研究设计及研究方法**。粗略地说,这两个部分分别回应了"什么"——研究的具体关注点,以及"怎么"——开展研究的具体方式,这样两个问题。这两个部分详细地描述了有待研究的特定主题或议题以及研究中将采取的方法。在一份合理可靠、深思熟虑、论证严密的研究计划书中,这两个部分是必然联系在一起的:这两个部分分享共同的认识论假设;为了探究研究主题而提出的研究问题和具体研究方法也应该是内在一致的,并且是有机地相互联系的。

为了达到这个目标,进行质性研究的研究者需要面对一些挑战,例如:

- 提出一套全面、简洁、清晰、有说服力的概念框架;
- 规划一个系统、易操作、灵活的研究设计;
- 将这些都整合成条理清楚的论证,以说服计划书的读者(基金会的工作人员或者博士论文指导委员会成员)批准这项研究。

研究者还需要——

- 展示他们开展研究的能力(在上文考虑"做的可能性"一节已经讨论了这一点);
- 描述他们将如何谨慎地注意那些与合乎伦理的实践有关的议题(在上文考虑"应当做的可能性"一节讨论了这一点);
- 提供用来确保这项研究真实的那些策略的具体细节。

本书始终关注上面列出的每一条目(可参看本章结尾部分的"全书内容概览"一节),以便为研究计划的规划阶段提供指导,帮助研究者应对上面提到的这些挑战。在本章下面的部分,我们将提供一个概括性介绍,以说明发展出条理分明的概念框架和合理可靠的研究设计是相当必要的。然后,我们会重申:研究者展示自己开展一项研究的能力,这一点也很重要。

概念框架

研究计划书第一个重要的部分——概念框架——要求一套合理可靠的解释说明。在研究一个特定的场景或者一组特定的个体时,计划书的写作者应当展示她将如何在一个更大的社会现象背景之下进行个案研究。通过将特定的研究问题与更广泛的理论建构或者重要的政策议题联系在一起,计划书的写作者表明这项研究的每个细节都可以阐明一个更大的议题,因而这项研究对这一研究领域也可能具有的重要意义。比如说,一位经济学博士生表明:他对五个家庭财政决策的质性个案研究,有助于理解市场上那些更重大的社会力量。这位博士生就满足了研究计划书的这一要求。这五个个案研究非常重要,因为在集中关注个体的同时,这些个案研究能够用细节来阐明更重大的经济力量。

一份**研究设计**也可以将现象学意义上的深度访谈作为资料搜集的唯一方法。举例来说,通过将这种研究取向与社会化理论联系在一起,研究者可以开始为计划中的研究寻找一个个案,一个以重要的理论讨论和经验研究文献为基础的个案。我们将在第4章阐述概念框架背后的逻辑。

研究设计和研究方法

研究计划书的第二个重要部分也需要一套合理可靠的解释说明。这一部分主要是关于研究设计和研究方法的选择。这一部分展示出一项研究的可行性。研究计划书的写作者应当表明研究设计和方法是研究者一系列决定的结果,而这些决定都是研究者根据从方法研究文献和之前研究工作中学到的知识而做出的。非但如此,这些决定的正当性也在于它们合逻辑地遵循了研究问题和研究的概念框架。

有些时候计划书的评阅人对质性研究计划书不熟悉,所以需要一套扎实合理的逻辑来支持对将要采用方法的选择。为了确保发展出一套清晰的、合乎逻辑的解释说明,以支持质性研究方法,需要注意以下六个主题:

1. 对一般意义上的质性研究取向、这项研究所属的特定研究类型,或者混合取向的一些假设;

2. 整个研究设计的**真实**;

3. 对与研究有关的伦理议题的考虑;

4. 整体研究设计的选择,需要一套合理的解释说明,以说明对研究地点、样本、研究对象,或此三者任意组合的具体选择;

5. 以下两个方面的解释说明:特定资料收集方法的选择、这些选择将如何有助于研究问题的解决;

6. 按计划完成研究所需资源的一个现实的具体规划。

这里可以简单讨论一下本章结尾部分将详细展示的本书内容概览。第 2 章将讨论上面列出的第一个主题;真实和伦理将在第 3 章详细讨论;第 4 章关注发展出概念框架的重要性;第 5 章将讨论研究设计中需要考虑的事项——研究中的"怎么"问题;第 6 章和第 7 章将阐述资料收集的多种方法;第 8 章提供了一些方式来描述研究者资料分析时所希望采取的研究取向;第 9 章中有一些例子,涉及如何规划研究中所需资源;第 10 章关注如何撰写最终研究报告。然而,在这些注意事项之外,对研究者完成此项研究的能力进行说明,也至关重要(下一节将对此进行讨论)。

研究者的能力

研究计划书的写作者面临的另一个挑战是以明确且含蓄的方式展示自己的研究能力。评估一份研究计划书时,评价研究者能力的确切标准取决于研究目的和研究所涉及的范围。用于评价博士论文研究计划书的标准跟评价由知名研究者写作的多年资助项目的计划书的标准是不同的。有些荒谬的是,虽然博士论文的研究应该是提供一个学习研究技艺的机会,但博士论文研究计划书的所有部分都会受到仔细的审查。研究计划书的写作者需要对概念框架和研究设计每一个方面都给予完全的关注,以此展示自己的研究能力。在另一方面,有所成就的研究者并不会受到如此仔细的审查,因为他们之前的研究记录使他们获得了信任,良好的信用保证了研究的水准。虽然这种情况看上去是不公平的,但这就是研究计划书审核的真实情况。

为了展示研究者的能力,研究计划书的写作者应当谈及他们之前做的一些研究,讨论试调查的优势和不足,同时还需要涉及他们所学的课程和其他相关教育情况。还需要与相关的研究文献和研究设计一起,对一份研究计划书的结构和概念框架的质量进行讨论。这些都是为了能够发展出一套有说服力的论证,使研究计划的评阅人确信这项研究不但重要,而且合理可靠。

展开论证

本书的中心假设是:一个研究计划的提出是一个过程,这个过程会建立起支持研究计划的一整套论证。这就像正式辩论里的逻辑推理或者一份建议书里的推理过程。一份研究计划书也希望能够说服评阅人:该项目有研究潜力,也有实用性;研究设计很合理可靠;研究者有能力成功地开展这项研究。因此,研究计划书的写作者需要为这项研究建立一套有逻辑的论证,汇集支持以上各点的证据,展示整个的研究努力在概念上是整合在一起的。正如马克斯韦尔所指出的,"一份研究计划书是服务于你的研究的一个论证过程。研究计划书需要解释计划中的这项研究背后的逻辑是什么,而不是简单地描述或者概括这项研究,也不是用一种非专业人士能够理解的方式来做这些事情。"(Maxwell,2005,p.119)

为了阐明展开论证来支持质性研究这一具体过程,我们提供了两个虚构的范例。范例 1 描述了一位社会学的博士生努力说服她的论文指导委员会:就她对医院文化的探索性研究而言,质性方法是最合适的。这位博士生希望能够揭示研究对象工作中的模式,这一研究结果将有助于提高对病人治疗的质量。范例 2 中,研究者希望能够从质性方法在政策研究中的优势出发,对一项研究中使用的方法进行解释说明。这两位研究者必须说服立法机关的成员:质性研究可以对政策制订过程进行有益且鲜活的分析。在这两个范例之后,我们将讨论发展出支持质性研究计划书的一整套论证的可能意义。然后,我们将对全书的内容进行概括介绍。

研究者的第一要务——这一工作甚至应该先于研究计划的构思——就是说服批评者这项研究(对这一领域的理论发展、当前的经验研究、政策议题或/和实际操作)是有潜在意义的。范例 1 中的奥布赖恩成功地应对了这一挑战,而且提出了一套合理的解释说明来支持她对质性研究方法的选择。在许多个案研究中,尤其是政策研究中,研究者可以借助政策制订者对之前研究的不满。研究者应该建立起一套论证向政策制订者表明:质性研究方法将有助于提出强有力且具体的结论和建议。范例 2 显示了两位政策分析师说服他们的上级:他们可以用质性研究方法来回答一些紧迫的问题。

范例 1　选择田野工作来研究组织文化是正当的

当奥布赖恩查看她为开题答辩准备的笔记时,她意识到:她所计划的那项研究的重要意义中有两个方面是她最有力量的论证——这项研究的探索性目标以及这项研究提高大型城市医院中的患者治疗质量的可能。她也意识到第二个方面的分析可能是带有偏见的。但是如果她强调自己的解释能够更好地理解复杂互动、默会[1]过程和通常是隐蔽的信念和价值观,那么她就可以阐明这项研究改善实际工作的明显潜力。

奥布赖恩的论文指导委员会是由两位定量社会学家和一位医学人类学家组成的。她知道那位医学人类学家会支持她。在她写作这份研究计划书的前几稿时,这位医学人类学家的建议非常重要。然而,那两位定量社会学家很可能会批评她的研究设计。

奥布赖恩决定在答辩发言时首先详细讨论研究的四种目标:探索(exploration)、解释(explanation)、描述(description)和预测(prediction),这将有助于她将计划中的研究与开展研究时需要遵守的一般原则联系起来。然后,奥布赖恩就可以合逻辑地讨论探索性研究将如何为后续的解释研究或预测研究确定重要变量。这样的逻辑将减轻两位定量取向的社会学家的顾虑,他们也许会在研究计划书中寻找可检验的假设、变量的测量和操作化,还有对信度的检验。

这项研究的第二个主要的正当性源自它的实践意义。奥布赖恩记得她读到的经验研究表明组织现状对康复和出院的比例有重要影响。这些研究没有讨论的因素包括:医护人员与病人之间特定的互动、医护人员中广泛共享的关于病人的一些信念,指导病人进行治疗的组织规范。奥布赖恩将指出:她的研究有助于找到那些通常处于隐蔽状态的、组织生活的默会层面。这样

---

[1] 关于默会(tacit)的讨论与迈克尔·波兰尼关于"显性知识(explicit knowledge)"和"默会知识(tacit knowledge)"的论述有关。波兰尼强调:相对那些可以用明确书面文字、图表和数学公式加以表述的知识(显性知识)而言,还有一些人类知识是不能通过语言文字符号予以清晰表达,比如人们在实践中所获得的一些知识。对后一种知识,中文有多种翻译,如"隐性知识""内隐知识""缄默知识"。为了强调这种类型的知识不可言传而只可在行动中体会,目前国内有些学者使用"默会知识"这一译法。遵循此例,本译文将"tacit"译为"默会"。参见:Polanyi, Michael. 1958. *Personal Knowledge*: *Towards a Post-Critical Philosophy*. University of Chicago Press;郁振华:"默会知识论视野中的科学主义和人本主义之争——论波兰尼对斯诺问题的回应",载《复旦学报(社会科学版)》2002年第4期。——译者注

的话,这项研究对医疗保健政策和医疗机构的实际工作都有帮助。

奥布赖恩要进行一项探索性研究,而相关的变量还没有被确认。要揭示组织生活的默会层面,就需要采取质性方法。为了发现相关变量并对医院文化进行完备丰富的、细节化的描述,田野工作是最合适的。通过将她计划中的研究与定量社会学家熟悉的概念联系在一起,奥布赖恩希望能够使定量社会学家注意到她的研究计划中合乎逻辑的论证过程,并说服他们这项研究的设计是合理可靠的。

在范例2中,我们可以看到,研究者需要说服别人进行质性研究是必须的。这里强调了这样一种观念:希望进行质性研究的研究者应当强调最终研究发现的质量、深度和丰富性。然而,这些研究者也可能会遇到来自习惯大规模问卷调查和类实验研究的人的质疑和反对,质性研究者需要在质性研究范式和定量研究范式之间进行翻译。那些确信质性取向是回答研究问题或解决手头麻烦最好方法的研究者应该研究这样的个案:对这些个案的"厚描"①(Geertz,1973,p.5)和系统且具体的分析能够对多种过程进行有价值的解释。

范例2　向政策制订者说明质性方法的功用

在参议员们拨款1 000万美元建造了临时收容所的六个月后,为什么无家可归者仍然睡在汽车里?立法机构政策分析办公室的两位研究人员基佩尔和威尔逊知道:要回答这个问题需要采用质性研究方法。然而,要说服对他们的想法持怀疑态度的

---

① "厚描(thick description)"是由人类学家格尔茨提出的概念。我国学界通常翻译成"深描",近来也有一些学者将此译作"厚描"。格尔茨所强调的不是要发掘深层的(deep)意义,而是需要进行丰富的描述,并在丰富的描述中展示各层级意义的累积(thick)。因此,本译文将此译作"厚描"。参见:Geertz, Clifford (1973). *The Interpretation of Cultures.* Basic Books.——译者注

上级,这是一个真正的挑战。基佩尔和威尔逊仔细琢磨了他们对研究方法的阐述,挑选了有说服力的说法和案例,还准备了一份备忘录来展示质性研究方法的有效性,并强调按照这一研究方法可以使政策分析办公室的工作能力得到提高。他们认为办公室的政策研究和评估总是忽略了关键因素。这份备忘录在开头引用了一句话:对正确问题的粗略回答要胜过对错误问题的精确回答。然而,在向上级陈述他们的看法时,基佩尔和威尔逊的胜算主要来自两个方面。他们首先指出与无家可归者有关的政策在实施中存在若干问题,这些问题需要在现实的社会场景中进行研究。其次,基佩尔和威尔逊还指出了政策实施过程中的一些微妙之处。必须对这些微妙之处进行研究,才可能弄清楚究竟发生了什么。

基佩尔和威尔逊强调:需要发现正确的问题,以便展开系统的资料收集过程。就这样,他们说服了上级:他们的发现将有助于提出重要的问题、描述政策实施的模式、确认那些需要面对的挑战和阻碍,进而确保实现更有效的政策效果。

全书内容概览

本章已经介绍了在写作一份扎实合理且有说服力的质性研究计划书时,需要注意的关键议题和所面临的挑战。第 2 章将简要讨论几种质性研究的类型,并将论及从批判理论视角出发的一些新发展。这将有助于质性研究者把自己的研究计划定位于某一个研究类型或者是定位为某种出色的混合类型。

鉴于研究伦理对研究机构、社会生活和人类福祉的重要性日益提高,研究伦理是本书的中心议题。我们会在第 3 章对研究伦理进行更全面的讨论,对各种伦理考量的再讨论会贯穿本书的其他章节。在第 3 章中,我们还会讨论在研究计划阶段确保质性研究真实可信的各种考量以及需要注意的事项。

在第 4 章中,我们会对建立起研究的理论框架这一复杂的工作进行讨论。这一过程要求研究者通过将研究置于合适的研究传统——"思潮"(Schram,2006,p.63)——来把特定的个案与更大范围的理论领域联系起来,超越最初的困惑或者发展出可能正确的看法。这种框架建立的论证也应当展示计划中的研究将探讨的"现实问题"①,这就可以把一项研究跟它希望有所贡献的更大范围的社会政策议题、对实践的关注、人们的日常生活,或者这些因素的各种组合联系起来。这样,一项研究所关注的议题和研究问题、研究文献、研究的意义就联系在一起了。我们把这称为一项研究的实质关注——也就是一项研究的"什么"问题。

第 5 章展示了对一项研究的"怎么"问题的详细讨论。当聚焦于有一组研究问题或一个探讨领域的研究主题时,研究计划书应当描述系统性的研究将怎么获得那些可以回答研究问题的资料。研究计划书的写作者应当讨论整个研究计划和研究方法的逻辑和假设,并将这些与研究的焦点直接联系起来、将质性研究方法的选择正当化。

第 6 章描述了质性研究收集资料时通常采用的主要方法:深度访谈、观察、参与观察和分析包括档案文献在内的人造物和物质文化。第 7 章介绍了在一定程度上更专门化的一些方法,这些方法是主要方法的补充,或者可以用于一个特定的研究,而这些方法本身就是这一特定研究的主要方法。这两章并不希望取代那些详细介绍一些特定方法的示范教材。相反,我们简单讨论了多种替代方法,还讨论了使这些方法有创造力的方式以及运用这些方法所带来的挑战。第 8 章描述了对如何开展一项研究进行尝试性讨论的各种方式,这里需要讨论的问

---

① 中文中的"问题"一词,既有有待回答的疑问之意(即英文中的 question),也有困难的情形之意(即英文中的 problem)。为了对此进行区分,本译文将 problem 译为"社会问题"或"现实问题",强调这是现实世界里的一些困难。——译者注

题包括:在实施一项研究时,进行研究安排、访谈录音、分析质性数据,这些复杂的工作将如何完成。这样的讨论必须简明扼要,因为研究计划书的写作者在研究计划阶段并不能明确分析资料时要采用的、确切的范畴和论题①。但是研究计划书的写作者仍然可以描述他将采用的策略,并将这种策略与研究的概念框架联系起来。

第9章描述了对研究所需资源进行规划这一复杂的辩证过程。时间、研究人员和研究资金都是需要考虑的。最后,第10章再次讨论了本章所介绍的要将研究计划作为一个论证过程这一说法,特别关注了将研究报告的读者放在中心来写作和汇报研究的策略。我们也将重回第2章所讨论的②关于真实的关键考量,并将提出评价一项质性研究计划的合理可靠和能力的具体策略,这些评价策略特别关注在计划书中提供一个合乎逻辑的解释说明,并且对批评者提出的各种挑战进行回应。

纵览全书,我们用了一些范例来说明我们的观点。多数范例来自我们自己或者其他社会科学家的研究;有一些范例是我们的研究生写的,他们同意在本书中使用这些范例;还有少数范例是虚构的,并不涉及已经完成的研究报告。这些范例中所描绘的原则可以运用于多个学科和应用领域的研究;希望读者能将这些原则用于自己的研究设计。

有两个讨论主题贯穿全书。第一个主题——设计的灵活性是质性研究至关重要的特征,虽然在研究设计和研究方法中对明确性的要求仿佛排除了这种灵活性。我们敦促研究者将研究计划书视为一种初始计划:这一计划是全面的、合理可靠的、经过深思熟虑的,而且是以现有的知识为基础的。研究计划书需要展示研究者对于研究场景、研究者将要探讨的议题,

---

① 为了与"topic"区分开,本译文将"theme"译作"论题"或"讨论主题",指的是在分析或讨论中的若干要点。而"topic"则译为"主题"或"研究主题",指的是一项研究将要对那些方面进行论述。——译者注

② 原文如此,应该是第3章。可能是不同版本修订过程中产生的错误。——译者注

以及研究中一定会遇到的伦理困境都保持敏感。但是,研究计划书也应当提醒它的读者:有一些需要注意的事项不可预见(Milner,2007),这将带来初始计划的改变。因此,在讨论研究计划和研究方法时所使用的语言都是有把握的、确定的、积极的,而同时研究者也保留了对当前研究计划进行修改的权利。

贯穿本书的第二个讨论主题,我们在本章中已经介绍过了:研究计划是一个论证过程。研究计划书的首要目标是说服读者:这项研究看起来很有希望成为现实,并将对相关领域有所贡献;研究计划经过了深思熟虑;研究者有能力将这项研究进行下去。因此,研究计划书应当依靠推理和足够的证据来说服读者:应当细致地讨论支撑这项研究的逻辑。所有这些都将表明:研究者对将要探讨的研究主题和将要采用的研究方法有全面的理解。有时候,我们也会给出一些指示并使用术语对质性研究设计的假设进行翻译,以保证那些比较定量取向的读者能够理解。在将研究计划描述成一个论证过程时,我们经常提到计划书的读者,以提醒你:在写出一份合理可靠的研究计划书时,对读者的认知是至关重要的。

最后,在一些章节的结尾部分,你会看到两个研究生之间的通信。我们希望能够以此提供一种对话的模式:当你在学习写作质性研究计划书时可以与他人进行对话。通信的双方梅兰妮和阿伦是我们在准备本书第4版时所指导的研究生。梅兰妮现在是普渡大学英语教育专业的助理教授,阿伦是阿拉巴马大学塔斯卡卢萨分校质性研究专业的助理教授。我们还在每一章的结尾提供了扩展阅读的书目,以及每一章的关键词表。

两位学习者之间的通信

阿伦：你好！

鉴于在这本书的修订过程中，我们俩将在一起工作，我建议我们应该向对方介绍一下自己。我叫梅兰妮，是北卡罗莱纳大学教堂山分校教育学研究项目的博士候选人，现在担任凯瑟琳·马歇尔的研究助理。我正处于博士论文的写作阶段——我刚刚完成了资料收集工作——我现在正在进行资料分析。没什么奇怪的，我选择了做质性研究。因为我关注的是教师的教育、反思和技术，因为在我的研究中我选择了追踪一组师范生，他们同意在他们研究生学习的第三年持续写作博客。我通过阅读他们的博客"作品"来看他们对技术的反思、掌握和态度，等等。质性研究取向使我能够将学生们的声音放进研究中，同时，质性研究还提供了一套鼓励多种答案和灵活方法的研究架构——我知道我很幸运，我们这个教育学研究项目支持了我想做的这些事儿。

你的情况怎么样？你的研究兴趣在哪些方面？你的研究是质性取向吗？哪些因素以这样或者那样的方式帮助你决定了你的研究取向？你的这些决定得到了支持吗？

很高兴和你一起工作！

梅兰妮

梅兰妮：

非常高兴收到你的来信！跟你一样，我也正处于博士论文的写作阶段，只是我几乎还没做什么。我正在努力将我的研究计划具体化，并仔细考虑在质性研究项目开始阶段时研究者可能知道的一些选择。我希望在我的博士论文中将我的两个兴趣合二为一：我们按照学科分野来组织大学时所采纳的那些哲学假设以及教授们的积极行动主义。虽然这两个方面看起来彼此完全不同，通过检视不同学科如何影响（如果有的话）教授们对积极行动主义的界定和在日常工作中的参与，我希望能把这两者整合起来。我所就读的研究项目也支持我用质性方法来研究这个问题，虽然我想这主要是因为我来这儿的第一天就告诉大伙：我对定量研究不怎么感兴趣。我个人的价值观跟作为定量研究前提的那些包罗万象、支配一切的①假设合不来。

　　希望你能多给我发电子邮件!

　　多保重!

阿伦

关键词

概念框架	conceptual framework
合乎伦理的研究实践	ethical research practice
研究设计	research design
研究者的能力	researcher competence
应当做的可能性	should-do-ability
愿意做的可能性	want-to-do-ability
真实	trustworthiness
做的可能性	do-ability

---

① 这里将 overarching 译作"包罗万象、支配一切"。对质性研究而言,overarching 这个词有特别的含义。质性研究通常立足于个案,这样质性研究面临的一个挑战就是如何超越所研究的个别个案。但这要与定量研究所宣称的目标——建立起具有普遍意义的、可推论于任何个案的知识——区别开。而定量研究的这种目标正是 overarching 的根本含义。——译者注

2

质性研究的类型

　　质性研究方法的研究者力图把不同的质性研究类型或研究取向整合成相应的范畴或者流派。对研究计划书的写作者而言,这种对质性研究类型的整理是有意义的,因为他们能够将其研究放在某个流派的传统之中。我们把这些流派称为方法论的思潮,我们用施拉姆(Schram,2006)的这一相当有用的术语来描绘这些有自己概念框架的理论流派和经验流派。从历史上看,这种范畴化的方式是比较直接的。然而,由于各种研究类型的进一步分化和发展,这种范畴化受到越来越多的挑战。本章将简要总结历史上那些概括质性研究类型的各种方式,并将讨论那些提供了替代选择的各种类型,这些替代类型有时候是关注某些特定的人群,并且从批判立场出发、以解放这些人群为目标。在这里,我们的目标是帮助研究计划书的写作者将他的研究放在整个质性研究方法的脉络中,进而能够为他的特定研究取向提供更微妙的论证。

　　从历史上看,质性研究方法的研究者为了对这一领域进行整合,提出了各种类型(参见表2.1)。雅各布从对教育学的研究出发,描述了六种质性研究传统(Jacob,1987,1988):人类行为学、生态心理学、整体论**民族志**、认知人类学、沟通民族志和象征互动论。阿特金森、德拉蒙特和哈默斯利(Atkinson,Delamont,& Hammersley,1988)批评了雅各布的分类,并区分了七种互斥的质性研究:象征互动论、人类学、社会语言学、常人方法学、民主政治评估、新马克思主义民族志和女性主义。克雷斯韦尔(Creswell,1998)则认为传记、**现象学**、扎根理论、民族志和个案研究是质性研究的主要策略。巴顿(Patton,2002)按照质性研究的理论源流列出了一份更长的名单。他的名单上包括:民族志、**自我民族志**、现象学、象征互动论、生态心理学、系统论、混沌理论和扎根理论,这些还只是巴顿那份名单的一部分。最近,邓津和林肯(Denzin & Lincoln,2005)提出,质性研究类型包括:个案研究;民族志、参与观察、**表演民族志**;现象学和常人方法学;扎根理论;生活史和口述证词(testimonio);历史方法;行动研究和应用研究;临床研究。

表2.1　质性研究发展史上的各种分类

雅各布	阿特金森、德拉蒙特和哈默斯利	克雷斯韦尔	巴顿(部分)[1]	邓津和林肯
重叠的类型				
整体论民族志	人类学	民族志	民族志	民族志
认知人类学	新马克思主义民族志		自我民族志	表演民族志
沟通民族志	社会语言学		叙事研究	生活史和口述证词
象征互动论	象征互动论	现象学	现象学	现象学
	常人方法学		常人方法学	常人方法学
		扎根理论	扎根理论	扎根理论
		个案研究		个案研究
研究者特有的类型				
生态心理学	民主政治评估	传记	生态心理学	历史方法
人类行为学	女性主义		启发式探究	行动研究
			社会建构和建构论	临床研究

① 本书正文和表格中都只是列举了巴顿(Patton,2002)对质性研究分类名单中的一部分。表格中的叙事研究、常人方法学并未出现在正文,可能因与其他研究者的分类有重叠,故表中也列出。——译者注

根据高尔、博格和高尔(Gall, Borg, & Gall, 1996)的讨论，对质性研究的这些分类名单——尤其是那些有相同条目的名单——进行分析，就会发现这些名单都关注三个主要类型：(1)社会和文化，这一点在民族志、**行动研究**、个案研究以及扎根理论中可以看到；(2)个人生活经历，这在现象学研究取向、一些女性主义研究、生活史以及口述证词中都有具体表现。(3)语言和交流——不管是以说的形式还是以文本形式——这表现在社会语言学取向中，包括**叙事研究**以及话语和对话分析。我们将在下文对这些主要的质性研究类型进行简单描述，然后我们将讨论那些从批判角度为质性研究提供了发展机会的其他类型。

主要的研究类型

关注社会和文化：民族志取向

民族志带有质性研究的显著特征，如巴顿所言，这是"最早的具有显著特点的传统"(Patton, 2002, p. 81)。民族志源自人类学和质性社会学，关注对人群的研究，努力理解一群人如何共同形成并维持一种文化。因此，文化是民族志的中心概念。文化所关注的是对群体内行动和互动的分析，文化"描述事物应该的样子，并规定人们行动的方式"(Rossman & Rallis, 2003, p. 95)。

民族志研究者——那些记录下(graph 的意思)文化(ethno 的意思)的人——通常是通过长期沉浸于研究场景并运用多种资料收集方法来对群体、社区、组织，或者还有社会运动进行研究。通过参与观察(第6章将对此进行讨论)，民族志研究者描述并分析一个文化群体的互动模式、角色、典礼和仪式、人造物。

经典民族志的中心原则和实践相当多样,这种多样性丰富了经典民族志的研究传统。下文还会简单讨论作为民族志新发展的**互联网民族志**和**批判民族志**。在民族志这一类型中还包括自我民族志(参见 Jones,2005)和**公共民族志**(参见 Tedlock,2005),也还有其他的新兴表现形式,如表演民族志(参见 Alexander,2005)。这些多样的类型带来了多种灵活的新研究取向,但是所有的这些都源自经典民族志的基础原则。

关注个人生活经历:现象学取向

现象学取向力图探究、描述、分析个人生活经历的意义:"他们如何理解自己的生活经历,描述之、感受之、评判之、记忆之、弄清其意义并与他人谈论之。"(Patton,2002,p. 104)这类研究取向源自德国的现象学哲学,通常包括与经历过研究者感兴趣现象的那些人进行数次长时间的深度访谈。材料分析是从这样一个中心假设开始的:存在一种经验的本质,这种本质可以与有类似经历的其他人共同分享。那些参与到研究中的研究对象——这些人有相似的经历——他们的经历被作为独特的表达来进行分析,并进而通过比较来找到本质。

现象学研究取向的一个出色的例子是莫塞尔森的研究(Mosselson,2006),她研究了处于青春期的女性移民的经历的本质。莫塞尔森通过一系列的深度访谈探讨了认同冲突及相关议题。研究者感兴趣的现象通常都是过程性的——存在(being)、成为(becoming)、理解(understanding)和知道(knowing)。现象学取向最近的发展提倡用更能唤起情感的、诗化的形式来呈现现象学研究(参见 Todres & Galvin,2008)。

关注讲述和文本:社会语言学取向

民族志取向力图理解参与者如何从社会互动和社会场景中,并通过建构这些互动和场景来理解意义。社会语言学的研究取向与民族志的这种努力是相同的。社会语言学取向关注的是沟通行为:讲述(talk)和文本(text)。这种类型的研究者倾向于记录下讲述中自然出现的内容来进行分析。"讲述"的无处不在使得这种分析相当有发展潜力。正如珀拉克亚拉指出：

> "面对面的社会互动(或者其他通过电话或技术媒介进行的现实互动)是最直接和最经常被经历到的社会现实。我们的社会存在和个人存在的核心就在于跟其他人的直接接触。"(Peräkylä,2005,p. 874)

那么,对讲述的分析就是**话语分析**、**批判话语分析**、对话分析(参见 Peräkylä,2005)、微观民族志以及这一类型其他研究的中心。这种研究关注的可以是：特定的言说事件是如何完成的；认同是如何建立和再生产的；社会认同的特征是如何形塑沟通行为的。

在过去二十多年里,社会科学、人文科学及其应用领域出现了批判转向。一些质性研究者赞同后现代主义、后结构主义和后殖民主义的理论取向,对传统的社会科学持批评态度(参见 Ashcroft, Griffiths, & Tiffin, 2000；Connor, 1989；Denzin & Lincoln,2005；Rosenau,1992)。这些学者挑战了长期存在的假设：研究者在研究中是价值中立的。他们断言所有的研究都是解释性的,从根本上说都是有政治色彩的。各种讨论都"源自一个独特的解释共同体,这个共同体以它特殊的方式构成并形塑了研究行动中多文化的、性别化的组成成分"(Denzin & Lincoln,2005,p. 21)。这些学者进一步指出研究是与权力联系在一起的,按传统方法进行的社会科学研究把社会中许多处于边缘的和被压迫的群体当作研究的被动客体,这些群体的声音被屏蔽了。质性研究尤其被认为是有过错的,因为从历史来看,它是殖民主义的同谋(Bishop,2005)。那些赞同这些批判视角的学者发展出了一些研究策略,这些策略从意识形态来看

表2.2　批判类型和新兴类型

研究传统	质性研究类型
批判理论	批判民族志 自我民族志
酷儿理论	酷儿分析
批判种族理论	批判种族分析
女性主义理论	女性主义研究方法
跨学科研究	文化研究 多模式研究
互联网	互联网民族志

是开放的,而且带有赋权①和民主化的目标。我们在表2.2中列出了这些批判取向的研究类型以及一些新兴的研究类型。

我们认为不管是传统的假设还是更批判、更后现代的假设都对各种类型有所支持。传统质性研究认为:(1)知识不是客观真理,而是以互为主体性的方式产生的;(2)研究者从研究对象②那里学会去理解研究对象生活的意义,但应当保持一定程度的价值中立;(3)社会以理性化的方式形成了结构,而且秩序

---

① "赋权(empower)"从英文单词的字面上来看,意思是出现(em)力量(power),通常指的是原本处于边缘的和被压迫的群体逐渐获得了更大的力量和权力。也译作培力、增权、增能。有一种看法认为,赋权、培力的译法仍然有将原本处于边缘的和被压迫的群体客体化的含义,有研究者赋予这些群体权力、研究者增加了这些群体的力量之嫌。相对而言,增权、增能的译法可以避免将边缘群体客体化的倾向。但目前赋权的译法较为普遍,本译文也采用了这种译法,但仍然有必要对这一译法的危险进行说明。——译者注

② 批判理论对质性研究的影响在本书英文版的行文中就可以看到。除了在第1章脚注中提到的关于非特指情况下第三人称单数"他(he)"/"她(she)"的使用以外,两位作者还使用"participant"或"research participant"来指称研究对象。这样的说法避免了将研究对象客体化和对象化,强调研究对象(与研究者一样)参与到研究中,是研究的参与者。然而,为了避免"研究参与者"一词可能导致的误解,如理解成"参与研究的其他研究者",本译文还是译作了"研究对象"。在一些强调研究对象处于被研究的状态中时,也译作"被研究者",译文尽量避免采用这种"被"的译法。仍然希望读者在读到"研究对象"一词时,能意识到作者使用"participant"一词的用心。——译者注

井然。①批判理论、批判种族理论、女性主义理论、**酷儿理论**、**文化研究**,以及后现代主义和后殖民主义的研究视角也都假设知识是主观的,但认为社会本质上是冲突的和压迫性的。这些研究立场批评了传统知识生产(即研究)的模式,认为传统知识生产是在结构化的社会场景中发展出来的,在使精英社会科学家获得合法性的同时,也就排除了其他获得知识的形式。批判种族理论家和女性主义者特别强调:传统知识生产中排除了一些知识和真理(Harding, 1987;Ladson-Billings, 2000;Ladson-Billings & Donnor, 2005;LeCompte, 1993;Matsuda, Delgado, Lawrence, & Crenshaw, 1993)。由于这些挑战,这样一种看法已经越来越明确:研究问题背后的假设必须被质疑、被解构,有时候应当被废除和重新结构化(Marshall, 1997a;Scheurich, 1997)。通过持续的批评或者研究者的直接倡导和行动,这总是在与研究对象的合作中发生的,这样的研究有助于在原本是压迫性的社会科学中推动激进的变化甚至解放。这些批评都承认以下四个假设:

> "(1)从根本上看,研究是与权力联系在一起的;(2)研究报告不是透明的,而是由具有一定的种族、性别、阶级和政治取向的个人作为作者来写作的;(3)[在各种的社会认同之中]②种族、阶级、性别对理解生活经历是至关重要的;(4)从历史上看,传统研究屏蔽了那些被压迫和被边缘化社会群体成员的声音。"(Rossman & Rallis, 2003, p.93)

这些质性研究的新视角包括三个具体的行为指令。正如

---

① 伯勒尔和摩根(Burrell & Morgan, 1979)提供了一种有益的方式来理解研究方式和这些范式所遵循的假设。罗斯曼和拉利斯(Rossman and Rallis, 2003)通过概念化来把多样的质性研究类型放在相应的位置。这里的讨论援引了罗斯曼和拉利斯的研究。(在英文版中,作者将注释放在了每一章的结尾。这种方式不方便查阅,因此,本译本将原文中的注释格式改成了脚注。后文不再一一说明。——译者注)

② "[]"表明括号内的内容引文中原来并没有,是作者在引用时加入的,以便于更确切地进行论述。在对原本意思有影响时,译者会以加注的形式进行说明。——译者注

这些研究者所倡导的那样,我们应当:

1. 检视我们在我们的研究中如何呈现研究对象——他者（Levinas,1979）;

2. 仔细检查"我们自己个人生平经历、个人权力和社会地位、与研究参与者的互动,以及写下来的东西这些因素之间复杂的相互影响"（Rossman &Rallis,2003,p.93）;

3. 对在我们研究中的族群和政治这些动态机制①保持警惕。

关注这些问题的一个潜在后果是,质性研究者更加关注研究对象的回应,研究者把研究中的声音作为研究者自己与研究对象之间关系的一种表达。②另一个潜在影响是判断一个研究恰当和真实的传统标准已经变得充满争议。这种情况的后果是,研究初学者可能要挣扎着寻找建议:什么能够构成一个深思熟虑的和合乎逻辑的研究。我们会在第3章讨论这个议题。

上文已经指出,那些对传统质性研究感到失望的研究者会发现在下面列出的这些研究中存在更大的表达上的灵活性。这些研究包括叙事研究、行动研究和参与行动研究、文化研究、互联网民族志、批判民族志、女性主义取向、**批判种族理论和分析**,或者酷儿理论和分析,还有另外一些研究类型,它们在质性研究学术流派的伞形体系（qualitative inquiry umbrella）③下显得更具批判性。这些类型中的每一个都明确地被各种批判源流

---

① "动态机制（dynamics）"是一个与"机制（mechanism）"相对应的概念。"机制"指的是各要素（个人、群体、领域,等等）所处的结构以及这些处于不同结构位置的要素之间的关系。"机制"一词是描述静态的关系,而"动态机制"则是描述这些要素的相互影响、相互作用、相互改变的动态状况。dynamics也译作动力学、动力机制。——译者注

② 我们在第3章和第7章将要全面地讨论这个问题。但在这里我们需要指出,研究对象也许不同意研究者的报告,("由研究者进行")被动地建构会带来匿名性和距离,而("我们来进行研究")主动建构则尊重了研究对象的主观能动性（agency）。

③ 质性研究学术流派的伞形体系源自一些学者对质性研究学术流派的形象描述:"质性研究像一把大伞。"这种描述一方面表明质性研究的界定相当宽泛,许多研究都可以获得质性研究这把大伞的荫蔽;另一方面,这种描述也表明,质性研究的一些类型之间存在着学术渊源,在一定意义上,形成了不同的学派,就像支撑一把大伞的那些伞骨。参见Van Maanen, John, et al. (1982). *Varieties of Qualitative Research*. CA: Sage.——译者注

所形塑,都支持对现存社会结构的挑战,并以此作为首要目标。这些研究类型有公开的政治主张,通常也有解放的目标。我们在下文将进行简要的讨论。

批判立场的研究类型

叙事分析

叙事分析是一种具有多种立场的跨学科研究取向。那些经常被社会边缘化或压迫的群体建构出关于他们生活的故事(叙事),叙事分析则力图描绘这些人生活经历的意义。生活故事、传记和自传、口述史,还有个人叙事都是叙事分析的形式。

这些特定研究取向中的每一个都假定讲故事对理解人们的生活是必需的。所有人都把讲述当作建构和重构认同的过程(Sfard & Prusak,2005)。一些研究取向关注叙事者使用的社会语言技术,另一些研究取向关注生活事件以及叙事者的意义建构。在女性主义或批判理论的研究框架下,故事被作为对那些流行的压迫性"宏大叙事"的反叙事,因而被生产出来并被政治化(我们将在下文介绍种族理论和酷儿理论时讨论这个问题),因此,叙事分析也能够具有解放意义(Chase,2005)。批判话语研究明确地将理论关注集中于权力议题、语言资源的使用以及这些资源在支配群体和边缘群体之间的不公平分配方式(参见 Rogers,2004)。

行动研究与参与行动研究

行动研究挑战了传统社会科学关于价值中立和客观性的假设,并寻求与研究对象的合作,以此推进组织、社区或制度的可持续变化(Stringer,2007)。行动研究不承诺寻求真理,而是通过保持对地方情境的投入,并致力于将研究从其所依赖的那些"严格传承下来的研究游戏规则"中解放出来(Guba,1978,转引自 Stringer,1996,p. x)。行动研究力图通过这些方式将传统研究去中心化。当行动研究能够完美开展起来时,这样的研究就模糊了研究者和研究对象之间的差异,创造了一种民主的研究过程。行动研究通常会被用在社会组织中以及被用于教育事业,在这些领域的专业人员以合作的方式质疑他们自己的实践、推动变化,并评价这些变化的影响(Kemmis & McTaggart,2005;McNiff & Whitehead,2003;Sagor,2005)。行动研究在社会工作、商务管理和社区发展中也很活跃(Hollingsworth,1997)。在这些领域中,研究者通过采用行动研究来提升他们的实践。

参与行动研究在国际研究中更容易看到,如弗莱尔(Freire,1970)所言,参与行动研究强调解放的规则,强调可持续的赋权和发展必须从关注边缘群体开始(Park,Brydon-Miller,Hall,& Jackson,1993)。除了明确的行动投入之外,参与行动研究的特征也表现在:在提出要研究的问题和收集资料来回答这些问题时,研究者和研究对象进行了全面合作。参与行动研究使得研究、反思、行动成为了一个循环。这样的例子包括马圭尔对家庭暴力受害妇女的研究(Maguire,2000)、金碧霞对世界银行在马来西亚的项目的研究(Phaik-Lah,1997)①、蒂奇和本尼对护理训练的研究(Titchen & Bennie,1993)。

文化研究

○作者:保罗·圣约翰·弗里索利(Paul st John Frisoli)

文化研究的领域包括相当广泛的一系列关于"文化"的研究视角和对"文化"的解释。贯穿这个学科的主要论题包括:确认我们知道什么,也就是说知识与"我们是谁"的认同之间的关系;还包括检验"知道知识的人(knower)"和"给予(giving)知识的人"之间的关系。格雷这样解释:"文化研究的一个关键特征是:将文化理解成建构了那些'活物(the lived)',又被那些'活物'所建构的,这里的'活物'指的是日常生活中的物质

---

① 这里指的金碧霞(Kim,Phaik-Lah)的研究。金碧霞的姓氏为金(Kim),本书作者错将她的名字碧霞(Phaik-Lah)当做了姓氏。——译者注

的、社会的和象征的实践。"(Grey, 2003, p. 1)在这个领域中,学者们强调对语言、文本、权力和知识的交汇进行解构是非常重要的,这将有助于获得对这样一个问题的更好理解:我们是如何用技巧来呈现我们的生活世界(Gray, 2003, 2004; Ryen, 2003; Saukko, 2008)。这些学者指出,语言和文本是与权力联系在一起的,会形塑我们怎么看、怎么区分、怎么解释我们周围的世界,以便我们在这个世界找到我们的位置(Prior, 2004)。研究是嵌入在制造意义的过程中的,这将有助于产生并认可一些话语性表达,而这些表达反过来又将研究对象的生活经历客体化了。研究就是"形成社会马赛克"、创造出不同社会现实这个过程的一部分(Saukko, 2008, p. 471)。文化研究检验了这些空间以展开"对支配和权力的质询"(hooks①, 2004, p. 156),进而让不同的对语言和文本的解释与再现浮出水面。这个过程是与女性主义理论和批判种族理论联系在一起的,这两个理论取向打破了"本质主义者对差异的界定"(hooks, 2008, p. 457),并提供了从那些通常被学术界遗忘的声音中创造多种话语的机会。

在质性研究中,文化理论提供了这样一种视角:承认研究者的过去会影响她呈现他人世界的方式,同时注意到研究者的社会位置和权力地位也会有影响(Gray, 2003; Ryen, 2003; Saukko, 2008)。这一过程要求研究者揭示他们"破碎的、片段化的认同"(Gannon, 2006, p. 474),并承认居于霸权的各种信息不但影响了他们的身份认同,而且影响了他们对现实的解释(Saukko, 2003)。巴特斯(Barthes, 1972)将身体这一概念表述为片段的、弥散的、连续的和变化的。这一论断已经由一系列以民族志为基础的文化研究取向具体化了。对这一概念的表述方式包括影视蒙太奇、诗歌和表演(下文会讨论到)。这些呈

---

① 这里指的是贝尔·胡克斯(bell hooks),美国当代知名的女性主义者。这是她的笔名,她有意识地拒绝了将姓氏和名字的首字母大写。参见维基百科英文版的相关词条,http://en.wikipedia.org/wiki/Bell_hooks, 2013 年 4 月 20 日查阅。——译者注

现方式已经成为了不同但合法的民族志形式,这些民族志刻画出:研究者的方法和解释过程本质上是多立场的和复杂的。自我民族志是民族志的一种形式,在这种形式中研究者是整个研究过程的中心,这是一种有创造力的方式,可以展示"有局限的、变化的和偶然的"自我/身体(Gannon,2006,p. 480),而这样的自我/身体在文化空间内建构了知识。

互联网/虚拟民族志

○作者:保罗·圣约翰·弗里索利(Paul st John Frisoli)

互联网民族志,也被称为**虚拟民族志**,它遵循了民族志的基本原则,被认为是进行质性研究的一种具体方法及方法论①。互联网可以被宽泛地定义为一种沟通的媒介、一个跨越物理边界的场所、一个社会建构的空间(Markham,2004,p. 119)。因此,这种媒介既被看作一种质性研究的工具,也被当作质性研究的一个场所,这种做法源自这样一种观察,即当代社会生活的沟通、互动、发生更多是在互联网上。为了更好地理解"社会世界",民族志研究者必须调整他们的研究方法来反映这种社会变化(Garcia, Standlee, Bechkoff, & Cui, 2009;Markham, 2004)。

当互联网被作为一种工具,研究者可以发送电子邮件、以网页的形式进行大规模社会调查,还可以采取在聊天室以同步对话的方式对研究对象进行访谈,或者用电子邮件以非同步的方式进行访谈。研究者也可以创建讨论组和博客群,或者建议研究对象在互联网上写日志。这种方法挑战了那些认为必须建立亲密关系才能进行民族志研究的取向,这样的传统取向强

---

① "方法(method)"意思是指人们怎样做一件事,或者做这件事的方式和手段。比如参与观察、访谈都是具体的方法。而"方法论(methodology)"则是与"本体论""认识论"并列的、具有哲学意义的概念,是指对人们认识世界的方法的看法和观点,例如,解释主义方法论认为人们是通过理解来获得对生活世界的认识的。可参见:施瓦特:"质性研究的三种认识论取向:解释主义、诠释学和社会建构论",载邓津、林肯编:《定性研究:方法论基础》,重庆大学出版社2007年版,第204-231页。——译者注

调"待在那儿,成为社区日常生活的一部分或者成为文化的一部分"(Flick,2006,p. 265)。但互联网民族志的批评者认为,互联网民族志"移除了社会情境的各种提示,比如性别、年龄、种族、社会地位、面部表情和语调,这会带来研究对象之间的去规范效应(disinhibiting effect)"(Williams,2007,p. 7)。然而,另一些研究者指出,尽管这些方法可能会阻止研究者和研究对象之间面对面的互动,但这些方法也带来了更具反思性的、研究对象驱动的、文本式的回应,在采取严格的和系统性的质性研究原则时尤其如此(Flick,2006;Garcia et al.,2009;Mann & Stewart,2002,2004;Williams,2007)。在质性研究中使用互联网的一个优势是:研究者可以坐在自己的办公室访谈那些身处遥远异地的研究对象,可以与研究对象每天都进行同步的或者不同步的交流,研究者还可以访谈那些因为身体原因或者保密原则不能参与面对面访谈的研究对象(Mann & Stewart, 2002)。我们在第 7 章会更详细地讨论将互联网和计算机应用程序作为研究工具的情况。

如果把互联网作为一个研究场所,那么研究的焦点就转移到了理解和分析这一媒介,这个媒介是当代社会生活的中心特征,因而,也就如上文所言,有待研究。马卡姆(Markham,2004)的研究与这个主题非常相关。他用文化研究的取向来合法化对互联网的使用,马卡姆不但把互联网作为一种工具,而且还把互联网作为"一个范围广大但松散的环境,它可以使研究者有能力研究一些相当散漫的行为,如见证和分析谈话的结构、对意义和认同的协商、关系和共同体的发展、社会结构的构建"(Markham,2004,p. 97)。因此,互联网民族志也将万维网(World Wide Web)作为社会构建的虚拟世界(Hine,2000),对这个虚拟世界进行研究可以理解人们如何将意义赋予他们的空间。虚拟社区是图形化的网上环境,在这个环境中人们用各种形象来建构和表达他们的认同,这些形象也被称为网络化身。这些代表了研究对象的网络化身,可以被用于参与观察,以便更好地理解这些虚拟领域的社会建构。而参与到这些虚拟世界中也可以更好地保证匿名性,在这个世界中,研究对象可能更愿意说出个人信息。在现实世界中,与研究者面对面互动时存在社会等级压力,而这些虚拟世界的研究对象可能不会再受到这些压力的抑制(Garcia et al.,2009)。虚拟世界提供了一种安全感,个人会觉得更自由,可以重新塑造他们的认同,以此表现他们自己,并与那些喜欢他们的人建立联系(Markham,2004)。

然而,这个虚拟的世界是不确定的,在这个世界里进行研究,仍然会产生一些特殊情境下的、公认的研究伦理问题,诸如个人隐私、真实身份、知情同意权。我们会在第 7 章讨论与互联网有关的伦理议题。研究者和研究对象看起来都可以创造他们自己的认同,这跟他们说他们事实上是什么样的人可以完全不一样。研究者可以在网上"潜伏"以寻找研究对象,而这些被研究的对象可能完全不知情(Mann & Stewart,2004)。还有一点不清楚的是:研究者是否有权利从个人微博、讨论组和其他不经允许就可以接触到的信息中抽出一段文本。互联网作为一种新的工具和场所是动态的和流动的。它对质性研究发展的促进作用刚刚显现。

批判民族志

批判民族志是以这样一些理论假设为基础的:社会不但被阶级和社会地位结构化,也被种族、族群、性别(gender)和性意识(sexuality)①这些要素结构化,对被边缘化群体的压迫因此得

---

① "sexuality"原本是福柯(Foucault)提出的概念,他所讨论的是人类历史上对与性有关行为的社会建构,也就是说要研究"性的本质(the nature of sex)",译作"性本性"较为确切。但本书对这一概念的使用与福柯的研究略有差别。作者在这里将"sexuality"与性别(gender)、种族、族群这些身份认同的范畴并举,是指人们因为在"sexuality"上存在不同的认同,而可以分成不同的类别。要理解"sexuality",可以将它与"性别(gender)"放在一起来讨论。"性别(gender)"在这里是指人们认同自己是男性还是女性,也有可能兼有或者处于之间。认同同一性别的人们可能对这种性别的行为模式、生理和心理特征有不同的看法。而"sexuality"主要涉及的是人们在"性(sex)"方面的一些特征,主要是指人们对性行为以及性行为的取向有不同的态度,这样人们之间也就产生了区分。因此,译作"性态度"或者"性看法"是较为确切的。目前对"sexuality"的翻译中,"性意识"与此较为接近,所以本译本采取了这一翻译。参见:Fausto-Sterling, Anne.(2000)*Sexing the Body*:*Gender Politics and the Construction of Sexuality*. Basic Books.——译者注

以维持。正如麦迪逊的界定,"批判民族志是源自这样一种伦理责任:应该揭露出一个特定的现实领域中的那些不公平和非正义的运作"(Madison,2005,p.5)。从历史上看,批判民族志是从这样一些研究开始的,这些研究尖锐地批判了那些已经被接受的教育实践,并努力推进激进的教育改革(hooks,1994;Keddie,1971;Sharp & Green,1975;Weis,1990;Weis & Fine,2000;Young,1971)。后来这一类型的研究开始关注采取激进主义教育实践所受到的限制(Atkinson et al.,1988)。批判民族志还可以超越课堂去追问那些形塑了社会模式的历史力量,去追问政策、权力及制度性支配的根本议题和困境,包括:在性别和种族这些不平等的再生产和强化中,政策、权力、制度性支配扮演了什么角色(Anderson,1989;Anderson & Herr,1993;Kelly & Gaskell,1996;Marshall,1991,1997a)。

在这里,我们应当注意到后批判民族志(postcritical ethnography)近来的发展。后批判民族志明确地结合了后现代视角,实现了对批判民族志的超越。这个话语共同体发展出了批判的社会叙事,这种叙事是传统意义上民族志,但是参与其中的社会科学家都明确地持有一定的政治立场(Everhart,2005)。后批判民族志研究者将叙事、表演、诗歌、自我民族志和民族志小说作为他们的表达方式。这些研究者的目标是采取一种立场(这一点跟参与行动研究者是一致的)。与在学术期刊上发表一篇二十页的文章或者出版一本有四十个人读过的书相比,这个目标有更大的社会影响力(Noblit,Flores,& Murillo,2005)。后批判民族志的一个例子是自我民族志的研究类型,它与人们比较熟悉的自传有联系。我们之前已经讨论过自我民族志,这种形式在最近二十多年有很大发展。自己既作为研究主体也作为研究客体,自我民族志研究穿越了"意识的多个层面,将个人与文化联系起来"(Ellis & Bochner,2000,p.739)。自我被当作了一个例子,从这个例子中可以看到社会过程和身份认同是被建构的,也是被争夺的、被改变的和被抵抗的。

写进了质性研究学者词典的后批判民族志的另一个表现形式是表演。表演民族志已经成为呈现民族志材料的关键形式,"在舞台上再现来自民族志的记录"(Alexander,2005,p.411)。通过表演来表现文化知识,不仅刻画出了文化事件,而且也可能导致社会变迁,因为演员和观众会对他们的社会环境进行再概念化。这种类型的质性研究在受欢迎的剧院里(Boal,1997,2002)、在以艺术为基础的研究中(Barone & Eisner,2006)、在音乐里(Said,2007),或通过其他媒介来完成研究呈现。这种类型也激发出了"文化表演"这一概念:共同体或者社会身份群体的成员都可以获得一些方法和资源来建构和重构(表演)自己的那些身份认同(具体例子可参见 Denzin,2005)。

女性主义理论和方法论

女性主义理论可以用于不同议题和学科研究的理论讨论。这些理论关注女性,将性别关系视为所有研究的中心,总是以批判和解放为目标。很重要的一点是,女性主义视角越来越紧密地将对各种认同的多重交叉的关注结合起来。这样,性别、性意识、种族、宗教、故乡、语言、年龄或世代、健康和身体能力、阶级、社会网络,等等,这些都是以一种流动的方式结合在一起的(Friend,1993;Herr,2004;Young & Skrla,2003)。就识别一个人而言,性别并不是唯一、基本且确定的范畴。

女性主义的研究包括:通过检视关于母亲和小孩的录像带来展示语言对男孩和女孩性别期待进行传达的力量(Gelman,Taylor,& Nguyen,2004);在学校中的性别差异(Clarricoates,1987);青春期女孩的成长(Griffin,1985;Lees,1986);印度尼西亚女性在萨满教仪式中——与在学校主管位置上一样——挑战男性的支配权(Scott,2003;Tsing,1990);在南非,贫穷和食品风险对男孩和女孩关系的影响(Bhana,2005)。女性主义视角"解释了压迫的文化和制度根源及其强制力量……它们命名了女性的主观经验,并指出了这些经验的价值"(Marshall,1997a,

p. 12）。通过把女性主义和其他批判视角结合在一起，学者们击败了传统的政策分析，这类分析没有能够将女性整合进来（Marshall，1997a）。女性主义研究者还开创了将批判的想法转化为解放行动的研究策略（Lather，1991）。

不同的女性主义者提出了不同的研究目标（Collins，1990；Marshall，1997a；Tong，1989）。比如说，社会主义的和女性取向（women's ways）的女性主义者集中研究居于领导位置的女性，以此扩展领导理论的讨论。权力—政治取向的女性主义者将父权制视为理解人类经验的一个关键结构。这样的理论促进了对国家强加给女性的压迫进行检视，而这种压迫存在于福利、医疗和其他由国家调节的社会系统之中。这一研究能够发现制度实践是如何——"以让一群人获得特殊好处的方式发展起来的，而且会持续地以这种方式运作。[在美国]这个群体是欧洲裔美国人、中产到上等阶层、通常是男性……这些标准的运作程序倾向于伤害那些不符合上面这些描述的人。"（Laible，2003，p. 185）

这些理论有助于将特殊的视角赋予相关研究，以发现"政治选择、权力驱动的意识形态、嵌入在社会之中的强制力量，这些都把人范畴化、对人产生压迫，对人进行排挤"（Marshall，1997a，p. 13）。

女性主义理论现在远远超越了只是要求将妇女和女孩的声音与生活包含在研究之中这样的要求。这种"加入女性，然后搅一搅"的回应是不恰当的。女性主义研究者已经对质性研究进行了多样的扩展：关注研究者和被研究者之间权力的不平衡；以合作的方式进行研究；宣称反思性是促进主体性、取代客观性伪装的策略（Marshall & Young，2006；Olesen，2000）。近来的研究还借助了后殖民主义的理论和视角，特别关注了本土性世界图景（Cannella & Manuelito，2008）。

批判种族理论

批判种族理论源于批判法律研究，这是批判理论的一个流派,主要应用于对美国法律制度的研究。批判种族理论与广义的批判理论、女性主义对法律原则和实践的批判、后殖民主义理论都存在多种联系。批判种族理论家们将种族主义、种族压迫和种族歧视作为他们分析的中心。那些属于这一类型的研究指出:各种法律裁决——既包括历史上的,也包括那些当下的——都反映了种族主义、性别歧视、阶级偏见的共同作用,法律原则并不是始终一致地被采用,种族是这种区别对待的中心。这些研究更进一步指出种族是社会建构的,它们也反对那些提倡或表达种族歧视的实践。

德里克·贝尔是一个有些时候会引起争议的法学学者。贝尔对美国民权运动中的自由主义进行了坚持不懈的批判[1],因此人们将批判种族理论主张和意识形态的提出与延续归功于他。[2]在 1990 年代中期,教育学研究领域开始将批判种族主义理论作为核心论点和分析中心。这一领域的研究包括拉德森—比林斯的研究(Ladson-Billings,1997,2000,2001,2005;Ladson-Billings & Tate,2006),她的研究将与种族有关的议题作为教育实践和教育学研究的中心。拉德森—比林斯早期的研究关注了一些老师的教学法实践,这些老师在教授非裔美国学生时获得了成功。最近,狄克逊(Dixon,2005;Dixson,Chapman,& Hill,2005;Dixson & Rousseau,2005,2007)采用人物肖像质性

---

[1] 德里克·贝尔(Derrick Bell,1930—2011)是美国知名的非裔法学家。他对民权运动中的自由主义的批判,主要是指他认为民权运动中仍然存在白人至上主义,此外,民权运动承诺太多,而实现太少。1950 年代初,布朗案的审判不仅最终支持了不同种族在同一学校接受教育的权利,而且推动了民权运动的产生。50 年后,美国法学界对这一案件进行模拟重审,贝尔是其中唯一的非裔法学家,也是唯一一个在重写判决意见时表示要维持教育上的种族隔离,但同时应该更强调不同种族之间平等,而不是消除隔离但加剧不平等。参见:Balkin, Jack M. (ed.). (2001) *What "Brown v. Board of Education" Should Have Said: The Nation's Top Legal Experts Rewrite America's Landmark Civil Rights Decision.* New York University Press. 左亦鲁:"五十年后的一份异议",载《读书》2010 年第 1 期。

[2] 纽约大学档案馆收藏了贝尔与法律有关的文章、演说和学术出版物,可查阅 http://dlib. nyu. edu/findingaids/html/archives/bell. html。(这些内容在英文版中是用圆括号标出、列于正文。为了方便阅读,译文将这一内容转化为脚注。——译者注)

研究方法①(参见 Lightfoot, 1985; Lightfoot & Davis, 1997)来分析种族和种族主义的相关议题,其中特别关注了"爵士乐研究方法"②(Dixson, 2005)。

其他与批判种族理论有联系的方法还包括讲故事(叙事分析)和反叙事故事,后者主要是为了平衡在美国居于霸权地位的一些记述,这些记述通常是白人写的、关于非裔美国人和其他种族上受压迫群体的经历。因此,批判种族理论在方法上强调讲故事,在政治上支持反霸权表述,这些是与后结构主义所强调的口述证词——将社会正义赋予证人——和反叙事故事联系在一起的。

批判种族理论和分析有明确的政治立场和诉求,关注种族歧视、白人至上主义,倡导矫正过去的非正义。批判种族理论所宣传的政治立场与女性主义的某些立场(尤其是那些更具批判性的立场)以及酷儿理论和分析是一致的。我们接下来就讨论酷儿理论。

酷儿理论和分析

○作者:保罗·圣约翰·弗里索利(Paul st John Frisoli)

酷儿理论是从女同性恋、女性主义、后结构主义、1960 年代的民权运动和同性恋政治运动中发展出来的。这一理论力图解构社会范畴以及简单二分法的身份认同,并展示社会世界

---

① "人物肖像质性研究方法(qualitative methodology of portraiture)"这是用人物肖像的创作来比喻质性研究方法。研究者(艺术家)要创作出对研究对象的描绘(肖像),既要与研究对象(人物)合作,也要注意到其中存在研究者的理解(艺术家的美学创作)。其中资料的收集和分析也按照肖像画的画法来进行安排。在这一意义上,质性研究就成了审美过程(aesthetic process)。——译者注

② "爵士乐研究方法(jazz methodology)"是"人物肖像质性研究方法"的一个扩展比喻。批判种族理论研究注意到了爵士乐是非裔美国人的"火一样的音乐(fire music)",狄克逊认为这种"火一样的音乐"有助于对非裔美国人的研究。于是她扩展了"人物肖像质性研究方法"的比喻,用"爵士乐研究方法"来比喻研究的过程,人物肖像画的部分被换成了爵士乐的组成部分(如独唱、间歇、即兴重复),并在这种方式的指导下进行资料收集和分析。——译者注

之中的分界线可以是流动的和透明的。酷儿理论指出身份认同并不是一元的,而是多样的,应该允许人们对不同生活经历的不稳定态度(Jagose,1996;Seidman,1996;Stein & Plummer,1996)。朱迪斯·巴特勒(Butler,1999)被认为是酷儿理论的非正式"创始人",她的关键研究《性别麻烦》指出,性别和性意识是表演意义上的,这意味着个体必须下意识地按照被常规化的、社会建构的身份认同类别来行动,而这些身份认同类别是服务于一定的社会目的的。因此,那些被认为是理所当然的、绝对的标准——比如异性恋——就被解构了,这展示了个人身份认同的每一个层面都是基于一定规范、规则和文化模型的(Jagose,1996)。将这些概念定义为可疑的(queer)[①],也就承认了存在多种可能性、流动性和多种过程,承认不能够将这些概念固定于一个具体的规则。因此,酷儿理论并不单纯是强调性意识,而是要强调"身份认同总是多样的,或者说最多是'身份—成分(identity-components)'(如性取向、种族、阶级、国籍、性别、年龄、能力)相互交叉或者组合的方式,这些组合方式在数量上是无穷的"(Seidman,1996,p.11)。然而,批评者们强调这样一点:酷儿理论的政治源流,再加上有时候"性少数群体运动"中"同性恋认同"和平等权利的持续政治化,事实上将一种基于性取向的普遍身份类别固定化、本质化了(Walters,2004)。站在后殖民主义酷儿理论立场的学者指出,应该承认殖民主义、后殖民主义、全球化将文化帝国主义的理念强加于性意识这一概念,而非西方文化和历史未被考虑进去(Altman,2001)。

一些质性研究揭露了这样一种状况:原本应该科学的研究资料却将"同性恋"和其他社会边缘化群体具体化、客观化、病态化,并将之定义为社会越轨。酷儿理论在质性研究的这种努

---

① "酷儿(queer)"一词的字面的含义是:可疑的、奇怪的。质疑那些被认为是可疑的、奇怪的现象为什么是可疑的、奇怪的,这正是酷儿理论(queer theory)以此命名自己理论取向的原因。——译者注

力中扮演了重要的角色（Rhyne，2000）。同样重要的是，流动性这一概念的解构本质以及对这一概念的接受，已经对质性研究产生了多样的贡献。这些贡献包括愿意使用多种研究方式，以便在研究项目的各个阶段，促进研究者和研究对象相互理解、合作，促进研究者的反思性和自我觉醒，进而使研究者得以解释他人的生活世界（Kong，Mahoney，& Plummer，2002）。酷儿理论也使得后殖民主义学者提出了新的、非西方的酷儿身份认同类型，这些洞见揭穿了对性意识的狭隘理解。

* * * * *

前面的讨论希望能够提供不同的方式、将多样的质性研究类型和取向放到相应的范畴体系中。同时，上文也简单描绘了一些新兴的研究立场，这些研究立场源自批判理论、女性主义、后现代主义对传统社会科学研究的批评。正如我们所指出的，每一个类别的系统研究都出现在自然情境下，而不是人工强制情境，诸如实验室。然而，这些研究取向千差万别，这些差异源自这些取向的理论源流和意识形态、研究兴趣的焦点（个人、群体或组织，或沟通互动，如文本或网站）、研究者和研究对象在资料收集过程中的互动程度、研究对象在研究中的角色，等等。本章的讨论希望能够帮助读者对质性研究伞形体系下的不同研究取向之间的相互关系有所了解。然而，本书并不能对质性研究方法进行详细的介绍，不能凸显它们之间的细微差别。所以，我们在本章的结尾向您推荐了一些扩展阅读材料。其中的一些研究是这一领域的经典，是"祖父母"级别的；另一些则反映了新兴的研究视角。本书的目标是描绘出进行质性研究设计的一般过程，质性研究要求研究者沉浸于所选择研究场景的日常生活中。这些研究者力图发现研究对象对他们自己世界的看法，并以此为荣；这些研究者也将研究视为研究者和研究对象之间的互动过程。这个过程是描述性的、分析性的、解释性的，它运用人们的语言、可观察的行为和多样的文本作为主要的资料。研究方法上的某一个改进是不是质性的，可能是存在争议的。但我们希望给研究者一些实践上的指导,这些研究者刚刚开始在质性研究领域的旅程,这段旅程是令人兴奋的,有时候也会令人沮丧,但最终是有所收获。

　　在下一章中,我们将讨论真实和伦理这两个重要的事项。在计划研究时,研究者应当如何说明她的研究将会遵循对真实的要求? 她会遵循哪些真实的要求? 研究者也应当表现出对研究过程中可能出现的伦理议题的深切关注。下一章将对这些问题进行讨论。

关键词

表演民族志	performance ethnography
参与行动研究	participatory action research
公共民族志	public ethnography
互联网民族志	internet ethnography
话语分析	discourse analysis
酷儿理论	queer theory
民族志	ethnography
女性主义理论与方法	feminist theories and methodologies
批判话语分析	critical discourse analysis
批判民族志	critical ethnography
批判种族理论和分析	critical race theory and analysis
文化研究	cultural studies
现象学	phenomenology
现象学研究取向	phenomenological approaches
行动研究	action research
叙事分析	narrative analysis
自我民族志	autoethnography

3

真实与伦理

正如我们在第 1 章和第 2 章的讨论,在写作一份质性研究的计划书时,应当明确某些关键议题和需要考虑的事项,以此展示这项研究在设计时不但是经过深思熟虑的,而且还回应了做好一项研究的标准和规定(取决于这项研究所属类型),也充分考虑了这项研究在实施过程中的伦理问题。本章将在前面讨论的基础上继续探讨这些关键议题,并将涉及后面章节关于这些议题的更深入也更明确的各种建议。

从历史上看,对质性研究中的**真实**或者说善(goodness)的讨论是源自自然实验科学。因此,**信度、效度、客观性、可推论性**都来自更定量的研究路径,这些在过去都是判断一项质性研究是否合理可靠的标准。这一时期表现出一种"物理学的嫉妒"(Rossman,Rallis,& Kuntz,in press),信度、效度、可推论性是"神圣的三位一体……被科学的真正信仰者所膜拜"(Kvale,1996,p. 229)。然而,随着后现代的(多种)转向,这些跟教规一样的标准受到了挑战,正如提出标准这样的观念本身也受到了挑战(Schwandt,1996)。出现了一系列将研究的合理可靠(学术史上通常使用的概念是"效度")概念化的方式。我们下面要讨论达到真实的不同路径,并将推论:对真实的关注不能与伦理考量分开。

真　实

质性研究方法论发展中的一个关键时刻是林肯和古巴《自然主义的探究》一书于 1985 年的出版（Lincoln and Guba, 1985）。这本书提出了我们在研究中判断真实的一些关键问题：我们相信一个研究报告做出的那些判断吗？在什么基础上我们认为这些说法是真实的？报告中提出了什么证据可以支持那些判断？我们如何评价这些证据？这些判断对解决我们关注的问题有帮助吗？邓津和林肯的这些具体问题不但抓住了效度、信度、客观性、可推论性这些关注，而且扩展并深化了这些关注。

林肯和古巴（Lincoln & Guba, 1985）提出了一组替代概念来反映这些关注：**可信度**、**可靠性**、**可证实性**和**可转化性**。此外，他们还提供了一整套程序以确保这些真实的标准能够得到满足。就效度/可信度①而言，林肯和古巴督促质性研究者做到以下四点。第一，在研究现场工作较长的一段时间（**延长工作期**）；第二，与研究对象分享资料以及对这些资料的理解（**成员核查**）；第三，通过运用多元方法并采取多样的理论视角，从不同来源收集资料以实现三角互证；第四，与重要的学界友人讨论研究者逐渐成形的发现，以确保分析是以资料为基础的（**同行汇报**）。林肯和古巴也坚定地批评了"客观性是可能的"这样一种积极的断言，并指出这些替代的逻辑能够更好地把握质性研究的优势。

----

① "效度（validity）"指的是概念、结论等以现实世界为基础，并准确反映了现实世界的程度。因此，在林肯和古巴的替代概念中，对应"效度"的是"可信度（credibility）"，"可信度"指的是真实程度。而之前标准中的"信度（reliability）"指的是研究发现的稳定和可靠度，即通过不同时间或不同地点的重复实验结果一致的程度。在林肯和古巴的这一组替代概念中，可以说是与"可靠性（dependability）"基本对应的。类似的，林肯和古巴所提出的"可证实性（confirmability）"和"可转化性（transferability）"分别与更定量取向的"客观性（objectivity）"和"可推论性（generalizability）"对应。——译者注

　　林肯和古巴的研究是有启发性的。此后,对真实标准进行讨论的文章经常援引他们的研究,不但使用他们的术语,而且运用他们推荐的研究步骤。例如,2000 年克雷斯韦尔和米勒(Creswell & Miller,2000)列出了以下步骤,以确保质性研究的严格和有效。

- **三角互证**[①]
- **寻找不一致的证据**
- 进行反思
- 成员核查
- 延长在田野中的工作
- 合作
- 建立**核查追踪**
- 同行汇报

　　这些步骤中的多数都是林肯和古巴(Lincoln & Guba,1985)提出的。另一个例子是马克斯韦尔(Maxwell,1996,pp. 92-98)发展出的效度检验清单。

- 寻找替代性的解释
- 寻找不一致的证据和否定性的例子
- 三角互证
- 要求那些熟悉研究场所的人以及陌生人提供反馈
- 成员核查
- 丰富的资料
- 用类似统计的方法对证据的总量进行评估

---

①　"三角互证(triangulation)",也被译作三角测量、三角交叉、多重测定、多重检视等。正如本书作者在前一段介绍林肯和古巴关于确保"效度/可信度"中的第三点所言,"三角互证"指的是运用多元方法并采取多样的理论视角,从不同来源、通过不同研究者等方法收集资料来确保效度/可信度。中文翻译中的三角并不是说三种方法,"三"是言其多;此外,三角形是一种稳定的几何图形,也可以表明"三角互证"是为了达到效度/可信度。而这里指的也不单纯是对资料的"测量",而有不同来源资料相互支持的意思。所以,本书采用了"三角互证"这一译法。——译者注

● 比较

我们还可以举出更多的例子。正如柯费尔（Kvale，1996，p.231）指出，林肯和古巴的研究"用日常语言改造了术语"，使得这些观念更容易理解。还有许多其他人引述林肯和古巴的研究，或者是作为批判以前方法的起点，或者是用来深化他们自己发展出来的观点。主要的质性研究论著几乎没有不引用林肯和古巴的这一开创性研究（参见 Bodgan & Biklen，2007；Creswell，1998，2002；Flick，2009；Kvale，1996；Kvale & Brinkmann，2009；Marshall & Rossman，2006；Patton，2002；Wolcott，2001；Yin，2003）。尽管后现代的（各种）转向挑战了效度这一概念，但是，"判断信度和效度仍然被当作质性研究者的目标"，"宣称信度和效度在质性研究中并不重要，这是置疑整个研究范式"（Morse & Richards，2002，p.168），这样的论述仍然很有说服力。现在需要争论的是：如何界定这些关键术语？谁来界定？为哪些研究项目界定？为什么样的读者界定？

老的术语——信度、效度、客观性、可推论性，以及林肯和古巴（Lincoln & Guba，1985）现代化了的术语——可信度、可靠性、可证实性、可转化性，都强调应当关注研究设计阶段的各种考量。研究设计阶段的各种决定预示了研究者在进行研究时打算做什么，这也就显示了研究设计将如何确保资料以及对资料的解释不但合理可靠而且可信。然而，人文和社会科学中的后现代转向鼓励了彻底质疑效度考量中的"规章性要求"。如科尔宾和斯特劳斯感叹：

> "后现代和建构论的想法指出了我们方法中的一些谬误，在此之前，判断研究质量这一概念看起来相当清晰。现在我怀疑：如果各种发现都是建构出来的、真实不过是'海市蜃楼'，那么评估一项研究质量的各种标准难道不也是被建构出来的，所以其本身也是可以讨论的吗？"（Corbin & Strauss，2007，p.297）

可见，对效度的争论相当激烈，这些争论为一个研究计划书的撰写者提供了一堆令人疑惑的选择。曹和特伦德（Cho & Trent,2006）提出了"**执行效度**"和"**改变效度**"这两个概念来概括本质主义和反本质主义①争端中的根本观点。

执行效度还是改变效度

曹和特伦德（Cho & Trent,2006）指出学术史上确保效度的取向（包括 Lincoln & Guba,1985）可以描述为执行效度，这种取向让研究对象参与研究，进而确认讨论主题、理解和/或发现。他们这样写到：

> "这种研究取向假设质性研究可以更可信，只要在研究开展的过程中采用某些特定的技术、方法和/或策略。换句话说，技术被看作是确保准确反映现实（或至少是，研究对象建构的现实）的手段。"（Cho & Trent,2006,p.322）

因此，规定研究者需要进行成员核查（曹和特伦德认为这是中心程序），即邀请研究对象来确认研究发现，并规定研究者在设计和实施研究时需要在何种程度上将三角互证作为一项策略，这两种做法将有助于确保研究效度（Cho & Trent,2006）。通过成员核查，研究对象可以纠正研究者对他们生活世界（也许并不非常准确）的呈现。通过三角互证（不同的资料来源、不同的研究方法、不同的理论、不同的研究者），从研究中所获特定知识的效度就可能更坚实。这两个程序的目标都是为了实现对研究主题更准确、更客观、更中立的呈现。

多种多样的类型和亚类型共存于质性研究这把大伞之中，考虑到这种复杂情况，曹和特伦德的看法（Cho & Trent,2006）简明扼要，令人耳目一新。按照唐莫耶（Donmoyer,2011）的概括，曹和特伦德提供了一个表格来总结每种质性研究类型的主

---

① 这里的"本质主义和反本质主义的争端（foundationalist/antifoundationalist debate）"指的是推崇定量化标准的本质主义者强调效度，强调真实反映现实世界的重要性；而认为世界的客观甚至真实是可疑的反本质主义者则质疑效度这一概念。因此，曹和特伦德力图区分出"效度"这一概念的不同维度，以整合本质主义和反本质主义这两种几乎可以说是完全对立的研究取向。具体讨论可参见第3章"执行效度还是改变效度？"一节。——译者注

表3.1　在支撑当前质性研究的五种首要目的中效度所起的作用

目　的	根本问题	作为过程的效度	主要的效度标准
追寻"真实"	正确的答案是什么？	过程性归纳	作为技术的成员核查 以因果关系为基础的三角互证
厚描	研究对象如何理解现象？	整体性 延长工作期	三角互证的、描述性的资料 关于日常生活的准确知识 循环进行成员核查
发展型	一个组织在不同时期如何发生了改变？	按类别/反复	反映历史的丰富档案 研究进行过程中三角互证式的成员核查
个人陈述	研究者的个人理解是什么？	反思性的/审美的	对经历的个人评价 将个人对某一情形的看法诉诸公众
实践型/社会型	我们如何能够改变教育者、组织，或二者兼顾？	与研究对象一起进行研究	作为反思的成员核查 对自我的批判性反思 对现状的重新界定

来源：Cho & Trent，2006，p. 326；改编自：Donmoyer，2001，pp. 175-189。使用获得许可。

要目的、最根本的问题、作为过程的效度，还有在那些宽泛的研究目的中确定效度的主要标准。从表3.1可以看到我们目前为止的主要观点：主要的质性研究类型彼此千差万别，评价的标准也是多样的。

关注"执行效度"的那些研究取向因强调"**汇聚共识**"和"**共同确认**"，并假设程序可以确保更准确地呈现主题而受到批评。曹和特伦德（Cho & Trent，2006）指出，从这种批评中发展出来另一种类型的效度，他们称之为"改变效度"。在这一研究范畴中的研究者非常严肃地对待这样一种观点（这一点对质性研究来说非常重要）：存在不同的视角，包括研究者——作者的多种视角。因此，研究者应当采取各种方式来确保这些声音以透明的方式进行表达，确保整个研究的动态过程可以被检查和批评。对有些采取这一研究路径的研究者而言，研究的过程和研究最后的结果是最重要的（如赋权、公民行动和其他更大社

会效应）。同时,研究者的反思也相当重要(第 8 章中将详细讨论）。曹和特伦德指出在这种研究路径中:

> "效度问题本身与研究者的自我反思是一致的,这些反思既是直接的也是含蓄的。这些自我反思关注研究执行过程中的多重维度。这样看来,效度并不能够仅仅通过使用某些特定的技术来实现。"(Cho & Trent,2006,p. 324)

"改变效度"研究取向中,拉瑟(Lather,1993,2001)、科罗-伦德伯格(Koro-Lundberg,2008)以及其他一些学者提出了"跨界路径(transgressive approaches)"的效度讨论。这些学者希望寻求一种方式对效度这一概念进行检视,并鼓励这样一些方法,这些方法能够表现出个体之间在一定社会历史情境中进行互动的动态机制及其复杂性。在这些研究取向中,最知名的也许是拉瑟提出的**接触反应效度**这一概念,"在这种方式中,研究过程重新指引研究对象去理解他们的现实,以促进社会改变的可能"(Rossman et al. ,in press)。柯克哈特(Kirkhart,1995)提出的概念多文化效度也相当有启发性,这个概念表达了明确的社会公正诉求。

在效度争论中值得注意的看法是最近提出的、作为三角互证替代的"**晶体化**"概念。这一概念最早由理查森(Richardson,1997)带入了研究方法的讨论之中,这个概念提供了一种灵活的方式来思考效度。三角形被批评是一种只有三个固定点的严格结构,而晶体是"由许多棱镜构成,这些棱镜不但能够反映外在世界,而且可以折射这些棱镜自身"(Richardson,1997,p. 92)。这样晶体就提供了多重角度、多样的颜色和多种折射。用晶体这一比喻来将效度概念化,是在呼唤一种要求自我批判和自我反省的方法。埃林森(Ellingson,2009)进一步发展了晶体化的方法,她提供了一个图形,将不同类型的质性研究描绘成一个连续统。埃林森详细讨论了这个连续统中的不同位置,以推进对晶体化的讨论(参见表 3.2)。

表 3.2 质性研究连续统

	艺术/印象主义的	中间路径	科学/现实主义的
目标	拆解被接受的真理 建构个人真实 探求特质 产生艺术作品	建构情境知识 探究典型 产生描述和理解 置疑想当然 产生对研究者的有实际意义的结果	发现客观真理 推广到更大的人群 解释真实"就在那儿" 带来科学知识 预测和控制行为
问题	我们如何(能够)应对人生? 我们还可以想象哪些其他方式? 我的或者他人的经历有哪些特别之处?	研究对象如何理解他们的生活世界? 研究对象和研究者如何共同建构一个世界? 研究的实用性何在?	从研究者的角度来看,这意味着什么? 各因素之间的关系是怎样的? 哪些行为能够被预测?
方法	自我民族志 互动式访谈 参与式观察 表演 社会学的自省 视觉艺术	半结构式访谈 焦点小组座谈会 参与式观察/民族志 论题式的、比喻的、叙事型的分析 扎根理论 个案研究 参与行动研究 历史/档案研究	对文字资料进行编码 随机抽样 行为的频率 测量 大规模问卷调查 结构式访谈

写作	用第一人称 文学技术 故事 诗歌/诗歌式的文稿 多义的,多类型的文本 分层的叙述 实验性的形式 个人反思 对多样诠释保持开放	用第一人称 将简短的叙事整合进研究报告 使用诗歌式对象叙述的"片段" 通常只有一种解释,暗示了偏好和特定立场 对研究者的(多种)立场的一些考虑	用被动语态 "没有立场的看法"(view from no-where)(Haraway,1988) 宣布一个权威性的诠释 用表格和图表来总结含义 强调客观性以及将偏见最小化
研究者	研究者作为主要的焦点,或者跟研究对象一样成为焦点	研究对象是主要的焦点,但研究者的立场对研究发现很重要	研究者被认为与研究结果无关
词语	艺术的/解释的:归纳的,个人的,含糊,变化,冒险,即兴创作,过程,具体的细节,感动人的经历,创造性,美学	社会建构论的/实证主义的:归纳的,自然出现的,互为主体性,过程,主题,范畴,厚描,对象义的共同创造,意义建构,立场,后现代主义,马克思主义(如女性主义,后现代主义,意识形态)	实证主义的:演绎的,被验证的,公理,测量,变量,对研究案件进行操控,控制,预测,可推论性,效度,信度,理论驱动的
标准	这些故事是不是带来了真实,引发了共鸣,承诺和感动?这些故事是否前后连贯?似是而非?有趣?美学上令人愉悦?	灵活的标准；过程清晰和开放；推论清晰并采纳支持性证据；研究者反思的证据	权威性的规则；关于资料的特定标准,与定量相似；预先设定方法过程①

来源:Ellingson,2009,pp.8-9。使用表得许可。

① 英文版本此处为"proscribed methodological processes",意为"被禁止的方法过程",疑为错将"prescribed"(意为"规定的")写成了"proscribed",因为科学/现实主义的质性研究若似定量研究的一个标准就是遵从了预先设定的方法过程(prescribed methodological processes)。——译者注

总的来说,近来对质性研究效度的讨论,为研究计划书的写作者提供了一些替代性方案,用于发展出一套论证来说服研究计划书的读者:研究者的这项研究已经很好地实现了概念化,而且能够被严格地、合乎伦理地执行。这些恰当且有说服力的阐述说明,应当以恰当的研究文献为基础。

* * * * *

什么应该成为判断质性研究真实的标准?谁做的这些决定?作为相伴随的讨论,什么构成了"证据"?当这些争论相当激烈的时候,许多质性研究者——尤其是第一次写研究计划书的那些研究者——在最早由林肯和古巴(Lincoln & Guba,1985)提出的那些想法和程序中找到了坚实的基础。然而,我们要提醒初学者,应当将他们的努力与最新的讨论结合,整合到当前关于计划书写作的一些细微之处的讨论之中,以说服计划书的评阅人:这项研究将被严格执行,而且作为研究结果的论断("研究发现")是以坚实的方法实践为基础的。

将伦理带入真实

我们观察到,在许多对效度的方法讨论中,明显缺少了将伦理原则和实践作为所有研究真实性中最重要问题的清晰讨论,尽管这样的讨论是有益的。改变效度取向的一些研究在强调匡扶社会正义、瓦解霸权结构的同时,建议应当聚焦伦理问题,但并未明确地将伦理问题作为中心。此外,讨论道德原则时,如前面提到的,对**尊重**、**善行**和正义的重要讨论,通常会被简化为要获得**知情同意书**这样的程序。我们相信研究者的思考应当有所超越,不能只停留在通过谨慎处理有关程序事宜和相关文件以保护被研究者的层面上。在研究计划阶段,研究中潜在的真实和善,不仅应该检视(按照学科的规范和标准)这一研究是否符合要求,而且应当考虑在研究实施过程中研究者对伦理问题的关注程度如何。

就真实和伦理的标准而言,我们认为应当超越对程序的关注,而聚焦于关系——与研究对象的关系、与合作者的关系、与同行的关系,以及与更大的学术共同体的关系。戴维斯和多德(Davies & Dodd,2002)在讨论他们对全科医疗的研究时,指出:

> "伦理是严格研究中必不可少的一部分。伦理并不只是一套指引我们研究的、首要的、整体的原则或抽象规则……伦理存在于我们进行和实践我们研究的行动和行动方式之中。我们认为伦理总是在进行中,从来不应被想当然地认为是灵活的,是可以随机应变的。"(Davies & Dodd,2002,p.281)

戴维斯和多德进一步主张"伦理不应被当作我们研究中可以分离的一个部分——一份为伦理委员会而填写,然后就遗忘的表格"(Davies & Dodd,2002,p.281)。因此,在研究计划阶段,要陈述这一节开始时提到的那些大问题,也应当直接面对日常实践中的伦理问题。这将进一步说服研究计划书的阅读者:这一研究很有可能以诚实可信的方式进行设计和实施。

伦理:关注人

写出一份合理可靠的研究计划书,就需要建立一个中肯切题且有说服力的论证,这一论证表明研究者能够敏锐地感知到:在那些与人有关的研究中,存在两个不同层面的**伦理议题**,与程序有关的伦理议题以及与日常研究实践有关的伦理议题(Guillemin & Gillam,2004),这两个层面可以被称为"大 E 议题(big E)"和"小 E 议题(little E)"①。对任何研究项目而言,

---

① "大 E 议题"和"小 E 议题",在这里指的是研究中的伦理议题的不同层次。这里的"大 E 议题",也就是研究中的"大写的伦理(Ethics)",指的是与研究程序有关的伦理议题;而"小 E 议题",也就是研究中的"小写的伦理(ethics)",指的是研究实践中的伦理议题。吉耶曼和吉勒姆在讨论中也用"实践中的伦理(ethics in practices)"和"微观伦理(microethics)"这两个说法来指代"小写的伦理"(Guillemin & Gillam,2004)。——译者注

研究的伦理实践是以尊重人、善行和公正这些道德原则为基础的。"尊重人"强调的是我们不能把参与我们研究中的那些研究对象当作达到目的(通常是我们自己的目的)的手段,我们应当尊重研究对象的隐私、他们匿名的要求以及他们参与或不参与的权利,这些都是应当由研究对象自由决定的。"善行"表达了这样一个最早用于医学研究中的金科玉律:不能伤害研究对象,这是第一准则。这意味着无论研究者做什么,他都能够合理地确保研究对象不会因为参与研究而受到伤害。最后,"公正"指的是分配公平,也就是说,需要考虑:哪些人能够从研究中获益,而哪些人不能。此时需要特别注意纠正以前研究中存在的社会不公。

在大学和其他接受美国联邦政府资金的研究机构中,关于研究者和研究对象之间关系这样伦理问题归**伦理审查委员会**(简称 IRBs)管辖。这类委员会负责确保所有研究中作为研究对象的人都置于该机构的保护之下。在判断哪些以人为研究对象的研究可以认为是**合乎伦理的实践**这一议题上,伦理审查委员会扮演了进行清晰界定和制订相关政策的角色,委员会总是要求研究者必须通过**合作机构培训计划**(简称 CITI)模块训练的考核。我们将在第 5 章更全面地,也更注重实际地讨论知情同意书和跟伦理审查委员会一起工作这二者之间的细微差异。

上文提到的三个道德准则中,尊重人这一条在政策和程序中通常最受重视。通过知情同意书这一程序设计,研究者向审查委员会保证了以下五点(我们在第 5 章提供了一个例子[①])。第一,研究者会全面地向研究对象介绍自己研究的目的;第二,研究对象的参与是自愿的;第三,研究对象很清楚他们在什么范围内参与此项研究;第四,研究者的身份将保密;第五,参与研究的危险是非常小的。然而,因为研究者进行研究需要获得机构的支持,而这些机构接受了美国联邦政府的资金,那么,制

---

① 这里指的应该是第 5 章中"图 5.3 知情同意书:学生"。——译者注

订知情同意书是最基本的要求。作为研究计划书必备的部分，这一程序上的要求只是一个开端,研究计划书需要展示研究者在进行研究时,不但会关注日常研究实践中的伦理议题（Rossman & Rallis, in press）,而且会警惕那些可能在研究中出现,但通常未能预见的伦理议题（Milner, 2007）。程序当然是很重要的,毕竟研究者必须在研究计划书中包括知情同意书这一部分。研究计划书中也应当说明研究者与研究对象之间的关系以及可能引起的伦理问题。总之,在写作知情同意书时,质性研究者需要表明:他们知道伦理实践是一个复杂的过程,而不仅仅是一些事件。在研究的过程中,伦理实践一直在进行中;获得研究对象在知情同意书上的签名仅仅只是一个判断研究者对伦理问题敏感程度的可观察指标（参见 Bhattacharya, 2007。其中关于知情同意复杂性的讨论相当精彩）。

这些年我们已经看到,这种要求已经有了重要的后果:和我们一起工作的研究生用一种编码的语言来讨论伦理审查委员会的批准。这表明他们相信:一旦获得了委员会的批准,他们的研究就是"合乎伦理的"。有时,他们甚至会认为,花时间在那些涉及研究进行中的伦理实践的麻烦上是很无聊的、无用的、不必要的。对标准化表格——如知情同意书——的解释中的文化差异被忽视了,研究对象能从研究中得到什么这样的伦理讨论也缺失了,课本上关于知识的认识论问题掩盖了产生这些知识的至关重要的关系基础（Gunzenhauser & Gerstl-Pepin, 2006）。

我们建议研究计划书的写作者应当直接讨论这项计划中的研究可能出现的各种议题,努力达到对深层关系问题的关注。特别是,我们鼓励我们的学生只是把标准化的知情同意书作为一个起点。我们鼓励他们对这样一种状况持批判态度,即这些文件以及他们对这些文件的解释中明显忽视了文化间的差异。这些表格和指示一般来说,在如何协调一个美国（或者欧洲）大学的各种要求与相当不同的文化群体的敏感议题这一方面,几乎没有提供什么指导。比如说,知情同意书假定个人可以自己决定参与一个研究项目。然而,这种假定并非放之四海而皆准,尤其在那些更强调集体文化的地方。在那些"个人"这个概念相当模糊,而群体至高无上的地方,在那些个人不能自己做出承诺的地方,"个人权利"这个概念究竟意味着什么?当研究对象是一名政府雇员,政府要求他参与这项研究,那么个人任何时候都可以自愿参与或退出一项研究这一假定又有什么意义呢?此外,在一个识字率不高的地方,或者是一个在文件上签名或者留下痕迹都可能使人处于危险之中的威权主义国家,他们的文化是如何看待要求研究对象签署知情同意书这件事?最后,研究者如果不完全清楚在高度父权制社会中村庄妇女参与一项研究的可能后果,那么如何可能保证他们能够保护研究对象免于伤害?范例3的作者是阿伦·孔茨(Aaron Kuntz),阿伦是本书一些章节结尾部分的"两位质性方法学习者的通信"中的一位学习者。他的这篇短文详细记述了在质性研究实践中预见深层个人伦理问题要面对的挑战。

范例3 预见伦理问题时要面对的挑战

○作者:阿伦·孔茨

直到我已经完成了资料的收集工作,我才可以说真正认识到了我研究方法选择中的那些微妙的伦理意涵。我的研究是关于学校老师的积极行动主义,我原以为在我的博士论文开题报告以及为伦理审查委员会准备的文件中,我已经充分考虑了研究中可能涉及的各种伦理基础。毕竟,我顺利地通过了研究计划书的答辩。我的研究计划书中只有少量的方法讨论,而答辩委员会所关注的主要是我研究的内容,而不是我计划收集、分析和呈现资料时所涉及的伦理问题。此外,我给伦理审查委员会的申请也顺利通过,委员会甚至没有要求我进行任何修改。我的研究计划书通过了恰当的审核程序。在开始进行研究时,我确信我的博士论文已经被证实是有意义的,而且是合乎伦理要求的。

直到我的一位研究对象在访谈中问我："这都是匿名的,对吧? 你不会把我说的话写上我的名字或者任何其他可以表明我身份的东西吧?"这时候,进行一项合乎伦理要求的研究的实践意涵才摆在了我的面前。我告诉那个研究对象,这个研究涉及的所有人都会用化名,在所有的文件中,个人信息都会被删除。毕竟,这些都在我给伦理审查委员会的申请中。还有两位研究对象提及了相同的匿名问题,我也给予了他们类似的保证。直到我研究的后期,我才意识到这个基本的方法选择中存在着多层次的伦理紧张。

在收集资料之后,我准备开始对资料进行分析,也开始思考我的发现。一个微妙的伦理问题使我感到困扰:在不违反匿名承诺的前提下,我将如何准确地描述研究对象的人生故事? 在删除所有可能泄露研究对象真实身份信息的同时,我如何能够将他们塑造成一个不断变化的、复杂的人? 简而言之,我如何能够在完全地描绘研究对象的同时,又只对他们进行部分的描绘呢? 在与论文答辩委员会主席的讨论中,我得知可以引用研究对象的原话,但不表明身份。也就是说,我得把我的访谈文字稿当作文本资料,而这些文本是从研究对象生活经历的叙事中抽离出来的。但是这一立场与我希望在研究中让研究对象"发声"的信念完全相悖。我坚持这样一种伦理信念:将研究对象说的话与研究对象分离的做法是错误的,这种做法造成了在相当长的历史中,研究对象在研究中被歪曲甚至被屏蔽。我希望向那些参与到我的研究中、发出他们个人声音的研究对象表示尊敬,而不是迷失在一堆混乱的、以讨论主题为中心的引用之中。

逐渐地,我意识到了一系列的制度程序(如伦理审查委员会或博士论文计划书的答辩)并不能恰当地解决,甚至无法预见研究中的伦理问题。这些伦理问题是跟那些需要反思性思考的田野工作经历的过程联系在一起的。我不再仅仅写下我研究的内容,我开始写一些分析性的备忘录,以详细记录我在日常研究实践中所经历的那些伦理困境。这样,我就注意到了保持匿名与再现那些参与到我研究中的人——而不是简单地把他们当作我的研究"对象"——之间存在的张力。我也注意到了,基于我对后现代主义解释的拥护,我将身份认同看作是片段的和不完全的;与此同时,我又想以一种浪漫主义的方式呈现研究对象"完全的自我"。这二者之间也存在张力。在某种程度上,这些分析性的备忘录使我有机会站到我的研究之外——这个研究在当时就成了我人生的一部分,以一种陌生的眼光去看待那些熟悉的东西。将我的研究陌生化的这个过程使我有机会看到我研究中的伦理张力,也要求我以新的方式思考我的研究实践。

我很遗憾这些涉及伦理问题的分析性备忘录并没有能够成为我博士论文终稿的一部分。它们对我的论文有影响,但没有一席之地,甚至不曾被直接引述。主要是,我很遗憾那些阅读我研究论文的人永远不会知道我思考的过程——他们仅仅能够看到最后的成品。我想我当时并不认为我能将研究中内在的伦理过程写进我的论文,博士论文的正式格式要求也没有给讨论我研究实践中的伦理问题留下一席之地。现在,我怀疑不把这一过程告诉我的读者是不合乎伦理要求的,正如没有把我研究中这些经历当作在伦理上相当困难的决定,这在伦理上同样是有问题。

* * * * *

范例 3 写到了直接面对"**伦理上的重要时刻**"(Guillemin & Gillam,2004;Rossman & Rallis,in press)的经历,这种经历可能会在研究的日常实践中出现。研究计划书的写作者应当在计划书中讨论这些"重要时刻"。我们建议研究设计中应当有一节"伦理考量"来专门讨论这些问题。在对研究者"个人生平经历""社会认同""研究立场"的讨论中,这些问题也应该继续深化。这些部分应当探讨权力、身份、社会认同和文化差异之间可能存在的艰难互动。第 5 章会更详细地讨论如何在研究计划中对这一部分进行写作。

我们认为,应当把指导研究项目的道德准则看作"关系式的",而不仅仅是研究者应当跳过的程序限制。这种看法应该是把人作为研究对象的那些研究的中心。明确地认识到研究对象对研究的价值,承认研究中可能存在的人际影响,这都有助于表明研究者将对研究中的伦理保持深切关注。那么,研究者的立场和选择就会以柯克哈特所概括的人际效度为基础,也就是说"理解的真实来自人与人之间的互动"(Kirkhart,1985,p.4)。"效度的这一维度关注的是研究者如何将自己作为认识者和调查者的技能和敏感"(Reason & Rowan,1981,转引自Kirkhart,1995,p.4)。人际效度这一概念与关于真实的伦理讨论不可避免地缠绕在一起。

* * * * *

前面的讨论是希望能够提醒研究计划书写作者:在写出一个令人信服的研究计划书时,需要注意一些关于真实(或者说效度)和伦理的重要讨论。这一点特别强调:研究计划书写作者所写的东西,在某种程度上,取决于他的研究所属的质性研究类型。因此,一个以自我民族志方法为主的研究计划书需要展示对这一类型研究中理论范例和经验范例,尤其是那些讨论效度和伦理问题的论著,相当熟悉。

然而,确保(或者说努力确保)一个研究可以被看作真实和合乎伦理规范的那些细节,有赖于研究者将他的研究置于何种理论传统和研究传统的概念框架之中,有赖于研究者如何讨论研究的可能意义,有赖于研究者如何提出研究问题。也就是说,这些都有赖于研究的设计和所选择的特定资料收集方法。在这一点上,应该提醒读者发展出研究计划是一件复杂的事情。对各种想法和选择进行反复思考琢磨,这只是游戏的一个部分。要全面理解那些确保研究的真实和合乎伦理所采取的立场和策略,就得等到计划书的写作者已经对研究的概念框架、研究设计、资料收集方式这些都做出了初步的选择。我们将在第 4 章(研究的概念化)、第 5 章(研究设计)、第 6 章(主要的资料收集方法)、第 7 章(次要的资料收集方法)中对这些问题进行讨论。在同一时间内,必须对所有这些因素都加以考虑的确是令人沮丧的,但这恰恰反映了一般意义上的写作过程的复杂性。所以,接受这种状况吧!

关键词

成员核查	member checks
改变效度	transformational validity
共同确认	corroboration
合乎伦理的实践	ethical practice
合作机构培训计划	Collaborative Institutional Training Initiative
核查追踪	audit trail
汇聚共识	convergence
接触反应效度	catalytic validity
晶体化	crystallization
可靠性	dependability
可推论性	generalizability
可信度	credibility
可转化性	transferability
客观性	objectivity
伦理上的重要时刻	ethically important moments
伦理审查委员会	Institutional Review Boards
伦理议题	ethical issues
三角互证	triangulation
善行	beneficence
社会公正	social justice
同行汇报	peer debriefing
效度	validity
信度	reliability
寻找不一致的证据	searching for disconfirming evidence
延长工作期	prolonged engagement
真实	trustworthiness
知情同意书	informed consent
执行效度	transactional validity
主观性	subjectivity
尊重人	respect for persons

4

研究的"什么":建立概念框架

　　研究是什么？研究计划书是什么？这两个问题如何彼此联系？社会科学家可能会把研究作为试图——通过问一些基本的问题——获得对人类经验复杂性的更好理解的一个过程。还有些研究者的研究目标多少有些不同，他们提出的问题是应用性的和实践型的，力图有助于为那些紧迫的挑战（如护理学或教育学研究）提出可能的解决方案。而在另一些研究类型中，研究的目的是以研究发现为基础找到采取行动的有效方式。通过系统性的有时也是合作式的策略，研究者收集了关于行动和互动的信息，仔细思考这些行动和互动的含义，得出一些结论并对此进行评价，再最终提出一种解释，这种解释通常是以书面的形式提出的。

　　在学术期刊论文中，研究被视为重新建构起来的科学的逻辑（Kaplan，1964，p. 67）。但事实上，与这些质朴且合乎逻辑的表述非常不一样，研究通常都是令人迷惑的、杂乱的、令人沮丧的，而且本质上也是非线性的。巴加和邓肯批评了学术期刊文章把研究展示为一种极其有序且客观的努力的那些方式，他们描述了如何"通过这些高度标准化的成果汇报的实践，科学家漫不经心地隐瞒了他们研究真正的内在戏剧性，诸如研究的直觉基础、研究中磕磕绊绊的时间线以及研究中对一些概念和研究视角进行的大规模循环再加工"（Bargar & Duncan，1982，p. 2）。研究这场戏剧是令人愉悦的，但也是令人沮丧的。

研究者注意到了他观察、探索或偶然发现的现象很有趣、很神秘、很古怪或者很反常,于是开始了研究。就像侦探工作或者说如最传统的调查类新闻报导那样,学术研究努力对所选择研究的现象进行解释、描述、探讨和/或批评。那些带有解放目标的研究类型,如批判理论、女性主义、后现代主义的研究所呈现的那样,也明确地将改变压迫性的社会环境作为它们的研究目标。这些具有解放目标的研究类型所致力于推动的社会公正越来越多地表达在所有的质性研究类型之中。因此,研究计划书也就是一个进行系统研究的计划,这项研究将带来对社会现象的更好理解并且/或者将挑战**可质疑的**社会环境。正如我们在第 1 章和第 2 章所指出的那样,一份完成的研究计划书应当表明:(1)这项研究是值得做的;(2)研究者有能力开展这项研究;(3)这项研究规划地非常细致,能够成功地被执行。

研究计划书要展示研究者思考如何进行一项研究所做出的各种决定,这些决定包括有助于资料收集的理论框架、研究设计和方法,而那些资料可以适切地回答研究问题,并合乎伦理标准。这些决定的做出经历了直觉、复杂推理,还要对以下方面进行权衡:若干可能的研究问题、可能的**概念框架**、收集资料时可供选择的替代设计和策略。在这一过程中,研究者需要考虑计划中的这项研究"应当做的可能性""做的可能性"和"愿意做的可能性"(这些在第 1 章中已经讨论过了)。设计质性研究的这一过程是复杂且辩证的。本章将讨论:在进行质性研究设计时,从各种可能的研究问题、研究框架、研究取向、研究地点和资料收集方法中,研究者怎样做出最适合研究项目的选择。发展出一份研究计划,要求研究者同时考虑研究计划的各种要素。正如第 1 章指出的那样,这个循环往复的过程是相当复杂的,是一种智力上的挑战,因为研究者必须同时考虑研究计划的多种因素——多重决定和多样选择。

但如何开始呢? 这是发展出一份坚实可信的研究计划时最具挑战的方面。一个快速的回答是"从你所在的地方开始"。很久之前,安塞尔·斯特劳斯就说过:"给一个对象命名的过程,为行动提供了指导"(Strauss,1969,p.22)。他指出了给研究者的研究项目命名——将研究项目用一个简短的句子表达出来——是相当有力的动员过程。

我们的经验表明:研究兴趣可能主要来自个人兴趣、专业的投入和关切、吸引人的理论框架、方法偏好和/或一再出现的社会问题。不管研究兴趣的来源是什么,这些兴趣都必须转化成有逻辑的计划,这样的研究计划将关键要素相互连贯,并且展示了研究者的能力。我们为这些因素提供了一个模型,承认在研究计划书正式且公开的写作之前需要进行大量的思考并提出各种草案。

研究计划书的组成部分

质性研究计划书具有多样的形式,但一般地来说包括以下3个部分:(1)简介,包括对研究计划的概览、对研究主题或焦点的讨论以及大致的研究问题、研究的目的和潜在的意义、研究的局限性;(2)讨论相关研究文献或者说"研究思潮"(Schram,2006,p.63),这需要将研究项目放在这一主题的当下研究话语之中,并发现与这项研究有关的特定知识传统;(3)研究设计和方法,这需要用细节说明以下内容:整个研究设计、研究地点或感兴趣的人群、收集资料的特定方法、对分析资料和确保研究真实的策略的初步讨论、研究者的个人简介、在开展这项研究时可能出现的伦理和政治议题。在所有的研究中,这三个部分都是相互联系的——每一个部分建立在其他部分的基础之上。表4.1列出了这些部分。在质性研究中,研究计划书需要在研究问题和研究设计中保留一定的灵活性,因为研究问题和研究设计都有可能会变化。质性研究计划书事实上是研究者对以下两个关键问题的最佳推理:他如何将他的研究问题合法化、他将如何逐步推进发现答案。下一节将提供一些策略,这些策略将有助于建立起一个清晰的概念框架,同是也保持灵活性以便接受那些预料之外的出现。

表 4.1　质性研究计划书的组成部分

简介
概览
主题和目标
对知识的贡献、对实践和政策问题的意义,和/或对行动的意义
研究框架和总体上的研究问题
研究的局限性

对相关研究的文献综述和批评
影响研究问题的理论传统和思潮
对相关经验研究的综述和批评
专家和局内人的评论及看法

研究设计和方法
总体的研究取向和解释说明
研究地点和研究对象的选择及抽样策略
进入、角色、互惠、信任、和睦
个人生平经历
需要注意的伦理和政治议题
资料收集方法
资料分析步骤
对真实和可信进行讨论的步骤

附录(可以包括介绍信、资料收集和整理的细节、抽样策略、时间表、预算、试调查的笔记)

参考文献

建立概念框架:主题、目的和意义

　　研究计划书应该提供一个令人信服的论证,表明这项计划中的研究将会是有意义的,而且也将有助于提高人们的生活状况。表 4.1 提供的要点中,简介部分对这一论证过程进行了概述,因为这部分包括以下五点:(1)描述了研究关注的实质焦点——研究主题——和研究目的;(2)将这项研究放进了一个更大的理论、政策、社会或实践领域,并进而阐述了这项研究的意义;(3)提出了初始的研究问题;(4)预报了将要综述的研究文献;(5)讨论了研究的局限性。研究计划书的写作者需要将这些信息组织起来,这样研究计划书的读者就可以清晰地确定这项研究的基本要素。在综述和批评相关研究文献的同时,这一部分提出了研究的概念框架,并告诉读者这项研究的实质焦点和目的。我们赞同施拉姆的有益建议(Schram,2006)。施拉姆认为,在发展出研究的理论框架时,研究者应当有能力这么说:"这就是我的研究问题如何放在一个已有的观念领域之中,这就是为什么我的研究问题很重要。"(Schram,2006,p.62)概念框架并不是从天上掉下来的,或者甚至是来自一个理论家的一本书。相反,概念框架是研究者自己发展出来的,按照施拉姆的说法,这项工作意味着"在那些与你面对的问题有关的看法中,找出哪些是相关的、哪些是有问题的,在这些看法中建立起新的联系,并提出一套论证,这套论证能够反映出你在研究这个问题时的立场"(Schram,2006,p.63)。接下来的研究设计这一部分(将在第5章讨论)描述了这项研究将如何进行,并详细展示了研究计划书写作者执行这项研究的能力。

尽管在我们自己的研究计划书提纲中,简介部分和对文献的综述批评部分是两个分开的部分,研究者对最开始的这两个部分的叙述都源自他完全熟悉的、与这项研究相关的内容,这些相关内容包括相关的理论文献、经验研究、对之前研究的评论和专家写的相关短文。研究者对相关研究的细致综述可以达到以下三个主要目的。首先,这样一份研究综述提供了证据:这项研究有潜在的**实践和政策意义**,这项研究也将有助于这个主题当前的研究讨论(通常被称为对"知识"有意义)。其次,研究综述也明确了指导这项研究的重要知识传统——影响了这项研究的那些"研究思潮"。最后,通过批评之前的研究、扩展已有的理论,或者指出无效的实践和政策,研究综述也指出了已知的目前研究中的不足。这些元素是研究框架的主要构成部分,并有助于精炼出重要且可行的研究问题。在写作这一部分之前,研究者可能有一些直观上的感觉,诸如他的研究问题很重要,或者有实践方面的原因使研究者集中关注这些问题。在写完研究计划书的简介和文献综述部分之后,研究者在他的论证和主张中将会相当确信:这项研究有更大的意义。

因为研究计划书的这些部分是相互联系的,而且写作是一个发展和循环往复的过程——正如"进行研究的方法"本身那样(Richardson,2000,p. 923),研究计划书的写作者将会发现:在对相关研究进行综述之后,重写研究问题或者关于社会问题的说法是相当必要的;在已经作出研究计划之后,重新关注研究的意义也是很必要的。巴加和邓肯描述的"对一些概念和研究视角进行大规模的循环再加工"抓住了这种辩证过程(Bargar & Duncan,1982,p. 2)。我们建议计划书的写作者对变化的必要性以及研究的灵活性保持警觉:准备好多次重写一些句子,而不要急急忙忙地立刻准备结束;学会热爱电脑文字处理程序的修订功能。研究中合理可靠的想法可能来自灵感乍现的那短短一刻,但发展、精炼、打磨这一想法——也就是说,找到与这个想法有关的知识传统,并找到可用于钻研这一想法的方法,都是艰苦的工作。

简介部分

研究计划书的第一部分向读者提供了关于这项研究的简单介绍。这部分介绍了研究主题或关注的问题和研究的目的,这项研究要讨论的总体的研究问题①以及研究如何设计。这一部分应当写得很清楚,唤起读者的兴趣,并预告一下后面的部分。首先,要介绍这项研究将要讨论的研究主题或关注的问题,将这些与实践、政策、社会议题和/或理论联系起来,进而预告这项研究的意义。接下来,要大致列出文献综述中要讨论的理论和研究的广阔范围。然后,要勾勒出研究设计,**逐步聚焦**于资料收集的基本技术和研究设计的独特特征。这一简短的介绍部分为后面更详细地讨论研究主题、研究意义和研究问题打下了基础。

介绍研究主题的部分

如前文所言,激发质性研究的好奇心通常最初来自对现实世界的观察,来自直接经验与产生于其中的理论之间的交互作用,来自对实践的政治承诺,来自发展中的学术兴趣。这些在前面都讨论过了。而在另一些时候,研究主题源自对经验研究和理论传统的综述和批评。刚刚开始做研究的研究者应当仔细阅读那些专门以发表文献综述为主的学术期刊(如 *Review of Educational Research*, *the Annual Review of Sociology*, *the American Review of Public Adminstration*, *the Annual Review of Public Health*),

---

① "总体的研究问题(the general research questions)"指的是一项研究整体上要回应的问题。这一问题是研究主题(research topic)的具体化。研究主题可能只是不明确地关注人群或事件的某一方面(如范例 4 中的西非男同性恋年轻人),而总体的研究问题则是这项研究对研究主题某一层面的一种发问,这种问题也不够具体明确,但是统领了整个研究(如在范例 4 中的总体研究问题就是"在西非,不能完全符合异性恋生活方式的生活究竟意味着什么?")。之后,通过逐步聚焦到特定的研究地点、特定的研究人群或者特定的事件,研究者就可以明确研究的焦点,并提出明确而具体的可研究的问题。详细讨论可以参看后文关于"概念漏斗"的讨论。就范例 4 而言,研究者保罗·弗里索利逐渐聚焦于西非男同性恋博客上的讲述和讨论。范例 4 中并没有说明研究者的特定的、具体的、可研究的研究问题,但"西非男同性恋在博客上如何讲述他们的经历?""那些认同霸权社会政治话语的人(异性恋)在评论博客时,与这些同性恋博客作者之间产生了怎样的互动?"这些都有可能成为范例 4 的具体可研究问题。也就是说,研究主题—总体研究问题—具体研究问题,这是一个逐渐聚焦和具体化的过程,这一点在"概念漏斗"的讨论中也有所反映。——译者注

仔细阅读政策取向的出版物以了解这一领域目前的和新兴的研究议题及挑战，并且与专家讨论一些关键议题。这些研究者也需要反思他们个人的、专业的和政治的兴趣。那些对写文献综述几乎没经验的研究者可以从"路线图（road map）"形式中大受裨益。"路线图"是布隆伯格和沃尔普在《完成你的质性研究博士论文》一书中提出来的（Bloomberg & Volpe, 2008）。"路线图"将研究的步骤和阶段分解成了有意义的、更可控制的部分，包括使用不同理论流派的方式、有选择的且能将各种批评整合起来的方式、从文献综述到概念框架的方式。

研究在理论、实践、研究问题、个人生平经历之间循环。一个研究项目可能从这个复杂过程的任何一个点开始。考虑可能的研究问题、潜在的研究地点、可以参加研究的个人或群体，这些都可以使一项研究的焦点更加清晰。对潜在的研究地点和研究对象进行想象可能会重塑这项研究的焦点。对研究地点和研究对象进行思考也鼓励研究者去考虑收集资料时的立场以及可能的策略。研究者可能知道一个研究场所，在那里实践中引人入胜的议题吸引了研究者的想象力。研究项目的开展是以辩证方式推进的，因为可能的研究焦点、研究问题、研究地点、收集资料的研究策略都需要仔细考虑。

克拉布特里和米勒对研究循环（cycle of inquiry）进行了有效的概念化（Crabtree & Miller, 1992）。他们指出，可以把质性研究过程比喻成"建构主义研究的湿婆神之环"（参见图4.1），湿婆神是印度教中的舞蹈和死亡之神。研究者带着对情境的敏锐感知进入了解释之环，但并不追寻终极真理。研究者必须忠诚于舞蹈，但也能够站在舞蹈之外，发现并解释"象征性的交流和意义……这些会帮助我们延续文化生活"（Crabtree & Miller, 1992, p. 10）。研究者批判性地看待人们的经历以及形塑这些经历的更大社会力量。通常研究者努力搜寻日常生活中关于支配、压迫和权力的各种表达。这样，研究者的目标就是揭露"虚假意识"并通过减少关于经验的假象来创造"更加被赋权的和被解放的意识"（Crabtree & Miller, 1992, p. 10-11）。

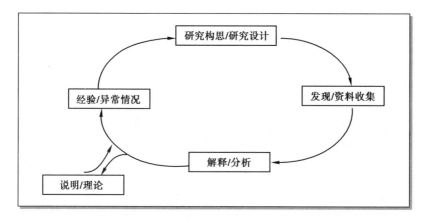

图4.1　建构主义研究的湿婆神之环

来源:Crabtree and Miller,1992,p.10。使用获得许可。

研究者也许会受到研究中的赋权目标——如批判性的本土意识——的激励,就像李在对新墨西哥大学夏季的领导能力项目所进行的研究那样(Lee,2006)。考虑一下研究地点以及这个研究中的议题和研究人群,将鼓励对这样一个问题的分析:什么样的研究问题可能是在实践上有意义的。这些问题进一步影响了资料收集方法的选择。不管是哪种研究类型或怎样的研究目标,提出问题、研究设计、资料收集和发现、分析、解释,这些共同组成了研究之环。研究之环也要求始终使用理论,尤其是对提出问题以及指导解释(interpretation)和说明(explanation)这两个步骤而言。

制度民族志(institutional ethnography)中对日常世界议题进行质疑,按照史密斯的说法,就是意识到可以进行这样一项研究:这项研究开始于"人们生活真实状态,关注人们如何参与制度实践,并与制度实践结合在一起"(Smith,2005,p.107)。尤其是在那些应用领域,如管理、护理、社区发展、教育、临床心理学,强有力的自传式的元素推动了研究的进行。比如,一位国际发展教育的学生研究了美国的难民和移民群体中的一个悖论,因为研究者自己的专业工作是在社区发展中与类似的群体合作（Jones, 2004）。另一位学生研究了印度尼西亚农民对土地用途的看法，因为她在政治上倾向于这些本地人（Campbell-Nelson, 1997）。还有一位学生探讨了与她家乡肯尼亚村庄中的艾滋病患者/病毒携带者孤儿和其他弱势儿童交往的深层经验（Ochiel, 2009）。最后的一个例子是一位致力于环境保护的社会心理学专业的学生，从成人发展理论的视角来研究对环境的态度（Greenwald, 1992）。

研究者的个人生平经历也是提出研究问题的来源、灵感和最初方式。在质性研究类型中，个人生平经历的影响通常是被明确说明的（尽管这些说明经常被放在计划书后面的部分，在"研究设计"一节中——参见第 5 章）。下面的这段引文就是这样的一段声明：

> "我强烈相信，为了非洲裔、拉丁裔、亚裔和美国原住民中的那些年轻人能够在这个国家获得成功，我们必须有强有力的非洲裔、拉丁裔、亚裔和美国原住民的教师。然而，我也知道我们中的许多人是在一个带有种族偏见的教育系统中进行社会化的，也就对我们自己、我们的社区、其他非白人的种族或族群带有歪曲的印象。"（Kohli, 2009, p. 3）

这位研究者继续描述了他的这些信念的来源，既包括个人层面的，也包括有研究作为基础的。通过写出这样的个人生平经历声明，并将之包括在研究计划书中，质性研究者向潜在的读者展示了：他们是在讨论他们自己的一些方面，这些方面影响了他们的研究重点和研究兴趣。稍后我们会展示这些如何有助于研究设计（第 5 章）、资料分析（第 9 章）和研究发现的呈现（第 10 章）。

在范例 4 中，我们可以看到一位研究者保罗·弗里索利在研究开始时提出了一个关于西非年轻人的实践和政策问题，后来他把这项研究与他对个人生活意义的搜寻结合起来了。从他的"我发现了！"时刻（"*Eureka*" moment）开始，他就精力充沛地进行研究文献的搜索，并寻找可操作的资料收集策略。

* * * * *

范例4　我的研究、我自己以及现实世界重要性的相互缠绕

在过去七年里,我一直在西非生活和工作。这是一段美好的经历,但是有时候我会觉得我处于两种相互分离的生活之中。在家中,我是一个男同性恋,而且准备好了开始同性婚姻。同时,我也集中力量进行我的博士论文研究。然而在西非,我是一个研究者,我没有告诉别人我的性取向,也没有泄露我在家中的生活。与这种矛盾的身份认同混合在一起的是,我意识到我的研究主题出了点差错。我一直都对我博士论文研究中的西非年轻人议题有兴趣,但是我却不知道该怎么推进。

我的"我知道了!"的时刻是我意识到如何将我的研究主题与我自己的同性恋/异性恋身份认同融合在一起! 这一时刻的到来,是在性议题看起来在全世界都越来越经常出现的时候:冰岛任命了第一位公开承认自己是同性恋的首相。加利福尼亚州撤销了对同性婚姻的禁令。一部记录哈维·米尔克(Harvey Milk)——美国1970年代第一位公开自己同性恋身份的政治家——的美国电影在全国上映。

新闻中也可以看到非洲国家的同性恋报道:塞内加尔的男性筹备了一次同性婚姻,以此提高人们的意识:西非国家也存在同性恋群体。冈比亚总统声称必须将他的国家中每一个同性恋的脑袋砍掉。还是在塞内加尔,有八位公共卫生工作者意识到艾滋病/病毒携带的危险,并为那些与男性有性关系的男性提供了帮助和协助,他们被判刑八年,因为这些公共卫生工作者违反了关于鸡奸的法律,从事了犯罪行为。总地来说,在西非,那些性取向不同的年轻男子是受到迫害的,尽管在有些国家,同性恋者已经成了国家领导人。我意识到:我们生活的这个世界是分裂的,我的多重身份认同根本就不奇怪。更特别的是,我想问西非的男性这样一个问题:不能完全符合异性恋生活方式的生活究竟意味着什么? 这就是我的"愿意做的可能性"——这项研究

要理解那些西非年轻男性的生活经历，他们与居于霸权的、关于性别和性意识的观念不完全符合。我的生活伴侣布拉德告诉我，这个项目也是我发现关于我自己一些事情的努力，这也是一个断言：我也相信对这样一个研究的"愿意做的可能性"是真实和有效的。

为什么这项研究对我如此重要？我愿意为做这样一项研究付出什么？在一个人们被监禁和威胁的情境中做研究，对我和我的研究对象来说都不安全。在互联网上以"同性恋"和"非洲"作为关键词进行搜索，我找到了几个年轻非洲男性的博客。许多博客都在谈论身份认同议题，还有这些与他们的家庭、社会生活和职业生活之间的关系。我立刻意识到了使用互联网的力量，用互联网来表达自己是一种安全、匿名，且信息量丰富的方式。这些年轻人看起来已经成为了互联网上的积极行动者，他们用互联网来分享关于他们性取向认同的经历、故事和想法。他们中并不是所有的人都认为自己是"同性恋"，但他们谈论了他们自己的发现过程。这些公开的博客也允许那些对同性恋不友好的非洲人进行回应，这就引入了可以在学校课本和媒体中发现的、与居于霸权地位的政治和社会话语一致的声音。

这是以前的研究没有涉足的领域！我想这项研究的价值会在于对那些反霸权的性观念的描述和分析，这使那些情感需求、教育需求和健康需求都可能与其他人不同的人群发出了声音。我现在认为这项研究应该被完成，具有潜在的"做的可能"。我当然希望这项研究能够被完成。

* * * * *

对保罗来说，也是对所有研究者来说，面临的挑战是展示个人兴趣——越来越多地被称为研究者的立场——不会限制研究的发现，或者使研究带有偏见。有些研究文献关注的是研究者自己及研究者的个人认同对研究的进行、资料的解释、最终叙述的建构都有哪些影响，对这些研究保持敏感，将有助于完成一项研究。了解认识论中关于什么构成了知识以及知识意味着什么这些问题的争论,尤其是对传统研究中权力与支配的批判,这些也是有价值的(参见第 2 章批判民族志、女性主义研究、参与行动研究、后现代研究视角)。

当直接的个人生平经历促进了最初的研究好奇心,研究者需要将这种好奇心与总体的研究问题联系在一起。**概念漏斗**的漏口要包括一项研究将要讨论的总体的——或者说是"宏观研究"——问题;这项计划中的研究焦点,是这些总体问题在研究漏斗中筛选的结果。

图 4.2 展示了漏斗这个比喻①(本博 1994 年在研究参与社会行动的发展过程时描绘过)(Benbow,1994)。漏斗的漏口代表了那些总体的概念焦点——例如,社会行动主义及其对压迫性社会环境的改良作用这样一个一般议题。然后研究者就需要像漏斗一样将研究的焦点缩小。当研究焦点集中于一些个人,这些人已经积极地参与了社会事业或者也可能是参与了社会运动,如群体现象,这样,积极社会行动就变得更可研究。一个研究问题(或者一组研究问题)通过漏斗可以得到更具操作性且更小的研究焦点,进而关注生活经历如何影响了对社会行动主义的参与程度。那些本来只有一些总体的、模糊的研究问题的研究者可以将他们的想法进行这样的操作——就像这个漏斗所展示的那样——来获得帮助。

正式的理论在传统上已经被用于提出研究问题,而且这些理论作为处理感兴趣研究主题的漏斗或透镜也是非常有用的。然而,"理论"还有一层含义,就是**个人理论**——使用中的理论(theories in use)或者说默会理论(tacit theories)(Argyris & Schön,1974),这些理论是人们在事件中发展出来的,用于减少

---

① "漏斗(funnel)"这个比喻很形象地描绘了研究问题逐步聚焦和具体化的过程,范围越来越小,越来越具体。这个过程中要放弃一些东西——那些漏斗漏不下来的东西,但更重要的是,在这个过程中,研究问题越来越明确,越来越可研究。可参见本章"简介部分"的脚注中关于范例 4 的讨论。——译者注

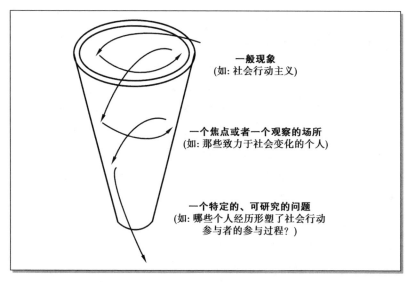

一般现象
(如:社会行动主义)

一个焦点或者一个观察的场所
(如:那些致力于社会变化的个人)

一个特定的、可研究的问题
(如:哪些个人经历形塑了社会行动
参与者的参与过程?)

图 4.2　概念漏斗

含糊和说明矛盾的。然而,如果研究的灵感来自于个人理论或者默会理论,研究者需要对这些有所超越,并且在系统考虑——如现存的理论和经验研究——的指引下来进行研究。默会理论(一个人的个人理解)与正式理论(来自研究文献)结合在一起能够有助于将一个问题、一种让人好奇的现象、一群沉默的且被边缘化了的人,或者一个可以质疑的议题转化为研究焦点,并将此提升到更一般化的研究视角。潜在的研究是从让人觉得麻烦的或者引发兴趣的、对现实世界的那些观察出发的(比如一位教师意识到:"无论可以得到多少回报,这些孩子都不愿意主动参与课堂活动");然后发展出个人理论(比如,这位教师说:"我想这些孩子更关心其他孩子怎么想,而不是他们自己的成绩如何");接下来,就可以与正式理论联系起来(比如,这位教师考虑做个研究,并运用关于动机的发展理论来帮助她建立思考框架);最后,可以与研究文献中的概念和模型对话(比如,这位教师—研究者确认:之前的研究注意到学生的课堂表现受到学生亚文化中非正式行为期待的影响)。这些理论的结合为研究的进行提供了框架,可以用研究问题的形式为这个假想的教师—研究者的研究提供研究焦点:"在学生亚文化中,对课堂参与的行为期待是怎样的?"施拉姆指出,理论就是一种思考的方式,是来自"由于你的研究而成为研究焦点的那一堆想法和议题……理论[还]为你已经开始的研究中的那些范围广阔的预感、暂时性的思考,以及其他形式的初级理论化给予了合法化和具体化的影响。"(Schram,2006,p.61)

概括地说,概念化、框架化,并使一项研究逐渐聚焦这样的复杂过程,一般是从个人对研究问题的界定或者对社会问题的关注开始的。通过综述对这一主题进行研究的其他学者和相关从业人员的工作,个人观察就转化成为系统的研究,并进而建立起了指导研究的理论原理和概念框架。研究问题可以进一步精炼;研究设计可以更密切地聚焦;去什么地方、找什么、如何转向真实世界的观察,这些决定都越来越明确。当研究者一再地思考这些不同的研究阶段,图4.3中提供的指导将有助于研究者把研究过程形象化:从个人观察到概念框架,再到特定的焦点,最后提出与研究文献和现实生活的观察联系在一起的、有益的和/或有创造性的研究问题。这些步骤将帮助研究者将研究设计形象化:研究者可以在哪里进行这项研究? 研究对象是什么人? 研究者事实上可以如何收集资料? 研究者可以怎样计划资料的分析和汇报?

为研究过程提供框架

然而,研究过程并不是图4.3中所描绘的那种线性模式。举例说,当一个研究者计划图中的最后一个圆圈(研究发现的范畴、论题、模式)时,研究者会问他自己:什么样的论题可能会出现、研究文献在这里又会有怎样的帮助?

当研究者处于最后一个阶段"研究报告和出版物",研究者将重新回到第一阶段,回想他最初的观察和关注或者改变社会的愿望,以此帮助他在这些问题上做出决定:报告采取什么形式、向读者汇报什么以及向什么人汇报。

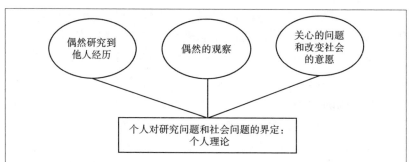

个人理论、预感、好奇心:

   我如何从对偶然的观察转化为系统的研究? 之前的研究、现存的理论框架、对所关心问题的表达、那些被社会问题影响的人们对社会变化的要求,哪些应当是我研究的焦点?

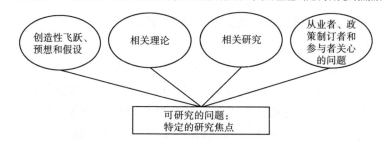

研究文献、框架问题和研究设计

   指导问题和研究焦点

   从现在的研究综述来看,之前的研究中运用过一系列的研究场景、人群和方法传统,我的焦点是什么? 什么样的问题将会最有创造性、最有用? 我假定或者说猜想我能发现什么? 我可以对什么场景和人群来进行观察、收集数据,进而来探讨我的研究问题? 我将看什么? 我怎样将研究文献中的概念与自然场景中的行为和互动结合起来? 我可以怎样进入呢? 如何记录资料? 如何决定是否要进入其他研究场景或者采用其他资料收集策略?

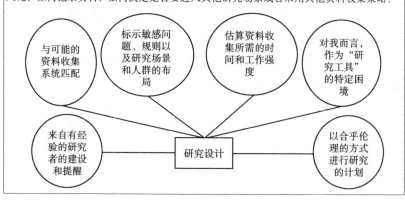

研究设计、资料收集和处理

　　当我收集资料的时候,我将运用什么策略来组织我的资料? 我将怎样逐渐推进到寻找行为模式,怎样通过系统的工作来确保我将能够获得有益且重要的讨论主题以及真实的汇报?

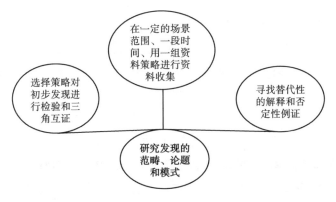

汇报发现、结论

　　哪种汇报方式是合乎伦理的、对我的职业发展有益的,并且是能够帮助人们的? 我应当有怎样的创造性? 质性研究报告中的哪一种传统对我的研究目标最有意义? 我如何向读者展示我的研究结果的真实、可转化和用途,同时也表明我研究的局限和这项研究揭示出的新的研究挑战? 我应当提出促进社会变化的特定建议吗? 谁是我的读者?

研究报告和出版物

图 4.3　为研究过程提供框架

　　图 4.3 及上面的这些问题都希望能对研究者在经历概念化和研究设计的艰难过程时有所帮助。这个过程一般来说都是适用的,不管是在城市社区做研究,还是对立法机构进行研究,或者是在印度尼西亚西帝汶的村庄做研究,或者是对刚刚到达的移民群体进行研究。从另一层意义上来看,这个过程一般也是适用的,无论研究问题是关于健康、人类情感、领导力、经济、社区建设、仪式或者任何其他主题。

　　在整个研究计划书的写作过程中,前期的概念化工作是最困难的,在知识层面上也是最严格的。这个过程很混乱,也很辩证,因为需要检视其他可能的框架(学术传统)来看它们展示和深化研究焦点的力量。在前面我们已经讨论过,探讨收集资料的可能设计和策略也在这一初始过程开始了。研究者必须放弃一些研究主题,并且抓住研究问题,研究者已经调整好并且找到了研究的焦点,确保了这项研究"做的可能性"。尽管这一阶段意味着放弃一些东西,但它却将整个研究绑在一起,也使研究者避免去经历那些不现实的冒险。正如保罗在范例4中指出的,简单地进入对西非的访谈和观察将会使人们处于危险之中,而且研究也不可能进行下去。

不要低估直觉在整个研究过程的这一阶段里能起到的作用。对著名科学家的研究表明,创造性的洞见——直觉——在他们研究的整个过程中居于中心位置(Briggs,2000;Hoffman,972;Libby,1922;Mooney,1951)。通过允许想法不断发展,并对心智在重组和重构方面的能力保持尊敬,研究者会发展出更丰富的研究问题。这一观察并不是要贬低分析过程,相反这是要给予创造性行为应有的地位。巴加和邓肯(Bargar & Duncan,1982)注意到:研究是这样的一个过程。

"在精炼(refinement)想法时,对逻辑分析的宗教式运用,被作为主要的工具。而对想法进行精炼经常是在不同的地方开始,在这些地方,意象、比喻和类推、直觉预感、身体知觉状态,甚至梦境和像做梦一样的状态都有可能是有益的。"(Bargar & Duncan,1982,p.3)

通过界定这项研究将要讨论的更大的理论、政策、社会问题或者实践议题,以及最初的洞见和经过改进的概念,开始了将研究结合在一起,并为研究提供框架的过程。这种复杂思考也开始建立起研究的参数(这项研究是什么、不是什么),并将发展出扎根于当下各种理论传统的概念框架。

描述研究目的的部分

研究者也应当描述她进行这项研究的意图——研究目的。

一般来说,研究目的嵌入在对研究主题(通常只是一两个,但很重要的句子)的讨论之中。关于研究目的的陈述能够告诉读者这项研究可能将完成什么。历史上,质性方法的学者描述了研究的三个主要目的:对社会现象进行探索(to explore)、说明(to explain)①、描述(to describe)。这些术语的同义词还包括理解(understand)、论述(develop)、发现(discover)。许多质性研究既是描述性的,也是探索性的:这些研究详细描述了一些复杂社会环境,而这些在已有的研究文献中并没有讨论过。另一些研究则明确的是说明性的:这些研究展示了事件之间的关系(经常是由研究参与者感知到的)以及这些关系的意义。然而,这些对研究目的的传统讨论却并未涉及批判、行动、倡导、赋权、解放——这些目的总是可以在那些以批判理论、女性主义、后现代主义假设为基础的研究中看到。在行动研究中,研究者可把采取行动作为计划中的这项研究的一部分研究目的,也可以把赋权(参与行动研究的目标)作为研究目的。但是在最好的情况下,研究者也只能讨论:一项研究如何可能创造出赋权的机会(参见表4.2)。

对研究主题和研究目的的讨论也明确指出了一个分析单位——一项研究将要集中探讨的研究层次。质性研究通常关注个体、二分组合②、群体、过程或者组织。对研究的层次进行讨论将有助于集中关注随后与资料收集相关的方法决定。

---

① explain及衍生词译作"说明"可参考本书第2页的译者注①。——译者注
② "二分组合(dyad)"主要是指可以组成一对的两个个体,如夫妻、母女等。组成一对的这两个个体存在一定的关系,这种关系一方面使个体之间产生区分(如丈夫和妻子),这种区分甚至可能有彼此对立的意义,但同时这种关系也使得这两个个体可以合情合理地组成一对。——译者注

表4.2　研究问题与研究目的的搭配

研究目的	总体的研究问题
探索型研究	
调查那些所知甚少的现象 确认或发现意义的重要范畴 为进一步的研究提供假设	在这个社会系统中发生了什么? 研究对象中关于意义的最突出的论题、模式、范畴都有哪些? 这些模式之间如何相互联系?
说明型研究	
说明与所研究现象有关的模式 发现那些可能形塑了社会现象的关系	哪些事件、信念、态度或者政策形塑了这一现象? 这些力量如何相互作用并产生了这一社会现象?
描述型研究	
记录和描述感兴趣的社会现象	在这一社会现象中,最有特点的行动、事件、信念、态度、社会结构和社会过程有哪些?
解放型研究	
创造出投身社会行动的机会和愿望	参与者如何将他们的社会环境问题化,并采取积极的社会行动?

描述研究的意义和可能贡献的部分

要说服读者这项研究非常重要,并应当进行这项研究,就需要建立起一套论证,将其与那些重要的、影响人们日常生活的理论视角、政策议题、实践关注、社会议题联系在一起。把这种论证当作一次机会,讨论这项研究将以何种方式对政策、实践、理论、社会行动的考虑有所贡献。谁可能会对研究结果感兴趣? 研究结果应该与哪些群体分享? 学者? 政策制订者? 从事相关工作的人? 类似群体的成员? 那些通常被边缘化、被屏蔽的个人或群体? 这里的挑战是将这项研究作为对重要社会问题的表达;对这些社会问题的界定会影响研究的重要性。

　　一位临床心理学家可能会意识到关于孤立的研究文献中存在不足,因而计划对长途卡车司机民族志这一主题进行研究。这样的一项研究相对而言可能对政策或实践并不感兴趣,然而,这类研究注定对理论有所贡献。一位女性主义社会学家可以研究工作场所中顽固的男性至上主义,以此讨论业务主管在政策和实践中按性别区别对待的想法。要研究福利改革对基础教育课程中的成人学习者的影响,可以将研究聚焦于政策议题或者一再出现的社会问题如何影响了学习者的生活。在这些研究中,理论就不那么重要了。研究者通过界定社会问题来强调研究的重要性。一些研究者受到鼓励将行动维度加入到政策和实践研究的意义之中。当政策和实践中过分狭隘的观点忽略了相当范围的意义和需求,质性研究者希望提供整体的情况,并将他们的研究作为行动的工具(Lee,2006;Wronka,2008)。

　　要获得研究基金的资助就要关注研究问题。"从福利到工作(welfare-to-work)"研究基金希望资助一些研究,对那些向不易找到工作的人提供帮助的项目进行多地点评估。与此有关的研究不仅能够得到资金支持,而且也已经有了一群感兴趣的读者。这样的研究对政策有直接的意义,对研究者而言也是很难得的机会。研究者需要保持警惕:关注对政策潜在影响的研究机会,有可能会引诱研究者采取首先为有权力的精英服务的研究策略(Anderson,1989;Marshall,1997a;Scheurich,1997)。我们在第1章已经讨论过了那些明确的意识形态研究。关于这些议题的更进一步讨论,可以参看史密斯的研究(Smith,1988)。

　　一项研究也许可以从理论视角、政策议题、实践关注、社会议题这四个领域都对理解和促进社会行动有所贡献,但一项研究对这四个领域的贡献不可能是完全一样的。关于研究主题的陈述必须强调这四个领域中的一个。比如说,有一项研究关注将有身心障碍的孩子整合进一个普通班级,这项研究对政策和实践都有意义。如果把这项研究作为一个政策研究,就需要将这个主题定位于对特殊教育政策的讨论之中。而如果更强调这个研究的实践意义,就要求研究者关注那些支持了包容性教室的结构因素。将这项研究放在相应框架中的这两种方式都是合理的,研究者面临的挑战是要论证这些研究对他感兴趣的那个领域将有所贡献。这样的论证反过来对文献综述和研究设计也有潜在的影响。

知识上的意义

对一项研究的理论意义进行讨论,通常都是一次知识上的长途冒险旅行,研究者可以在对相关文献进行综述时更好地完成这一点。在研究计划书的这一点上,研究者应当描述这项研究将以新颖、有洞见、有创造力的方式放入社会科学或相关应用领域的研究传统之中,并以此来概述这一研究项目可能的知识贡献。对意义的这一陈述应当展示:这项研究将如何以新的方式对研究传统或基础研究文献有所贡献。

研究计划书经常会指出已有研究文献中的不足,并表明这项研究将弥补这种不足。如果一项研究是属于一个理论已经发展完备的领域,那么,这项研究可以是对理论有意义的验证或扩展。研究者可以使用之前的研究者发展出来的概念,并提出一个与之前研究中的问题类似的研究问题。然而,资料收集可能是在不同的场景、针对不同的群体,并必然是在不同的时间。这样,这项研究的结果就可以看作是对理论的扩展,这一研究可以扩展理论可推论化的程度,并使理论命题更精细。当研究者将研究的焦点概念化,并提出了研究问题,研究者便可以提出一组理论,并开展与之前研究有所不同的**相关研究**。然而,这类研究的意义一般地来说是来自对相关研究文献的宽广且有创造力的评述。在写好研究计划书的这一部分之后,研究者还需要在研究意义一节中加入参考文献和相关概述,其意义将在下一节对相关研究文献的综述中全面展开。一般来说,研究者通过回答这样一个问题来展示自己工作有创造力的方面:
"这项研究为何重要?"

充分概念化并被彻底执行的研究带来了知识的增加和小范围进步,这些促进了理论的发展。多数研究者运用理论来指导他们自己工作,运用理论来将他们的研究放在更大的学术传统之中,或者运用理论来标示出他们要仔细研究的特定概念在学术地图上的位置。此外,当一个研究者打破理论边界并对一个问题进行重新概念化或者重新定位问题领域,非常有创造力的研究就可能出现。比如,布朗芬布伦纳(Bronfenbrenner,1980)将生态学这一概念运用于儿童发展理论,对儿童的学习过程重新进行了概念化。韦克(Weick,1976)将学校比喻成一个松散结合的系统,这深刻地改变了对教育机构的理论概念化。研究者总是遵从一种理论范式,对将一个学科的概念用于另一个学科这种有创造力的运用持一种"大胆的兼容并蓄"(Rossman & Wilson,1994)。

对实践和政策问题的意义

对政策研究意义的论述,可以通过讨论正式政策在这一领域的发展来展开,也可以通过展示一些资料来展开,这些资料表明社会问题经常出现而且成本非常高。比如说,要表明研究学校女教师职业生涯的重要性,研究者可以提供一些统计数据,这些统计数据记录了女教师的工资一直比同级别男教师的工资要低这一现象,这就是这项研究要处理的问题。这项研究对学校补偿政策的可能贡献也就很清楚了。以此为基础,也可以清晰地论述这项研究对大学学位项目政策的意义。在另一个例子中,研究者描绘了福利法案最近的变化,并进而指出这一改革未能给予那些受影响最大的群体以应有的关注,这就是这项研究要关注的问题。一项研究对将来福利法案改革的可能意义也就可以描绘出来了。通过讨论研究主题以及这项研究将如何对这一领域的政策有所贡献,这位研究者也就表明了:这个普遍的主题是应该进行的系统研究中相当有意义的一部分。

一个研究的重要性还可以通过概述一些政策制订者和了

解情况的专家的论述来展开,这些政策制订者和专家指出这个主题很重要,并呼吁对这些普遍问题进行研究。一些统计数据记录了危机事件以及问题是长期存在,这和专家们的呼吁一样,可以表明这项研究将讨论一个重要的主题,而这一主题是该领域政策制订者关心的问题之一。举例来说,在一些应用领域,如教育、健康政策、管理、区域规划以及临床心理学,展示一项研究对政策的意义——不管是国际政策、国内政策、地方政策、区域政策还是制度性政策——是相当重要的。

指出一项研究对实践有重要意义,可以遵循关于一项研究对政策有意义的论述一样的逻辑。这里的论证依赖于对研究文献中的关注和问题进行讨论。这就包括引用专家的话、参考之前的研究,并概述相关数据。回想一下前面提到的对身心残障儿童融入班级的那项研究。研究者希望这项研究关注实践中的议题,那么他需要讨论的文献就是那些详细记录了教师们所关心问题的研究,教师们的这些考虑都是为了满足身心残障儿童在教室中的需要。那么,这项研究可能的意义就在于能够对教师在教室里的实践活动有所帮助。沙德克-埃尔南德斯(Shadduck-Hernandez,1997)的博士论文对那些作为移民和难民的大学生的族群认同进行了研究。在研究计划书中,她记录了入学注册的相关数据,概述了这些大学生在大学课程中遇到的少数与文化有关的经历。这样沙德克-埃尔南德斯就将研究的可能贡献定位于大学教室里的教学实践。

对行动的意义

最后,一项研究之所以重要,也可以是因为这项研究详细地描绘了一些生活境况,这些生活境况传达出特定的社会议题。这样的研究可能不会影响政策,也不会对学术研究有所贡献,也不能帮助实践。但这样的研究可以通过提供丰富的描述将研究者感兴趣的、那些活生生的经历置于聚光灯之下,进而鼓励人们采取行动。行动研究和参与行动研究把采取行动作为他们研究的中心。在这些个案中,研究者需要论证:计划中的这项研究以及随后的社会行动,对参与这项研究的人以及那些关注这一议题的人来说,是有价值的。这里要面对的挑战是怎么说以及说什么。

马圭尔(Maguire,2000)对那些在家庭暴力中被殴打女性的研究是一项参与行动研究。她的研究最主要的贡献不是要发展学术传统,也不是要推动政策变化或者帮助实践。这项研究的主要贡献是它对那些参与到这项研究中的女性以及那些致力于减少虐待女性的人来说是有意义的。这项研究很重要,因为它关注的是社会主要议题中的一个。相反,布朗(Browne,1987)所研究的女性杀死了那些攻击她们的人。这项研究的贡献就非常不同,且相当重要。这项研究批评了当前的法律制度,这一制度能为处在被攻击状态中的女性提供的保障相当有限。这些研究激发了为那些处于这种境况中的女性提供保护的积极社会行动。拉瑟和史密斯(Lather & Smithies,1997)研究了艾滋病病毒呈阳性的女性之间的相互合作。这项研究邀请读者进入这些女性的生活,以创造出新的社会联系、推进社会行动的可能。

通过讨论相关的学术研究以及实践所关注的问题,研究计划书中研究意义这一节详细阐述了要研究的主题,并指出:对这一问题的进一步研究将可能有助于学术研究、政策、实践以及对反复出现的社会议题的更好理解。这一节明确了这样一些问题:哪些人将会对这一研究主题感兴趣? 这些研究将如何有意义? 以何种方式产生意义?

当然,准备申请研究经费的研究者会调整他们关于研究意义的陈述,以符合基金会的要求和优先考虑事项。那些以资助行动研究或社会干预为荣的基金会愿意读到这样的陈述:这项计划中的研究将对一些人有直接帮助,或者将改变有问题的情况。在另一方面,如果是向那些以扩展知识和理论为主旨的基金会(如美国国家科学基金会)申请资助,为了表明研究的意义,研究者就需要强调这项研究将会讨论的一个未展开的或者未解决的理论难题。

概念框架和研究问题部分

质性研究的取向相当适于用来披露一些没有预料到的情形、探讨一些新的研究途径。这就要求计划书有一定灵活性,这样,资料收集就可以回应越来越精炼的研究问题。但是,这里也存在一个两难。研究计划书在研究问题和研究设计上都应当足够清晰,这样,计划书的读者才能够评价这项研究"做的可能性"。另一方面,研究计划书又应该保留灵活性,这是质性研究方法的特征。这种情况意味着研究问题应该是足够笼统的问题,既允许进一步的探索,又足够聚焦可以划定这项研究的范围。这可不是一件容易的工作。

在一项研究逐渐聚焦的同时,还要提出笼统的研究问题。这最好是以一种发展的方式来表达,这依赖于对相关研究文献的讨论,以便给研究找到一个框架,并对特定的研究主题进行精炼。通常主要的研究目的是发现最一针见血的、最有洞察力的那些问题。看起来,相关概念也将在研究过程中提出来,但是研究计划书必须以研究者对研究文献的了解为基础,提出研究中会涉及的论题。

最初的研究问题应该是与社会问题及其重要性联系在一起的,而且也应当对要综述的文献有所预示。研究问题可以是理论问题,这样的问题可以在不同的研究场所或者对不同的样本进行研究。这些问题可能关注某一人群或一组个体,而这样的人群和个体也可以在不同的地方进行研究。最后,这类研究问题也可以是由于某个特定项目或者组织的独特性而专门针对特定地点的。对难民和移民大学生经历的研究(Shadduck-Hernandez,1997;2005)可以在有刚来这个国家的大学生的任何一个地方进行,推动这项研究的理论兴趣并未与某个特定的组织有联系。然而,要对一个作为示范的性教育项目进行研究,就只能在实施那个项目的地方,因为这里关注的社会问题是与实践有关的。因此,提出来的研究问题是被这项研究所关注的社会问题所形塑的,进而,提出的研究问题也限制了研究设计。

下面列出了一些理论问题的例子:

- 游戏如何影响了阅读的正确性？是通过怎样的认知过程和影响过程？在游戏中扮演特定角色——如领导人——的孩子学得更快吗？如果是的话，什么造成了这种差异？
- 上级对下属给予支持鼓励的社会化过程在职业生涯中是如何起作用的？
- 医务人员和普通人对于"积极的想法"影响癌症治疗的看法是什么样的？

关注特定人群的问题则包括以下这些：

- 神经外科医生怎么处理这样两个现实——他们手中攥着人们的生命，而他们的病人中有许多死去了？
- 那些进入顶级工商管理硕士项目学习的女性都遇到了什么？她们的职业道路是什么样的？
- 长途货车司机的生活是什么样的？
- 学校主管怎样处理与学校委员会成员的关系？这些主管运用了什么样的影响过程？
- 那些作为变革推动者的教师在他们的职业生涯中遇到了什么？他们是不是在职业生涯早期就耗尽了热情和能量？
- 那些来自非常贫穷家庭的女性博士研究生的生活经历和职业经历是什么样的？

最后，特定地点和关注政策的研究问题会采取以下这些形式：

- 为什么性教育项目在这个学校运作得很好，而在其他学校就不行？这个学校的人、计划、项目支持和情境有什么特殊之处？
- 顶级私立学校里校方—家长联合会的关系与社区公立学校有哪些不同？这些不同与教育哲学及其结果的不同有怎样的关系？
- 游说群体以何种方式影响了马萨诸塞州立法机构的污染控制政策？
- 为什么北卡罗莱纳大学的学校行政人员和有色人种的学生群

体对平权运动政策功效的看法不一致？什么可以解释这种不一致？

上面这些就是研究计划书中提出的初始问题的典型例子。这些问题划定了一项研究的边界，又避免了对研究的不恰当限制。这些问题关注的是在社会文化系统和组织中的互动和过程，并进而与重要的研究文献和理论联系在一起，但这些问题同时也扎根于日常现实。研究计划书中这一节的目的是详细说明研究问题，从而使研究进一步聚焦，并预告下一节中将会讨论的研究文献。范例 5 展示的是一份试调查的研究计划书中关于研究介绍的初始陈述。

* * * * *

范例 5　一份研究计划的初始陈述

一位来自中国的博士研究生，范怡红（Fan Yihong）非常关注教育的根本目的，尤其是大学教育所强调的教育目的。她本人在中国大学和美国大学的经历使她看到：在两个大洲的学校里，组织的实践——步骤、规范、学科边界——都在摧毁人的精神和创造性。范怡红全面地研究了组织理论、科学和技术的讨论、"新科学"的发展以及与东方哲学有关的复杂系统理论。在这一过程中，她注意到了新兴的全相宇宙（holographic universe）和全息意识（holotropic mind）理论（Capra，1975，1982，1996；Senge，1990；Wilber，1996）。这些理论关注人、事件、自然、世界的一体性以及意识本身所固有的、以整体方式理解现实的能力。在这些兴趣的基础上，范怡红提出了四个整体性的研究问题，这使她能够将指导这项研究的、不同且复杂的研究传统整合在一起。

1. 什么成了使个人改变他们世界观的触发点和前提条件？

2. 这些人经历了什么过程，使得他们改变了认知途径，进而改变了做事的方式，甚至改变了生存的方式，最后成了一个被改变的人？

3.这些改变的过程有哪些特点?

4.个人是如何觉醒、意识到改变的必要性,进而帮助促进群体和组织的转化性的变化?

关于这项研究的可能意义,范怡红是这样描述的:这项研究将对那些与传统非常不同的个人和组织进行详细的描述,以此帮助人们理解个人和组织的改变是如何可能的。这样,这项研究将对理论和实践有潜在的贡献,将提供对转化过程的全面而详细的分析。

* * * * *

范怡红(Fan,2000)介绍了研究主题——限制还是解放教育环境这一顽固的社会问题,提出了初步的总体研究问题,并预计了这项研究的可能意义。尽管这项研究的研究取向一点也不典型,这一取向表明范怡红的理论框架与个人认识论和宇宙观是一致的。接下来还有两个例子,都是计划书中介绍研究的段落。每一个例子都陈述了研究主题、讨论了研究目的、约定了分析单位、预测了研究意义。

"身体上有缺陷的孩子关于他们的'身体本性(bodiedness)'的意识是非常独特的。以现象学的研究为基础,这项研究将探讨并描述五个孩子对'身体本性'深层内在意义的理解。这项研究将通过这些孩子与体育运动关系的故事带来丰富的叙事。中心概念'身体本性'将用这些孩子的话来进行详细阐释。那些与身体有缺陷孩子一起工作的人,还有那些为这些孩子规划各种项目的政策制订者,都会发现这项研究很有帮助。"

"马萨诸塞州奥兰治的社区艺术中心为社区的所有成员提供服务,这是一个获得过嘉奖的项目。这项研究的目的是要解释这一项目如何成功地将艺术带进了低收入社区。这项研究将采用民族志的设计、力图对项目的成功进行详细解释。这项研究将帮助决策者和资助者设计出类似的项目,从而将那些历史上在艺术中没有一席之地的群体整合到这样的艺术项目之中。"(改编自 Rossman & Rallis,2003)

勾勒研究的不足

所有计划中的研究都有不足,没有一项研究的设计是完美的。正如巴顿指出:"没有完美的研究设计,总是会有折衷。"(Patton,2002,p. 223)对研究不足之处的讨论表明:研究者理解了这样的现实——他将不会对他研究发现的可推论性或终极性(conclusiveness)作出骄傲自负的判断。

一项研究的不足是源自研究的概念框架和研究设计。在研究计划书的开始部分对研究的不足进行讨论,可以提醒计划书的读者:这项研究是什么、不是什么——这项研究的边界——以及这项研究将怎样可能或不可能帮助人们的理解。将一项研究放在一个特定的研究和学术传统中将对这项研究施加限制。举例来说,对印度尼西亚土地用途的一项研究可以放在发展经济学的讨论中。这就会提醒读者:这项研究是以这样的方式来进行讨论的,从而减少了批评。然而,总体设计表明了这项研究将会具有相当广泛的适用性。尽管从概率的意义上说,质性研究是不可推论的,但质性研究的发现也许是可转化的。对这些考虑的讨论提醒了读者:一项研究是置身于一定的情境之中,并被这一情境限制的。那么,读者就可以对这项研究在其他场景中的有效性作出判断。然而,在承认质性研究在可推论性上存在局限的同时,关于研究局限的陈述也应该再次强调质性研究非常不同的研究目的和优势。我们在前面的章节讨论过,研究者选择质性研究取向,以便从参与者的角度来理解现象,或者深入且细致地探索并发现有预定假设的那些研究可能会忽略的东西。因此,质性研究者必须宣布:那些传统的"金科玉律",如可推论、可复制、控制群体等,都不是质性研究应该遵从的正确标准。我们将在第 9 章继续对这一点进行讨论。的确,在将研究设计、研究地点、样本、资料处理进行概念化和框架化的过程中,通过估计可能会遇到的问题以及要面对的挑战,我们确实希望能够将我们研究的价值最大化。比如,当我们希望探讨并发现男性拿到前列腺癌诊断结果时的不同反应,我们就要面对下面这些问题:将这项研究限制于那些容易接近的、善于表达的中产阶级男子,将会失去什么? 只讨论那些在德克萨斯奥斯汀的男性,这项研究有什么不足? 只讨论这些男性,而不涉及他们的配偶、医生,这项研究又忽略了什么? 在另一个例子中,我们的目的是要发现在针对怀孕及需要抚养孩子的青少年的"成功"项目中,哪些因素是成功的关键。我们就需要面对以下问题:为了将可比性最大化,我的研究样本中必须是那些预算差别不大的项目吗? 但是如果我要研究多个项目,我怎么能够用我有限的研究经费来完成我需要的深度参与观察和访谈呢? 我接受了其他人对"成功"的定义,我的研究焦点是不是因此而过于狭隘? 这些都是难以回答的问题,我们会在第6章以及后面的章节中再次讨论这些问题。在研究的早期,我们可能只是对我们能够做什么有一些最好的猜想和希望。后来,这些猜想和希望就会在研究设计中得到精炼,在规划研究实践和预算时又会有进一步发展,在田野工作期间又会再次有所改善。

以草稿甚至大纲的形式写出计划书的研究介绍部分。当研究者进行到文献综述部分时,许多研究介绍部分的细节会变得更清晰。最终,在计划书的其他部分完成之后,研究者需要修改研究介绍这一部分。这样,也只有这样,研究者才能真正地写出研究介绍部分。研究介绍部分要短,但要吸引人。最终,研究介绍部分将会是使读者了解整个研究计划的"热身"部分。即使只读研究介绍部分,一般来说,那些时间有限的(或者懒惰的)读者都能知道这项研究计划研究什么。

文献综述和对相关研究的批评

对相关研究文献的深思熟虑且有洞察力的讨论,能够为一项研究建立起一个有逻辑的概念框架,并且将这项研究放在相关研究的研究传统和情境中。文献综述有四个显著作用。第一,文献综述展示了在总体研究问题背后的假设。如果可能的话,文献综述应该展示为一项研究提供支撑的研究范式,描述研究者带入研究工作的假设和价值观。第二,文献综述表明研究者对一项研究所涉及的,并对支持这项研究的相关研究和学术传统有所了解。第三,文献综述表明研究者已经明确已有研究中存在一些不足,并希望计划中的这项研究能够弥补这些不足。最后,文献综述通过将研究问题放在更大的研究传统中,能够对研究问题进行精炼和重新界定。我们将文献综述描述为研究者和相关研究文献之间的对话。

形塑研究问题的理论传统

当研究者将研究所面对的社会问题概念化,他就将这个社会问题置于了一定的理论和相关研究的传统之中。最初,这可以只是一种直觉定位,是基于一些潜在假设的选择,这些潜在假设就是诸如研究者如何看待这个世界以及他认为研究问题是如何置身其中的。然而,当研究者开始钻研研究文献,他就应当确认并陈述在一个理论框架之中的那些假设。这种理论可以是儿童发展理论、组织理论、成人社会化理论、批判种族理论,或者是任何合适的理论。研究综述这一节要为一项研究提供框架,确认这项研究所希望拓展的知识领域。

所综述和批判的相关研究

文献综述的下一部分,按"文献综述"字面上的意义,就应该是对与总体研究问题有联系的已有研究和学术写作进行评论和批评。这种批判性评论应当带来一个更精确的关于实践问题的陈述,或者一个更精练的研究问题,因为它展示了一个尚未得以恰当研究的专门领域,或者表明了一个不同的研究设计将更合适。如果一项研究意义的主要方面在于对这一研究主题的重新概念化,这种重新概念化应当在文献综述部分进行全面展示。库珀(Cooper,1988)的一篇文章对文献综述的焦点、目标、角度、范围、组织结构和读者等进行了讨论。

专家的短文和观点

在文献综述这一节中,研究者呈现了相关从业人员,甚至记者和政策制订者的看法。这表明,不但学术研究者和学术期刊的作者,而且学术领域之外的人也在发现问题的答案、探讨原因,并寻找看待这一问题的新方式,这些是非常必要的。政府的报告、游说组织的判断、报纸的报道,甚至大街上的人的叙述都可以包括进来。研究计划书的读者很清楚:跟学者同行评审的那些来源相比,对学术界的读者而言,这一节消息来源是不那么具有可信性的。然而,这些消息如果是关于某一情况的直接个人经验和局内人知识,那么它们就是可信的。因此,在讨论失业机械师的健康问题时,可以引用地方立法者和机械师联合会报纸上评论员文章的各种说法,以加强或者加深关于失业的讨论,而这之前已经从学术研究的角度进行了讨论。

用概念框架来概述文献综述

在整个文献综述中,通过确认那些有用的研究文献,并展示一些研究文献是如何陈旧、有局限,或者未能回答某些问题,研究者发展出来一套论证。这套论证支持了这项研究中将使用的研究框架以及将提出的研究问题。图4.4展示了一份文献综述,这份文献综述讨论了组织理论、领导理论、学校行政管理者职业生涯的研究文献,并讨论了政府和职业联合会对学校行政管理者工作负担和人员短缺的种种哀叹(Marshall,2008)。研究框架是要支持研究计划书的论证——在这个例子中,这一论证是:这些研究对发现一些组织经验是必须的,而正是这些组织经验支持和吸引了健康、敬业和有创造力的学校行政管理者。

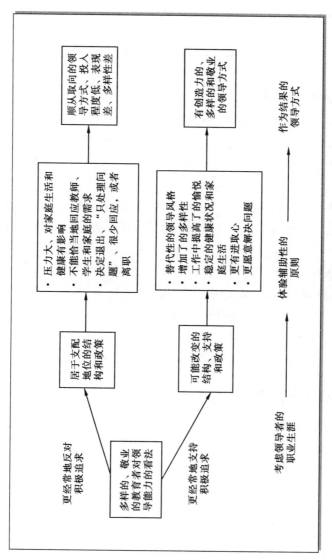

图4.4 规划多研究者、多焦点研究的模型

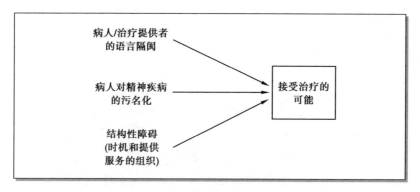

图4.5 简单概念模型的例子

规划多研究者、多焦点研究的模型

图4.4 中,概念框架被用来以图表的形式展示文献综述中已经发展出来的一套论证。概念框架也被用来确认七个相关的问题①是以何种方式构建起来,以实现相互协调、指出可能的研究地点和研究焦点、明确它们对政策制订者解决行政管理人员短缺和过度劳累这些问题的意义。最后,概念框架还展示了进行一个大型研究项目的可能,这个大型研究项目可以包括政策制订者们的担忧并将其扩展,也可以表明相关政策议题应当如何考虑行政管理者的健康、创造性和投入。

一些研究者发现画出一张明确研究领域和关系(就像在概念地图中一样)的**图示模型**是非常有帮助的。这样的图表不是要预测一项研究的发现,而是要展示研究者目前、在研究计划阶段、关于事情是如何运作的想法。图4.5 是一个简单概念模型的例子,它可以帮助研究者预想一下她的研究问题,这些研究问题是关于影响患者进行治疗的可能因素。

简单概念模型的例子

范例6 提供了将文献综述各个部分结合起来并相互吻合

---

① 这里的七个相关问题指的是图4.4所示研究中的七个方框中的内容。——译者注

的一个扩展的例子。可以看到,文献综述帮助马歇尔(Marshall,1979,1981,1985b)发现了探讨研究问题的新可能性。

* * * * *

范例6　通过文献综述来构建研究的意义

当马歇尔(Marshall,1979)研究女性在学校行政管理工作职业生涯中的不平等这一常见的社会问题时,她首先阅读了之前研究者的研究。在马歇尔之前的许多研究者进行了大规模问卷调查来确认学校的女性行政管理工作人员的特征、职位和百分比。很少研究者注意了歧视的模式。

马歇尔决定远离已有的研究传统,并将研究涉及的实际问题重新概念化。她把这看作成人社会化领域的问题,并从职业社会化理论出发,发现了一些有用的概念,比如角色紧张、赞助人身份、愿望形成,等等。马歇尔综述了职业社会化理论和相关经验研究的综述,这些经验研究是关于学校行政管理人员职业生涯的研究,包括人员招募、训练、挑选过程的研究以及关于女性在工作和职业生涯的研究。马歇尔提出了一个新的研究问题。她的问题是:"学校女性行政管理人员的职业社会化过程是什么样的?女性在做出职业决定、获得训练和支持、克服各种阻碍,并在等级制中获得晋升机会,这样一个过程是什么样的?"

这种重新概念化来自对研究意义的提问:谁会关心这个研究?这个问题鼓励了研究者去综述已有研究中的其他研究者是如何回答一些问题的。文献综述表明女性在学校行政管理工作中的能力跟男性是一样的。但是对研究文献的批判性综述也指出:已有的研究关注的问题是不同的。马歇尔可以证明她的研究是重要的,因为这项研究将集中关注对过程的描述,这在已有研究中只是简单涉及。这项新的研究将讨论女性在由男性主导的行业中的职业生涯社会化,以此对理论有所贡献。这项研究也将明确相关社会、心理和组织的变量,这些变量是女性职业生涯社会化的一部分。通过展示这项研究将如何增加人们的知识,这些论述表明了这项研究的意义。

文献综述也对平权运动和关注平等这些议题进行了概述,表明了这项研究对实践和政策的重要意义。这样,研究问题、文献综述、研究设计就和关于研究意义的问题结合在一起了。要回答研究意义的问题,就需要展示这项研究是属于需要探讨的知识和实践领域。要确保这样的讨论得以进行,质性研究方法是进行这项研究的最合适的方法。

* * * * *

如范例6所示,文献综述可以确认已有的知识,更重要的是,说明研究的意义和提出新问题,并经常可以改变旧问题。文献综述的这种"启发性的功能"(Rossman & Wilson,1994)可以相当有创造性。它将有助于尝试那些"如果—那么命题"和"思想实验"(Schram,2006,p. 67),研究者可以从这些出发,试一试在理论与资料集合的可能发现之间建立起可能的联系和关系。举例来说,在范例6所描绘的那项研究的思想实验中,马歇尔(Marshall,1979)提出了一个指导性假设:如果女性能够估计自己要面临的角色紧张,这种角色紧张是母亲角色、行政管理工作的任务以及怀疑女性是否能够胜任"强硬"领导人角色这些累积的结果,女性就会压制自己获得学校领导工作的抱负。因此,这一思想实验就可以带来一些指导性假设和一些线索,这些假设和线索是关于如何问问题以及如何对研究者所获数据的论题保持敏感,研究者也会更自信,相信她能够从干巴巴的文献综述推进到她资料中的活生生的人和生活。

此外,文献综述通过展示各个部分之间的概念联系,还为整个研究计划提供了知识上的黏合剂。没有对研究文献的了解,研究者就不能写出研究的意义。没有对总体研究主题的讨论,研究者也不能描述研究设计。研究计划书分成一个一个的部分,是因为传统和惯例,而不是由于一个神奇的公式。然而,要将复杂的研究主题组织起来,并说清本章开头提出的三个关键问题,建议参考我们在表4.1中展示的研究计划书的结构。范例7显示了:当研究者要在历史上相互分离的研究文献中建立联系,研究的概念化将会如何有创造力且激动人心。

范例7　对文献的创造性综述

　　当研究问题是对一个新的领域进行探索,那么,已有文献和/或理论的单一线索,对建构一个有用的、可以指导这项研究的框架来说,可能是不恰当的。一个好的例子是沙德克-埃尔南德斯(Shadduck-Hernandez,1997;2005)对教育全球发展的研究。她努力从研究文献中找到将她的研究框架结构化的方式,她的研究是一个社区服务学习项目,这个项目的服务对象是一所重要的研究型大学里那些作为移民或难民的本科生。

　　沙德克-埃尔南德斯大量阅读了关于社区服务学习项目、高等教育机构与它们所服务社区之间关系的研究文献,并确认了已有文献中的一个实质性的不足。已有的研究描述了社区服务学习项目参与者的数据,注意到这样的项目通常是由来自中产阶级家庭的白人本科学生为有色人种社区提供服务。但几乎没有对这些项目中存在的等级支配实践进行批评讨论,也没有质疑在大学与社区的关系中欧洲中心(Eurocentric)的价值观。还有一点很清楚的是,之前的研究都没有能够在对大学的持续批判方面,将这一社会问题概念化,没有能够从那些在大学主流话语中被边缘化的、有色人种的难民和移民学生的视角出发。

　　尽管沙德克-埃尔南德斯已经明确这项研究定位于关于社区服务学习以及大学—社区关系的学术写作和研究中,但她仍然觉得不够。这个研究综述帮助她建立起了这项研究的学术情境,但并没有提供可以帮助阐明学生们经历的理论概念或命题。沙德克-埃尔南德斯希望能够从批判教学法的研究文献中为这项研究找到更完整的框架。她也讨论了情境学习理论中的关键概念,如情境、同伴关系、实践社区等,以便为这项研究对学习环境的讨论提供分析性的洞见。最后,沙德克-埃尔南德斯以人类学的知识储备概念为主,这一概念指的是"那些在种族和族群上多样且收入低的学生和社区所拥有的策略资源和文化资源"(Shadduck-Hernandez,2005,pp. 115-116)。她对这些研究文献的讨论,检验了这些文献是否有助于理解在相同或相似的族群内所开展的社区服务学习,是否有助于提出对大学批评,这种批判和缓但相当尖锐。

* * * * *

范例7展示了一个创造性的结合,这一结合使研究文献的不同流派一起为一项研究提供框架。这种对不同文献的整合帮助形塑了一项研究的焦点,这一研究焦点在理论上很有趣,也可以为大学里的政策和实践提供相应的信息。对高等教育机构与他们所处社区之间关系的历史进行广泛的阅读和了解——再加上关于批判教学法、情境学习和知识储备等**理论文献**——创造出了一个多样化且非常有创造力的综合。研究者并没有将这项研究狭隘地限制在一个主题,而是广泛地从其他学科寻找那些启发性的概念框架。这样的文献综述尽管有时有些沉闷、令人困惑甚至含糊不清,但它促进了这项研究的继续,并表明研究者已经进行了大量的知识工作。

文献综述在一项研究中有很多作用。它指出了研究焦点的重要性,也有助于判断一项狭义描述研究的最终发现的有效性。对那些力图解释和评价事件,并讨论事件之间联系的研究来说,文献综述还可以在资料收集和分析过程中为发展出一套说明提供指导。在发展扎根理论的过程中,文献综述提供了理论建构、范畴,还指出了这些建构和范畴的特性,这些可以用于组织资料,并发现理论和现象之间的新联系。

研究计划书的各个部分——研究介绍、研究主题和研究目的的讨论、研究的意义、总体研究问题、文献综述——就这样联结在一起,这就为研究计划提供了概念框架。在这里,研究计划书中最重要的（和最不重要的）想法得到了发展，它们知识上的根源得以展示，也受到批评。所有这些都是为了告诉读者：（1）这项研究是关于什么的（研究的主题）；（2）什么人会关心这项研究（研究的意义）；（3）其他人如何描绘这一主题，得出了什么样的结论（研究的知识根基）。所有这三个目的都交织在研究计划书的各个部分中。

研究计划书的最后一个主要部分——研究设计和研究方法——应当跟随计划书目前为止在概念上和逻辑上的发展，这些将在第 5 章和第 7 章讨论。在研究设计和研究方法这一部分，研究者需要以计划书的概念部分为基础，找到一个个案，以满足为这项研究所选择的特定样本、方法、资料分析技术和报告形式。也就是说，研究设计和研究方法部分应该建立对一项研究的设计和资料收集方法的解释说明。在这里，研究者需要提出一个运用质性研究方法的个案。这些主题也将在第 5 章和第 7 章讨论。

尽管存在类似之处，质性研究的计划书与定量研究的计划书是不同的——这种不同有时候是本质意义上的。要提出一个质性研究的计划，研究者首先需要向计划书的读者介绍这项研究将要探讨的总体主题。这一陈述并不包括特定的研究问题、待检验的命题、待检验的假设，但包括对一些议题的总体讨论，如面对的困惑、未经探讨的议题，或将研究的群体。通过文献综述，这一讨论会逐渐聚焦，因为在探索性研究中，很难预测哪一类研究文献的相关性更强；一项研究的焦点最好是不同研究文献的交叉。

在一些个案中，文献综述产生了有说服力且有意义的界定、建构、概念，甚至资料收集策略。这些可以相当有效地带来一整套初步的**指导假设**。使用指导假设这个术语可以帮助那些熟悉更传统形式的研究计划的读者。然而，有一点很重要，研究者需要解释：指导假设都是工具，是用于提出问题和寻找模式的。而当研究者进入田野，并发现了社会现象的其他激动人心的模式，这些指导假设就可能会被抛弃。这种研究取向保留了灵活性,这种灵活性是允许一项研究的确切焦点不断发展所必需的。通过避免严格的假设,研究者保留了她进行探索和产生问题的权利。这些指导假设向计划书的读者表明了研究者可能遵从的研究方向,但研究者仍然可以自由地去发现和追寻其他模式。

正如前文提到过的那样,我们不希望暗示计划书的发展是以一种线性的方式进行的。特别是,在第 1 章我们已经指出了:将一项研究概念化,并发展出一个清晰、灵活和可操作的研究设计,这些都是辩证的、相互纠缠的,是需要艰苦工作的。当研究者与这项研究的概念和理论框架一起工作时,研究者经常会产生替代性的研究设计,并评估这些研究设计在处理那些刚刚出现的问题的能力。反过来,考虑将民族志、个案研究、深度访谈研究作为研究的整体设计,将重塑研究问题。所以当概念框架与特定研究设计的特质越来越有机地结合在一起,这一过程就会持续下去。研究者面对的挑战是:要在研究主题、研究问题、研究设计和研究方法之间建立起逻辑联系。

两位学习者之间的通信

梅兰妮:

在阅读这本书的前几章时,我不是很理解使乱作一团的质性研究显得有条理的方式。我们努力假想我们的研究工作中有一种逻辑顺序,这只是为了发现我们研究设计的不同方面是相互联系且相互融合的。当我们在课堂上讨论概念框架的时候,我总是想到这些。作为一名学生,我觉得我总是在寻我"正确"的理论视角,以便使我的质性研究有意义。当然,这是一种没有希望的追寻。甚至看起来也不会有一个完美的、符合我们自己研究情境的理论框架。然而,在课堂上,我们试试一个理论框架,看看是不是合适,然后我们试另一个,看看会不会更合适,还是更不合适。接下来,当然,我们就开始了我们自己的博士论文研究,而且我们忽然应该以某种方式来建构我们自己的理论框架。也许我们只是把一些理论视角拼贴在一起,发现一些其他人可能没有感知到的联系和交叉。 这还是如此的乱七八糟，甚至有时候让人惊慌失措。 我只是刚刚开始进行我的博士论文研究，就（很明确地）在与这种使研究清晰的愿望（希望？）或多或少地进行艰难的斗争。

很抱歉抱怨这些。 希望你一切都好！

阿伦

阿伦：

我完全同意你关于质性研究乱作一团的看法。 你知道，我现在也处于博士论文研究的阶段。 把理论结合在一起简直要了我的命！ 理论上（不是双关语），我知道我们所说的概念框架是什么意思，但是在我自己的研究中，为了提出一个研究框架，我经历了如此困难的一段时间。 我怎么能够把相互分离的研究抽出来，再创造一个逻辑整体？ 在什么意义上，概念框架能够自己成立？ 我如何能够成功地提出一个概念框架，而这个框架的一些部分在我对资料进行深入分析的时候才会出现的？

我逐渐认识到关于质性研究的一件事情是——我希望这是一个具有合法性的理解！ ——研究过程不仅是非线性的，而且是令人绝望地缠绕在一起，几乎就像我们在努力挣扎着解开我们自己弄出来的戈耳狄俄斯之结①一样。 有些时候只有对我的研究内容的兴趣才能使我对这些困惑安之若素！ 就像你说的，真是乱七八糟、复杂，又令人沮丧——或者这就是质性研究吸引力的一部分。

看来恐怕现在是我在抱怨了！ 我现在又累又饿。 我得去吃顿深夜晚餐，然后睡觉！

梅兰妮

来源：Rossman & Rallis，2003。

---

① 戈耳狄俄斯之结(Gordian Knot)来自希腊神话。这是一个绳结，是由一个叫戈耳狄俄斯的人制造出来的，在绳结外面找不到绳头。这通常用来比喻按照常规方法无法解决的问题。在希腊神话中，亚历山大大帝用剑将这个绳结劈成了两半，解决了这个难题。——译者注

关键词

概念框架	conceptual framework
概念漏斗	funnel
个人理论	personal theories
个人生平经历	personal biography
可质疑的	problematic
理论文献	theoretical literature
实践意义和政策意义	significance for practice and policy
图示模型	pictorial model
"我发现了!"时刻	*"Eureka"* moment
相关研究	related research
知识上的意义	significance for knowledge
指导假设	guiding hypotheses
逐步聚焦	focusing

5

研究的"怎么":建立研究设计

在研究计划书中,有一部分专门用于描述研究设计和研究方法。这一部分有以下三个目的:

1. 提出了一个拟开展研究的计划。

2. 表明研究者有能力开展这项研究。

3. 坚持了研究设计灵活性的必要(灵活性是质性研究的特征),还提供了保持灵活性的策略。后者通常最有挑战性。

在研究计划书的研究设计部分要涉及八个主题。(1)质性研究的类型、整体的策略以及相应的**解释说明**;(2)**研究地点的选择**、研究整体的选择、**抽样**;(3)研究者的**进入方式**、**角色和伦理**;(4)收集数据的方法;(5)数据处理;(6)数据分析的策略;(7)真实;(8)一个操作计划或者时间表。与这些交织在一起的是这样一个挑战:提出一个清晰、可行的计划,其应有具体专门的细节,同时又要在计划执行中保持灵活。在讨论这一挑战之后,我们将对前三个主题进行论述。然后,第6章和第7章将描述资料收集方法,之后的第8章将讨论处理、分析和解释质性数据的策略。对整个研究过程操作的考虑(使用操作计划、花费预算、时间表)和整理资料集并进行处理将在第9章讨论。自始至终,我们都在为第10章做准备,在那一章里,我们提出了与汇报质性研究并写作研究报告的方式有关的建议。

应对挑战

研究者如何维持研究设计灵活性的需要,以便一项研究可以"打开(unfold)、喷薄而出(cascade)、全面展开(roll)、显现出来(emerge)"(Lincoln & Guba,1985,p. 210),但同时又仍然要提出一个有逻辑的、简明的、全面的、符合"做的可能性"标准的研究计划? 研究设计这一部分应当向读者表明:整个计划是合理可靠的,研究者可以胜任这项研究,能够运用所选择的方法,研究者充分意识到要成功地完成这项研究所需要的努力,并对这些努力相当有兴趣。这一部分中的研究设计和研究者的辩护必须面对各种质疑。毕竟,研究设计必须能够说服计划书的评阅人:研究者有能力处理这个复杂的、带有个人色彩的过程,总是在田野中、在"打开—喷薄而出—全面展开—显现出来"的过程中做出决定。

研究者应当向读者表明:研究者保留了随着研究逐步发展,对最初的研究设计进行修改的权利。研究者可以通过以下方式来做到这一点:(1)表明对于特定研究问题使用质性研究方法是恰当的,并能展示其中的逻辑;(2)设计研究计划书时,将许多传统计划书的元素包括进来。同时,研究者又保留了在资料收集过程中改变计划实施的权利。正如前面提到的,研究计划书的这一小节应当讨论以下方面的解释说明及其逻辑:这项研究所属的质性研究类型、整体的研究策略以及专门的设计元素。然而,有时候研究者在将计划中的研究放到某一研究类型中之前,可能需要在一般意义上捍卫质性研究的合法性。我们将先讨论这个议题的实际情况,然后就将集中讨论特定的研究类型和研究取向。

捍卫质性研究的合法性

近年来,质性研究的价值和声望在一些研究领域已经得到了提高。然而,考虑到历史上居社会科学研究主导地位的传统定量模式以及美国联邦政府目前保守的气氛①,研究者可能必须指出质性研究总体上的合法性。在描述特定研究类型和研究取向之前,研究者需要展示研究问题如何以及为什么最好在自然情境下进行,并要采取探索的研究取向。为了完成这项工作,质性研究方法的优势应当通过详细展示以下这些研究类型的价值来进行强调(Lincoln & Guba, 1985; Marshall, 1985a, 1987):

- 寻求文化描述和民族志的研究
- 以历史方式进行、发现多重建构现实的研究
- 发现默会知识、主观理解和解释的研究
- 深度钻研复杂性和过程的研究
- 关于所知甚少的社会现象或创新系统的研究
- 力图探讨哪里以及为什么政策与地方性知识—实践之间出现了不一致的研究
- 讨论组织中非正式的、未结构化的联系及过程的研究
- 对真实的组织目标而非组织所宣称的目标进行研究
- 由于实践或伦理原因,不能够以实验方式进行的研究
- 对新出现的、被忽略的,或者通常被边缘化的人群进行研究
- 对有关但尚未确认的变量进行的研究

---

① 这里指的是美国自 2001 年的"9·11"事件以来的保守主义倾向。本书的作者认为这种保守主义倾向在学术研究上更看重科学式的研究,因此联邦政府近年来对质性研究有许多限制(Lincoln,2005)。特别是许多质性研究涉及社会边缘群体,并努力推进这些群体状况的改善。保守主义思潮对这样的研究持怀疑和警惕的态度。可参见后文"5.6.5 审查委员会"及第 10 章开头两页中的讨论,也可参见 Woessner, Matthew. (2012) "Rethinking the Plight of Conservatives in Higher Education", in *Academe*, 98 (1): 7-16.——译者注

在描述质性方法特长和优势的许多质性研究精彩介绍的文本中,可以找到更进一步的支持(参见第 1 章的扩展阅读)。以这些资源为基础,提议在某个特定场景(如医院病房或社会服务机构)进行研究的研究者可以指出:人们的行为显著地受到他们所在的那个场景的影响。因此,研究者应当在那些真实生活的自然情境中来研究人们的行为。社会场景和物理场景,如工作时间表、空间、报酬、奖励,以及内化了的观念,如规范、传统、角色要求、价值观念,都是环境非常重要的方面。因此,对质性研究来说,情境很重要。研究者可以指出:这项研究必需在这样的场景中进行,所有复杂元素都在这一场景中长时间运作,在这一场景中也可以收集到关于现实多个版本的资料。就关注个人生活经历的研究而言,研究者也可以指出,如果不考虑人们赋予行动的意义,就不可能理解人们的行动。因为想法、感觉、信念、价值观和假设都卷入了人们的行为,所以研究者需要从更深的角度进行理解,这些深度理解只有通过在自然场景中的面对面互动和观察才有可能获得。

通过批评并展示定量研究的局限性,实证主义取向可以成为将质性研究方法合法化的极佳策略。研究者可以指出:客观主义的科学家按照事先决定的操作变量来对社会世界进行编码,这是将有局限的对世界的看法强加于主体(我们认为,这是所有研究都需要考虑的问题,质性研究和其他研究都需要考虑这个问题)。研究者可以进一步批判实验模式,指出政策制订者和相关从业人员有时候并不能够从实验研究中看到意义和有用的发现,而且这类研究方法本身就影响了发现。实验室、问卷诸如此类都是人造物。这些研究中的研究主体是多疑的、警觉的。有时候,研究对象会意识到研究者想要什么,并且会试图取悦研究者。此外,研究者可能会用一些方式来描述他们的研究,在这些方式中,故事——对个人经历的复杂叙事——被定量研究方法所遮蔽,甚至更糟糕的是,被定量研究方法所取代。

简而言之,在探索研究和解释研究中,在强调情境、场景以及研究对象对相关事物的理解框架的研究中,应当展示质性研究的优势。对质性研究方法的合理且令人信服的解释,应当包括一个简明但有力的解释说明,这一解释说明以概念框架为基础,并确立了特定资料收集方法的正当性。这个解释说明应当表明研究方法的选择是遵从研究问题的。有两个例子展示了这一点。格莱奇尔(Glazier,2004)的民族志研究关注的是:以色列的阿拉伯教师和犹太教师之间的合作影响了他们理解他者的能力。这项研究中引人瞩目的讨论是:质性研究资料的三角互证允许了多种视角的存在。米什纳(Mishna,2004)通过对孩子和父母的访谈来研究恃强凌弱,也做出了一个强有力的论证:质性研究方法可以抓住情境、个人解释和经历。如米什纳指出:

> "质性研究方法……特别强调个人的生活经验。……增进我们对孩子和成人看法的理解,对发展出有效干预非常关键。……令人吃惊的是,我们对校园里恃强凌弱关系的动态机制所知甚少。……当试图确认在有问题同伴关系中的各种过程时,孩子们的视角非常关键。"(Mishna,2004,p.235)

要特别注意研究者如何首先展示他们已经知道了什么,接下来如何表明还需要知道什么,然后又如何说明对这一主题进行研究必需采取质性研究的取向。

质性研究类型和整体的研究取向

尽管现在质性研究已经被广泛地接受,但有时候还是必需对一项研究所属的特定研究类型进行解释说明。回想一下第2章中的讨论,我们指出质性研究的有细微差异的传统可以被范畴化为不同的关注:(1)个人生活经历;(2)生活和文化;(3)语言和交流。最引人注目的说法强调了探索研究类型和解释研究类型的独特优势,这些研究类型承认情境和场景的价值,并

表5.1　质性研究类型和整体策略

类　型	整体策略	研究焦点
个人生活经历	深度访谈	个人
社会和文化	个案研究	群体或组织
语言和交流	微观分析或文本分析	言语事件和互动

力图更深刻地理解所研究现象中研究对象的切身经历。这些类型的一个共同假设是:人们表达出了他们生活某些方面的意义。这种看法追随了托马斯关于人类经验的经典陈述,理解人们如何定义他们所处的情境相当重要:"如果人们把情境定义为真的,那么他们就真正地处于这些情境的后果之中。"(Thomas,1949,p.301)当研究计划书陈述了研究类型、整体策略、研究问题、研究设计、研究方法这些方面有逻辑且引人注目的联系,体现了认识论上的完整性,这就相当有说服力了。

整体策略

正如我们在第2章中的讨论,质性研究包括丰富多样的整体研究设计。一般来说,我们可以区分出三种不同的类型,如表5.1所展示。

质性研究类型和整体策略

关注个人生活经历的研究通常依靠**深度访谈策略**。尽管通常还有其他资料(如研究对象所写的日志)作为补充,但主要的策略是用研究对象自己的话来展现经历的深层意义。

关注社会以及群体、项目、组织中的文化的研究通常支持采用某种形式的**个案研究**作为研究策略。这确保了沉浸于场景之中,并同时以研究者和研究对象的世界观为基础。

关注语言和沟通的研究一般包括**微观分析**、**话语分析**、**文本分析**。通过这些,言语事件(包括文本)和微妙的互动可以被记录下来(通常是在录像带上),然后再被分析。研究策略是与

图 5.1　研究设计的复杂性和研究中互动的关系

质性研究的类型和研究问题直接联系在一起的,每一种研究策略都确定了研究的焦点(个人、群体、互动)以及收集资料的整体研究取向。

　　这三个宽泛的研究策略在**研究设计的复杂程度**以及研究者—研究对象**互动的亲近程度**这两点上是彼此不同的。深度访谈策略在研究设计上非常细致,尽管依靠的是看起来很简单的资料收集方法。微观分析常常包括比深度访谈策略更复杂的情景,主要依靠某种形式的观察以及作为补充的访谈。个案研究是最复杂的研究策略,可能包括多种方法——访谈、观察、历史分析和文献分析,甚至还包括大规模问卷调查。与上面的逻辑类似,访谈策略要求研究者和研究对象之间亲近的,而且通常是长时间的个人互动。个案研究可能没有参与观察(如第 5 章中的讨论)[①]那么亲密,参与观察希望研究者和研究对象能建立起亲密的关系。微观分析主要关注观察,倾向于处在这个连续统的中间位置。图 5.1 展示了这种连续。

　　研究策略就像是路线图,是对感兴趣的现象进行系统探索所提出的一个计划;研究方法就是进行探索的特定工具。深度访谈策略确定了主要的资料收集方法——访谈。而在个案研究和微观分析中,资料收集采取了多种方法的结合,这可能会相当复杂。举例说,对福利制度改革影响的研究可以是对多个城市的机构的个案研究,这项研究可以采取一系列的方法,包

[①]　原文如此。应该是指"第 6 章　主要资料收集方法"中对参与观察的讨论。估计是由于版本修订造成的错误。——译者注

括从深度访谈到对一段时间雇佣记录的文献分析。而要研究学生对数学课的投入则可以采取对课堂互动的微观分析,也许包括直接观察(通过录像带),并辅以对老师和学生的访谈以及对学生作业的分析。通过确定一项研究的边界、确认分析角度,研究策略形塑了这项研究。研究者选择研究策略,是开始在做重要的决定,研究者运用自己判断来选择最好的研究取向,以便集中关注他的计划书中概念框架部分所提出的研究问题。

要提出研究策略,研究者需要考虑研究策略提供**信息的恰当性和效率**(Zelditch,1962),还要考虑一系列伦理议题。为了弄清楚研究策略的恰当性,可以考虑这样的问题:在不损害研究对象或不显著地破坏研究场景的情况下,这些研究设计是否可行? 研究策略是否将鼓励对研究问题进行全面地、深思熟虑地回应? 研究策略会带来研究者所寻求的信息吗? (参看第1章中关于研究"做的可能")考虑到研究对象和研究者在时间、资金、**接近研究对象**和其他花费方面受到限制,这个计划可以收集到恰当的资料吗? 对于所有这些问题,我们都要加入伦理考量。计划中的研究策略会影响研究对象的隐私,甚至不恰当地打乱他们的日常生活吗? 研究对象参与这项研究是将自己置身于危险或**风险**之中吗? 这项研究会以某种方式侵犯研究对象的人权吗? (我们会在这一章后面的部分更全面地讨论这些伦理议题。)质性研究范畴的可能范围是很小的。选择哪种策略,要看研究问题、研究类型、研究伦理以及进行研究时这项研究可能的时间架构。

在发展出对研究类型和研究策略合理可靠且有支持作用的解释说明之外,计划书的这一部分还应该明确并保留在研究进行过程中对研究设计的各方面进行修正的权利。社会现象研究的初期也表明了维持一定灵活性的益处。吉尔对**田野工作最初几天**的描述(Geer,1969)详细地展示了这一点。她描述了质性研究者从之前的研究已经确认了的一些分析性概念开始,在理论框架和相关研究问题的指导下,沉浸于研究的场景之中。这些帮助了研究者决定要观察哪些社会情境、要访谈什么人、问些什么。在田野工作最初几天之后,当新的洞见开始澄清模式并聚焦相关论题时,研究者应当建立起决定这项研究确切焦点的必要性和正当性。然而,坚持灵活性的必要,可能导致要与博士论文指导委员会的主席经常进行讨论。如果有一些关键变化,就可能需要**伦理审查委员会**(或者内部审查委员会,简称IRBs)的委员进行新的审核。

进行试调查

无论是对研究策略进行测试,还是要支持对研究类型和策略的论证和解释说明,**试调查**都会很有帮助。如果研究者宣称他有能力进行这项计划中的研究,并提供了对收集到初步资料的质性研究试调查的描述和评价,那么怀疑者通常都会被说服。如桑普森指出:

> "试调查可用于精炼各种研究工具,如问卷或访谈提纲。试调查在民族志取向的资料收集中有更重要的作用,可以预计研究中可能遇到的困难和问题,可以突出资料收集中的不足和损耗,也可以考虑一些更广泛和更重要的议题,如研究的效度、研究伦理、研究的呈现方式,甚至研究者的健康和安全。"(Sampson,2004,p.383)

试调查中的访谈可以帮助研究者理解自己作为研究者的角色身份。试调查也能帮助研究者发现减少障碍的方式,这些障碍包括研究对象对录音机的抗拒以及对研究者的不信任,正如史密斯(Smith,1999)在对社会工作者忧虑的研究中所描述的那样。即使没有专门的试调查,研究者也可以通过描述最初的观察和访谈来展示她进行质性研究的能力。这些经验通常可以揭示出一些令人着迷的研究问题和引人入胜的模式。试调查将产生对最初观察的描述,这不仅可以展示研究者进行这项研究的能力,而且可以表明这一研究类型在激发那些引人入胜的研究问题方面的优势。因此,对试调查或者最初的观察进行描述可以强化研究计划书的力量。

表明研究传统

研究设计这一部分的一个目标是:展示研究者有能力进行质性研究。因此,研究设计这一部分应当引用来自质性研究课程或者独立阅读的那些材料,通过引用其他研究者的出版物来表明这项计划中的研究将遵循的质性研究传统。直接引用和间接引用并不只是通过引文的多少来给计划书的读者留下深刻影响,而是用合理可靠的证据来表明研究者已经进入了关于方法的重要对话之中。这展示了研究者了解历史上及目前关于质性研究的方法话语,了解这项研究所定位的质性研究类型。越来越多的研究者描述了对逐步展开的研究设计的解释说明。在这一章的结尾部分会列出经典的或者较新的研究。这些作为方法附录的部分是相当有用的。

一旦整体研究取向和支持性解释说明已经陈述清楚,研究计划书就概括出了感兴趣的场景或研究总体,并计划了更细致的关于人、地点、事件的抽样方法。这份大纲可以使研究计划书的读者大概清楚这项计划中的研究范围,并了解资料的强度、数量和丰富性是否将鼓励对研究问题的全面回应。研究者可以设计一个图表来展示要研究的问题、可能很丰富的研究场景和特别的资料收集策略,以此展示研究设计的逻辑。

研究者的身份认同、声音和偏见

研究设计这一部分还应该包括研究者对**身份认同**的反思,包括研究者对**声音**和视角、研究假设以及敏感性的认识。正如第 4 章的讨论所言,在研究计划书中对研究问题选择的讨论中,这些是关键要素。可以回想一下,在第 4 章,我们讨论了热情、兴奋和洞察力可以激发一个研究项目,而这个研究项目源自研究者的身份认同、经历和价值观。这些也被称为偏见。但是这些应当作为研究者角色、伦理、接近并进入田野(本章的后面将进行讨论)的元素来进行讨论,也是资料处理、分析和汇报

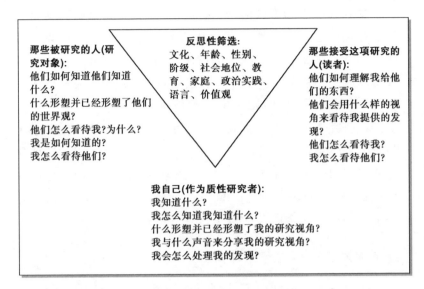

图 5.2 反思式的问题：三角型研究

来源：Patton，2002，p. 66。使用获得许可。

（将在第 8～10 章讨论）要考虑的因素。当身份认同、经历和价值观得以公开，它们就更加可控，最终报告的读者也就可以判断这些元素如何影响了这项研究。图 5.2 的图示很有意义，它展示了要考虑的一系列问题，不但是就研究计划书而言，而且是就最终的研究报告而言。这个图可以作为研究计划部分的指南。在这一部分，研究者"全盘招供"研究的假设、之前的任何观察等可能影响这项研究的因素，还有任何个人联系和历史，这些个人联系和历史可能对研究有帮助，或者反过来，也可以被看作有害的偏见。

一旦研究开始了，研究设计中的这一部分就可以作为研究者致力于**自我反思**的**田野笔记**中的最初条目。这些笔记将反思在接近田野、进入田野、维持接近田野、研究伦理和收集资料这一过程中哪些是有效（或无效）的。这些反思将有助于研究工具的维持。这些反思可以包括这样一些事，很简单，就像"下次记得带上一瓶水和一件干净的衬衫"，或者"在访谈过程中，我感受到的愤怒和不被信任,这提醒了我要评估这些访谈资料的质量。但它们也可能在我分析资料时带给我一些洞见。这些资料看起来激起了某些人的愤怒,这种愤怒是针对我这个用权力压制了他们的人。"这样,**情感**、热情和偏见都被转化成了研究工具(Copp,2008;Kleinman & Copp,1993)。

将研究者的个人经历放在括号里①——找出个人的洞察力与研究者收集资料的分离之处——是非常重要的,因为这使研究者可以"以一种新鲜的方式,就像第一次"获得对社会现象的理解(Moustakas,1994,p.34)。然而,作为质性研究者,要将一个人的经历完全放在括号里,是很困难的。

对评阅人关心的问题进行估计

研究者应该估计研究计划书的**评阅人会关心的问题**。这一研究设计能有用吗? 研究者能够应付可能会遇到的**伦理困境**吗? 研究者关于在什么地方以及如何收集资料知道些什么? 研究者能让人们以真实的方式进行言说和行动吗? 研究者能够从堆积起来的大量数据中发现有意义的东西吗? 研究设计这一部分应当从那些写过相同议题的研究者那里找到支持性证据,进而减少这样一些忧虑,诸如田野中遇到的困境将会不可控制。参考那些特别敏感的、涉及研究对象的、研究者伦理考量的例子,是相当有用且引人注目的,比如可以参考克里格(Krieger,1985)研究女同性恋的经历。或者研究者也可以引用乔杜里(Chaudhrys,1997)研究巴基斯坦穆斯林移民时对复杂**角色困境**的处理。或者研究者可以使用利夫顿(Lifton,1991)的例子,他对如何接近广岛原子弹爆炸幸存者进行了筹划。他展示了对伦理议题的敏感,他这样说:"在安排访谈时,我意识

---

① "将研究者的个人经历放在括号里(bracketing of the researcher's personal experiences)"是借用了现象学"悬隔(epoché)"的假设,主要是指将某些东西存而不论,进而减小这些东西的影响。本文指的是尽量减小个人经历(如作者前文所言,也是偏见)对研究发现的影响。可参见第6章的"现象学访谈"中的相关讨论。——译者注

到了我作为一个美国精神治疗师的微妙——甚至是卡夫卡式
的——位置①,去接近那些人,讨论他们关于原子弹的感受"
(Lifton,1991,p. 8)。利夫顿继续用细节展示了他在中间人的
帮助下,备受折磨地、小心且逐步与研究对象商议接近他们,并
说服这些人:

> "与松散的印象和半真理相比,系统研究是必须的;希
> 望这样的研究能够有助于对这些武器的控制,并避免对这
> 些武器的使用,同时这也有助于我们对人类的总体理解。"
> (Lifton,1991,p. 9)

接下来,研究者就可以用来自概念框架中的概念以及来自
文献综述中的引述来展示数据分析时可能使用的范畴和论题。
最后,在可能的时候,研究设计这一部分将包括初步且暂时的
访谈问题列表以及观察和编码的范畴,这是非常有帮助的。许
多大学伦理审查委员会的成员会要求看到这些。研究基金会
也会发现这部分内容在评价计划书的质量时很有帮助。这样
一份大纲表明了研究者有能力在这些逐步敏感化的概念之间
建立联系、在文献综述和研究设计之间建立联系。这样一份大
纲也强调研究者知道在他开始一项研究时如何开始收集数据,
知道他在分析这些数据时的最初路径。范例8就是这样的一
个例子,选自巴斯特(Basit,2003)在对英国穆斯林女孩志向进
行研究时对资料分析的规划。

---

① 利夫顿的研究对象是第二次世界大战时美国军队使用原子弹的幸存者(也是受害者),
而利夫顿自己又是美国国籍的精神治疗师。一方面,作为精神治疗师,他可以对这些幸
存者进行抚慰;但另一方面,利夫顿又是美国人,这些幸存者也容易将他视作加害者。
正是基于这两个角色之间的矛盾冲突,利夫顿认为他的位置是微妙的,甚至可以说是卡
夫卡式的。卡夫卡(Franz Kafka)是奥地利作家,他的小说中充满了奇异和怪诞的想象
力。利夫顿用这个比喻是要表明自己多重角色造成的怪异处境。当然,利夫顿另一重
角色也增强了他处境的怪异,就是他对这些幸存者进行研究的研究者角色。——译
者注

范例8   估计资料编码的初始范畴

考虑到归纳推理、思考、理论化是一个费劲但有创造力的动态过程,特赫玛·巴斯特知道预先计划资料编码非常重要。她阅读了迈尔斯(Miles,1979)、高夫和斯科特(Gough & Scott, 2000)、德拉蒙特(Delamont,1992)这些反对走捷径的学者的警告和建议。当巴斯特准备好描述她如何处理"资料浓缩(data condensation)"和"资料蒸馏(data distillation)"时(Tesch, 1990),她知道她必须提供一些她如何进行资料分析的具体例子。巴斯特这样想:"范畴的名字可以来自概念水池,这个概念水池是研究者通过学科和专业阅读所储备的,或者是从研究文献中借用的,或者是研究对象他们自己使用的词汇和短语。"(Basit,2003,p.144)从对青春期的女孩、父母和老师的访谈中,巴斯特列出了67个编码和主题:族群、语言、自由、控制、性别、家庭模式、婚姻和职业生涯、进一步的教育、家庭作业、不实际的雄心,等等。以这些作为一个开始,巴斯特在她的文献综述中寻找可以建立更深层联系的概念。这样,她发展出了用于编码的范畴,这些范畴来自她的文献综述,也来自她的访谈,这些文献综述和访谈提供了论题进行转换、提炼和精炼的方式及所处的情境。

巴斯特投入到资料收集和分析之中时,对初始论题有很好理解,并对非结构化与非数值型资料的价值有坚定的信念。这使她(还有她的评阅人)获得了必要的指导以及对研究的信心。她很有信心地回答了这些问题:"这些数量巨大的丰富资料将如何处理?"以及"文献综述的哪一部分给予了你分析框架?"

当研究计划书加入了对设计决定进行处理的具体计划,这就表明研究者已经从质性研究传统中获得了建议,也预先估计了将要处理议题的范围,并将有能力知道"在田野中"做什么。研究者应该包括研究计划中整体研究取向的清晰陈述。一旦这一基础建立起来了,研究计划书就可以继续聚焦更具体的设计决策。

更加具体:研究场景、地点① 、人群或现象

只有一项研究涉及的范围相当窄,研究者才可能透彻且深入地对所有相关的社会环境、事件和人群进行研究。如若不然,研究者通常会挑选一些样本来进行研究。选择感兴趣的研究场景、地点、人群、现象,这是首要也是最全面的决定。这些对研究设计来说是基本的,这也可以作为研究者的一份指南。这一早期但重要的决定会形塑之后的所有决定,应当对这一决定进行仔细描述并阐述其正当性。

一些研究问题是关于**特定研究地点**的。然而,另一些研究问题则可以在世界上的许多地方进行。一项研究关心的是:"通过怎样的过程,女性研究项目被纳入到大学中去了?",这就必须关注一个发生了这样情况的地点。相反,如果一项研究关心的是:"通过怎样的过程,有创造性的成分被纳入到教育机构之中了?",这就可以从许多研究地点或者不同的实际项目中进行选择。要研究"通过什么样的过程,美国和平队(Peace Corps)的志愿者能够长期影响社区的健康改善?",也有很多地点可供研究。决定要关注某个特定的研究地点(马萨诸塞大学或者辛辛那提的一个社区)就要受到某些限制;这项研究是由那个地点所界定的,并且最早也是与那个地点联系在一起的。选择研究某个特定的人群(大学中女性研究项目的全体老师或者城市街道帮派的所有成员),这类研究受到的限制要更少一下,可以在不止一个地方进行研究。研究社会现象(新教师的

---

① "地点(site)"指的是研究者进行研究的场所,而"研究场景(research setting)"指的是研究者所研究的、在现实生活中出现的场景。例如下文提到的坎特对公司的研究,她的研究地点就是化名为工业供应集团的那个公司,而她研究的场景可能包括公司高级主管的会议。研究场景通常是发生在某个地点,如会议室,但研究场景关注的并不只是那个地点看起来怎么样,比如会议室里装饰画的摆放,而是要关注在那个地点发生的事件、人们之间的互动,等等。——译者注

社会化或者青少年对亲密关系的需求)所受到地点或人群的限制要更少一些。在后面这些例子中,研究者要考虑到研究的目的,并选择一个合适的抽样策略。

如果这项研究是关于一个特定的项目、组织、地点或区域,就必须提供关于研究场景的一些细节。还必须概括地解释说明:对这项研究来说,为什么这个特定的地点比其他地点更合适?有什么特殊之处?这个研究场景的哪些特征是引人注目且不同寻常的?将这个早期的但是相当重要的决定合法化。在可能的时候,应该确定一个"后备(back-up)"研究地点,以防进入第一个研究地点时被拒绝或者被拖延了。有经验的研究者会以允许选择的方式来确定研究问题。比如,坎特打算研究"在组织中的位置如何形塑了意识和行为,以展示男性和女性都是他们环境的产物"(Kanter,1977,p. xi)。她可以从上千个研究场景选择她的民族志研究地点。坎特集中关注了一个化名为工业供应集团的组织,因为她已经进入了这个组织,坎特之前的观察和对组织理论的大量阅读都使她相信:她将有足够的机会在这个研究地点、在不同时间收集从行为到职位的一系列资料。坎特的研究问题和研究设计并不局限于工业供应集团,甚至并不限于公司。然而,她的研究设计和她的研究地点使她能够发现并描述:人们的行为、抱负和可能的职业流动性如何受到他们接近那些"有机会的职位"的可能性的影响?

在研究者自己的地盘做研究——在你工作和生活的地方——怎么样?进入这个研究地点是自动的,因为你是这个研究地点的局内人。以下的这些考虑就是跟这种进入方式有关的:研究者基于对研究地点和人群的熟悉程度所持的期待、从这一场景中更熟悉的角色转化为研究者、伦理和政治困境、发现潜在破坏性知识的风险、与亲密和封闭的斗争(Alvesson,2003)。在自己的地盘做研究也有积极的方面:相对容易接近研究对象;减少了资料收集某些方面的时间花费;可行的研究地点;建立信任关系的可能;还有如卡努哈所言,"开始进行对'我自己同类(my own kind)'的研究"(Kanuha,2000,p. 441)。在自己的地盘做研究,通过高强度互动来实现与人们和现象的亲近,这提供了可以大幅度提高质性数据质量的主观理解(Toma,2000)。

一个现实的研究地点是(1)有可能进入;(2)很有可能,那里会有过程、人、项目、互动和结构这些研究者感兴趣的东西的丰富混合;(3)研究者很有可能能够与研究对象建立信任关系;(4)研究可以以合乎伦理的方式来进行并汇报;(5)资料的质量和研究的可信度都可以合理地得到保证。尽管很难找到这种理想的研究地点,研究计划书仍然需要专门描述什么使得对特定研究地点的选择特别地合情合理。研究地点之所以是完美的,可以是因为它的代表性和有意义,也可以是因为能够提供所研究社会现象的一系列例子。但是如果研究者无法进入研究地点或者接近其中的群体和活动,研究就不可能进行。同样,如果研究者在研究地点觉得非常不舒服,甚至处于危险之中,或者资料的收集或研究的发现将会伤害某些人,那么这个研究地点就会充满风险,研究过程也会受到阻碍。

进入研究者之前的工作地点来开展研究,既创造了优势,也造成了不足。进入不会那么难了,研究者也应该很容易与研究对象建立起**和睦的关系**——研究者可以就像一个同事,研究者和研究对象之间的相互联系有助于实现相互理解,这可以达到更准确的解释(Yeh & Inman,2007)。不利之处包括研究者的偏见、主观性、不能将自己从研究中抽离出来。

介绍信[①]和进入的脚本[②]

向某些人询问:"我能观察你吗?"或者"我能访谈你吗?",

---

① 这里的"介绍信(entry letter)"与我国的介绍信有所不同。我国的介绍信一般是指由研究者所在的工作单位或学校开具的官方证明,证明要对研究者的身份以及研究的内容进行说明。国外的研究者进行田野研究的时候,也会通过电子邮件、信件、散发张贴传单的方式,向潜在的研究对象介绍自己的身份及研究的内容。这种介绍信并不是官方证明,只是一封对研究进行说明的信件。

② "进入的脚本(entry scripts)是指研究者在进入田野前,针对与看门人(gatekeepers)的接触进行的规划。诸如什么时间、什么地点、以什么方式接触看门人;要先跟看门人说什么,接下来再说什么,如何回应看门人的问题;要带哪些证明材料(如表明研究者身份的证件或正式的介绍信)。这些规划就像是一个剧本,因此被称为脚本,一般来说,在与看门人接触前,研究者会准备多个脚本,以适应不同的情况。——译者注

表5.2　电子邮件形式介绍信的例子

您经受了月经前情绪失调的痛苦吗?

　　如果您在月经之前的一个星期里经受了抑郁、烦躁、易怒或者情绪反复,而且这些症状扰乱了您正常的或个人的关系,那么您有可能有严重的经前综合症(premenstrual syndrome,简称 PMS)。您也符合要求,可以参与某某大学妇女健康中心进行的一项研究(研究者的名字和证件)。

我们需要这样的女性

　　1. 只是在月经之前有情绪失调的症状,而在月经之后没有;

　　2. 身体健康,目前没有其他慢性心理疾病症状;

　　3. 年龄在 18～25 岁,月经周期规律;

　　4. 目前未服用药物,包括抗抑郁药物和避孕药物。

　　您也许符合要求可以参与研究,这项研究将对您的症状做出诊断,并进行药品评估。您有可能也符合要求可以参与治疗研究,这些治疗研究将提供最多为 420 美元的补偿。如果您希望参加,请致电特鲁迪(电话号码)。

　　这是相当困难的。让人们同意向研究者打开心扉,或者获得同意进入一个研究场景,通常需要以一封信的形式,包括通过电子邮件,或者是打电话的形式,接近组织的守门人。当提出这个请求的时候,应该包括谁、什么、什么时间、什么地点、为什么,这项研究将获得什么、有什么特殊的要求。表 5.2 提供了一个电子邮件的例子。

　　收到这封电子邮件的人对他们是否适合这项研究、如果参与研究他们获得的好处和问题都有大概的了解。电子邮件的请求方式花费低,也比较简单,但具有相当的非个人性,很容易被直接删除! 更个人化的请求方式能够从潜在的研究对象那里获得更多也更投入的回应。

　　大型组织中也许有审查委员会,他们将要求更多信息,甚至会要求对研究者的请求进行法律审查。不管看门人是学校管理人员还是帮派的头儿,如果没有一封好的介绍信或者进入的脚本,研究就不可能进行下去。准备介绍信或进入的脚本时,需要仔细考虑任何犹豫的事情或关心的问题。为这样的介绍信和进入的脚本写出草稿,将帮助研究者明确他们的下一步。接下来,这一章要更深入地讨论研究者的进入和角色。

哪个研究地点? 几个研究地点?

一个人不可能研究整个宇宙——所有的事物、每一个地方、所有的时间。相反,研究者只能选择一定的研究场景、时间、地点、人群和事物的样本来进行研究。当研究的焦点是特定的人群时,研究者应当提出一个抽样的策略。举例来说,卡恩(Kahn,1992)在对被迫中断心理治疗这一现象进行研究时,她采取的策略是在社区中张贴布告来寻找研究对象。在卡恩进行研究计划书答辩时,她的策略是否可行激起了很多讨论。卡恩以之前采取这种策略的研究为例,保证这种召集研究对象的方法是可行的;卡恩论文指导委员会也同意了卡恩的策略。最后,这一策略成功了。

质性研究中样本的大小取决于许多复杂的因素。个案研究可能是关于一个人,比如经典的《校长办公室的那个人》(Wolcott,1973),或者是关于一个组织,比如坎特的《公司里的男人和女人》(Kanter,1977)。在这些研究中,一个典型的或者有代表性的案例被选中,并进行了长期的参与观察。在同一研究地点不同时间的抽样,可以展示角色、互动和情感,比如在一个酒吧中,如《鸡尾酒女招待》(Spradley & Mann,1975),跟对那个特定地点的介绍相比,这项研究所展示的东西要多得多。在医疗研究中(很可能研究资金充分),近来的质性个案研究和混合方法研究通常有 1~4 个研究对象。如果是焦点小组,平均有 10 个小组。对观察研究而言,16~24 个月的田野工作是很正常的(Safman & Sobal,2004)。《暧昧的赋权:女性学校主管关于工作的叙事》(Chase,1995)的基础是与政策制订者、人员遴选顾问、学校委员会成员和相关主管的 92 个访谈录音,同时还包括了在工作场景中的观察。

资金和时间限制对样本大小有影响,而关于样本大小更重要的考虑主要是关于研究目的。对一个未知文化或职业进行深度的历时研究,可能是只有一个个案的个案研究或民族志研究。对新妈妈母乳喂养训练的接受度进行研究,就可以有更大的样本,可以研究一组场景和不同的人群,也可以有更多的研究经费和更大的研究团队。对文化的厚描而言,小样本更有用。在不同且多样的研究场景中、由多样研究对象组成的大样本,也可以被认为是有意义的,因为这样研究结果的可转化性就提高了。

在计划书中,研究者应当预计到对研究发现可信和真实的质疑;不好的抽样设计会威胁到研究发现。要将样本合法化,研究者就应该知道研究所涉及人群的总体以及这一总体的多样性,然后根据所有的相关变量来进行抽样。但这是无法完成的任务,所以最好的妥协方法是保证样本在现象、场景或人群方面具有合理的多样变化(Dobbert,1982)。

很久以前,社区研究的学者就处理了抽样问题。著名的扬基城研究看起来需要在美国南部诸州进行一个平行研究①,沃纳仔细思考确认了一个城市作为南部诸州的代表(Gardner 在Whyte,1984 中提到了)。沃纳从几个大小和历史符合要求的城市中进行选择,他与社区领导人见面,并与社区建立起联系。最后沃纳选择了密西西比州的纳奇兹作为《美国南部:关于等级和阶级的社会人类学研究》(Davis, Gardner, & Gardner, 1941)的研究地点。在纳奇兹,研究者可以努力找到进入社会等级系统中不同层级的方式。研究团队是由两对夫妇组成的:一对黑人夫妇和一对白人夫妇。这也使得进入更容易一些。因为这些研究者都是在南方长大,而且对社会等级系统中的正确行为方式比较熟悉,研究者就可以观察、访谈,并参与到代表纳奇兹社区各个层级的活动、互动和情感表达之中。

---

① 扬基城研究是沃纳在 1930 年代对美国东北部一个小城的民族志研究。美国南部与东北部存在较显著的差异,如此处所言,沃纳希望在南部进行一个类似的"平行研究"。——译者注

研究报告表明:尽管并不是跟其他南方社区完全一样,纳奇兹并不是非典型的。制订出抽象的标准、提前对研究地点进行检查、对进入田野进行仔细规划,这些确保了:(1)研究团队可以在整个社区进行资料搜集;(2)纳奇兹不是研究整体中一个没有代表性的个案。研究者已经确认了这个研究地点可以将比较最大化,并可以获得相当广范围的行为和视角。很清楚的是,选择研究地点及其样本是非常关键的决定。

在另一个社区研究中,"艾姆城"是一个典型的中西部社区。研究者与社区领导人建立了联系,并可以像这个社区的成员那样行动。研究者对青春期性格发展感兴趣,他们也得以接近父母和其他机构的职员。研究者们的研究兴趣使他们获邀在不同的社区组织进行演讲,这带来了更多的联系。研究者也花了相当可观的时间在非正式场景中与年轻人接触。在上课前、中午、放学后,研究者都待在一所高中。他们参与了多数学校活动、教堂活动、童子军会议、舞会和聚会。研究者还滑冰、打保龄球、打扑克牌,总之是在那些年轻人聚集的地方"闲逛"。"尽可能多地跟他们待在一起,不批评他们的行为、不搬弄是非、不干涉,这些观察技术在几周之内就克服了最初的怀疑"(Hollingshead,1975,p.15)。研究者融入社区的能力增强了他们接近不同群体及其活动的能力。

研究地点的选择和样本选择应该按照实际情况来进行规划,比如研究者的适应程度、在参与观察时扮演某个角色的能力、接近一系列亚群体及其活动的可能。在一些研究计划书中,尤其是有多个研究者参与的、多个研究地点的研究,或者是对多个组织的研究,最好更仔细地对抽样进行考虑。接下来就要讨论这一点。

选择人、行动、事件和过程的样本

一旦初始的决定已经做出,要关注一个特定的研究地点、人群或社会现象,随后的一系列抽样就决定了。研究计划书要描述将指导抽样的规划,这一规划在研究开始前就已经考虑好了,但同时研究者也总是要留心保留灵活性的需求。如邓津所言:"所有的抽样都是由理论指导的。"(Denzin,1989,p.73)因此,来自文献综述和研究问题的逐渐敏感化的概念为研究地点的选择和样本的选择提供了焦点。如果这些概念不能这么做的话,研究者至少会明确做出那些决定的程序和标准。

在一个人群中抽样,聚焦一个研究地点

仔细发展出来的抽样方案,对任何研究的合理可靠而言,都非常关键。做出合逻辑的判断,并对这些决定进行解释说明,关系到为计划中的这项研究建立起个案。关于对人和事件的抽样决定,是与研究中将使用的特定资料收集方法同时决定的,而且应当提前仔细考虑(第6章和第7章将提供一系列资料收集的选择)。举例来说,阿尔瓦雷斯(Alvarez,1993)要研究女性经理人对以电脑为媒介的沟通行为所赋予的意义,她必须决定对她的研究来说哪些个体和事件是最突出的,同时,阿尔瓦雷斯还需要决定她的研究资料应该是什么样的以及她可能采取哪些不同的方式来收集资料。

范例9 聚焦人和事

阿尔瓦雷斯研究中的总体问题是:以电脑,尤其是电子邮件为媒介的沟通,如何改变了组织情境中人们的沟通行为。她对在组织中处于不平等地位的个人之间使用电子邮件所带来的权力平等化很感兴趣,阿尔瓦雷斯也很关注这些减少了社会地位暗示的媒介所收发的消息中的社会情感内容。

抽样的策略是从寻找信息丰富的个案开始的(Patton,1990),以对那些强烈且清楚显现出这些现象的个人进行研究。由于已有的理论研究文献表明,男性和女性在电脑使用上表现出了显著的差异,所以研究对象既要有男性,也要有女性。一旦阿尔瓦雷斯确定了研究对象,而这些研究对象也同意参与她的这项研究,阿尔瓦雷斯就要决定她想观察并深入研究哪些特定

事件。阿尔瓦雷斯认为,观察一个信息的发送和接收对研究意义不大。所以她要求研究对象与她分享一些通信,并接受两次深度访谈。第一个要求是相当敏感的,因为阿尔瓦雷斯要求人们与她分享那些个人邮件和专业邮件。阿尔瓦雷斯一再向研究对象保证这项研究的保密性,并告诉研究对象如何在不泄露信息收件人的情况下给她发送信息的副本。这充分地说服了研究对象,所以阿尔瓦雷斯获得了大量的邮件信息,并能够用于内容分析。

合逻辑的系统抽样

通常在多数研究的探索阶段,只能对抽样策略进行猜测。正如这一章的前面所提到的,吉尔表明了在田野工作的最初几天,研究者对研究地点、人群、行为、节奏,甚至最感谢兴趣的研究焦点都所知甚少(Geer,1969)。那么,研究设计这一部分就充斥着**"这得看情况……"**以及关于需要维持灵活性的断言。当研究设计者感受到压力,他们就会拿出一些最好的猜测,诸如资料收集的地点、研究的持续时间和强度、将使用的资料收集策略。

然而,一旦研究开始聚焦于特定的地点、人群和问题,按照合逻辑的、系统的计划来收集资料就变得更加可能且重要了。如果将来研究报告的读者能够在其中读到对研究地点和抽样步骤的描述(第9章和第10章将更多地讨论这一点),研究项目最后的可信度和可转化性也就大幅度地得到了提高。在设计多研究地点、多研究者团队,或二者兼备的研究时,系统抽样的计划非常关键。举例来说,如果要比较来自不同地点的观察或者对多人的访谈,研究者按照获得一致同意的计划来收集资料,就增加了使这些比较合乎逻辑的可能性。迈尔斯和休伯曼(Miles & Huberman,1994)的例子为这类研究的计划提供了出色的规划和指导。范例10和表5.3展示了一项涉及多个研究者的研究中的一份合理可靠的**多地点抽样**计划。这一计划来自一项对高中文化的研究（Rossman，Corbett，& Firestone，1984），描绘出了对来自研究文献的论题的广泛思考，而这些研究文献聚焦于研究者必须考虑的研究。接下来，这一计划指引研究者进入了研究地点、研究环境和所研究的人群。

范例10　对人和行为进行抽样

　　为了计划这项研究，研究者确认了那些最具有产生优质资料潜力的事件、场景、行动者和人造物。这些资料涉及五个文化领域：共同掌权（collegiality）、共同体、目标和期望、行动的取向、教学的知识基础。这些文化领域来自文献综述，并进而将框架给予了研究者要在自然情境下观察的行为、互动和事件。每一个范畴中的项目都提供了将资料集合框架化的参数。研究者相信这种框架化的过程会带来一些观察，比如对共同掌权或共同体的观察：在那些已经存在共同掌权或共同体的证据的地方，在不同的场景中，这种共同掌权或共同体看起来是什么样子。这种框架化的过程也带来了对行为的系统抽样。当研究者在公共场所（行政办公室、走廊、停车场）、教师休息室或午餐室、教室、会议室、个人办公室、教研室或工作室、体育馆和更衣室、礼堂进行资料收集时，研究者是从场景开始的，因为场景最具体。

　　在训导办公室中，研究者期望看到对常规性的违规、停课、开除的处理。在顾问办公室，可能会有危机干预。总地来说，研究者希望把具有重要意义的事件都包括进来，而在这些事件中，专业人士之间进行了互动。这可能包括正式的日常工作，比如教师和行政人员全体会议、工作评估、联合会会议；也会包括非正式的日常活动，如午饭或咖啡时间、准备阶段、休息时间、早晨上班到达；还包括一些事件，在这些事件中，专业人员与学生之间有互动，这包括上课、课外活动、停课和开除、人员调整、危机咨询、大学教育咨询、集会和比赛前的动员会。

　　第一个范畴——专业人士之间进行互动的事件——将提供关于共同掌权、目标和期望、教学的知识基础这些方面的主要资料。教师和行政人员全体会议将非常关键。在这些会议中，那些支配着对教学进行地方性界定的标准、关于在一个会议场景中教师之间应该如何相互联系的那些规范,都会非常明显。上午的常规工作,以及其他非正式的相遇,如请求帮助、表示支持的姿态、关于怎么教好一个特定概念或技能的争论等,也可以反映出关于共同掌权的概念,但是是在一个不那么结构化的场景中。

第二个范畴——专业人员和学生互动的事件——将提供关于共同体、目标和期待、行动倾向性的资料。不管是在教室内还是在教室外,当教师和学生互动时,他们将展示出是否存在关于共同体的认识、他们彼此对对方行为和成就的期待是什么样的、教师是否觉得将想法和概念转化成行动(比如课文和课程)很重要。

随着资料收集逐步推进,研究者们计划对学校内外关键行动者的认知进行抽样。最后,研究者计划收集特定的人造物,或者能够对特定人造物进行描述,这些人造物可以为五个领域提供资料。在上面的计划中,强调的是观察,因为研究者试图理解的许多领域是隐性的。因此,研究者从行为模式和自然出现的对话中来推导出了规范和价值。访谈帮助研究者们理解了场景,并重建了关于这些高中的变化史。

数据搜集:抽样方案

范例10和表5.3中展示的抽样计划力图确保事件、仪式、资源和互动可以在每一个研究地点都能观察到。由理论框架和概念所指导的目的抽样和理论抽样,通常是质性研究设计的组成部分。比如对职业文化的研究会建议研究者应当从处于成为专业人士的早期阶段的个人、事件、情感中进行抽样。然而,通常研究者的地点选择和抽样都是从可接近的地点(方便的抽样)开始的,并且从早期的资料收集(滚雪球抽样)中要建立起有见解的看法和联系。

表 5.3 资料收集:抽样计划

	共同掌权	共同体	目标和期望	行动的取向	知识基础
场景					
公共场所(行政办公室,走廊)	×	×	×	×	×
教师休息室或午餐室	×			×	
教室		×	×	×	×
会议室	×		×	×	
个人办公室					
咨询人员的办公室		×	×		
训导人员的办公室		×	×		
负责安排时间表的副校长办公室			×		
教练办公室			×		
校长办公室	×		×	×	×
教研室或工作室	×		×		
体育馆或更衣室			×		
礼堂		×			
事件					
专业人士互动的事件					
教师/行政人员会议	×		×		×
午饭/咖啡时间/休息	×	×			×
在职服务	×				×
下班后(当地的小酒馆)	×	×			×

	维度1	维度2	维度3	维度4	维度5
专业人士与学生互动的事件					
教学活动		×	×	×	
课外活动	×	×	×	×	
停课和开除		×	×	×	
人员调整		×	×	×	
危机咨询		×	×	×	
集会和比赛前动员		×	×	×	
行动者					
行政管理人员					
校长		×		×	
负责纪律的副校长	×	×	×		
负责教学的副校长		×	×		
负责时间和人员安排的副校长		×	×	×	
负责活动的副校长①					
咨询人员		×	×	×	
教练		×	×	×	×
教师					
教研室领导		×	×	×	
不同合同期限	×	×	×	×	
不同的教研室		×	×	×	×

① "负责活动的副校长"这一行是空白的,也就是五个维度都不涉及(?),这可能有误。——译者注

续表

	共同掌权	共同体	目标和期望	行动的取向	知识基础
学生					
不同能力水平	×	×	×	×	
不同能见度①		×	×	×	×
人造物					
文件					
报纸		×	×		×
政策规定			×	×	×
出勤记录		×	×		
纪律记录		×	×		
考试成绩			×		
物品					
标识	×	×			
吉祥物		×			
奖状		×	×		
装饰					
艺术作品		×			
空间安排	×	×			

来源:Rossman, Corbett, & Firestone,1984, p. 54。使用获得许可。

---

① "不同能见度(different visibility)"指的是有些学生很活跃,容易被注意到,而另一些学生不那么活跃,也就不易被注意到。——译者注

表5.4 质性研究中抽样策略的类型

抽样类型	目 的
将多样性最大化	记录多样的变化,确认重要的共同模式
同质化	关注、减少、简化、有助于群体访谈
关键个案	允许逻辑上的普遍化,并将信息最大化地应用于其他个案
以理论为基础	找到理论建构的个案,详细描述并检验之
支持个案和否定个案	详细描述最初的分析,寻求例外,寻找变化
滚雪球或者链条	从一些人那里确认感兴趣的个案,这些人还知道哪些了解信息丰富个案的人
极端个案或非常态个案	对感兴趣现象的那些非常不寻常的表现形式进行研究
典型个案	强调个案属于常态或者一般情况
高强度个案	包括那些以强烈但并非极端的方式展示了丰富信息的个案
政治上重要的个案	获得所希望的关注或者避免不希望获得的关注
有目的随机抽样	当潜在的目的样本太大时,在样本中加入可信度
分层目的抽样	详细描述亚群体,有助于比较
标准样本	包括所有符合一定标准的个案,对保证质量非常有用
机会主义的抽样	跟随新的发现,利用那些意料之外的发现
结合和混合抽样	包括三角互证和灵活性,符合多样的兴趣和需求
方便抽样	节省时间、金钱、工作量,但牺牲了信息和可信度

来源:Miles & Huberman,1994,p.28。使用获得许可。

麦尔斯和休伯曼(Miles & Huberman,1994)在表5.4中描述了抽样的不同取向。尽管考虑到田野研究的实际情况,这些计划总是要改变的,但在研究计划阶段,一个明智的研究者仍然会仔细思考研究场景的某些复杂性,并进而就如何安排他的时间作出一些初步判断。比如说,研究者可以断言,他最初的抽样将会是"最大差异(maximum variation)",而这时候研究者还在努力了解人们行为和类型的多样性。但是一旦研究者获得了足够的资料可以用于分析确认亚群体,研究者就可以推进到"分层目的(stratified purposeful)"抽样。或者研究者可以从

"以理论为基础的(theory-based)"抽样开始(比如社会公正领导理论引导研究者去访谈符合要求的两个人),并在接下来采取"滚雪球"的方式,按照最初两个访谈对象的建议来寻找访谈的人。这样的计划也表明研究者不但考虑了这些方法所获得信息的恰当,而且考虑了这些方法的效率。然而,与这些考虑有关的是一些伦理议题,是研究者扮演的角色与研究对象之间的伦理议题。

研究者的角色:进入田野、友好关系、互惠、个人生平经历及研究伦理

在质性研究中,**研究者就是研究工具**。研究者出现在研究对象的生活中,这是这种方法的根本。如第 1 章和第 2 章中的讨论,一项研究所属的研究类型包含了对影响研究者角色和位置的后现代的或更传统的假设。比较传统的质性研究者会对研究对象的生活进行研究,但仍然会维持"情感中立"的立场(Patton,2002,p. 49),以便收集资料并提供描述性再现。批判性和后现代类型的研究者则假定所有的知识都是政治的、研究者也不是中立的,因为研究者的最后目的包括倡导和行动。

不管研究者在研究场景中的出现是不是持续的或者高强度的,在长时间的民族志研究中,或者相对时间短但更个人化的深度访谈研究中,研究者都要进入研究对象的生活。即使是简短的访谈也会打乱研究对象的日常生活惯例。那么,对质性研究设计而言,这就带来了一系列定量研究取向中不会出现的策略、伦理和个人议题(Locke, Spirduso, & Silverman, 2000)。研究计划书应当借助以前学者的建议和经验,在这些议题的困境出现之前,对处理这些议题的计划进行宽泛的讨论,这一讨论还要考虑到这些议题也可能以一种未预料到的方式出现在田野工作中。这些议题既包括技术上,诸如就研究者角色而言的田野进入方式或效率,也包括人际间的,诸如会在研究进行过程中出现的伦理困境和个人困境。为了澄清这些议题,我们按顺序对这些议题中的每一组都进行讨论,我们建议研究计划

书的写作者也这么做。

技术的考虑

在研究计划的阶段,技术上的考虑包括研究者的时间安排和其他资源安排,以及协商田野进入方式等相关选择。

找到自我的位置

巴顿(Patton,2002)提出了一个连续统,以便在计划质性研究的阶段对研究者的角色进行思考。这一小节将主要讨论巴顿的这一成果。首先,研究者可以计划扮演这样一个角色,这个角色可以有多种不同程度的**参与度**——也就是说,在日常生活中不同的实际参与程度。这个连续统的一端是完全参与者,研究者在日常生活中找到一个角色或一组角色,这些角色是在研究场景中建构出来的。而另一端是完全的观察者,研究者不参与社会互动,甚至避免卷入到被研究的这个世界中。当然,所有这个连续统上这两种角色的混合都可以作为一种可能,供研究者选择。我们的经验是这样的:对建立并维持关系来说,研究环境中某种类型的直接且即时的参与是相当重要的。研究者可以帮忙做点小杂事(或者大的杂务),以对某个特定的活动进行更多的了解(也可以因此参与这项活动),或者为了实现互惠的要求而被迫从事某些日常活动。这样的互动通常有很高的信息量,当然这些互动也是非正式的。巴顿(Patton,2002)提出了一个连续统,以便在计划质性研究的阶段对研究者的角色进行思考。[①]研究者应当考虑他们参与的程度。

接下来,根据研究者**暴露程度**的不同,或者说研究对象在什么程度上知道有一项研究正在进行中,研究者的角色也可能不同。完全暴露是这个连续统的一端,而完全隐蔽是另一端。巴顿建议研究者采取"全面和完全的暴露,因为假的或者部分

---

① 在英文版中,这一句与本段开头的第一句完全一样。估计是版本修订过程中的失误。——译者注

的解释很少能够欺骗人们或者打消人们的疑虑"(Patton,2002,p. 273)。然而,说明研究的真正目的将会暗示人们以非自然的方式行动,这就破坏了质性研究的目标和原则。研究者应当在计划书中讨论这个议题——是要暴露还是隐藏这项研究的目的,并制订一个进行决策的计划。这些决策包括最初的进入,也就是说,获得许可在研究场所观察和收集数据。但是,这些决策中也包括后面一些阶段的决策,比如当人们问这样一些问题时,应该如何回答:"你发现了这样或者那样的谣言吗?"或者"你想知道多少你没问我的事情?"

关于隐蔽研究的伦理议题可以归结为一个根本的问题:值得用欺骗来获得这项研究可能带来的知识提升吗?(参见Taylor & Bogdan,1984,Chap. 3。其中可以看到一个引起争议的讨论)许多研究者在向研究对象描述研究目的的时候,都遵从了泰勒和博格丹的建议"真诚但是含糊"(Taylor & Bogdan,1984,p. 25)。研究者应当在计划书中讨论关于暴露还是隐藏研究目的这一议题。

第三,研究者的**角色强度**和**角色广度**也可以有所不同。这两个概念涉及的是:研究者每天花在研究现场的时间和研究持续的时间。这两个维度上的不同位置,对研究者所扮演角色的要求不同。比如,一项高强度、高广度的研究要求研究者在开始就要投入相当多的时间,以便与研究对象建立起信任关系。在这一点上,收集相关资料是第二位的。另一方面,当研究者将以最少打扰的方式,出现很短的一段时间,他就需要发现迅速建立起桥梁和创造信任关系的方式并实践之,因为这最可能出现在一个访谈的开始几分钟,而且对收集优良的资料非常重要。在我们看来,这对研究新手(或者害羞的研究者)来说,尤其困难。

最后,研究者的角色还可能因为研究焦点是明确的还是弥散的而有所不同。当研究问题已经预先得到了精炼,适于回答这些问题的资料也已经确认,那么,为了保证对可支配时间(既包括研究者的时间也包括研究对象的时间)的有效利用,研究

者就可以更有效、更细致地扮演他的角色。然而,即使明确且
合理的研究设计能够保证研究者不会为时间的紧迫感所限,一
些令人烦恼的难题还是会突然出现在研究场景中。当研究问
题比较弥散,而且也更具探索性,研究者的角色扮演计划就应
该确保能够接近一定数量的、与要研究的社会现象有关的事
件、人和视角。我们也强调这样一点:给你自己留下足够的时
间以及角色的灵活性,以便跟随偶发事件的引导(不管是计划
进行 20 分钟而实际上需要两个小时的访谈,还是计划做一天
实际上做了一年的研究!)。

幸运的是,一些采用了参与观察方法的研究者已经详细描
述了他们的计划、解释说明和实际经验。在这些当中值得注意
的是,一些研究者对他们的研究和他们作为研究者的生活进行
了有意义的反思。这一章最后关于"个人反思"的论述中列出
了对这些反思的讨论。

谋求进入、减小张力和角色维持

研究计划书中的研究设计部分应当包括:与组织中的正式
及非正式看门人协商进入研究地点或/和接近研究对象的计
划,不管这个组织是城市里的帮派还是常春藤大学。我们建
议:质性研究者与其试图扮演一个设计出来的角色而显得不可
靠,还不如就做他们自己,真实地陈述他们的社会认同以及他
们对研究场景或/和研究主题的兴趣。来自研究者高度个人兴
趣(传统研究把这个叫作偏见)的活力相当有感染性,而且对
获得进入田野的许可也相当有帮助。当研究者在一个组织中
的多个研究场景中活动时,进入田野、接近研究对象、找到研究
者的角色,这些都将是持续的挑战。研究者应当对研究对象的
试探保持敏感,对研究对象不愿参与研究的情况保持敏感,毫
无疑问,应该尊重研究对象不参与研究的权利。关于接近研究
对象的出色讨论可以在本章最后列出的质性研究的教材中找
到。范例 11 详细描述了安德森(Anderson,1976)在对一个城
市文化群体的民族志研究中逐渐被接受的经历。

范例11 谋求进入

城市生活的一个阴冷角落。"杰利吧(Jelly's)"是一个对外出售烈酒的酒吧,它同时也是芝加哥南部非裔美国男子经常去的地方。在这样的地方,一位愤怒的男子拔出一把刀刺向另一个人,一名酒鬼喝完最后一瓶酒以后就不省人事,警车不停地开来开去,这些都被那些在附近玩耍的孩子们看在眼里。"杰利吧"以及城市里无数跟它一样的地方"提供了社会交往的场所,是附近居民获得自我价值意识的地方。"(Anderson, 1976, p.1)

安德森决定他要研究这一特定的场所,但是他如何进入呢?他最早的观察表明:"游客"会受到特别对待,因为这个人很可能是"警察"——"芝加哥最糟糕①的猫",这个人也可能在等着尾随别人回家,然后把人洗劫一空。用"杰利吧"里常客的话来说,"不认识的人值得仔细观察"(Anderson,1976,p.5)。

在前几周里,安德森对游客式的对待处之泰然,不多嘴但友善,这使他自己逐渐了解那些不成文的社会规则。安德森本人是非裔美国人,这并不足以使他立刻被"杰利吧"的常客们所接受。这时,赫尔曼来了。安德森仔细经营了与赫尔曼的关系,这成了一种相互保护的方式,他们彼此捍卫在"杰利吧"的社会地位制度中的"声望和等级"。安德森以开放的态度回应了赫尔曼持续的询问。几天后,作为某种形式的互惠,赫尔曼把安德森介绍给了三个人:外号叫瞌睡虫的人、姓名缩写为 TJ 的人,还有杰克。"这人没啥问题。就是我跟你们说过的那个研究。这猫儿在读他的博士学位。"通过这种方式介绍给常客,安德森在"杰利吧"社会系统中的位置确定下来了。简单来说,这给了安德森在周围呆着的许可。赫尔曼也用安德森在他工作场所的圣诞晚会上获得了一些声望,他把安德森介绍为他的"表兄弟",

---

① 在这个描述里,"最糟糕(baddest)"是直接在"坏(bad)"一词后加上最高级的后缀(-est),这不是英文里"最坏(worst)"一词正确的形式。安德森应该是直接引用了酒吧常客的说法,以此也可以表明这群人有一些特殊的单词拼写方式,甚至特殊的文化。——译者注

而且赫尔曼也通过与安德森的交往向"杰利吧"的常客们表明他赫尔曼跟那些"正派的和有智慧的家伙"相处得不错（Anderson，1976，p. 20）。

安德森的角色就自然地从一个低调的、不唐突的角色开始了。安德森开始就决定要避免一些愚蠢的挑战，这些挑战来自那些觉得受到威胁的人，这些人是因为一些比较盛气凌人、没风度的行为而感到受到威胁，尤其是当这样的行为来自一个陌生人。低调的、不唐突的角色，这是任何一个局外人都应该——被强迫——扮演的角色，除非他想搅乱"这种类型的社会场景中对社会秩序的共识性界定"（Anderson，1976，p. 22-23）。

安德森的经历，对那些计划对特定群体进行长时间民族志研究的人来说，是很典型的。有时候，进入田野的最佳方式就是这样，跟安德森的经历一样，有一个局内人为研究者提供了担保，并帮助研究者，使他看起来是无害的。然而，在一些情况下，这种担保可能会令人失望，会给研究者在这一组织内接近其他群体造成困难。对那些要研究组织的研究者来说，寻求进入田野可能需要与组织内的正式领导人进行百折不挠、坚持不懈的接触，如范例12所描述的那样。

范例12 谋求并维持与那些短暂停留的弱势群体的接触

对处于社会边缘的女性群体（一些前瘾君子和性工作者在感染或携带艾滋病病毒后，在政治上很积极）进行研究，要求研究者具有高度的敏感。伯奇（Berger，2003）发现要找到接近这些弱势人群的方式需要与一些机构的工作人员进行交谈，这些机构包括无家可归者收容所、法院、卫生部门、戒毒所。这些机构的看门人并不总是愿意参与到这样的研究中。他们要保护他们的委托人（这也是他们应当的那样），他们还为他们自己认为相关的议题提供保护。因此，当伯奇谈到她希望理解与毒品相关行为的复杂性以及性工作者生活的复杂性时，这些看门人并不愿意合作。他们表达的观点包括:毒品解释了这些女性多数的行为,卖淫是危险且不光彩的。对这些看门人来说,了解这个社会世界的微妙之处和复杂性没有直接的用处。尽管他们对大规模问卷调查很熟悉,但这些看门人就是不能看出几个小时的口述史有什么价值(对他们来说)。然而,这些看门人的帮助是绝对必要的。伯奇该怎么做呢?

伯奇用一种新的方式接触了一群新的看门人。她这样介绍她的研究:让这些女性讲他们自己的故事,这将证实这些看门人已经知道了的这些女性充满挑战的生活。这些女性经常觉得自己是大的社会结构的牺牲品,觉得自己在毒品上瘾上很无助。伯奇这样叙述:"一个吸引人的研究介绍既简短又简单,这是比较好的……它有助于辨识守门人为什么拒绝这项研究……[也]有助于提前对研究的一些事先假定进行反驳或重新定位。"(Berger,2003,p.67)

尽管这些看门人仍然认为伯奇相当奇怪,他们逐渐把她看作一个"和善的黑人女孩"(Berger,2003,p.67),就像他们的一个远房亲戚。这种虚拟的亲属身份很有效,所以伯奇开始有意识地将这种幼稚的、虚拟的亲属行为整合到她的研究中,以维持与这些人的接触,并鼓励研究对象帮助她获得直接的记录,帮助她告诉外面的人:他们的真实生活跟电视上的刻板印象是不一样的。

不管研究者是进行长时间研究还是短时间研究,研究中都会出现紧张状况。我们建议研究者对这些紧张状况进行估计,并计划好防止或减轻这些紧张状况的策略。一些人类学家写下了一些关于他们如何跟跟跄跄地应对这类紧张的有趣记录。鲍恩(Bowen,1964)在西非的一个村庄做研究时,她对付了厕所中的眼镜蛇、应对了村庄头人们对她的抗拒,这种情况下,一瓶小心保管的琴酒以及计划好的城市放松之旅,帮她维持了她的状态,也保证了研究的持续。保罗·拉比诺(Rabinow,1977)

在摩洛哥文化中遭遇到了婚姻传统、家系、等级和仪式缠绕在一起的情况,他描述了在这种情况下他是如何维持田野进入的。对计划在复杂文化场景中进行参与观察的研究者来说,拉比诺的描述提供了相当丰富的信息。

研究者需要设计好保护他们自己的策略(记住研究者本身就是研究的工具)。研究设计应当包括保护研究者的身体和心理健康及安全的策略,要详细规划出这样一些地方:研究者可以写田野笔记的地方、研究者可以对他的角色进行再评估的地方、研究者可以从研究场景中撤离而得到休息的地方、研究者可以质疑自己研究方向的地方。应对情感过分卷入的策略包括:写作研究期刊论文、向同行汇报、个人咨询,这些都是在资料收集"可能打碎你的心"(Rager,2005,p.23)时维持平衡的方式。在一些场景中,研究者的计划可能不能限于对舒适和压力释放的考虑。在"街道民族志"中,研究者必须制订计划来保证自己的安全。在那些不熟悉的场所中,比如陌生人不受欢迎的地方、可以观察到非法行为的地方,或者研究者的种族和性别可能使她不受欢迎的地方,研究者都需要保持谨慎的敏感(Lee,1995;Warren,2001)。在估计这些潜在的困难时,研究计划书应当援引之前研究者的经历,并将这些经验运用于目前的研究,以对角色策略进行仔细考虑。本章的最后列出了一些出色的参考资料。

获得接近研究地点的许可——接到正式的邀请,比如赫尔曼提供的担保,或者是一位负责人的同意——需要时间、耐心和对群体规律和规则的敏感。在研究计划阶段,研究者至少应当准备好介绍信的草稿或进入的脚本,更好的情况是表明:协商已经开始,应该可以获得正式批准,而且研究者知道进入田野与尊重研究对象可能有的顾虑这些方面的微妙之处。

效 率

在质性研究中,研究者应当仔细考虑他将如何配置这项研究的可用资源,以确保对研究问题的全面回应。尽管这一考虑与资料收集的各种决定存在重叠,研究者的角色议题在这里也会出现。研究者应该仔细考虑如何配置他自己,只有这样才能将收集资料的机会最大化。这一考虑应当与研究的可用资源——主要是时间和精力——保持平衡。研究者应当合理地设计研究的规模和复杂程度,这样,这项研究才可能依靠可用的时间和资源得以完成(Bogdan & Biklen,2007,p.51)。换句话说,研究者需要自己作出判断。那些并不十分精通质性研究的研究者准备了三个月,他们天真地以为他们将进行 10 个时长为一小时的访谈,收集文献,分析并写作,然后就结束了。我们有太多的理由将这样的研究计划书毙掉!

另一方面,我们提醒质性研究的新手要创造某种形式的边界。一旦研究开始了,让人感到刺激的困惑和诱人的问题会像雨后春笋一般。即使研究者保留了追寻这些困惑和问题的权利,她还是应当专注于这项研究的目标。博士研究生经常需要被小心地刺激一下,才能回到完成研究工作的结构安排中来。在研究开始之前,试探性地对边界进行界定,将会有所帮助:对研究目标和研究局限进行讨论(比如,五个生活史、在一所学校观察一年),提醒自己一些实际的考虑(比如,逐渐减少的经费、毕业获得一份"真正"工作的必要),这些都会提醒研究者这项研究必须是有限的。在第 9 章和第 10 章中,我们也将讨论确保资料收集和资料分析相互协调的技巧,还有确保研究者知道如何推进资料分析,以支持最终报告的技巧。研究者应当将研究设计成"在规模和复杂性上合情合理,这样,这项研究才可能依靠可用的时间和资源得以完成"(Bogdan & Biklen,2003,p.51)。①

人际关系的考虑

有人会认为质性研究的成功主要依靠的是研究者人际交

---

① 这一句直接引用的后半句,在英文版中与上一段中间"(Bogdan & Biklen,2007,p.51)"之前的间接引用,基本一致。是对相同作者的引用,不同年代可能是版本的差别。但是本书最后的参考文献中并未列出这两位作者 2003 年的研究。可能是版本修订过程中的失误。——译者注

往的技巧。在一般的质性研究教材中,这一告诫会表达为建立
信任、维持良好的关系、尊重互惠原则、注意考虑伦理议题。这
些说法表明了对组织中的政治的觉察以及对人际互动的敏感。
因为研究的进行通常要高度依赖于研究者与研究对象之间建
立的关系,人际交往的技巧就显得非常重要。如果一个人不能
够轻松地与他人对话——做一个积极、耐心且考虑周全的听
众,并能对其他人的看法持有共情的理解①和完全的尊重,那我
会劝他最好不要使用质性研究取向。如果研究者觉得要被迫
去打破沉默、说出他们自己的观点,或者要表明他们自己知道
多少,那么研究者就失去了获得资料的大好机会。承认这一点
很重要:尽管可以通过课程和试调查来训练研究者的敏感和深
思熟虑,但对有些人来说,成为好的质性研究者是很难的。

此外,社会科学的一些传统制造了某种形式的**学术盔甲**,
这阻止了质性研究通常要求的亲密情感投入(Lerum,2001)。
运用含糊的学术语言(语言盔甲)、职业服装和举止(身体盔
甲)、理论优先的假设(意识形态盔甲),并努力避免"成为本地
人"(客观中立),这些都造成了这种学术盔甲。脱掉学术盔甲
将可以更丰富、更亲密地进入研究对象的生活和情感。这是一
种深奥的从"看到(seeing)"转化为"理解(understanding)"的
方式(Denzin,1997)。在对大学橄榄球的研究中,托马(Toma,
2000)发现在问答式的访谈中,**和睦的关系**帮助研究对象在回
答研究者问题时,看到了新的且更深层的意义。亲近、投入
(engagement)和卷入(involvement)都会提高研究的丰富性。

然而,研究者仍然是需要保护的。研究者计划了他们在田
野中的角色和他们在田野的投入程度。不管是对性工作者的
研究,还是对教堂中舞蛇通灵者(snake handlers)的研究,还是
对那些允许性骚扰的一些职业的研究,研究者都需要计划好在

---

① "共情的理解(empathetic understanding)"直译应该为"以移情方式的理解",指的是能够
站在对方的角度来理解对方。这里的"共情",也有学者表述为"同情",但是指使自己的
感情与对方相同,而不是对对方的不幸等表示怜悯的"同情(sympathetic)"。——译者注

某种程度上使用学术盔甲（Lerum，2001）。如果不当心的话，研究者对研究对象的尊重和关心就可能会过分，以致研究者失去了把他们从个人的纠缠中分离出来的能力（Wolcott，2002）。在这一章的后面，我们会讨论**离开的策略**这一概念。

在研究计划这一部分，对研究者在研究场景中的角色进行讨论，对研究者自我反思意愿如何受到影响进行思考，这些都表明：研究者对研究场景、研究中的人、这些人的日常事务以及他们所处的环境有足够的了解。这样，研究者就可以估计她将如何适应其中。研究者应当仔细思考他们自己的角色，研究者可以从这种思考中获益，因为多数研究对象会察觉并拒绝那些不真诚、不可靠的人。

此外，研究计划也需要就如何把研究者的角色告知研究对象一事进行计划。研究对象也许会对研究者的出现感到不安，也许会把研究者看作间谍、评估人员，甚至是新来的志愿者！研究者应当准备好描述他们在研究场景中可能的活动、他们愿意了解的事情、信息的可能用途，还有研究对象可以怎样参与这项研究。互惠原则建议研究者在研究场所中不能只是像海绵一样的观察者。比如，索恩（Thorne，1983）反思了她对1960年代反战的研究，她以有说服力的细节描述了有很多人不愿意回应或者不愿意信任那些不肯表明自己立场的研究者。为了进一步说明这些观点，范例13描述了罗莎莉·瓦克斯（Wax，1971）在对美国原住民的研究中是如何进行建立信任这一复杂工作的。

范例13　建立信任

人类学家罗莎莉·瓦克斯的大量论述（Wax，1971）都已经强调：研究者与她所研究的社会或群体成员的最初接触是很重要的。主人和田野工作者之间的互惠关系使得田野工作者可以避免愚蠢、有攻击性且有潜在危险的行为；也可以使田野工作者与研究对象的接触有价值；还可以使田野工作者理解接受帮助并给予回报的责任。按照瓦克斯的说法(Wax,1971,p.47),"田野工作者会犯的最恶劣的错误"就是,认为主人们对田野工作者的容忍表明了他们之间良好关系以及研究者被当作了自己人。

在她对美国原住民保留区的社区民族志研究中,瓦克斯发现,当妇女们让研究者仔细观察她们贫穷的、空荡荡的家时,这些妇女感到窘迫和踌躇。这些妇女的信任和合作对瓦克斯的研究非常重要,因为瓦克斯力图理解家庭中表现出来的文化模式与孩子们在学校中糟糕的适应和成绩不良之间的关系。在她对那些慢慢揭示出来的答案的陈述中,瓦克斯展示了她让其他人对她的存在感到舒适的方法。她避免了社会工作者或者印第安人事务局社会改良者的形象,她与研究对象的互动就是女性之间的互动。探讨那些妇女的孩子们的福祉的同时,她也是为了那些孩子们的福祉而这么做的。

范例13表明研究者应当留出足够的时间,并且明确花时间的必要性,以此保证研究者角色的灵活性以及对研究的耐心。因为信心和信任是通过长期复杂的互动才逐渐出现的。尽管角色和关系是在田野中出现的,但在研究计划的阶段,研究者应当提出一份考虑了建立关系所需时间的计划书。

只是指出信任和关系很重要,这样的简单陈述是不够的。研究者应当展示在处理田野工作中将不可避免出现的复杂关系上,他所掌握的技巧以及他对这些问题的敏感度。

去另一个研究地点继续研究,从政治上和伦理上说,是处理复杂情况的另一种方式:有些时候,即使有最好的计划,研究者也不能够进入某个研究地点,正如范例14所展示的那样。

范例 14　选择另一个研究地点继续研究

马歇尔(Marshall,1992)打算研究女性及有色人种在社区的政治诉求及获得学区领导权之间的互动。她设计了比较个案研究,还确定了两个研究地点——同一地区的两个城市。这两个城市的政治文化、人口构成都很相似,而且也都有相对较多的女性和有色人种处于领导位置。选择用来做比较的这两个地点在这些维度上是一致的,但有一个重要的不同之处:"前进城(Change City)"中有些证据表明,其中的政治结构正在经历一些实质的变化,而"艾文谷(Avondale)"则表现出更平静的政治气氛。

在艾文谷,马歇尔在谋求进入许可时,只是遇到了典型的科层制阻碍:给看门人的信、与地区研究主管会面、保证接受地区对研究进行监督。马歇尔对于艾文谷的情况很满意。她开始了与前进城的接触。她订阅了前进城当地的报纸来了解地方政治,而且还给前进城的行政主管打了电话,这位新的行政主管是一位来自另一个州的非裔美国人。几个月过去了。马歇尔有礼貌地坚持给这位主管打电话,但结果是她通过电话熟悉了主管的秘书!马歇尔设计了另一个策略:她给这位主管写了一封热情洋溢的信。在信中,她再次保证了这项研究对这一地区的价值;她还努力自抬身价,她使用了有大学标志的信纸来写这封信,还强调了这项研究与一个全国性的学校领导中心的关系。但是仍然没有回音。

仔细地思考了这些情况所反映出来的可能后,马歇尔知道:这位新的行政主管在控制信息方面非常谨慎,因为他得应付一种爆炸性的争议,这种争议涉及资源、处于行政管理位置的有色人种以及对在职的白人行政管理人员表示支持的政治策略。这激起了马歇尔的兴趣,她尝试了最后一个策略:"偶然的"会面。主管的秘书帮了马歇尔一个小忙,她帮马歇尔得到了参加一个会议的邀请,这位行政主管计划出席这次会议。马歇尔的确在会议间歇的咖啡时间与这位主管进行了交谈。在讨论与这次会议有关的议题时,马歇尔随意地提到她希望能跟这位主管谈谈在这个地区做研究的事情。这位主管很亲切,对马歇尔的研究也很感兴趣,并许诺在下一次会议间歇期间更仔细地谈一谈,这位主管显得很开放。然而,让马歇尔非常气恼的是,那位主管的助手向她道歉,因为主管被叫回办公室去处理一些紧急事件了。又一次挫败!

马歇尔又打电话又写信,但那位主管的办公室一直保持沉默。现在是面对事实的时候了。关于有色人种处于领导位置的政治争议——这恰恰是马歇尔想研究的问题——是一个紧张且困难的议题,这使得那位行政主管不愿意冒险涉足这个政治漩涡。马歇尔意识到她应该尊重这位主管的选择,并努力寻找另一个前进城。

有些时候,研究场景中的敏感问题使得研究者的进入、角色和伦理都相当进退两难,所以研究者应当改变计划。在某些时候,研究者会发现克服进入田野的那些障碍需要过分的努力,而且研究者也必须尊重研究地点里的关键人物。在处理那些政治化且敏感的主题时,研究者应当确认几个可能的地点,如果需要的话,研究者就可以到另一个替代地点去继续研究,而整个研究只是有一点耽搁。

互　惠

一份全面的研究计划书也可以表明研究者意识到了研究中的互惠议题。质性研究闯入了研究场景,而人们只能适应研究者的出现。人们要花时间接受访谈,或者花时间帮助研究者理解群体规范。研究者应当计划好报答研究对象。当人们调整了他们的优先权和日常事务来帮助研究者,或者只是容忍研究者的出现,研究对象都让出了他们自己的一些权利。研究者可以说是欠了债,应当对这一点保持警觉。互惠包括花时间帮助研究对象、提供非正式反馈、煮咖啡、做一个好听众或者辅导功课。当然，互惠应当符合研究限制和个人伦理，也应当使研究者能继续维持作为研究者的角色。研究设计部分应当包括一系列可能的感谢方式：小饼干、书籍、购物卡，也可以是花一个小时帮忙清扫院子里的落叶或者照看孩子。需要提醒的是：一定要提前考虑好边界。事先计划能够避开一些不舒服的情况，比如研究者被要求写一份不恰当的工作推荐信或者被要求约会。

伦　理

成功的质性研究者的特征表明：研究者自己对任何的伦理议题都有细腻的敏感。正如第3章中的讨论，伦理考量并不仅仅是确保研究对象的**知情同意**，并保证他们在研究中匿名。研究设计需要估计将会出现的一系列伦理挑战。如莱鲁姆（Lerum，2001）所言，情感投入的研究者必须不断评价并建构他们的行为。如果在进入田野之前就预计到了，尤其是第3章里所讨论的大E议题①，那么感情投入就更可控制。在研究设计部分提前计划好了，这些挑战就更不容易造成田野中的困境；在这些困境出现时，也有机会来思考解决这些困境的方法。

有一些作者讨论了质性研究中的伦理考量，描述了他们遇到的困境。在任何研究场景中，角色、互惠和伦理议题都应该仔细地考虑，尤其是在那些特别敏感甚至是关于禁忌的研究场景中。要在计划书中写好讨论角色和互惠的这一部分，质性研究者就应当考虑先行者们的经验和建议。

那么，一份合格的研究计划书要提前考虑进入田野、互惠、**角色维持**、感受能力这些议题，同时也要坚持伦理原则。研究者必须表明他对质性研究中的复杂伦理议题有所意识，并表明这项研究不仅是可行的，也是合乎伦理要求的。如果研究者将扮演一个欺骗性的角色，他应当表明这对研究对象没有伤害。

---

① 这里指的是第3章中"伦理：关注人"讨论的"大E议题"，即研究中的"大写的伦理（Ethics）"，主要是指与研究程序相关的伦理议题。——译者注

如果他将要求人们改变他们的日常事务安排或者要人们花时间,这些都应当出自研究对象自愿。在一个研究场所中是日常事务而且是可以接受的,但在另一个研究场所中却可能是有害的;在一个研究场景中是自愿的,但在另一个研究场景中可能只是容忍。研究者不能估计到每一件事情,但他必须表明他对研究中的伦理原则有意识、能充分领会,并承诺做到。在这一章最后(特别是在"扩展阅读"书目中的"个人困境、政治困境和伦理困境"一部分中)提到了几个作者在通用教材和学术论文中对这些议题的讨论,接下来的几个范例所描述的研究也讨论了这些议题。

范例15 伦理与民族志田野工作

民族志研究在传统上是在一些可以被描述为奇异的田野中进行的,这是为了将这些田野与研究者自己的文化进行比较。研究者的目标是描述这一文化中的象征和价值,而不是从他自己的文化情境出发来进行判断。然而,索洛韦和沃尔特斯指出,当研究者所研究人群的行为被认为是犯罪时,复杂的伦理困境出现了:"当研究者决定努力进入他们的世界并研究这一行为,田野工作者就遇到了一个真正的道德、伦理及法律上的实质危机。"(Soloway & Walters,1977,p.161)

一种安全的选择是在一些组织中,如监狱或治疗中心,进行对犯罪亚文化的研究。索洛韦和沃尔特斯对这样的研究程序持批评态度,他们指出:"如果在莱克星顿[一家联邦医院]研究上瘾行为,那么结果就会是对病人的研究。如果是在监狱里研究上瘾行为,那么结果就会是对犯人的研究。"(Soloway & Walters,1977,p.163)

为了理解上瘾,索洛韦选择进入了瘾君子们的自然聚集处。他是一个美沙酮治疗项目的成员,这帮助了他的进入,而且事实上他是在他从小长大的社区中进行研究。在分发美沙酮时,索洛韦每个星期都要接触的人中有一个是马里奥,一位老邻居、老朋友,同时也是治疗中心的病人。

马里奥把与索洛韦的关系看作一种资源，可以帮助他在这个项目内部以及在街道上获得较高的地位。马里奥有一次试探了一下这种关系。那一次马里奥来领他每周的美沙酮剂量时，他吸毒吸"高"了。由于马里奥当时的状况，他被拒绝给予美沙酮。马里奥试图让他的这位民族志研究者朋友去跟治疗中心的护士说说情。研究者不但拒绝去说情，而且斥责马里奥："我可不是一个从郊区来的、愚蠢的社会工作者。你吸毒了，每个人都知道。"（Soloway & Walters, 1977, p. 165）虽然索洛韦冒了险，这可能会损害这种研究者—研究对象的关系，但这次冒险是值得的，因为马里奥最后把索洛韦介绍给了其他瘾君子。与城市里的海洛因上瘾者一起活动，这使得索洛韦能够在这些瘾君子所处的完整的社会环境中观察他们，在这样的情景中，瘾君子只是他们身份认同的一部分。

索洛韦是在利用他与马里奥的友谊吗？参与观察者是研究对象的朋友吗？研究者可以既是观察者又是朋友吗？研究者如何在作为陌生人的客观和使朋友幸福的愿望之间勉强维持平衡呢？按照索洛韦和沃尔特斯的说法，"民族志研究者个人伦理的局限使他无法在这两个角色的任何一个中维持他的完全真诚"（Soloway & Walters, 1977, p. 166）。当研究者观察到犯罪行为或者可能逐渐卷入犯罪行为中时，研究者合乎伦理的反应应该是怎样的？波尔斯基坚持认为要在成人罪犯所处的自然场景中研究他们，研究者必须"做出道德决断，他自己将以一些形式违反法律"（Polsky, 1969, pp. 133-134）。在另一方面，亚布隆斯基（Yablonsky, 1965）断言，对这些违法的越轨行为进行参与观察，尽管只是由于研究者对这一主题感兴趣，但结果是强化了这些违法行为。

作为与马里奥的交换，研究者运用了相对主义的原则来努力保持平衡。按照这一原则，民族志研究者并不应当抛弃他们在自己文化中形成的意识，也不应该将这些价值强加于他们的研究对象。"相对主义在操作上避免了两种危险。一种是民族志研究者自己的文化中心主义(ethnocentrism),另一种是一样危险的、倒置了的文化中心主义,也就是说,研究者成了他所研究的价值系统的局内人,甚至个人认同这套价值系统。"(Soloway & Walters,1977,p. 168)

曼宁(Manning,1972)记叙了他曾经指导过一位学生对警察研究的设计。他注意到,那位学生可以跟警察一起走来走去、打打闹闹,可以跟警察一起坐在巡逻车里,甚至在警察打算逮捕一些人的时候,这位学生还跟警察在一起。但是,这位学生不是一名警察,不能像警察那样穿制服、冒险、抓人,也不能采用警察的视角。研究者如何得到所处社会生态与研究者本人非常不同的那些人的合作呢?按照维斯特利(Westley,1967)的说法,司法人员的一个关键准则是保密:

> "这一点非常仔细地教给了每一名新警察。……违反者将被剥夺接触关键信息源的权利。在紧急情况下,他的同事也不会保护他。保密意味着警察不能够与部门以外的人讨论警察的工作。"(Westley,1967,p. 774)

这样,研究者就必须考虑:鼓励警察们谈论他们的工作是不是合乎伦理要求。研究者必须预计到这些困境,如果他观察到警察的野蛮行为,遵守法律而供出这些警察,就可能会导致这项研究解体。保持沉默在某种程度上能够获得研究者所观察的警察们的信任。这位学生提前计划好了,决定选择保持沉默。

并不是所有的质性研究都会遇到这样极端的伦理困境。但是,如果在一些要求研究者行动起来的事件中,研究者被困于其中,就很难保持研究者的角色。研究者必须估计更多的日常事务中的伦理议题,并准备好(像研究者希望的那样)按照一般伦理原则在研究现场作出决定(特别注意 Christians,2000,2005;Punch,1994;Welland & Pugsley,2002)。阅读其他研究者对伦理问题的讨论,并运用个案材料来为假设的情景做好准备,这能够详细展示所谓的标准伦理考量,而且可以使研究者加强她的思考能力以应对道德争议。范例 16 来自一个墨西哥裔女民族志研究者的研究。她挣扎着在尊重她的研究对象的同时,面对研究进行中的挑战以实现她自己的目标。她遇到的政治困境和伦理困境都很尖锐,她发现她自己被她所研究的那个社区中居于主导位置的英裔领导人拉拢。

范例16   伦理、权力与政治

在她的文章中,维莱纳斯(Villenas,1996)描述了她在研究中的困境。一方面,她是一位墨西哥裔女性民族志研究者,她在研究一个被边缘化的拉丁裔社区;另一方面,这个社区里占据领导位置的是英裔美国人。维莱纳斯研究了一些拉丁裔母亲的教育史,这些母亲最近才移居到北卡罗莱纳州希望城一个小型农业社区。维莱纳斯关注的是这些女性讲述的故事,这些故事是关于她们如何创造出抚养她们孩子的教育模式。

维莱纳斯注意了如何克服拉丁裔社区把她当作来自精英大学的、享有特权的民族志研究者这种印象。然而,她发现这个社区里说英语的主流居民在拉拢她。这些社区居民认为拉丁裔家庭教育抚养孩子的实践是有问题的,而且是"落后的"。维莱纳斯使用而不是挑战了社区领导人的这些看法,她遵从了这些负面的表述。

考虑到要接近社区领导人,维莱纳斯在与英裔领导人谈话时进行了自我审查,她没有指出这些领导人的种族主义语言以及对拉丁裔社区的贬低。此外,这些社区领导人假定维莱纳斯跟他们一样对穷人和有色人种很忧虑,认为维莱纳斯也把拉丁裔社区看作"问题"。因为在社区领导职位上没有一个拉丁裔,维莱纳斯找不到同盟者,她是唯一一个被社区领导人接纳的拉丁裔。就这一角色而言,她被英裔社区当作局内人,而被拉丁裔社区当作局外人。

为了反抗她作为被拉拢者的角色,维莱纳斯开始"采取一些小的破坏性策略和行为来进行反抗"(Villenas,1996,p.725)。

比如说,她在会议上利用发言的机会对拉丁裔社区进行了正面的描述,而且选择不跟社区领导人一起坐在领导人的桌子旁边,而是坐在听众席里,跟那些她在拉丁裔社区结识的朋友坐在一起。

范例16表明了研究者的角色可能被那些掌握权力的研究对象操纵。尽管研究的意图可能是展示一个文化的积极方面,但是一个不能正确自我反思的研究者很容易被利用,甚至会参与到这样一个过程,在这个过程中,边缘群体被负面地描述成社会问题。

在研究计划书写作的阶段,就可以对潜在的困境进行讨论。举例来说,多普勒(Doppler, 1998)对高中的男同性恋、女同性恋以及参与同性恋/异性恋联合会活动的异性恋年轻人进行了现象学研究。她用细节描述了在她的研究中涉及的、与伦理和人作为研究对象的有关议题。为了提供如何把伦理写出来的例子,我们在下面引用了多普勒研究计划书的一部分以及她给学生们的**知情同意书**。下面这一段出现在多普勒对知情同意的讨论中:

"因为研究对象将是高中学生,其中的一些人因为是女同性恋或者男同性恋,或者因为是与男同性恋和女同性恋联盟的异性恋,他们格外容易受攻击。所以,保护他们免受任何形式的潜在伤害尤其重要。……研究对象将有机会阅读每一次访谈的文字稿,在这些访谈中研究对象分享了他们的反应。我还将请求研究对象对访谈的文字稿进行修改。"

多普勒研究计划书的附件中还包括了图5.3所示的知情同意书。(她还准备了一封类似的知情同意书,要求那些愿意参加研究的父母签署。)

博士论文研究项目的研究对象知情同意书:
公立高中里的同性恋/异性恋联合会的参与者

亲爱的同性恋/异性恋联合会的成员:

我是马萨诸塞大学阿默斯特分校教育学院的研究生。我想邀请您参加一个研究项目,这个研究是关于参加同性恋/异性恋联合会的好处和付出。我希望对那些参与联合会的、自我认同为女同性恋、男同性恋和异性恋的学生的经历进行探讨。

如果您参与到这个研究项目中来,您将要参加两次四十五分钟到一个小时的访谈。如果前两次访谈后,有必要的话,还会有相同时间长度的第三次访谈。

您可能会因为一些人猜测您是什么样的人以及您说了什么而受到攻击,但是我将用化名来指代您和您的学校,以保护您免受这些可能的危险。我会给您每一次访谈记录的纸质文字稿。您可以进行任何修改。在 1999 年 3 月 1 日前,您也有权利随时退出这项研究。在那个时间之后,我将处于最后的写作阶段,将不能够从文章中删除相关的引文。

这项研究将与我的博士论文指导委员会以及其他马萨诸塞大学的、恰当的成员分享。这份博士论文将以纸质的形式及微缩胶片的形式刊印,并将收藏在学校的杜波伊斯图书馆。

我非常感谢您能为这项研究花一些时间。这将帮助我了解参加同性恋/异性恋联合会的影响。如果您有任何问题,请给我打电话,电话号码是_____。您也可以与我论文指导委员会的主席_____教授联系,他的电话是_____。

谢谢!

贾尼丝·E. 多普勒(签名)

如果您愿意参加上文所述的这项博士论文研究,请在下面签名。

签名:_____

姓名(正体字):_____

日期:_____

来源:使用获得贾尼丝·多普勒的许可。

图 5.3　知情同意书:学生

多普勒(Doppler,1998)对互惠的讨论包括以下反思:

> "[研究对象]将有机会在安全的场景中、与愿意承认参与同性恋——异性恋联合会重要性的人谈论他们的经历和感受。女同性恋或男同性恋学生可能会有最大的收益,因为他们将有机会说出他们的感受和想法,而他们对这些通常保持沉默。此外,与一个幸福的、对女同性恋生活适应得很好的女同性恋教育者进行互动,也可以提供一个积极的角色模范。
>
> ……粗略地说,我将与研究对象分享我在这项研究中所拥有的权力,鼓励他们修改访谈记录的文字稿,以使这些记录完全准确。更重要的是,通过提供机会让这些学生说出他们自己的经历,这种权力将进一步分散。"

在以"隐私权"为题的一节中,多普勒(Doppler,1998)这样写到:

> "为了保证研究对象匿名,研究中将使用化名。然而,在这项研究中,也许有些研究对象希望在研究中使用他们自己的名字,以此作为出柜公开自己同性恋身份的一个仪式。在这样的情况下,研究者将与这些希望使用自己真名的研究对象讨论:使用真名而不是化名可能会有什么样的后果。研究者将向研究对象承诺:用一切合理的方法保密,除非涉及那些关于自杀或受虐待的自我汇报。"

多普勒(Doppler,1998)的研究计划书中还包括了以"倡导/干预"为题的一节。她这样写到:

> "我估计关于倡导/干预的伦理考量可能会在我的田野工作中造成一些个人困境。在访谈的过程中,很可能我会听到被骚扰和歧视的经历。我可能会想要在这样的情况下进行干涉。在这一点上,我相信这样做将是合适的:确保那些学生知道他们可以采取什么方式来处理被骚扰和歧视的情况。当这样的情况出现时,我会继续按照流程

进行访谈,但在访谈的结尾,我会与这些学生讨论在他们的学校中可以获得支持的渠道,或者给这些学生提供学校之外可以帮助他们的机构的电话号码。"

之后,多普勒在研究计划书中还举了一个她最近运用这种策略的例子。以上这些选自多普勒研究计划书的段落表明了她的敏感性。多普勒展示了:她将如何确保政治上的独立、如何保证她对资料的所有权,还有为什么这项研究的可能意义要超过它可能带来的风险。正如她详细阐述的那样,知情同意是一个复杂的过程。简化、陈腐且未经反思的空话是不够的。

伦理审查委员会

为了保护作为研究对象的人免受不必要的伤害,大学和专业协会建立了伦理规则和研究审查委员会。大学和接受美国联邦资助的机构中的伦理审查委员会必须审查所有研究计划,以确保研究在进行过程中给予了人和动物恰当的保护,以使他们免于风险。这是美国国家研究法案之公法 93-348 强制规定的。在美国和加拿大这些标准和指示是最严格的,在其他国家就不那么严格。各个大学和研究机构对这些指示的解释有所不同,有时候审查委员会的成员对质性研究计划书也不熟悉。此外,伦理审查委员会的主要目标是为了避免在未经人们同意的情况下,对他们进行生物医学和人体试验以及避免对人们的操纵,这与许多社会科学的研究计划并不那么相关。(关于伦理审查委员会的优势和缺点,可参考 Brainard,2001。)

有些时候质性研究计划也会受到批评并被要求修改,因为伦理审查委员会希望这项质性研究计划遵从更传统的研究设计。美国国家科学研究委员会最近的一份报告 National Research Council,2002)明确了这一点。这份报告规定了什么应该被认为是科学研究。在林肯(Lincoln,2005)对研究机构中的这种保守主义倾向的评论中,她这样写道:

"目前,对教授质性研究哲学和方法的质性研究者和学者来说,新的研究范式在校园中遭遇了伦理审查委员会的规则,他们的研究从四个方面受到限制:(1)以人为研究对象的研究受到的审查增加了(这是对生物医学研究中审查失败的反应);(2)对以人为研究对象的质性研究方法的课堂研究和训练的新式审查;(3)关于什么组成了'以证据为基础的研究'的新话语;(4)最近国家科学研究委员会(2002)关于什么应当被认为是科学研究的报告所造成的长期影响。"(Lincoln,2005,p. 166)

然而,对研究者角色、田野进入、资料收集、资料保存、研究报告这些方面的合乎伦理的处理原则是重要的提醒。伦理审查委员要求回答一些特定的问题:描述这项研究、研究地点和研究对象;你将如何接近研究对象?你将如何向研究对象提供知情同意书?你的介绍信和知情同意书看起来是什么样的?你和研究对象之间将有什么类型的互动?研究对象将要冒什么风险,你将如何减少这些风险?你将如何保管你的资料,并确保研究对象的隐私?(Glesne,2005)

知情同意书面临的文化挑战

伦理审查委员会,还有它所要求的知情同意书,是一种独特的西方实践。知情同意是以个人主义和自由意志的原则为基础的——这些也是独特的西方文化的假设。书面的知情同意书还假定了研究对象的读写能力。而在那些有不同文化传统和法律传统的国家进行田野工作时会发现,研究对象可能不具备读写能力。在跨文化的情景中进行田野工作时,有些文化的信念和价值可能是集体主义的、是等级制的,知情同意权的概念如何能够起作用?把一个人的名字或者印记留在一张纸上可能对那些美国或欧洲之外的研究对象来说是很危险的。这些议题都应该进行讨论,特别是当国际学生要回到他们自己的国家去做研究时,大学也要求他们必须填写适当的表格,并经历伦理审查委员会所要求的审核。这些学生如何能够满足美国大学对保护作为研究对象的人的那些要求,同时仍然能够尊重他们研究场景中的文化规则?

正如我们在第3章中讨论的那样,完成用空话堆砌而成的必要表格规避了这些文件和程序中所包含的更深层次的文化偏见。然而,对这些文件和程序中所强调的保护作为研究对象的人的意图进行了解,意味着这些学生需要讨论三个关键要求:研究对象理解(研究者已经向他们解释了)(1)这是一项有特定标准和利益的研究;(2)他们可以自由地参与或拒绝参与,都不会有任何损害(但是这带来了一系列与此有关的议题,后文将对此进行讨论);(3)他们的身份会尽可能地被掩盖(被保护)。

范例 17　穿越文化挑战

马克杰西-门伯维(MacJessie-Mbewe,2004),是来自非洲南部马拉维的博士生。他跟罗斯曼长时间地讨论了他如何接近他的研究对象,考虑到马拉维高度集体主义的和等级制的文化。在他给伦理审查委员会的表格中,马克杰西-门伯维写到:"按照马拉维的农业文化,知情同意书将以口头的方式获得。让研究对象签署一份表格将带来不愉快的反应,很多人会因此害怕参与这些研究。这项研究将从学校、地区和(教育)部门的领导人那儿获得许可。按照马拉维的规则,只要你从教育部和地区教育主管那里获得了同意,就可以用学校来做研究。"

尽管这些解释说明通过了委员会的审查,许多伦理议题还是出现在委员会的讨论中。比如说,如果高层官员批准了这项研究,学校的老师和领导——作为公务人员——就必须合作和参加,那么同意有什么意义?他们可以自由地决定参与这项研究吗?他们可以拒绝参与,而高层官员不会惩罚他们?与马克杰西-门伯维以及来自马拉维的其他学生进行的讨论都是以这些议题为中心的。在填写需要的表格时,罗斯曼要求学生们对完成书面知情同意书在文化上是如何不恰当的进行讨论,以此鼓励他们说明为什么不使用书面知情同意书的原因。一个典型的原因是:在书面表格中,研究对象必须签字或放上个人的印记,这会被认为是跟政府有关的,在那些压迫性的或高度腐败的政体中,这通常是有险恶内涵的。另一个原因是研究对象不识字,因此也不能够完全理解她是在什么文件上签字。第三个理由是这样的:在那些比美国或欧洲更强调集体主义的文化中,信任以及好的愿望是通过一个人的言语来判断的,而不是用签字。因此,要求别人签署一份表格会被认为是不尊重对方的表现。最后,学生们在讨论他们将如何遵守这些程序意图的方式上达成了一致:向研究对象说明研究的内容、确保研究对象自愿参与,并尽可能地对他们的身份保密。这样,马克杰西-门伯维就获得了更多的指导。

在这个范例中,我们可以看到没有完美的解决办法,将西方实践中的文化批判用于非常不同文化情境中所进行的研究,这些议题都会公开出现。

计划离开

对进入田野、接近研究对象、研究者的角色、互惠和伦理这些讨论的合逻辑却又经常被忘记的延伸,是研究者的离开策略。不管是在 20 分钟的访谈之后的"谢谢—再见",还是与在一个组织中扮演了一年的某些角色逐步分离,对此进行计划是必须的。对所有的研究对象来说,接近他们时所进行的最初协商,至少应该对最后的研究成果是什么样子有所说明,并且会隐约表明研究者与他们的关系是暂时性的。然而,在经过长时间的密切接触后,经历过分享、提供帮助、礼物和坦白,研究者要离开的印象衰退了。研究者必须作出决断。一些研究者选择以一些小规模的方式维持与研究对象的关系,比如寄生日卡,或者更全面的,作为咨询人员、朋友,甚至雇主。

不管研究者选择结束与研究对象的关系,还是以某种方式继续这种关系,尊重他人以及尊重与他们的关系,这对一个合乎伦理的研究者而言都很重要。研究者不是拿到资料,然后就跑了,至少对那些让研究者接近,并且开放了他们日常生活和他们观点的研究对象来说,研究者应当有一个逐步退出的计划:与研究对象谈论研究项目的完成,提供一些关于研究报告的样本,留下礼物或者提供帮助的承诺,比如表示感谢的小纸条。要求留在群发邮件的通信名单上,或者花时间给研究对象发送与研究有关的照片和文章、发送个人化的小便签,都能够减轻研究对象可能的不满和被抛弃的感觉。在高强度地投入了时间和精力之后,研究者也很可能在离开田野上会有强烈的分离、孤独和失去的感觉。估计到这些情感问题,对那些在本性上关注社会互动、关系取向的研究者来说,尤其重要。一些研究者一直难以转换到分析资料和写作研究报告这些更孤单的阶段。最后,研究者对角色处理的计划应该包括自我照顾的策略,以处理疲劳、"同情别人的不幸带来的压力"和其他强烈的情感(Rager,2005)。知道如何预测田野工作中的情感问题,是研究设计的一部分,应该在计划书关于研究者角色、田野进入和伦理这一部分进行讨论。知道如何将研究者自己的情感作为有价值的研究工具(而不是"坏的主观性")是质性研究思想中的一次飞跃。如柯普所言,"关于赢得并维持研究中和睦关系的大量研究文献记载了研究者角色扮演中情感的重要性,诸如信任和共情"(Copp,2008,p. 251)。知道在田野记录中如何反思愤怒或不悦的情绪,或是怀疑的情感,可以增加资料的真实,避免直接跳到结论。

* * * * *

前面的讨论使读者经历了对研究进行规划的反复过程:决定一项研究的整体研究取向、建立起与此相关的解释说明、讨论研究地点和研究对象、思考研究者的角色、思考研究者进入田野的方式、思考研究者对进入和帮助的回报以及研究进行过程中的伦理议题。接下来的两章将描述主要的和次要的资料收集方法。这两章将为找到以下问题的具体答案提供选择:"我事实上将如何收集资料?我的资料看起来是什么样子?"

两位学习者之间的通信

梅兰妮:

　　谢谢你的回信。我很喜欢你所说的关于质性研究工作就像是没有希望地纠缠在一起(戈耳狄俄斯之结这个说法太妙了)。这使我留意到我跟别人对质性研究自我反思本质的一些讨论。看起来,好的质性研究需要持续意识到:产生和分析资料是一系列过程。(在这里,我用"过程"来指在资料收集和分析中的机制和努力,就像那些影响我们日常行动的社会过程一样。希望我说明白了)这种自我反思使我们能够通过戈耳狄俄斯之结来回溯我们那乱成一团的研究道路。所以我们开始了与质性研究有关的各种工作,然后又对这些工作进行反思,并使得我们后来的努力受到这些反思的影响。如果我们不能够做到这一点,看起来我们很容易就会陷进去了,我们在收集资料和分析资料的时候,就不会注意到质性研究中那些微妙之处(天哪!有如此之多的微妙之处!)。

　　请告诉我这些是不是说清楚了。希望一切都好!

阿伦

阿伦:

　　哦,我完全同意你的看法!研究者自己就是质性研究整体的一部分——不管是好是坏——离开了这种自我反思性,质性研究就少了一部分。然而,我最近正在这个问题上挣扎(我们的这个讨论多么及时啊!),因为我经常发现我自己在研究中处于参与观察者的角色。在那些时候,我的问题不是关于我的位置或者我对研究的投入,而是我在把这些研究写出来的时候我应该达到的透明程度。我应该做到什么程度的自我反思?我怎样把我自己包括在这项研究中?我如何把"研究者自己"与"前教师自己"或者"朋友自己"分离?我怎样将这些自我合法地放在我的研究中?

尽管我可以接受——甚至很享受——质性研究中的自我反思部分，但我发现我自己对这种自我反思的标准感到困惑。也许我用质性研究取向来做研究的时间已经太长了？但是，自我应该在我们研究中的什么地方开始、什么地方结束呢？是啊。从技术上来说，我们在我们研究的每一个角落，但我们的研究不是关于我们的（除非我们有目的地采用了现象学的研究取向），我们的研究是关于我们的研究问题、我们的研究主题以及（最重要的）我们的研究对象。我想这又是一个戈耳狄俄斯之结。我不想在没有经历那些微妙之处（正如你敏锐地指出的那样）就那么跳进去了，但是我也不想使自己陷入自我反思以致窒息。

现在是我在抱怨了！这就是我还没有吃晚饭的后果。我说清楚了吗？

梅兰妮

关键词

暴露程度	revealedness
参与度	participantness
抽样	sampling
多地点抽样	multisite sampling
风险	risk
个案研究	case study
和睦关系	rapport
互动的亲近程度	closeness of interaction
互惠	reciprocity
话语分析	discourse analysis
角色	role
角色边界	role boundaries
角色的广度	role extensiveness
角色的深度	role intensiveness
角色困境	role dilemmas
角色维持	role maintenance

接近研究对象	access
接近弱势群体	access to vulnerable populations
解释说明	rationale
介绍信	entry letter
进入田野	entry
离开田野的策略	exit strategy
伦理	ethics
伦理困境	ethical dilemmas
伦理审查委员会	Institutional Review Board
偏见	biases
评阅人关心的问题	reviewers' concerns
情感	emotions
身份	identity
深度访谈策略	in-depth interview strategy
声音	voice
试调查	pilot studies
特定研究地点	site specific
田野笔记	field notes
田野工作的最初几天	first days in the field
微观分析	microanalysis
文本分析	textual analysis
效率	efficiency
信任	trust
信息的恰当性	informational adequacy
学术盔甲	academic armor
研究地点的选择	site selection
研究设计的复杂程度	complexity of design
研究者作为研究工具	researcher as instrument
移情	empathy
在研究者自己的工作/生活场景中进行研究	research in your own setting
这得看情况	"It depends"
知情同意权	informed consent
准备程度	degree of preparedness
自我反思	self-reflections
初始论题	initial themes

6

主要的资料收集方法

  质性研究一般来说依靠四种主要的方法来收集信息：（1）参与到研究场景中；（2）直接观察；（3）深度访谈；（4）分析档案文献和**物质文化**。这些方法强调的重点有所不同，并构成了研究的核心，就像是饮食结构中的主食。本章将以质性研究的设计过程为背景对这些主要方法进行简单讨论。有几种次要的、在一定程度上也更专门化的资料收集方法是这些主要方法的补充，第 7 章将对这些补充方法进行讨论。本章中的讨论并不能取代在资料收集方面许多出色的、有详细细节的参考文献（我们在本章的结尾部分列出了一些）。本章讨论的目标是指导质性研究计划书的写作者：明确他的研究所选择的方法，并向读者描述这些资料将如何回答他的研究问题。在这些讨论的结尾，我们将恰当地对可能出现的显著的**伦理议题**进行简单叙述。然而，研究者计划如何使用这些方法依赖于一些伦理考量。

  第 1 章对形塑质性研究方法的假设进行了介绍性的讨论。在这里，我们要用布兰特林格（Brantlinger，1997）对质性研究关键假设七个范畴的有用概括来扩展这一讨论，以此作为方法选择的基础。下面的讨论会让人以为这些都是二分的选择，但事实上不是这样。把这几组假设看作连续统，将更有帮助，这也是表 6.1 对它们进行描绘的方式。

表6.1　质性研究假设的维度

维　　度	假设的连续统
这项研究的性质是什么?	技术的且中立的↔有争议的且批判性的
与研究对象的关系是怎样的?	有距离的且客观的↔亲密的且卷入的
"凝视的指向"是什么?	外向的、针对他人的↔内向沉思与反思
这项研究的目的是什么?	专业的和私人的↔对研究对象和研究场所有帮助
预期的读者是谁?	学术共同体↔研究对象他们自己
研究者的政治定位是怎样的?	中立的↔明确的政治性的
研究者对能动性怎么看?	被动的↔参与地方实践

资料来源:Brantlinger,1997。使用获得许可。

　　第一个假设关注的是研究者对于研究性质的看法。这项研究是纯粹技术性的且中立的,是为了遵从研究者学科中的传统研究呢? 还是说这些研究是有争议的、批判性的,并带有明确的政治诉求? 第二,研究者如何解释他自己相对于研究对象所处的位置。是将自己视作有距离的、客观的研究者,还是密切地卷入研究对象生活的参与者? 第三,"研究者'凝视'的方向"是什么。是外向的、指向他人的——将研究问题外在化,还是包括明确的内向沉思?

　　第四,这项研究的目的是什么。研究者假定这项研究的目的是专业的且本质上私人的(比如提升他的职业生涯)呢? 还是说这项研究希望对研究地点的研究参与者有所帮助,使其有所收益? 第五个范畴与第四个有联系:这项研究预期的读者是谁。是学术共同体还是研究对象他们自己? 第六,研究者的政治定位是怎样的。研究者认为研究是中立的,还是说他表明了明确的政治诉求? 最后,第七个假设与研究者对能动性的实践的看法有关。研究者把他自己以及研究对象看作本质上是被动的, 还是"参与地方实践(engaged in local praxis)"(Brantlinger,1997,p.4)? 这七个范畴中的假设影响了特定研究方法如何在研究过程中被理解和运用。在研究计划阶段,对这些假设的一些明智且明确的讨论能加强研究计划书整体的逻辑和完整性。

许多书和文章描述了质性研究者可能采用四种主要方法（也包括其他次要方法）的不同方式，但这些书和文章通常都对以下保持沉默：研究者可能是失聪或者说有些东西听不到；研究者视力有不足；研究者使用轮椅；还有其他要面对身体或感官挑战的研究者。在下文的讨论中，我们努力对这样一点保持警觉：质性研究者在研究场景中与他人互动的方式是不同的，因为研究者要依赖她的感知和身体运动知觉的能力。在这一点上，我们强调：在研究计划书中，研究者应当概述在进行这项计划中的研究时，需要面对的特定挑战，同时也概括一下提高她能力的策略，以确保可以收集到合理可靠的资料。

观　察

观察在质性研究中居于中心位置。这一术语包括多样的活动：在研究场所中闲逛、逐渐认识一些人、了解日常活动安排并运用严格的时间抽样来记录研究对象的行动和互动、用一张一览表来记录那些预先设定的行为。不管是非正式的行动（如"闲逛"），还是正式的行动（如使用一览表），观察包括对社会场景中的事件、行为和**人造物**（也就是物品）进行系统的关注和记录。至关重要的是，这些观察要被记录下来——写下来或者是对录音设备进行讲述。这种记录通常被称为**田野笔记**——对观察到的事物做细节性的、（尽可能地）非判断性的具体描述。很少有研究只依靠观察（但是第 7 章中讨论的互动分析有所不同），因为研究者已经认识到对行为和互动进行解释相当困难，所以要询问研究对象的看法——通常是以访谈的形式（无论是正式的还是非正式的）。质性研究者也承认权力内在于研究者从意识形态立场出发所提出的解释中。

观察不仅可以从视觉上（如上文指出的那样）完成，也可以通过其他感官来进行。一个有视觉障碍的研究者可以依靠他出色的听觉、触觉、嗅觉能力，提供对一个特定研究场景的新型的、有洞察力的描述。

在质性研究的早期阶段，研究者进入研究场所时可能带着一堆兴趣，这些兴趣没有确定的范畴，也没有严格的观察一览表。如第 3 章所指出的，这种立场表现出了一项研究在多大程度上是预定的还是开放的。以一种更开放的方式进入田野，研究者能够发现重复出现的行为模式和关系模式。对田野笔记的早期分析可以确认并描述这些模式，之后，一览表就变得更合适，而且也对情境更敏感。研究的后期阶段就可能会运用焦点观察，这通常是要看看分析性论题是否可以解释长时间的或处于不同场景的行为和关系。

在所有的质性研究中，观察都是一种根本的且相当重要的方法。它被用来揭示自然状态的社会场景中的复杂互动。即使是在运用深度访谈的研究中，观察也占有重要位置，因为研究者需要注意被访者在言说之外的身体语言和情感、语调，还有其他超语言的信息。当作为观察者的研究者需要依靠视觉以外的感官时，对声音变化和语调的观察可以成为产生洞察力的源泉。然而，观察对研究者的要求很高。对田野工作的不适，令人不安的伦理困境甚至危险，维持相对不唐突田野角色的困难，参与到大量快速变化且复杂行动，与此同时，还要明确整个研究图景所面临的挑战，这些都只是田野观察中的一部分难题。

焦点观察超越了只是"闲逛"的状态。有计划且有反思精神的观察者系统地运用观察（DeWalt & DeWalt, 2001）。在撰写研究计划书的阶段，研究者应当描述观察的目标、观察可能最有成效的阶段，以及将对田野笔记怎样分析并回答研究问题。

田野笔记不是乱涂乱画，尽管它们可能是以这种方式开始的。埃默生、弗雷茨和肖（Emerson, Fretz, & Shaw, 1995）用"便条（jottings）"这个词来描述研究者在研究现场做的记录。接下来，这些记录被精心制作成完整的田野笔记，并将有助于随后的分析。为了有助于对观察进行计划，研究计划书的写作者应当描述一些明确的笔记组织和笔记处理的策略，以此向研究计划书的读者表明：研究者有能力观察事件和互动，并将它们转

1997 年 11 月 13 日,周二,中午 12:40 观察	观察者的评论
教室里有 17 名孩子。还有 3 名成年人:一位老师,一位教室助理,一位实习老师(她是一位年纪较大的女性)。 这间教室在学校的地下室。这所学校在一幢有 90 ~ 100 年历史的、砖结构的房子里。这间教室大约 40 英尺长、30 英尺宽①。教室里铺了地毯,家具把这间教室隔成了不同的部分。教室后方左手的角落的一个区域里有一些大的书本和一张图表。在这个区域旁边有一个书架,上面混放着小书本、录音带,还有一些大书放在篮子里。书架旁边是一个放着厨房家具模型和娃娃的区域。在厨房区域的前面有几张桌子。许多小椅子放在桌子周围。教室前面的区域有一张沙盘桌。一张半圆形的桌子放在教室前方左手的角落里。教室的墙壁是彩色的,上面贴着孩子们画的画。有一面墙上贴的画是苹果,另一面墙上贴的是孩子们自己的画像,还写上了名字。教室里有几个小窗户,白炽灯看起来是主要的光源。	老师看起来做了很多事情,使得这间教室看起来很吸引人。这个空间本身并不理想。
孩子们刚刚走进教室。他们把外套和背包挂在外面走廊里他们的挂钩上。	多数小孩看起来都知道常规的安排。

图 6.1　田野笔记片段

化为可用的田野笔记。图 6.1 提供了在对幼儿园老师进行研究时的一份经过修改和"清理"的田野笔记。奥赫恩-柯伦(O'Hearn-Curran,1997)在左边的一栏中整理了描述笔记,同时在右边的一列记下了她的评论。这些评论包括了她逐渐形成的对所观察到的行为的分析性洞察。对那些与资料收集更密切相关的分析性洞察和线索而言,研究者的评论通常是富有成效的来源(第 8 章将对此做进一步的讨论)。这些评论也可以帮助随后的访谈提出重要的问题。

参与观察

　　参与观察主要是从文化人类学和质性社会学中发展出来

---

① 　一英尺大约等于 30.5 厘米。也就是说,这间教室长大约 12 米,宽大约 9 米。——译者注

的,(就像这种方法通常被称呼的那样)参与观察既是一种整体的研究取向,也是一种资料收集方法。在一定程度上,这是所有质性研究的根本元素。正如它的名字所显示,参与观察要求直接地卷入被选中进行研究的那个社会世界——研究者既是不同程度的参与者也同样是不同程度的观察者。沉浸在研究场景中使得研究者可以像参与者那样听到、看到,并开始经历现实。如果对研究者而言,任何一种感官都可能有所不足,那么研究者就可以依靠其他感官来描绘诸如教室中的杂音、人们通过目光接触从上级那里寻求同意的微妙方式等类似的东西。按照理想的方式,研究者要在研究场所中花相当长的一段时间,了解那里的日常生活。这种投入使得研究者有机会直接通过她的个人经历来了解。个人反思是对一个文化群体的分析中不可缺少的一部分,因为这些反思为研究者提供了新的全面看法,还提供了熟悉那些陌生的东西的机会,以及将熟悉的东西陌生化的机会(Glesne,2005)。

　　这种收集资料的方法对所有的质性研究来说都是基本的,这种方法也要求研究者考虑自己作为参与观察者(这是研究者的位置)的角色或姿态。在研究者与研究对象的关系方面,这一考虑与表6.1中布兰特林格(Brantlinger,1997)提出的假设联系在一起。我们在第3章①中已经对角色有关的议题进行了比较全面的讨论。我们重申在写作研究计划书的阶段,详细阐述计划好了的参与范围将很有帮助:卷入到研究之中的这一行为本质看起来是什么样的? 可以在多大程度上将研究目的告知研究场所里的人们? 研究者将以何种强度出现在研究场所? 参与将在何种程度上聚焦? 将怎样处理伦理困境? 此外,对研究者来说,研究者的身体差异将怎样提供特殊的研究视角,这也是非常重要的。研究者应当特别说明他的参与将如何有助于回应研究问题。表6.2展示了研究者选择的角色与资料收集方法之间的关系。

---

① 应该是指本书第5章中"研究者的角色"可能是版本修订过程中的失误。——译者注

表 6.2　资料收集方法与观察者的角色

方法	①作为观察者的参与者	②作为参与者的观察者	③非参与的观察者	评论
观察并记录描述性资料	+	+	+	在互动和情感受到监视的区域中,采用角色①尤其有帮助
记录有关情感的直接引文	+	+	+	同上
无结构的访谈	+	+	*	如果研究者有一定的技巧,结构就会出现
结构化访谈提纲	-	*	+	对大规模问卷调查(比如普查)最有帮助
细节化的互动提纲	-	-	*	对小组工作最有意义
互动频率记录	+	+	+	在领导力研究中很有意义
纸笔测验				对在特定环境中达到特定的目的非常有帮助
一问卷	-	-	+	
一量表	-	-	+	
一成就或能力	-	-	*	
书面记录				对角色①检查观察资料的可靠性非常重要
一报纸	+	+	*	
一官方会议记录	+	+	*	
一信件	+	+	*	
一演讲	+	+	*	
广播和电视报道	+	+	*	同上

来源:Lutz and Iannaccone,1969, p. 113。使用前获得许可。

注: + 很可能用; * 偶尔合用; - 很难或不可能用。

观察与参与观察中的伦理议题

在观察和参与观察中出现的伦理议题主要集中于对人的尊重。研究对象知道有一项研究正在进行中,而他们是这项研究的一部分吗? 研究对象对此表示赞同吗? 另外,当研究逐步推进,研究对象参与研究的允诺会不断地进行再协商吗? 研究者必须细心而持续地确保研究对象知道并愿意参加研究。如第1章①所指出的,知情同意权的实践可能很复杂。这不是一件事,而是一个过程。当研究聚焦于一个群体性的场景,会出现更多的复杂事务。罗斯曼记得有一项博士论文研究,是一项行动研究,关注的是在小学教室中的人权意识。除了一位家长以外,其他的家长都同意参与这项研究。研究者应当怎样进行观察呢? 很自然地,那个父母不同意参加研究的孩子也在其中。研究者的田野笔记关注的是孩子们之间的互动,而那个孩子也在场。研究者怎么写田野笔记呢? 尊重人的原则中也包括与研究者建立关系。合乎伦理的实践表明:这些关系应当是良好的、非操纵性的,并且是互惠的。这些在研究计划书中都要进行恰当的讨论。

深度访谈

质性研究者相当深地依赖于**深度访谈**。柯费尔将质性研究访谈描述成"知识的建构场所"(Kvale,1996,p. 2),在那里,两个(或更多的)个体讨论"彼此都感兴趣的主题"(Kvale & Brinkmann,2009,p. 2)。在任何一项质性研究中,深度访谈都可以是一个整体的策略,或者仅仅是采用的多种方法之一。要将质性研究访谈与诸如记者的访谈或电视谈话节目区分开,我们需要讨论访谈的广度而非深度(Wengraf,2001)。然而,访谈行为在现代社会生活中的普遍存在,这促使方法学者(和其他

---

① 应该是指本书第3章中"伦理:关注人"。可能是版本修订过程中的失误。——译者注

社会观察者）将我们描述为生活在一个"访谈社会（interview society）"（参见 Gubrium & Holstein，2003；Holstein & Gubrium，2003；Silverman，2000）。

不管是在电视访谈节目中进行、作为约会节目的一部分，还是作为一种研究策略，根据预定的结构以及被访者在回应问题或自己提出问题时的自由度，存在不同类型的访谈。布朗和杜尔海姆对研究者控制所有访谈问题这一典型且历史久远的姿态进行了持续的批判，他们强调进行"移动的访谈（mobile interviewing）"，也就是说"在移动（走路和/或开车）的时候"进行访谈（Brown and Durrheim，2009，p. 911）。这些不那么结构化且不那么正式的方式深度瓦解了一些根深蒂固的规范，包括"如何进行访谈""访谈员的角色是什么"，以及"被访者的角色是什么"。

柯费尔和布林克曼提出的比喻与这种批判是一致的，他们将访谈中的研究者描述成矿工或是旅行者（Kvale & Brinkmann，2009，pp. 47-50）。矿工取向假定了观点和知识在被访者手中；访谈员的责任是"从主体的纯粹经验中挖掘出知识的天然金块"（Kvale & Brinkmann，2009，p. 48），确认无价矿石的内核或矿层，并把它们挖掘出来。相反，旅行者是与被访者一起处在"去一个遥远国度"的旅程中，或者进入"未知的地区或者带着地图"（Kvale & Brinkmann，2009，p. 48）。矿工倾向于假定她的角色更有距离且更客观，而旅行者则更紧密地卷入到对知识的共同建构中（参见表6.1）。

巴顿将访谈分成了三个主要类型：(1)非正式的谈话式访谈；(2)访谈提纲或主题取向；(3)标准化的开放访谈（Patton，2002，pp. 341-347）。在这些之外，我们还可以加入共同建构的或者说对话式的访谈（Rossman & Rallis，2003）。非正式的谈话式访谈发生在研究现场，就像与个人或/和小群体进行随意的谈话。这种谈话是自然而然的，并且是偶然发生的。访谈提纲就更结构化：访谈是约定好时间的，访谈员带着准备好的主题和问题的列表（这些可能事先给访谈对象看过，也可能没有）。

这是在质性研究中最经常采用的访谈类型。标准化的访谈更细致地"写好了剧本",按照特定的顺序问特定的问题,有些时候没有追问。这种类型的访谈通常是用于多研究地点的个案研究或者是较大样本的研究。最后,对话式的访谈可能也事先约好了,但是访谈员和被访者一起创造出新的意义。还可以按照"谈话时间(talk time)"(这是从访谈的文字稿中看出来的,通常相当戏剧化)来对这些类型进行区分。在非正式的谈话式访谈中,访谈员和访谈对象共同分享了谈话时间;而在标准化的访谈中,访谈是有主题的或者被引导的,以使访谈对象多"谈"一些。

在更典型的类型中——主题化的或有引导的访谈——研究者探讨一些总体性的主题来帮助揭示研究对象的观点,但同时尊重研究对象将框架和结构赋于回答的方式。这种方法事实上是以质性研究的基本假设为基础的:研究对象关于所研究现象的视角,可以揭示出研究对象如何看待这种现象(主位视角,emic),而不是研究者如何看待这种现象(客位视角,etic)。正如前面的讨论,访谈中提问时的系统化程度——更严格的、更结构化的预先筹划——可能是必需的。比如说,在多研究地点的个案研究中,或者要访谈许多研究对象时,或者在分析和解释阶段,当研究者在更聚焦且更结构化的询问中对发现进行验证时,都需要注意提问的系统化。

以被访者为中心的取向的一个最重要方面是传达这样一个看法:研究对象的观点是有价值的和有用的。访谈的创造力有赖于被访者及他们对深度参与讨论研究主题的意愿。如柯费尔和布林克曼指出,"访谈(interview)从字面上看就是相互(inter)和看法(view),是在两个人之间相互交换看法"(Kvale & Brinkman,2009,p. 2)。然而,质性研究者访谈时应当带着一些技巧和敏感度。访谈的准备是至关重要的,这种准备是估计研究者如何才能让被访者理解他的问题以及会有哪些伦理议题产生。这些在第 3 章和本章的结尾部分都有讨论。对一个成果丰富的访谈来说,研究者能够进行后续的、要求详细阐述

的追问的能力也至关重要。我们认为一次访谈的丰富性主要
靠这些追问,通常不很恰当地被称为"探测(probes)"。罗斯曼
和拉利斯讨论了三种主要的追问形式:(1)开放式的阐述;
(2)开放式的澄清;(3)细节化的阐述(Rossman & Rallis,2003,
p.188)。

　　访谈有一些特定的优势。一次访谈可以很快地产生大量
的数据。当多于一个被访者时(如后面讨论的**焦点小组访谈**),
与较少被访者相比,这一过程带来了更多样的信息,这是在广
度和深度之间的交换。即刻的追问和澄清也是可能的。与观
察(看、听、闻、触)结合在一起,访谈使研究者得以理解日常活
动对人们的意义。当一个听力有障碍的研究者进行访谈时,可
以借助一位手语翻译或者把"问题—回答"写下来,这都使即
刻且直接的追问成为可能。

　　然而,访谈也有局限性。访谈通常是亲密会面,而这些会
面要依靠信任;虽然研究有时间限制,但花时间建立信任是很
重要的。在一些个案中,被访者可能不愿意或者觉得不舒服与
研究者分享那些研究者希望探讨的问题,或者被访者可能对他
们生活中重复出现的模式并无意识。此外,因为访谈员不能流
利使用当地语言或者不熟悉当地语言,或者因为被访者缺乏表
达的能力,访谈员的问题就可能不会激发被访者的大段叙述。
因为同样的原因,研究者也可能无法敏锐地理解和解释被访者
对问题的回答,也无法理解和解释谈话中的多种元素。此外,
有时候,被访者也有很好的理由不实话实说(参见 Douglas,
1976 的讨论)。

　　访谈者应该有极好的聆听技巧(或者是使用手语的技巧)
并且在人际互动、提出问题、温和地要求详细阐述方面很有技
巧。通过访谈可以获得大量的资料,但要分析这些资料就很花
时间。资料质量的议题还值得考虑。当研究者把深度访谈作
为收集资料的唯一方法,他就应当在研究计划书的概念框架中
表明:这项研究的目的是要揭示并描述研究对象在一些事件上
的视角——也就是说,要关注的是主观看法。回想一下表 6.1

中关于研究性质的连续统,那些持有更中立且技术性假设的研究则可能将访谈资料与其他方式收集到的资料进行三角互证。最后,因为粗略地来看,访谈跟自然情境下的谈话非常相似,研究者有时候会欠考虑地、以一种不够理论化的方式来运用访谈方法,仿佛被访者一定是提供"关于心理现实或社会现实的、不存在问题的窗口"(Wengraf,2001,p.1)。

图 6.2 提供了对社区大学里有色人种学生进行研究时的一次访谈的详细记录。科斯基(Koski,1997)对这些学生如何确认和界定有吸引力的教师特别感兴趣。她受到文化关联教学法的启发,对被学生认为尤其有影响力的几位老师进行了深度访谈。她对来自访谈的笔记进行格式处理,并留下了评论的空间,就像奥赫恩-柯伦在图 6.1 所示的田野笔记中所做的那样。

在一般的深度访谈之外,有几种更专门化的访谈形式,包括**民族志访谈**、**现象学访谈**和焦点小组访谈,还有**生活史**、**叙事研究**和**数字化的故事**讲述。在访谈一些特定的人群时,如精英或者儿童和青年,或者要跨越社会群体认同来进行访谈时,也有一些需要考虑的特别事宜(第 7 章将讨论一些新兴的访谈策略,包括互联网和电脑应用程序)。我们在下面将对每一种都进行描述。

民族志访谈

以认知人类学为基础,民族志访谈关注那些指导研究对象世界观的认知结构。斯普拉德利在他的经典研究中将民族志访谈描述为"一种特定类型的言语事件"(Spradley,1979,p.18),民族志式的问题被研究者用来收集文化资料。民族志访谈是由一系列访谈组成的复杂而精细的体系,这一系列访谈组织在一起可以展示研究对象的文化知识。斯普拉德利指出了三种主要的问题类型:描述的、结构的和对比的。描述问题通常相当宽泛,研究者可以了解研究对象对"他们的经历、他们

对 DC 的访谈,1997 年 10 月 15 日,下午 1:30 – 4:30	DC 是一个学术科系的指导老师。访谈是由学院院长安排的。
访谈地点:DC 在那个学术科系的办公室。办公室很明亮,也充满活力——一面墙上挂着彩色的挂毯,另一面墙上贴了一些招贴画。一副巨大的招贴画是关于"我很好"的。到处是书和报纸。在办公桌一角上放着一些木质的游戏用具:三连棋、金字塔及其他。 DC 是个小个子的女性,一头深色头发都编成了细长的小辫子。她戴眼镜,抹了很适合她肤色的粉红色口红。她很有活力,随时都准备微笑甚至大笑。她这样评价她的身高:"我比我指导的那些学生都要矮,所以我不会对任何人构成威胁。"	
我向 DC 解释了我关心的问题以及我的研究项目。我告诉她我希望她能跟我谈三件事。作为一名指导老师,她认为好老师的品质有哪些,她的那些有色人种的学生是怎么认为的;哪些老师可能具有这些品质;我可以与哪些学生谈话来进行这项研究。	在这段时间,DC 非常专心地在听。
DC:"好。很好。非常好。问我问题吧。" KK:"跟我说说你的工作吧。"	这对我和她都是一个尴尬的时刻。我不确定该做什么。这个笼统的问题看起来让她很吃惊。
DC:"我是这儿的指导老师。我们让那些学生离开大街来这个地方。我跟他们一起坐下来,制订一份教育计划。我很喜欢这样的时刻,学生们知道他们可以期待什么。" DC:"教育计划不仅列出了要选的课程,还列出了俱乐部和其他学生活动。这份计划也列出了学生可以参加的咨询活动。 DC 回来。 KK:"你有多少个学生?" DC:"大约 100 个。"	她给了我一份她和一位学生一起完成的表格。这时候有人进来,告诉她,她有一个重要的电话,他们没办法转接过来。她离开了大约 10 分钟。我仔细地看了看她的办公室。
KK:"100 个!你能跟这么多学生建立关系吗?" DC:"我认为我是学生们的鼓动者。我会做任何需要的事情,来帮助他们完成教育计划。我告诉他们不要选太多的课,要轻松对待这件事。……我认为诚实地对待学生是很重要的。如果我不知道,我也会告诉他们。但我们总是可以在网上查一查!"	我不记得她这儿的确切的回答。大约是要保持联系。

图 6.2 访谈文字稿片段

的日常活动、他们生活中的事物和人"的看法(Westby, Burda, & Mehta, n. d. ①)。结构问题揭示了一些基本方式,研究对象通过这些方式将他们的文化知识组织成对他们来说(而不是对研究者来说)重要的范畴。而最有创造力的结构问题是"有严格内涵的、解释说明式的(rationale)、目的—手段的问题"(Westby et al., n. d.)。有严格内涵的问题在意义的那些重要范畴周围划定了边界;解释说明式的问题聚焦于研究对象对特定事件或环境的理性说明;目的—手段问题关注的是从研究对象的角度来看,什么导致了什么。最后,对比式的问题让民族志学者了解到不同术语的意义,这些术语是以有些东西像什么、不像什么这种方式来进行详细阐述的。

民族志访谈的价值在于它关注文化——宽泛意义上的文化,从研究对象的视角以及通过直接的接触来关注文化。这种研究取向尤其有助于解释研究对象赋予事件和行为的意义,有助于提出意义范畴的类型学,有助于凸显文化的微妙之处。民族志访谈方法在提出工作假设上很灵活,避免了对描述和分析的过分简单化,因为民族志访谈有丰富的叙事描述。

然而,民族志访谈方法也有不足之处。与其他方法一样,民族志学者可以通过重述问题或者解释资料,将自己的价值强加进来。如果参与这项研究的文化群体成员并不能很好地代表那一文化,随后的分析就可能很贫乏。这种方法的有效性,与所有的访谈一样,高度依赖于研究者的人际交往能力。

现象学访谈

现象学访谈是以现象学哲学传统为基础的、一种特殊类型的深度访谈。现象学所研究的是生活经验以及我们理解这些生活经验并建立起世界图景的方法。现象学访谈是以这样一个假设为基础的:在那些共享的、可以讲述的经验中,存在着结构和本质。这种类型访谈的目的是要描述由几个个体共享的

---

① n. d. 意思是说这篇文章没有出版或发行的时间(no date)。——译者注

某个概念或现象的意义。

如塞德曼(Seidman,2006)详细阐述的那样,现象学研究中有三种类型的深度访谈。第一种关注的是与所研究现象有关的过去的经历;第二种关注的是现在的经历;第三种结合了前两种叙述来描绘个体在这一现象上的基本经历。然而,在访谈之前,采用现象学访谈的研究者可能已经把他自己的经历完整地写下来了,以此将他自己的经历放在括号里悬隔起来,以免影响对访谈对象经历的研究。研究中的这一阶段被称为悬隔。这种自我检查的目的是为了使研究者从他自己的经历中获得清晰的认识,这是"进行中的过程"的一部分,而不是"一个孤立的固定事件"(Patton,1990,p.408)。

下一个阶段被称为现象学还原。在这一阶段,研究者确认了现象的本质(Patton,1990)。研究者接下来按照论题把资料汇集在一起,这些论题描述的是"经验的纹理结构"(Creswell,1998,p.150)。最后一个阶段是结构综合,包括对"所有可能的意义和多样视角"的、有想象力的探讨(Creswell,1998,p.150),还包括最终达到对现象的本质及其深层结构的描述。

现象学访谈最主要的优势是这种方法允许了对研究者个人经历的直接关注,并将研究者的经历与访谈对象的经历放在一起。现象学访谈关注的是深层的生活意义,这些意义是事件给予个人的,现象学访谈假定这些意义指导了人们的行动和互动。然而,现象学访谈的工作强度相当大,还要求对研究者的经历持一种反思的立场。在对教师社会化的研究中(Maloy,Pine,&Seidman,2002)以及对难民身份认同发展所面临挑战的研究中(Mosselson,2006),现象学访谈都相当成功。

焦点小组访谈

对焦点小组中研究对象进行访谈的方法,主要是来自市场研究,但已经广泛应用于社会科学及应用研究。焦点小组通常是由7~10个人组成(尽管焦点小组的人数少的有4个人,多的有 12 个人)。焦点小组的成员相互之间不熟悉[①],他们被选中是因为他们都具有与要研究的问题有关的一些特征。访谈员创造一个支持性的环境,提出有焦点的问题,鼓励小组成员进行讨论,表达自己不同的观点和看法。焦点小组访谈可以多次组织不同的人进行,因此,通过细致、系统的分析,研究者可以在表达出来的那些理解和观点中确认一些趋势(Krueger & Casey,2008)。跟许多方法一样,焦点小组讨论可以在专门的互联网博客上进行,这可以有效地创造出"虚拟的"焦点小组,不受时间和空间的限制,这样来自全世界的研究对象都可以参与其中。

焦点小组座谈会假定个人的看法和信念是社会建构的,这些态度和信念不是在真空中形成的。人们在形成自己的观点和理解的过程中,通常会听到别人的观点和理解。通常来说,焦点小组访谈中的问题看起来很简单,这里的小技巧是通过创造出支持性的环境来推动焦点小组成员表达他们自己的看法。

焦点小组访谈的优势在于这种方法是社会取向的。与实验环境相比,焦点小组访谈在更自然的气氛中对被访者进行研究,而与一对一的访谈相比,这种方法也要更放松。与参与观察结合在一起,焦点小组访谈对田野进入、地点的选择和抽样,甚至检验尝试性结论方面都相当有帮助(Morgan,1997)。与其他类型的访谈一样,这种形式使得焦点小组访谈的推动者具有了灵活性,以便对那些在讨论中出现的意料外议题进行探讨。焦点小组访谈的结果有很高的"表面效度"[②],因为这种方法为小组成员所了解,所以结果也显得可信。此外,焦点小组访谈

---

① 本书所论及的焦点小组访谈(focus-group interview,在我国也被称为座谈会)主要是由相互不熟悉的人组成。但并非所有的焦点小组访谈都是由相互不熟悉的人组成的,也可以组织由同一社区、同一组织中的成员参加的焦点小组访谈。这两种焦点小组访谈的目标是不同的,通常也会被安排在不同的研究阶段。详细的讨论可参见:克鲁杰、凯西著,林小英译:《焦点团体:应用研究实践指南》,重庆大学出版社,2007 年版。

② "表面效度(face validity)"指的是主观上认为研究方法及其结果与研究主题相关的程度。这里是指在采用焦点小组访谈的研究者看来,焦点小组可以获得与研究主题相关度较高的资料。——译者注

的花费也比较低,而且这些访谈可以迅速提供结果,可以通过允许一次访谈更多的人来增加质性研究的样本容量(Krueger & Casey,2008)。在行动研究中以及对项目的设计和评估中,焦点小组尤其有用。举例来说,要收集资料来设计一个帮助艾滋病患者和携带者获得工作的项目,焦点小组访谈就很有用。这个项目的设计是以焦点小组成员对问题的回答为基础,焦点小组成员回答的问题主要涉及了一些特殊的需求,从压力和获得医疗照顾的可能,到家庭、精神状态以及对未来的希望(O'Neill,Small,&,Strachan,1999)。

焦点小组访谈也对社会支持网络的形成特别有帮助。皮克和福瑟吉尔(Peek & Fothergill,2009)在讨论焦点小组访谈策略的优势和不足时,分析了三个不同的研究项目:(1)对城市日间托儿所的老师、孩子和父母的研究;(2)美国穆斯林(父母是移民,但本人出生在美国)对911事件及其余波的反应;(3)在卡特里娜飓风后对儿童和青少年进行的一项合作研究。在这三项研究中,研究者都发现焦点小组访谈更容易接近被访者,而可能对被访者来说更重要的是,焦点小组访谈促进了社会纽带的发展,这些社会纽带的形成取代了这些研究的项目。

然而,焦点小组访谈也要面对特定的挑战。首先也是最重要的,是焦点小组情境中的权力动力机制。假如研究者要选择采用焦点小组访谈,她就需要对权力的动力机制有明确的意识,并且能够很好地推动焦点小组访谈——这些都是至关重要的技术。此外,与对一个人的访谈相比,焦点小组的访谈员通常对小组访谈的控制更弱。当讨论不相关问题的时候,就会浪费时间;焦点小组的资料也更难以分析,因为要理解小组成员的评论,上下文是非常重要的;焦点小组访谈还要对访谈地点进行特殊的安排(或者是专门的讨论地点),还需要训练有素的讨论推动者;焦点小组相互之间可以差异很大,也就很难进行分类汇聚;因为在维持谈话的同时,还必须获得高质量资料,焦点小组访谈的时间安排也可能会出现困难。

我们还应当注意到,随着录像机之类的技术逐渐不那么昂贵,也比较容易使用,越来越多的焦点小组访谈会进行同步录像。与互动分析(参见第7章)类似,使用这种技术或多或少创造出了对资料的"永久记录",这也使资料分析更加方便。然而,使用录像机(和任何图像媒介)都可能会引起重要的伦理问题:如何为被访者保密。下一小节将更全面地对这个问题进行讨论。

焦点小组访谈中的伦理议题

就像上文刚刚提到的那样,焦点小组访谈过程中会出现的主要伦理议题集中在权力的动力机制及其影响,这在任何一个小组中(不管小组成员是在同一物理空间中,还是在一个互联网博客上)都可能存在。研究者必须对这些动态机制保持警惕(比如说,罗伯特是不是主导了讨论?),研究者也需要有技巧地推动讨论的进行。假如要对讨论进行同步录像,焦点小组成员的个人隐私以及为他们保密就很突出了。我们注意到:伦理审查委员会相当恰当地要求在知情同意书中要有一些附加声明,需要对如何在研究报告中使用录像片段或照片进行说明。使用录像片段或照片,就有可能会立刻辨认出研究对象,因此也就要求对资料的使用作出一个更复杂的声明,确保研究对象完全知道要使用这些资料。事实上,我们可以指出,使用个人或小组的照片或录像片段破坏了匿名原则。在数字化时代,这是一个棘手的伦理议题,将会引起持续的讨论。

上面提到的这些议题及一些其他议题,也会出现在生活史的方法中。生活史这一类方法特别关注由个人讲述的、关于他们生活的故事,这类方法包括叙事研究、数字化的故事讲述和使用回忆录。

生活史、叙事研究、数字化的故事讲述

生活史和叙事研究是通过深度访谈方法来收集、分析和解释人们讲述的关于他们生活的故事。生活史和叙事研究认为,

人们生活在"被故事化"的生活中,讲述和重述一个人的故事可以帮助他理解并创造出他的自我意识。故事很重要,故事如何被讲述也很重要(Riessman,1991)。研究者与研究对象紧密合作,发掘出一个故事并记录下来。生活史和叙事研究的运用跨越了社会科学的不同学科,尤其有助于将局内人对一个文化或者历史上一段时期的看法告诉读者;这样,生活史和叙事研究就将自传的原则运用于社会科学。一个相关的研究取向是数字化的故事讲述,个人(也可能是一群人)使用数字形式——图像、声音,可能还有录像——来讲述故事。数字化的故事讲述中也许有访谈,也许没有;我们把数字化的故事讲述放在这儿,因为这种方式与生活史及叙事研究对讲故事的关注是一致的。接下来将分别讨论生活史、叙事研究和数字化故事讲述。

生活史

生活史力图"检视并分析个人的主观经历以及他们对社会世界的建构"(Jones,1983,p. 147)。生活史研究认为:在个人对他所处世界的理解与这个世界本身之间存在着复杂的互动。因此,生活史特别适合描述个人在一种文化环境中的社会化,并解释其中的理论意义(Dollard,1935)。这样,人们可以通过个人发展的历史或者他在这种文化中生活的历史来理解一种文化,以这种方式讲述的历史关注个人的感觉、看法和视角。生活史通常讲述的是个人如何进入一个群体并完成社会化成为其中一员的过程。这种个人生活史包括逐渐学会并迎合那个社会对性别、社会阶层或年龄群体的标准化期待。生活史强调的是个人的经历——这个人是如何应对社会,而不是社会如何应对这些个人。

生活史可以关注关键且决定性的时刻。优柔寡断、困惑、矛盾和反讽被当作生活中的微妙过程(Sparks,1994)。在定义社会化、研究在制度和职业中的文化适应及社会化时,这些历史都特别有帮助。生活史的价值超越了提供过去的事件和习俗的明确信息——就像历史描述可以做到的那样,它展示了个人如何在文化中创造意义。生活史在以下研究中非常有价值:研究随时间推移而发生的文化变迁、了解文化规范及对这些规范的违背、获得关于一种文化的局内人视角。生活史也有助于把握文化模式演进的方式以及文化模式与个人生活连接在一起的方式。通常这一点会被标准的民族志研究所忽视(Atkinson,1998)。

生活史方法的一个优势是:因为它能够记录下个人生活中重要的部分,读者可以进入这些生活经历。生活史方法的另一个优势是:它提供了触发研究问题的丰富源泉,这些研究问题可能会对之后的研究有所促进。第三个优势是生活史描绘了跨越社会群体的行动和视角,可以用于比较研究的分析。这种类型的研究要求研究者对被研究者的敏感、关心和移情(Cole & Knowles,2001)。生活史经常被用于女性主义研究,作为理解女性生活和职业生涯发展的一种方式,这些理解相对地脱离了男性中心主义的偏见。

琼斯提出了生活史研究的五个标准(Jones,1983,pp. 153-154)。第一,个人应当被看作一种文化的成员。生活史"描述并解释了行动者关于他/她在常识世界中发展的叙述"。第二,这种方法应当关注人们在"转化社会所定义的知识储备"中扮演的关键角色。第三,当被研究的这个文化世界的各种假定在行动规则和准则及神话和仪式中展示出来时,应当对这些假定进行描述和分析。第四,生活史应当关注个人长时间的经历,这样"人的过程发展"就可以展示出来。第五,被研究的文化世界应当一直与逐渐展示出来的个人生活故事联系在一起。

生活史研究的主要问题是难以普遍化,样本容量相当小,指导分析的概念也比较少。然而,一旦研究者承认了生活史方法的可能局限,她就可以处理这些局限,也许可以采用深度访谈——"讲故事"——作为补充。比如说,官方记录可以提供印证信息,或者阐明一些在个人叙述中缺位的文化维度。此外,研究者也可以通过在对他人的访谈中讨论一个研究对象的生活来证实这个研究对象生活史中所表达出来的意义。举例来说,在出版《职业小偷》(Sutherland & Conwell,1983)这本书之前,萨瑟兰和康韦尔找了四个职业小偷和两名警探来阅读他们的手稿,以找出可能存在的偏见,并确保这两位学者的解释与其他职业小偷及跟小偷有接触的人的理解存在共鸣。

生活史的叙述可以为质性研究增加深度,并可以引发详细阐释。然而,跟其他质性研究的类型一样,在生活史中收集到的丰富资料应当整理和简化,这样,对资料分析才可能进行。与按时间顺序来展示生活故事不同,生活史的研究者可以关注:(1)个人生活的关键维度或方面;(2)重要的转折点和这些转折点之间的生活状况;(3)有个人特质的个人调试方法(Mandelbaum,1973)。

叙事研究

叙事研究与生活史有密切的联系。叙事研究是一种跨学科的方法,这种方法整体地看待生活,并吸收了文学理论、口述历史、戏剧、心理学、民俗和电影哲学等传统(Connelly & Clandinin,1990)。叙事研究这种方法认为:人们通过叙述他们的故事来建构他们的真实世界。研究者对研究对象讲述的故事进行探讨,并把那个故事记录下来。叙事研究可以运用于任何言说的或写下来的叙述,比如一次深度访谈。正如学术期刊《叙事研究》在网站主页所指出的那样,叙事研究"画出经历和生活的轮廓线,将回忆概念化并保存下来,或者将经历、传统和价值传递给后世"①。

叙事研究要求研究对象与研究者之间非常开放、彼此信任。叙事研究应当包括相互的真诚合作,要求建立起长时间的、类似友情的关系,以确保在讲述、重述和再体验个人经历时的全面参与。叙事研究要求热情积极地倾听,并让叙述者的声

① www.clarku.edu/faculty/mbamberg/narrativeINQ/,2009年3月2日查阅。(这个脚注原本是文中夹住,但因为是网址,较长。为了方便阅读,翻译时转化成了脚注。——译者注)

音完全得以展现。然而，因为叙事研究是一种合作，所以双方的声音都应该被听到。

这种方法因为关注个人而非社会情境而受到批评。然而，就像生活史一样，叙事研究力图通过个人的生活经历来理解关于群体、社区和情境的社会学问题。与依靠研究对象叙述的其他方法类似，叙述研究可能要面对选择性的回忆、只关注生活经历中的一部分、通过推论来填补记忆的空白，还有对过去的再解释等问题（Ross & Conway，1986）。此外，叙事研究也相当花时间，工作强度也很大，还要求一些专门化的训练（Viney & Bousefield，1991）。一些研究者已经制定出了好的叙事研究的标准（参见 Connelly & Clandinin，1990；Jones，1983；Riessman，1993）。

对社会科学及应用领域来说，叙事研究是一个相对而言的后来者。但是因为其传递声音的能力，叙事研究在人文学科中有长期的传统。叙事研究认为符号、象征、语言及其他象征系统中的情感表达都很有价值，这些可以证实叙述者如何建构意义。叙事研究对女性主义理论和批判理论的发展特别有帮助（Eisner，1988；Grumet，1988；Riessman，1993）。在探讨社会变迁、因果关系和社会认同等议题时（Elliott，2005），在探讨研究对象所经历的暴力、心理创伤和种族灭绝时（Keats，2009），叙事研究都尤其有意义。

叙事研究可以依靠日记、照片、信件、自传写作、电子邮件信息和其他资料。一般来说，田野记录和访谈的文字记录稿是要与叙事者分享的，书面分析也可以以合作的方式来进行。在进行叙事研究时，有这样一种共同的信念：研究者并不是被动地记录并汇报叙事者讲述的现实。康纳利和克兰迪宁认为研究者需要"准备好跟随他们的鼻子，跟随事实，重建研究者的叙事研究"（Connelly & Clandinin，1990，p. 7）。这句话实际上是对叙事研究方法的重述。

数字化的故事讲述

数字化故事讲述是故事讲述的一种新方法,即借助数字化图像的力量来支持故事的内容。这种方法在 1980 年代中期出现,已经发展到可以让普通人来讲他们的故事。这样,数字化的故事讲述就具有了赋权和/或解放的意识形态,努力鼓励人们发出他们自己的声音(以及图像和声音)来讲述他们的生活经历。"教育事业"是一家高等教育信息化专业组织,它们的网站上指出,"数字化的故事讲述本质上是将技术应用于分享个人叙事这一古老传统。这种方法的创新在于可以使用越来越多的尖端技术"(Educause, n. d.)。

故事讲述者得到了视频剪辑电脑程序的支持,比如适用于苹果电脑的 iMovie 或者适用于其他个人电脑的 MovieMaker。故事讲述者首先通过写出草稿或大纲来建构一个叙事(故事),然后运用静止的图像、录像片段、声音片段等来强化这一叙事。这些数字化元素可以来自故事讲述者自己的个人档案,也可以是从互联网上公开获得的。将故事线与这些其他元素混合在一起,是数字化故事讲述的技艺和艺术。

数字化的故事讲述已经被广泛运用于社区发展项目及教育场景中。这种方法对年轻人很有吸引力,这些年轻人对电脑软件很熟悉,同时也愿意"随便捣鼓一下"来弄清楚如何创造出一个吸引人的故事。然而,数字化故事讲述本质上是开放的,这在某种程度上是一种威胁,设备的花费也是一种限制。一些大学和以社区为基础的组织提供数字化故事讲述的培训,为试验和学习这种方法,创造出了支持性的环境。最终的成果——数字化的故事——通常都很短,一般长度是 4~8 分钟。

生活史、叙事研究和数字化的故事讲述中的伦理议题

跟许多类型的访谈一样,生活史和叙事研究中出现的伦理议题主要是与研究对象的关系。特别是在关注个人时,研究者必须非常谨慎:透露的个人情况不能超过研究对象感到舒适的

程度。这就要求在研究中采用更合作化的取向,如前文所示,研究对象和研究者在研究中共同建构了历史或叙事。这一立场有助于避免透露超出研究对象意愿的信息之类的伦理问题。一个相关的伦理议题是保护研究对象的个人信息以及他的私人生活。这是一个微妙的问题,需要在研究计划中全面阐述。

数字化的故事讲述中存在一些不同的伦理挑战,因为故事讲述的成果是在故事讲述者的控制之中的。这里可能出现的伦理议题主要是未经许可就将高度个人化的故事放到互联网上。这是任何一个使用这种方法的研究者都需要注意的挑战。

我们接下来要讨论质性研究者可能会访谈的一些特殊人群,质性研究者可能需要从这些人那里收集资料,或者跟这些人一起收集资料。这些特殊人群包括精英、儿童以及那些与研究者社会身份不同的人们。

对精英的访谈

对**精英的访谈**——精英是指处于有权力且有影响力位置的个人——在社会学和组织研究中有很长的历史。对"精英"人物进行访谈是关注特定类型访谈对象的一种特别的访谈个案。精英人物被认为有影响力、有知名度,且/或在一个组织或社区中所知甚多;选中精英人物参加访谈,是基于他们在研究相关领域的经历以及他们的观点,诸如关于组织、社区或者专门领域如经济或健康政策。德莱尼(Delaney,2007)引述了一些组织研究学者的研究,他确认了不同类型的精英:慈善家精英——通常相当富有,并且因其对个人、组织或事业的重要捐助或捐赠而闻名;政治精英——那些被选举或指定而获得政治职位的人;超级精英——比如说诺贝尔奖获得者或者奥运会冠军;组织精英——比如说公司的首席执行官或董事会主席。精英获得这样的地位通常是:通过极大的财富和社会责任感(慈善家);通过成功地获得政治职位(政治家);通过对他们的科学或学术成果,或者是特别运动成就的认可(获奖者);或者是通过获得在组织中的领导位置。大家还可以想想其他的类型。

对精英进行访谈有许多优势,这是由于这些访谈对象在社会、政治、金融或组织领域所处的位置,从这些访谈对象那里可以获得有价值的信息。以组织精英为例,虽然是从他们自己的经历和立场出发,但这些人可以提供一家公司或者这家公司与其他公司关系的整体图景。这些精英对法律和金融结构也相当熟悉。精英们也能够讨论一个组织的政策、历史和规划,仍然是从特定的视角出发,精英们也可能对政策领域或社会科学学科的发展有一种广阔的视野。本尼斯和纳努斯(Bennis & Nanus,2003)研究了 90 个法人团体的执行官;斯蒂芬斯(Stephens,2007)研究了宏观经济学家以及关于他们研究领域的、处于变化的概念,并展示了这些精英学者和超级精英学者如何理解他们的研究领域。也有许多对政治精英的研究。其他类型的精英,比如宗教精英,也可以是非常有创造力的访谈对象,帮派或小团体的头儿、联合会的领导,或者部落首领也是一样的。

对精英进行访谈也要面对一些挑战。接近精英通常是很困难的,因为他们总是很忙碌,要忙于各种需要大量时间的事务;在开始接触精英的时候也很困难。我们应该注意,在其他环境中也要考虑到这一点:忙碌的学校教师、村庄中有大量工作的女性、医疗机构的护理工人等。在安排与精英的会面时,要特别注意这一点:访谈员可能不得不依靠一些人的协助、推荐和介绍。

对精英进行访谈的另一个挑战是,访谈员可能必须根据被访者的意愿和偏好,对计划好的访谈结构进行调整。尽管在所有的深度访谈中其实都是这样的,但精英人物经常接受新闻机构或其他媒体的访问,所以相当善于对访谈过程进行控制(并不是只有精英领域才有世故和政治机敏,我们也不认为精英就是这样)。精英可能希望与访谈员进行积极的互动。精英人物在与公众会面及控制这种会面方面都很有经验,精英人物可能使访谈转向,进而控制访谈。当在访谈员和精英被访者之间存在着显著的地位差异时,就更可能会发生这种转向。正如德莱尼所提出的问题,在这样的环境下,"谁控制了访谈?"。德莱尼提出了柔术(jiujitsu)原则,"将你对手的势头变成你的优势"(Delaney,2007,p. 215)。在面对宽泛领域的询问或开放问题时,精英人物通常回应得很好,这类问题允许他们自由地使用他们的知识和想象力。

与精英人物一起工作,通常对访谈员的能力有很高的要求,要通过展示自己对研究主题的知识,或者表明自己缺乏这些知识,通过在整个提问过程中敏锐地将问题概念化的能力,以在精英人物那里建立起自己的能力和可信度。然而,访谈员的辛苦工作通常是会有回报的,获得的信息质量都较高。精英人物可能会以他们独特的视角为研究主题提供重要的洞察。在另一方面,精英人物(跟其他访谈对象一样)也可能因为受到狭隘立场的限制,只对某些场景有一些含糊的认识。

对儿童和青少年的访谈和研究

非常遗憾,我们在开始这一小节的时候,要指出这样一点:虽然有不少关于如何对儿童和青少年进行访谈和研究的出版物及互联网材料,但大多数都是写给学校的咨询人员、心理学家、警察、医疗机构的护理人员、法庭辩护人员和律师的。这些材料的议题覆盖了性虐待、父母虐待、监护权问题等。这是对今日美国社会的一个非常悲哀的注解。然而,我们在这里的关注既不是病理学的,也不是法律的;我们感兴趣的是这样一些情况:质性研究者可能会对**访谈儿童和青少年**感兴趣,通过这些访谈可以了解到儿童和青少年如何看待他们所处世界的某些方面——这个关注点比上面列举的那些要仁慈得多。

因此,儿童或青少年可以成为一项研究的主要关注点,或者成为研究者希望访谈或更宽泛地了解的许多群体中的一个。越来越多的呼吁强调,要将儿童和青少年的视角包括进来,这与更深入了解儿童青少年世界的各方面是相关的,而且是很有洞察力的。这样的看法从"关于童年的新社会学"中获得了支持(Ajodhia-Andrews & Berman,2009 中转印了 Greene & Hill,

2005）。这些研究主张，"在对儿童的生活进行研究时，要听听他们的声音"（Ajodhia-Andrews & Berman，2009，p. 931）。这在教育领域尤其正确。在教育领域总是这样，那些受教育政策和规划决定影响最深的人——学生——在研究中是缺席的。然而，当质性研究者在计划一项包括儿童和其他年轻人的研究时，有一些需要特别考虑的地方。

一个需要考虑的是儿童或青少年中居于主导地位的，或者说他们喜欢的沟通模式。有些儿童和青少年使用符号语言进行交流，或者有时候沟通的媒介是图像和音乐，这就要求专门化的沟通工具。在埃德乔希亚-安德鲁斯和伯曼对"伊恩"这个主要通过"身体活动、姿势和声音符号"来进行沟通的小孩进行研究时（Adjodhia-Andrews & Berman，2009，p. 933），他们发现要描述伊恩对上学的理解，使用图片工具非常有帮助。这里的要求是，不管是什么样的环境，应该尽各种努力来尊重儿童或青少年——通过任何媒介——更好地理解她的生活世界。

对年龄的考虑也是很重要的。比如说，对学龄前儿童的访谈，与对青春期早期少年的访谈就很不一样。小孩子通常很活跃，而青春期早期的少年总有很强的自我意识。对三岁小孩逐渐发展的语言能力进行探讨时，这些小孩持续不断地提问题（通常是相当深奥的问题！）会使研究者分心，而处于青春期早期的少年则可能沉默不语。期望小孩子长时间坐着不动，这是不现实的，不如跟他们一起进行某些活动，这可以创造出良好的气氛，以进行有焦点的谈话。研究者可以采用与小孩子"游戏"这种投射技巧，心理治疗通常采取这种方法。相反，一些青春期的少年跟同龄人一起进行焦点小组访谈时，可能会觉得更舒适，而另一些则可能喜欢一对一访谈的亲密感。对如何从不同年龄群体那里收集资料做出决定，需要研究者对这一年龄群体的需求和他们的发展议题保持敏感，同时还需要有灵活性。如埃德和芬格森（Eder & Fingerson，2003）指出，创造出一种自然的情境是至关重要的，但什么构成了"自然"则取决于研究对象的年龄。

在对儿童和青少年进行访谈和研究时,第二个需要注意的是与权力的动态机制联系在一起的角色考虑。芬恩和桑兹特龙指出,一位成年研究者在研究儿童时的角色可以在两个维度上有所不同:"(1)成人和儿童之间积极互动的程度;(2)成人对儿童的直接权威的程度"。芬恩和桑兹特龙指出,指导教师、领导人、观察者和朋友这些角色在在儿童研究中是恰当的。在这些角色中,他们发现朋友这一角色最有成效,这样研究者"以可能是最值得信赖的方式——没有任何权威角色"与儿童进行互动(Fine & Sandstrom,1988,p. 17)。然而,芬恩和桑兹特龙也提醒研究者:成人和儿童之间的年龄和权力差异总是很突出。

对儿童和青少年进行访谈的伦理议题

访谈儿童和青少年时的伦理议题主要是保护他们不会因为参与研究而受到伤害,要为他们的身份保密并保护他们的隐私,还要细心地保证他们愿意参与研究。首先,不能造成伤害(拉丁语的表达是 *primum non nocere*)这一训诫对小心谨慎的研究者尤其重要。在保护作为研究对象的人的原则及实践上,儿童都应该受到更特别的照顾,因为他们相对而言更容易受到伤害。因此,研究者在计划一项包括儿童和青少年的研究时,应当向计划书的评阅人保证:研究者对他自己和儿童之间的权力动力机制非常敏感,并将做出额外的努力来保护儿童免受伤害(身体的或心理的),并确保父母或监护人持续地支持儿童参与这项研究(就像第 3 章中所讨论的那样,签署一份知情同意书是必要的,但并不足够)。

跨越社会身份差异来进行访谈

从这本书的第 4 版开始,关于研究者和研究对象之间**跨越社会身份差异进行访谈**的复杂性已经有了不少论述。对种族、族群、母语、性别、性取向、身体健康状况等方面的差异所进行的研究和理论化已经在质性研究话语中占据了中心位置,也出现了一些立场。举例来说,有一些人采取了这样一种立场:只有女性才能访谈女性,而男性则无效。还有一些人认为访谈那些社会身份相同或相似的人,研究者就会假定过多默会知识。另外还有一些人认为:这个议题复杂且微妙;采取单一的立场对深思熟虑的质性研究没有帮助。后面这种立场也是我们的立场。

那就是说,在写作质性研究计划书时,有一些考虑事项应当表达清楚。由于研究对象的不同,在计划的研究中可能会遇到的上述的某些议题,研究计划书中要对这些议题进行简单的讨论,以强化计划书阅读者的认识:研究者对这些议题很敏感,并且对此进行了仔细考虑。在两种情况下要特别注意这些。当研究者与研究对象分享了社会认同的某个方面——比如性别,研究者在假定只是因为他也是男性所以他能够理解访谈对象的经历时,要特别谨慎。研究者还应当防止访谈对象做出相同的假设。反过来,研究者不应当仅仅因为他与一些研究地点或研究对象在社会身份认同的某些方面不相同而回避这些研究地点和研究对象。在我们看来这两种立场都是有问题的。

罗斯曼举了一个相关议题的例子,同样的专业身份认同。罗斯曼记得访谈过一些老师,讨论他们学校的一次改革努力,这些老师知道罗斯曼跟他们一样也是一位课堂上的老师。在回答罗斯曼关于学校日常工作的问题时,一位老师说:"好吧。你知道那是什么样子。你也曾经处于这样的情境。"罗斯曼不得不快速思考,并且追问:"是啊。但是每个学校都不同。跟我说说这儿是什么样子?"假如罗斯曼没有追问,那么她就可能会遗漏一些资料。

还有两个例子特别明确地阐明了这些议题。福斯特(Foster,1994)的经典研究探讨了种族、性别、地域和年龄这些议题。她发现她和她的研究对象都认同美国黑人的身份(福斯特的说法①),但这并不必然促进共同理解的形成。性别、地域(住在美国的北方或南方)和年龄也影响了对研究对象进行访谈的难易程度。因此,共享社会认同中的某个突出方面——种族——并不总是足以让访谈对象无话不谈。福斯特书中那一章的题目是"知道一件事的力量从来不是知道所有事情的力量",这个题目表明社会身份认同的不同方面会使访谈复杂化,尤其是,就像在这个例子中,研究者假定他们都是黑人,以为这就足够了。同样,里斯曼(Riessman,1991)的研究采用长时间的生活史访谈来关注女性离婚的经历。尽管研究者和研究对象都是女性,但她们在社会阶层、母语和籍贯方面都不一样。由中产阶级白人女性来做访谈员,对中产阶级白人女性的访谈,就进行的相对顺利;而对拉丁裔工人阶级女性的访谈就不那么顺利。中产阶级白人研究者假定同为女性就够了,但她们在理解拉丁女性的叙事风格时有困难(这是对福斯特书中那一章标题的重述)。我们可以考虑一下酷儿理论的讨论,酷儿理论认为身份认同是流动的,因此我们不能自动假定我们是某个特定人群的"局内人"。事实上,两个开同一款汽车的人并不必然有相同的经历,甚至可能在任何方面都没有相似之处!酷儿理论指出了身份认同的多样性,这些身份认同之间有互动,而且会相互影响,这挑战了关于共享的认同范畴这些简单观念。

访谈中的伦理议题

也许关于访谈最显而易见的事实是:访谈是一种干涉。如巴顿所言,"好的访谈提出了开放的想法、感觉、知识和经验,不仅对访谈员如此,对被访者也是如此"(Patton,2002,p. 405)。因此,访谈中可能出现的伦理议题集中于研究者与访谈对象之

---

① 在当今美国社会,美国黑人(black Americans)这种说法被认为是带有歧视的称呼。可以接受的称呼是非裔美国人(African Americans)。但美国黑人(black Americans)是引述的福斯特(Foster)的说法,福斯特本人就是这个族群的一员。作者在这里加注是要避免有种族歧视之嫌。——译者注

间的关系。这种关系是非操纵性的吗？其中有互惠的可能吗？当被访者分享痛苦经历时,可能出现痛苦和愤怒吗？合乎伦理要求的研究者在她的研究计划中必须讨论处理这些情况的方式。此外,在整个研究过程及之后的写作中,为访谈对象的身份保密也是相当重要的。

我们现在要转向对使用物质文化的人造物进行讨论。这些物质文化的人造物——文件、物品、歌曲、照片等——是一般质性研究不可缺少的部分。在研究计划书的写作阶段,研究者需要说明:为什么将这些材料包括进来将有助于研究对象回应研究问题,并最终丰富研究者的分析和解释;将它们包括进来又将怎样实现这些目标。

物质文化的人造物:文件和其他物品

人造物是由个人、组织、家庭、机构、城镇或者更大的社会群体制造的,包括多种形式:有些是文件,有些是物体——图片、衣物、陶瓷、垃圾。其中,文件尤其被经常用于质性研究。不同类型的文件可以提供背景信息,这有助于建立起选择一个特定研究地点、项目或群体的解释说明;这与研究计划书非常相关。举例来说,研究者可以收集人口学数据,或者描述地理及历史的特殊性来正当化研究地点的选择。当研究者翻看陈旧的财产转移记录,浏览最近的报纸评论文章,或者从网站上获得关于一个组织的信息,研究者就是在收集信息,但是这些资料用在研究计划书中是为了表明某个地点或场所的选择将很有创造力。在研究计划书中,也可以表明:文件的另一种用途是将它们作为研究中深度资料收集的一部分。举例来说,会议记录、法庭审理的文字稿,或者私人通信都可以在研究计划书中作为有待收集的、有用的资料来源。此外,研究者可以建议让研究对象来写作一些文件:日志或写作范例。文件的两种用途都很有价值。然而,在文件之外,研究者还可以在研究计划书中计划收集并了解研究场景中的物品。

研究者通常会在参与观察、访谈和观察之外,将收集和分析文件作为补充。这些文件是在日常生活的过程中产生的,或者是为了这项研究而特别建构出来的。因此,**对文件的分析**在勾勒研究场景中研究对象的价值观和信念时,具有潜在的丰富性。会议记录、议程、通告、正式的政策文本、信件等在发展出对所研究组织、场景或群体的理解上都非常有帮助。前面提到的,研究日志和写作范例也可能有相当丰富的信息。罗森堡(Rosenberg,2006)的博士论文研究是关于文章写作研究的,她使用了那些最近才接受教育的成年人写作的小短文来引导访谈,这些成年人正在学习使用第二语言或者第三语言进行读写。这对深入了解成年人发展读写能力所面临的挑战特别有引导力。

档案资料通常是记录官方事件的文件,它们是一个社会、社区和组织要收集的常规记录。这些可以进一步补充其他的质性研究方法。比如说,在一个社区的田野工作中发现,县治或州府办公室里找到的婚姻记录可用于研究一个墨西哥人群的婚姻模式。对政策制定者每一笔资金来源的描述可以与政府预算划拨一起(或不一起)分析。跟其他方法决定一样,计划进行文件或档案记录的收集和分析这样的决定,应当与这项研究概念框架中发展出的研究问题联系在一起。此外,对档案的分析和解释应当谨慎进行,因为推论范围可以很广,文件的意义从来就不是透明的。在计划书中,如果要提出对文件进行收集和分析,研究者就需要说明:他将如何通过其他方法来确证这些文件的意义。

对其他不是以文字形式出现的人造物进行分析,对一项质性研究也可以是成果丰富的。事实上,经典的民族志研究关注了许多这样的人造物:宗教图标、衣物、住房结构、食物等。研究者可以很好地确定:关注研究场景中的一些人造物将增加所收集资料集的丰富程度。举例来说,奥托尔和沃尔发现,在他们对一家技术公司的研究中,对空间和物质文化的检视大大地增加了他们对"权力、认同和地位"的理解(O'Toole & Were,

2008，p.616）。另一个例子是，对教室的研究可以包括诸如学生的手工作品、墙上的装饰品，或者衣物等。（下面要讨论的）照片也可以包括进来。

对文件的使用可能包括了一种称作内容分析的分析取向。内容分析的原始资料通常都是文本：教材、小说、报纸、电子邮件、政治演讲。从历史上看，内容分析被看作是一种客观中立的方式，可以对不同形式的交流内容进行定量描述。因此，计算特定词语和术语出现的次数是这种方法的中心（Berelson，1952）。然而，随着这个过程的推进，研究者现在关注的是"词语和概念……的出现、意义和关系，然后再对这些信息进行推论"（Busch et al.，2005）。在这样的情况下，内容分析的过程被更宽泛地看作描述并解释一个社会或社会群体的书面材料的方法。

也许使用文件和其他人造物的最大优势是：它不会打扰进行中的事件。这些材料可以在不扰乱研究场景的情况下进行收集。研究者在资料已经收集好之后，再确定重点在哪些地方。然而，如前面提到的，这种方法一个可能的不足是推论的范围。举例来说，对书面材料、照片和衣物的分析需要研究者进行解释，跟那些以互动方式收集到的资料一样。会议记录和耐克球鞋自己不会说话。因此，在陈述那些用于推论人造物意义的解释逻辑时需要特别小心。

使用文件和人造物的伦理议题

文件和人造物分析引起的伦理议题主要是关于这些物品是如何可以以公开的方式获得。使用公开的材料看起来是无害的，但研究者仍然应当考虑使用这些材料可能会对组织或个人（即使这些组织或个人并不会特别确定）造成的伤害。对这些材料的分析和写作会损害那些生产这些物品的人的声誉吗？如果会，以何种方式？研究者可以被看作是使用人造物的"潜伏者"吗，甚至是一名间谍吗？更私人化的材料应当经过更仔细的伦理考量。即使研究对象同意（为了研究目的）写作日记，研究对象如果披露了一些会惹麻烦的信息,该如何处理呢? 研究者应该如何回应? 研究者在这里的整体考量应该是问这样一个问题:"这些人造物的生产者会觉得被曝光了吗? 或者觉得如果使用这些材料,他们的隐私就会被侵犯吗?"

＊ ＊ ＊ ＊ ＊

这些主要研究方法的结合,在深度质性研究中是很常见的。在范例 18 中,沙德克-埃尔南德斯(Shadduck-Hernandez, 1997)详细叙述了一个包括多种方法的复杂研究设计。这个范例节选自她对移民及难民领导力和赋权中心进行研究的计划书。这个中心是一个参与性的项目,其中包括来自难民社区和移民社区的那些刚到美国的本科生、研究生及其他成员。

范例18　采用多种方法

想象一下,在一个寒冷的星期六早上,12 个大学生在一间教室的地板上躺着,在四周散乱的纸上写下他们对一个研究计划的想法。大笑、沉默、激烈的讨论是这些写作者写作过程的特点,这些写作者是来自中国、柬埔寨、越南、老挝和韩国的第一代难民和移民(新来的人)学生。这些学生参与了一个本科生研讨课,研讨课的内容是关于社区发展的跨文化体验。

这项博士论文研究承认:在任何质性研究的努力中都存在真正的张力。如果某些模式引诱研究对象参与到研究过程中来,而在这个过程中研究者一个人是资料的分析者和解释者,那么这些模式就很呆板、属于一条路走到黑的那种。这项研究有意识地通过采用参与研究作为研究指南来试图克服这些状况(Maguire, 2000; Reardon, Welsh, Kreiswirth & Forester, 1993)。加入这项研究中的研究对象,是作为研究者以及一个研究小组的重要成员,这个研究小组将推动促进社会变化的知识的生产。

由于我对参与过程的强调,所以我所进行的这项研究从本质上来说是合作式的,是来自与我一起工作的学生和社区的。在建立批判性学习环境中的合作和参与,产生了丰富的资源以及共享的专门技术,这些带来了和谐的集体活动。合作、行动和反思提高了每个研究对象知识的合法性(Brice Heath & McLaughlin,1993),并且搭建了一个舞台,以帮助这项研究所采用的多层次资料收集找到资料来源。作为移民及难民领导力和赋权中心课程和社区范围内活动的一个补充,以下六种资料来源是逐步发展起来的,这六种资源也支持了关于平权、倡导和行动的教学理念。这六种资料来源包括:①日志和自我反思小论文;②与8个本科生的焦点小组访谈;③与10个学生的深度访谈;④录像和照片记录;⑤学生和年轻人相互之间进行的口述史访谈;⑥田野研究笔记、反思、我加入并参与这个项目的四年里为课程和会议所写的学术论文。后面的几种资料,为与这项研究有关的、我自己的理论发展以及我在这项研究中作为研究者的角色,提供了重要的洞见。

沙德克-埃尔南德斯(Shadduck-Hernandez,1997)对质性研究资料多种来源进行了讨论,其中一些是作为移民及难民领导力和赋权中心项目的一部分产生的,另一些是专门为她的博士论文而提出的。这种讨论与她对这项研究本质、这项研究的目的和读者、她自己政治立场这些认识巧妙地结合在一起。需要注意到沙德克-埃尔南德斯计划依靠几种方法:以日志、自我反思写作、为课程和会议写作的论文(包括她自己的,也包括参与项目的学生的)作为文件;焦点小组访谈;深度访谈;录像和照片。(在第8章①中录像和摄影将作为次要的和专门化的方法进行讨论,尽管研究者可以整个研究都完全依靠录像和图片。)

在许多主要的质性研究资料收集方法中,应该对转录和翻译的挑战进行讨论。举例来说,即使是在他自己的文化中,一

---

① 原文如此,应该是指本书中的第7章。可能是因为不同版本章节调整造成的错误。——译者注

位白人、中产阶级社会学者在对青少年关于宗教的深度访谈进行**转录和翻译**时也会遇到困难(Smith & Faris,2002)。我们接下来就要对这些重要议题进行讨论。

与转录和翻译有关的议题①

在研究中使用访谈时,将访谈转录并(可能还要)翻译成文字稿是非常重要的工作。很不幸的是,许多质性研究的介绍性教材对这些议题保持沉默,几乎没有向质性研究计划书的写作者提供如何处理这些议题的任何建议。我们认为这并不仅仅是技术工作,转录和翻译都包含判断和解释。当资料被翻译和/或转录,这些资料就不再是原始资料了——它们是"加工过的资料(processed data)"(Wengraf,2001,p.7)。我们同意教育成果和贫困研究联盟在其网站上的说法:"所有社会研究都包括翻译,有些是从'街道上的语言'翻译成正式的学术文章"(Singal & Jeffery,2008,sec. 2)。因此,方法的研究文献现在开始提供对这样一些议题的讨论,这些议题包括将语言(从录音②)转变为文本(文字稿),或者转化为另一种语言(翻译)后再转为文本(文字稿)。我们还发现在转录和翻译中出现的伦理议题现在也正在被讨论(我们下文会涉及一些)。

转录文字稿

如果研究者足够幸运的话,访谈对象愿意接受录音,那么这次研究经历就有了语言形式的记录,忠实的、看上去没有任何问题的、录音形式的记录③。然而,那些坐下来对录音进行文

---

① 在本书中,将"与转录和翻译有关的议题"列在"物质文化的人造物:文件和其他物品"之下,从结构的逻辑上是有一些奇怪的。对转录与翻译的讨论列在前一节对不同人群的访谈之后会更恰当。——译者注

② 本书作者在这里使用的是"tape recording",字面意思是指用录音带录音。目前,由于数字录音技术的发展,多数访谈录音都是数字文件,而不再是录在录音带(磁带)上的。所以,这里笼统地译作"录音"。——译者注

③ 同上注。本书作者在这里仍然使用了"on tape"这样的说法。在翻译时,在尽量不改变原意的情况下,避免了使用"磁带"、"录音带"这些说法。——译者注

字转录的研究者很清楚：认为说出的语言跟写下来的文字非常接近，这种假设是有问题的。我们并不是以段落的形式来说话，我们在说话的时候也不会表明标点符号。转录时确定是句号还是分号的简单判断也很复杂，而且这些判断会影响写下来的文字的意义，甚至访谈本身的意义。相似的是，当我们听录音的时候，我们失去了那些解释别人意义所需依赖的视觉暗示。文字稿的转录者不再能接近那些关于意义的、重要的辅助语言学线索。（进一步的讨论参见 Tilley，2003）

举例来说，罗斯曼（Rossman，1994）进行了一些访谈来评估一个系统的学校改革提案。有一位访谈对象所使用的语言形式可以说是复杂且密集的。这位访谈对象会从一个主题开始，然后就在言谈之间又开始谈另一个主题，然后又再谈一个主题，最后还会说："我说到哪儿了？"接下来又在访谈员的提醒下回到最初的主题。尽管这种说话方式很有趣，但转录成文字稿是极困难的——访谈对象自己把句子打断了，谈话的主题是未完成的，整体上的清晰度也难以确定。罗斯曼费了好大力气才整理好文字稿，最后还拿给访谈对象看，以确保访谈对象的意思被准确地、用访谈对象自己的话转入进了文字稿。在另一个例子中，蔡斯（Chase，1995）对学校的女校长进行了研究，女校长们回应访谈问题时总有长时间的停顿，然后谈话的主题就变了。最后，蔡斯发现，这些不一致可以看作是一些指示，这表明存在一种强有力的模式，这种模式避免讨论甚至否认性别歧视经历——这也是蔡斯研究的主要发现。如果研究者在转录访谈时犯了将文字稿简化的错误，会怎么样？有这样一句警示：谈话中的停顿的意义并不是明确的。研究者应该像蔡斯一样，小心地对这些语言形式进行推论并提出解释。

这样的经历是很普通的。这里暗含的意思是：研究者需要在研究计划书中对访谈文字稿的转录在本质上是有问题的这一情况进行讨论，并提供一些策略来处理这些工作中内在的判断和解释。一个有用的策略是与被访者分享访谈的文字稿，请他们确认文字稿（是否）抓住了他们的意思及意图，虽然可能标点符号方面并不准确。我们也要注意到:使用一些电脑软件,如 Olympus Digital Wave Player™,对将录音转化成文字稿有很大的帮助,下文将讨论这一点。

翻　译

很清楚,与将访谈转录成文字稿的议题相比,将访谈从一种语言翻译成另一种语言的有关议题要复杂得多,因为翻译涉及含义(connotation)和意义(meaning)这些更微妙的事宜。如前文的讨论,方法的研究文献最近包括了越来越多讨论翻译困难的文章。一个特别的例子是坦普尔和扬的研究(Temple & Young,2004),这也涉及本书的这个版本中会一再涉及的一个论题[1]。坦普尔和扬是在将美国手语翻译成标准书面英语的情境下,提出了这些议题。埃斯波西托在对难民和移民群体进行跨语言的健康医疗研究这一情境中,发现需要更复杂的考虑。埃斯波西托指出,翻译"是将意义从源语言转化成……目标语言",翻译者"事实上就是一个解释者……他在考虑个体状况和整体文化情境的同时,对词汇和语法结构进行加工"(Esposito,2001,p.570)。因此,关注对翻译过程中富有洞察力且意义丰富的资料的产生是极为重要的。

请注意上面的引文中使用了解释者这一术语。这是一个非常重要的观察,因为这一术语允许我们摆脱转录和翻译绝对准确性的重负。我们的观点是:这个目标是一种妄想;我们应该努力的目标是:合理地接近访谈对象的话及意图。意义中的微妙差异是以标点符号及段落的方式来表明的(在转录中),一种语言中的短语和概念很难直接翻译成另一种语言。很清楚,找研究者之外的别人来将访谈转录成文字稿,或者在收集资料时借助翻译人员(在跨语言研究中可能会出现这种情

---

[1]　这里的论题是指本章开头提到的、研究者在感官上有一些缺陷,如听力障碍,应该如何进行质性研究资料的收集。这一点作者在本书序言的开始部分中也提到,这是本书这一版本新加入的讨论主题。——译者注

况），这都会以不可估计的方式使这一过程复杂化。

坦普尔和扬（Temple & Young,2004）的研究提出了三个重要的问题:（1）是否要在研究的报告中确认翻译行为的存在;（2）如果研究者也是翻译者,这个问题是否还重要;（3）是否要让翻译人员参与资料分析。因为坦普尔和扬对翻译的分析主要是集中于一种空间语言——美国手语,所以他们对翻译的讨论就尤其容易引起人们的兴趣。在坦普尔和扬的问题推进了这一领域的同时,罗斯曼①在指导研究生时经常要与那些第一语言（甚至第二或者第三语言）不是英语的学生进行紧密地合作,罗斯曼对坦普尔和扬的讨论进行了批评。罗斯曼认为,坦普尔和扬指出的每一个议题都是有问题的。作为对坦普尔和扬的回应,我们认为,质性研究中存在一个伦理训诫,应该告诉读者研究中出现了翻译,并且要（在研究计划书中）讨论将如何处理翻译相关问题,或者（在研究的最终报告中）讨论已经如何处理了翻译相关问题。其次,当研究者之外的其他人对言说的话或者写下的文字进行翻译,会产生更多与意义和解释有关的议题。第三,因为翻译包括了对意义的建构,我们相信:不管是否承认,分析都在进行中。

那么在翻译那些言说的话或者写下的文字时,哪些是重要的议题呢？最重要的是过程和程序,通过将言说的话或写下的文字多次从一种语言翻译成另一种语言,研究者/翻译者已经使用（或者将使用,这是在研究计划书中应当讨论的）这些过程和程序来建构了意义。罗斯曼和拉利斯（Rossman & Rallis, 2003, p. 260）指出了另外三个议题:

1. 如果你将访谈从一种语言翻译成另一种语言,直接引用应该使用哪一种语言？
2. 你能把翻译过来的词语作为直接引用吗？

---

① 这里的罗斯曼指的是本书作者格雷琴·B. 罗斯曼（Gretchen B. Rossman）,因此,下文会使用"我们"这样的表达方式。——译者注

3. 你如何表明这种翻译是准确的，且抓住了源语言的微妙
   意义？

　　并不存在简单的策略或者蓝图来讨论这些或其他与翻译
有关的议题。然而，简单和清楚的一点是，计划书的读者应该
知道研究者理解这些议题、在翻译时将采取合乎伦理的立场，
并且会在最终报告中明确说出他做了什么。罗斯曼坚持让她
的学生在研究计划书中讨论在访谈（和/或阅读档案文件）时
使用的语言，并表明这位学生是否流利使用这种语言。如果研
究者不能流利使用这种语言，他会采用哪些策略来确保翻译中
的准确和微妙？罗斯曼也建议她的学生在他们的最终报告中
有时要包括以源语言形式出现的短语和关键词。对那些短语
的翻译和解释可以放在括号里，并说明不能直接将短语的意义
翻译成英语。包括源语言形式的短语或词汇（通常是斜体），也
是提醒读者：访谈原本是用英语以外的语言进行的。这种细致
的提醒有助于对以英语为中心的世界霸权去中心化。

　　下面的两个例子来自博士研究生在马拉维和危地马拉进
行的博士论文研究。第一个例子中，一位博士研究生计划用多
种方法对马拉维的复杂的政策领域进行研究（MacJessie-
Mbewe，2004）。这位学生描述了他将如何使用当地的语
言——齐切瓦语——来进行访谈。因为这位学生能够流利使
用这种语言，所以他的博士论文指导委员会对此没有提出任何
真正的问题。在他的博士论文中，这位学生使用了在齐切瓦语
中有深刻含义但不容易翻译成英文的几个词汇和短语。第二
个学生科恩-米切尔的博士论文（Cohen-Mitchell，2005）研究的
是在危地马拉的克萨尔特南戈省的市场上从事商业活动的女
性的读写和计算实践。这位学生可以流利地说西班牙语，但不
能流利地说基切语，这是她研究的那些女性所说的当地语言。
科恩-米切尔不得不说服她的博士论文指导委员会她将与一位
叫罗莎的人亲密合作。罗莎是一位受过教育的读写能力培训
人员，西班牙语和基切语都很流利。在从那些女性那里收集资

料时,罗莎将作为科恩-米切尔的合作者和翻译。此外,科恩-米切尔还提出,在田野工作期间她会去上基切语的课,以提高她对那种语言的有限理解。科恩-米切尔在她的博士论文中既使用了基切语也使用了西班牙语的短语和词汇。

转录和翻译的这些议题微妙且复杂,且并不仅仅是技术工作。质性研究计划书的写作者有伦理义务要对这些议题进行讨论,并说明她将如何处理这些议题,特别是因为质性研究生产的就是词汇——这是主要的象征系统,由此意义才能得以传达和建构。并非所有的这些议题都可以在研究计划书的写作阶段得到解决;事实上,对于那些认为自己已经将所有这些问题都处理好了的计划书,我们持怀疑态度。相反,研究计划书应当对转录和翻译这些更一般的议题进行深思熟虑的讨论,就像那些对研究地点和研究对象的专门讨论一样。这些看法回应了文化研究那一节①的讨论,文化研究强调并解构了各种表述,以此来揭示权力的形式。权威——有权威的声音——代表了那些要带着尊敬来使用的权力!

转录和翻译中的伦理议题

在转录和翻译其他人的话中所出现的伦理议题主要是关于我们如何描绘我们的研究对象,我们如何表示出我们对他们的尊重,我们将他们说的话转化成文本,而那些文本是我们操纵和写出来的。因此,在转录中,研究者应当采取怎样的立场来"清理"词汇、句子和短语?我们的研究对象在对我们说话时用了不完整的句子或者使用了不正确的语法,我们原原本本地按照这种方式来描绘他们,这合乎伦理吗?我们在博士论文和学术文章中呈现他们不完美的叙述,这是在伤害他们吗?当把一种语言翻译成另一种语言,我们如何确保我们在表述研究对象的世界观和想法时给予了他们足够的尊重?这些议题主要

---

①　这里指的是本书第2章中"文化研究"这一部分。——译者注

是关于对我们研究对象的尊重,当我们将他们的话转化为分析范畴并公开进行表述时,这些意图就更加明显了。

罗斯曼在美国东北部的一个城市的大型移民社区进行了对学校改革运动的评估。她和她的评估小组收集的资料包括访谈以及学生的写作作业。很多写作作业就是刚刚学习英语的人写出来的那个样子(就像刚刚开始接受读写训练的孩子),有拼写错误、不正确的语法、颠倒的字母等。当那所学校的校长在研究报告的草稿中看到这些的时候,她很吃惊,并且要求评估小组在把报告呈送学校理事会前将这些"清理干净"。评估小组这么做了。这是一个合乎伦理要求的决定吗?他们不得不做了什么样的妥协?什么可能被牺牲掉了?又获得了什么?

* * * * *

本章对质性研究者通常会使用的几种关键方法进行了概述,这些方法中也会出现显著的伦理议题。我们讨论了在转录访谈录音以及将一种语言翻译成另一种语言时应该考虑的事宜,还有是否应该对访谈和田野记录进行同步录音。在研究计划书的写作阶段,研究计划书的作者应当考虑所选择的特定方法将如何回答研究问题,进而扩展并深化关于这一主题的知识。表6.3和表6.4列出了每种方法的优势和不足,以指导研究者判断哪些主要的资料收集方法将会有帮助。

关于方法选择合理可靠的解释说明是至关重要的,因为这将向研究计划书的评阅人表明:方法的选择是以概念框架为基础的,并且是建立在已有的理论知识、经验知识及方法知识之上的。类似的考虑将同样运用于更专门化的方法,这将在第8章进行讨论。[①]

---

① 原文如此。应为第7章。可能是不同版本修订造成的错误。——译者注

表6.3 主要资料收集方法的优势①

优　势	参与观察	观察	访谈	焦点小组访谈	物质文化（含文件）	叙事研究
促进与研究对象面对面的互动	X		X	X		X
有助于揭示研究对象的视角	X		X			X
在自然场景中收集资料	X	X	X	X	X	X
便于即刻追问要求澄清	X		X	X		X
对记录下重要事件、危机和冲突很有价值	X	X		X	X	X
有助于了解研究对象无意识的看法	X				D	D
有助于描述复杂的互动	X	X	X	X		X
有助于获得非言语行为及沟通的资料	X	X	D	D		D
便于发现文化的细微之处	X	X	X	X	X	X
提供了提出工作假设时的灵活性	X	X	X	X	D	X
提供了关于情境的信息	X	X	X	X	X	
便于分析、效度检验和三角互证	X	X	X	X	X	
鼓励协作和合作	X	D	D	X		X
资料比较容易分析并概念化					X	
快速获得大量资料		X		X		
允许范围广的、多种类型的资料及研究对象	X			D	D	
管理和处理都简单且有效率					X	
容易定量化并可转换进行统计分析					X	
容易建立起推论性或者有助于其他场景					D	
可以借助已有的工具					X	
接触到遥远的研究对象					X	

注：X—存在这种优势，D—看情况。

———————————

① 本章中"表6.3 主要资料收集方法的优势"第一列"优势"各单元格的内容，与第7章中"表7.1 次要的和专门化的资料收集方法的优势"第一列"优势"的内容一致。两类方法之间可进行对照比较。——译者注

表6.4　使用主要资料收集方法要面对的挑战[①]

挑　战	参与观察	观察	访谈	焦点小组访谈	物质文化(含文件)	叙事研究
使研究者过分关注细节	X	X		D	X	X
由于文化差异,可能带来误解	X	X	X	X	X	X
要求技能训练		D				
取决于关键个人的合作	X		X			X
面临伦理困境	X	X	X			
难以复制	X	X	X	X	X	X
资料会由于研究者的出现受到影响	X	X	X	X		D
昂贵的材料和设备[②]						
可能会引起研究者的不适甚至危险	X					
过分依赖于研究对象的开放和真诚	X		X			X
过分艺术化的解释会损害研究	X	X	X	X		X
依赖于初始研究问题的力度		X		X	D	
依赖于研究者的人际交往能力	X	X	X	X	X	X

注:X—存在这种挑战,D—看情况。

关键词

参与观察	participant observation
对儿童和青少年的访谈	interviewing children and youth
对精英的访谈	interviewing elites
对文件的分析	analysis of documents
翻译	translating
观察	observation
焦点小组访谈	focus-group interviews
跨越社会身份差异的研究	research across differences in social identities

————————

① 本章中"表6.4 使用主要资料收集方法要面对的挑战"第一列"挑战"各单元格的内容,
与第7章中"表7.2 使用次要的资料收集方法要面对的挑战"第一列"挑战"的内容一
致。两类方法之间可进行对照比较。——译者注

② 原文的这一行中既没有X也没有D。表明这些主要研究方法都不存在材料或设备昂贵
的情况。表7.1、表7.2中有类似情况,将不再说明。——译者注

伦理议题	ethical issues
人造物	artifacts
深度访谈	in-depth interviewing
生活史	life histories
数字化的故事讲述	digital storytelling
田野笔记	field notes
物质文化	material culture
现象学访谈	phenomenological interviewing
民族志访谈	ethnographic interviewing
叙事研究	narrative inquiry
转录	transcribing

次要的和专门化的方法

除了第6章简略介绍的那些主要的资料收集方法,研究者认为需要的话还可以在研究设计时,选择加入一些次要的、补充性的方法。下面要描述的这些方法,每一种就其本身而言都是全面且完整的方法,而且每种方法都有相应的方法论研究文献详细讨论这种方法的细微和精妙之处。在一些例子中,同一术语不但用来指称资料收集方法,而且也指代汇报和呈现研究结果的形式。比如说,有人把"做个案研究"作为收集资料的一种方式,但是更多见的是,整份报告甚至一本书就是一个个案研究。民族志研究者会用"做民族志"来描述他们收集资料的路径,事实上,一份民族志(ethnography)是一份写作产物——民族(ethno)就是文化、志(graphy)就是写——或者说是一份铭文(inscription)。《尼萨:一个昆族女人的生活和话语》(Shostak,1983)是记录一位非洲女性生活史的一本书,收集资料的方法也被称为生活史,这种生活史方法是由长时期的参与观察再加上深度访谈及民族志访谈组成的。的确,这太令人困惑了!

跟之前的讨论一样,下面的讨论将尽量简明扼要,这张方法列表并非详尽无遗。下面要讨论的方法如果会被用到的话要注意:观察、参与观察、访谈,还有分析档案文件及人造物,是用于发现依赖于情境的那些模式与理解的主要资料收集方法,而这些方法也可以由多种次要的或专门化的方法作为补充。

次要或专门方法中的一些是四种主要方法的变形,下面我们将讨论五种供大家考虑:(1)使用电脑和互联网技术;(2)使用录像和照片;(3)**历史分析**;(4)**互动分析**;(5)**困境分析**。这只是其中一部分;还有质性研究者可能包括进来的许多其方法。然而,在研究计划阶段,研究者考虑使用上面方法中任何一种,都必须说服研究计划书的阅读者:研究者对这种方法很了解,而且有能力在她的研究中深思熟虑并合乎伦理地运用这种方法。

使用电脑应用程序和互联网技术

自本书的第 4 版出版以来,社会世界和研究共同体已经见证了电脑软件和互联网在学术研究上用途的持续爆发。毫无疑问,互联网以及相关硬件(台式电脑和笔记本电脑、个人数字终端[PDA]、苹果公司的 iPod™等)持续地、不时地从根本上改变了社会科学研究的方法。从互联网上搜寻资料(现在叫作使用谷歌,Googling);使用**协助将录音转录成文字稿的软件**、使用处理引用的软件、使用资料分析的软件;通过电子邮件、Skype™,或者在专门的聊天室进行访谈;研究在线对话和互动,将网络作为研究地点。这些都是社会科学及其应用领域许多研究的一部分甚至一大块,如第 6 章"数字化的故事讲述"中提到的将技术手段运用于讲述。第 2 章中,我们也指出了这种新出现方法的三个主要的标准:(1)使用互联网来收集资料;(2)使用软件包来支持将录音转录成文字稿以及对资料的分析;(3)使用**互联网民族志**,以互联网本身作为研究地点。

电脑软件和互联网的使用在《质性研究手册》的三个版本(Denzin &L incoln,1994,2000,2005)①中都有所反映,读者可以看到其中有一些章节是专门讨论质性研究中的电脑使用。第一版中包括一章"在质性研究中使用电脑"(Richards &

---

① 此书 2000 年第 2 版的中译本为四卷本的《定性研究》(风笑天等译),重庆大学出版社 2007 年版),第 4 版的中译本将于 2015 年出版(朱志勇等译,重庆大学出版社)。——译者注

Richards, 1994), 这一章的作者描述了几种为协助质性研究的数据整理及分析而设计的软件程序。第 2 版中有类似的一章, "软件和质性研究"(Weitzman, 2000)。质性资料分析这一发展中的领域的英文名称的首字母缩写为 QDA。《质性研究手册》的第三版没有包括 QDA 的章节, 而马卡姆(Markham, 2005)撰写的一章关注了互联网民族志, 详细描述了一种日益增长的关注: 将互联网本身作为身份认同的表达及建构场所。此外, 在这些版本中都包括通过电子邮件或专门的讨论博客来使用互联网直接收集数据的内容。

使用互联网来收集资料

使用互联网的力量来收集数据, 近年来就像雨后春笋一样繁盛。使用像"调查猴子(SurveyMonkey™)"这一类应用程序来进行大样本的问卷调查现在已经很平常了。这些应用程序可以只包括开放问题, 尽管这种情况并不常见, 但这对质性研究而言是很合适的。在访谈之后发送电子邮件要求澄清或者进一步论述, 这也被经常使用, 这些技术允许了不同时地"与被访者进行对话, 尤其是当被访者远离研究者时"(James & Busher, 2006, p. 403)。此外, 专门的讨论博客或网站也创造出了"虚拟的"焦点小组讨论, 这一点在前面已经提到过了。

所有这些对互联网的使用在以下方面提出了挑战和问题: 从互联网讨论中收集来的资料跟诸如面对面的访谈或者焦点小组等一样丰富吗? 资料收集时没有实际看到、感觉到、接触到研究对象, 有什么东西缺失了吗? 哪些直觉推断缺失了? 此外, 如果你是从网上收集的资料, 你如何保证你资料来源的匿名性? 你的样本只包括会使用电脑的、对这种媒介感到舒服且能够接触到电脑的人群, 你如何将这种样本选择正当化? 尽管要面对这些挑战, 以电脑为媒介的资料收集可以作为面对面访谈的替代选择, 而且对某些研究项目来说是最合适的选择。鉴于电脑在今天社会的普及, 西摩(Seymour, 2001)探讨了那些有各种身体不便的(脊髓损伤造成的麻痹、脑瘫、视觉损伤、截肢或断指)个人在使用这些技术时的经历,力图理解他们是否觉得被排除在互联网上的交流渠道之外,还有这种排斥是如何发生的。

如我们在第 2 章中的讨论,使用互联网收集资料的一个主要优势在于理论上研究者的样本是全球性的。电脑使研究者得以接近那些不愿意进行面对面接触,或对此觉得不适的人群。在研究计划的阶段,研究者应当就使用互联网收集数据做出合理的解释说明,就像使用任何其他方法一样,证明这一策略在逻辑上遵从了概念框架和研究问题。研究者还需要说服计划书的读者:他有能力成功地使用这种媒介。

用于分析资料和转录录音的软件

质性资料分析软件的使用也发展得很快。15 年前,只可以购买到几种这样的应用程序,而今天,这类应用程序已相当多。美国评估学会的网站上(American Evaluation Association, n. d.)列出了 30 种不同的可用于分析文本(从访谈文字稿到其他资源)、声音文件和视频片段的应用程序。这一欣欣向荣的产业既给质性研究者带来了希望,也带来了忧虑。

在《质性研究手册》的第 2 版中,韦茨曼(Weitzman,2000)指出电脑可以协助资料分析阶段,因为电脑使记录并写下观察笔记更加便利,对资料的编辑、编码、储存、搜索和恢复、在资料间建立联系也更加方便,而写备忘录、分析内容、呈现资料、推断并证实结论、建立理论、画图表、写报告这些也更便利了。然而,韦茨曼进一步指出,"软件……不能够替你分析,不能像统计软件如 SPSS 或者 SAS 做的那样,比如说多元回归"(Weitzman,2000, p. 805)。我们的经验是:质性研究初学者希望软件可以以某种有魔力的方式替他们完成艰苦的分析工作。很不幸,质性研究并不那么简单。我们提醒大家:软件只是一种工具,它有助于分析其中一些机械的方面;坚实的分析思考必须由研究者自己的"内置硬盘驱动器"来完成!

尽管我们在这里不会做专门的推荐,也不会从软件制造商那里拿到报酬,但我们注意到也许最普遍使用的应用程序是 Atlas. ti™、Ethnograph™和 NVivo™(我们在这一章的结尾提供了更多的信息以及免费试用版本的链接)。然而,我们建议打算在资料分析中借助软件帮助的那些研究者:在研究计划阶段就要表明她对这个程序很熟悉,以前用过这个软件,能够借助这个软件的优势,同时也确保研究者清楚——坚实的分析工作还是要靠她自己。

另一类在使用上呈指数式增长的软件是协助将录音转录成文字稿的软件。在访谈中使用了数字录音笔,声音文件就可以直接输入这些软件程序。在电脑上工作时,进行录音转录工作的人可以一边听录音,一边将文字输入到文字处理程序中。程序上的一些按键可以在录音重放时放慢速度、加快速度或者暂停。同样,我们不会做专门的推荐,但 Express Scribe™和 Olympus Digital Wave Player™这些程序很有帮助。还有一种软件尽管存在很大的问题,但使用也在增长,这就是声音识别软件。研究者可以"训练"这种软件来识别他的声音以及访谈对象的声音。Dragon Naturally Speaking™和 e-Speaking™就是两个这样的软件。

互联网民族志

正如第 2 章和第 6 章中的讨论,来自不同学科的学者都已经开始把互联网网站及博客作为他们的研究地点,这带来了一种新的质性研究类型——互联网民族志。特别是传媒研究和文化研究对互联网的研究相当引人注目,这些研究提供了宝贵的机会来反映变化中的社会认同、共同体和文化(参见 Baym,2000;Gatson & Zwerink,2004;Hine,2001;Kendall,2002;Miller & Slater,2000)。这些研究之所以引人注目,部分是由于后现代转型已经对身份认同的身体建构进行了检视及质疑。互联网提供了一个解构的场所,社会认同(性别、社会阶层、性取向等)都隐藏在互联网上。这样,单纯通过文本来研究身份认同的建构就成为了可能。如马卡姆指出,"尽管我们知道现实是通过话语实践来进行的社会协商,但认同及文化的对话式本质是通过电脑为媒介的环境才清晰地浮现出来"(Markham,2005,p. 795)。一项质性研究可以设计成专门关注某个特定的博客,就像在盖特森和兹韦林格(Gatson & Zwerink,2004)对电视剧《吸血鬼猎人巴菲》粉丝的专门网站所做的研究那样。

电脑和互联网技术使用中的伦理议题

使用互联网技术来收集资料,以及使用多种软件程序做数据分析或把互联网作为研究进行的场所都带来了一系列的伦理议题。当使用这这些媒介来收集资料,需要特别关注保证匿名和保护隐私。由于访谈日益数字化,研究者不能信心百倍地宣称:他将在研究结束时销毁资料(这是伦理审查委员会的一个普遍要求)。尽管研究者自己的意愿是好的,但储存在电脑里的文件很容易被黑客获取,那些自动在服务器上备份的文件不会"被销毁",可以一直看到。在研究计划阶段,考虑这些伦理议题是非常重要的。使用软件来转录录音也带来了与上面类似的挑战,这些问题主要是关于以何种方式来表达访谈对象的话,以达到对访谈对象的尊重。这并不是使用软件带来的问题,但仍然是一个重要的伦理考量。

最后,通过互联网网站来进行民族志研究,提出了一套不同的伦理议题。所有的研究对象都知道有一项研究在进行中吗?他们愿意参加这项研究吗?如果他们是以化身的方式(电脑使用者呈现自己的形式可以是三维的,也可以是照片或者文字)存在于网络上,研究者能够方便地告诉这些研究对象:他们可以在出版之前读到访谈文字稿和分析吗?另外,进行研究是否改变了网站上互动的动态机制,而民族志还会是真正地、对参与了这项研究的那些线上博客的研究吗?只要看起来质性研究开始有意义,互联网就成了一个全新的世界,带来更多令人困惑的问题的世界!

录像与照片

数码相机不仅能够用于拍摄照片，而且也可以拍摄短录像片。随着数码相机的使用，对研究地点以及与研究对象互动中的事件的视觉记录变得相当容易。相应地，视频分享网站YouTube™的出现也使得上传和分享录像变得很平常。这些最近的发展带来了机会，也带来了风险（下面将讨论），这也与人类学和其他社会科学学科中的一个长期传统——受到高度称赞的纪录片摄制——联系在一起。第 6 章已经讨论了它们与数字化故事讲述的关系。

从历史上看，使用影片和照片构成了视觉人类学或影视民族志的领域，在这些领域中，为了对文化群体或文化事件进行描述，互动和活动被系统地进行记录。美国视觉人类学学会现在有一个网站，用于促进学科内部的知识分享。不同形式的影片都可以用于资料收集以及对质性研究进行组织、解释和确证（Szto，Furman & Langer，2005）。如班克斯（Banks，2001）描述的那样，当代印度不同社会等级的婚礼仪式的录像，再加上历史图片和文件，在他寻求关于手工艺、嫁妆和嫁衣这些传统与经济之间相互连接的文化理解时，提出了关键的问题。

现在录像和照片这些工具应用于许多学科中：传媒研究、文化研究、人类学，还有许多应用领域。学者们把视觉媒介作为分析的场所，同时也使用视觉呈现形式的成果来描绘他们的分析。赫德利从文化研究的视角出发，将放在客厅壁炉上的照片看作"家庭展示（domestic display）"，是对"'创造（doing）'家庭文化的复杂性"的展现（Hurdley，2007，p. 355）。录像和照片具有独特的能力，可以用一种看似客观的方式来捕捉可见的现象——但总是从拍摄者的角度来看，就像其他形式的观察一样。拍摄者，即观察者，必须决定在记录的时候关注什么，并决定如何解释这些正在记录中（不管是在胶片上，还是在田野笔记本上)的资料。近来出现了一种被称为照片传声①的方法,这种方法有明确的赋权意识形态(参见 Wang & Burris,1997;Wang & Pies,2004)。照片传声方法被描述为一种"参与行动研究的方法"(Wang & Pies,2004,p. 95),这种方法是由普通的社区成员通过拍照片来记录和描绘他们的社区。这种方法将照片和社会行动混合在一起,鼓励社区成员建立起改变他们社区环境的意识和承诺。在本章的结尾,我们列出了描述这种方法的几个网站。

研究者选择使用照片和录像,是因为它们明显的优势。视觉表现是有号召力的,而且可以深切地打动人。录像和照片可以记录仪式和典礼、创造出对文化事件的视觉记录以传承给后代。也可以记录社会冲突(法庭审判、公开演说、参议院的会议等)。录像在记录诸如面部表情、姿势和情感等非言语行为及沟通模式时尤其有价值。然而,对这些胶片上影像的解释却可能是有问题的,这跟其他形式的观察以及使用档案文献和人造物是一样的。一种策略是与研究对象分享这些影像,并邀请他们说出他们的解释,以作为一种形式的成员确认。有两部经典民族志电影是很好的例子,《教育彼得》(Home Box Office Project Knowledge, 1992)讲述了一个有严重认知困难的男孩在一个普通教室里的故事,《高中》(Wiseman,1969)对 1970 年代早期一所完全高中的生活进行了描述。最近的一个例子是《孤独心灵》(Sabin, 2008),这部影片提供了对墨西哥一个移民家庭情感考验的动人描述。

然而,以不同的形式使用胶片也要面对一些特定的挑战。如果观看者没有意识到影像是由一个有自己立场的个体拍摄的,录像和照片看起来"真实"且"准确"。影像拍摄者的专业主体性以及他的兴趣可能是什么?此外,质量好的设备可能很贵,而多数研究经费是相当有限的。研究的产物也可能有问

---

① "照片传声(photovoice)"是指通过某一人群拍摄的照片来传达他们的态度和看法,帮助他们在社会事务中发言。——译者注

题,尤其是最后创造出的是一个平滑的作品——点缀着文字,也许还有音乐的录像或者是照片集锦。尽管现在即使初学者也可以找到一些有助于作出高质量录像的软件,比如 Studio 12™,但研究者也许还是需要一些技术专家的帮助。从历史上看,要把录像和照片包含在书、学术期刊文章及博士论文中都不容易,但为博士论文和书本制作一张光盘已经变得越来越寻常,正如在写好的报告中加入数字形式的照片。

录像与照片的伦理议题

研究对象知道正在拍照或录像吗?他们完全意识到了吗?最重要的是,他们同意出现在照片或录像中吗?对人们的视觉呈现中,尤其有问题的是"如何保护他们的真实身份",这是一再出现的问题。此外,这些视觉呈现形式,一旦数字化了,就可能在研究者不知情的情况下进行传播。在研究计划书中,研究者应当指出,她将如何小心地保证不泄露研究对象的真实身份,她已经准备好了以合乎伦理要求的方式、谨慎地使用这些媒介。

历史分析

历史是对过去出现的某些事件的一种讲述,或者是那些事件的一种组合。历史分析是通过使用记录和讲述来分析并解释已经发生过的事件的一种方法。为了在质性研究的参与观察或访谈之前建立起基本线索以及对背景的了解,这种方法相当有帮助。历史资料按来源可以分成一手资料和二手资料。见证者的口述证词、档案文件、记录和遗迹都是一手资料。那些来自与见证者有关系的人的报道,还有各种简介,如历史课本和百科全书中的简介,这些都是二手资料。

历史分析尤其有助于获得关于未经检验领域的知识,或者是对答案不够明确的问题进行再次检验。历史分析使得对资料进行系统且直接的分类成为可能。历史研究的传统清晰地对研究程序进行了界定,以便提高关于过去的说法的可靠性、建立起关系、进而判断可能的因果关系。许多研究都有历史分析的基础或情境,所以系统的历史分析提高了一项研究的真实性和可信度。

即使考虑到那些表述各方立场的文本会受到生产它们的那个社会情境的影响,在对事件的当代解释和历史解释的分析中存在着一种辩证的张力。历史分析不能使用直接观察,所以没有办法直接检验历史假设。此外,在对历史资料进行分析并范畴化的过程中也有一些挑战。历史研究应当注意到:档案文件可能是有目的地被伪造的,而且在旧的记录中所使用的词汇和短语,现在可能有非常不同的含义。如我们之前讨论过的,人造物的意义是由研究者来察觉和解释的。研究者应当对这些资料保持一种审慎的批判态度。

互动分析

互动分析是一种跨学科的研究取向,关注在自然出现的场景中人们之间、人们与环境之间的互动。任何互动分析的焦点都是"人们的活动,诸如谈话、非言语互动、对人造物和技术的使用,以此明确人们的常规实践和社会问题以及解决这些问题的资源"(Jordan & Henderson,1995,p. 31)。这种研究取向来自民族志(研究的焦点是参与观察)、社会语言学、现象学(研究人们用于完成有序互动的方法)、对话分析、**举止神态学**(对非言语手势、姿势和动作如何传达沟通信息的研究)、**空间关系学**(研究人们如何根据相互之间的空间距离来互动)。互动研究成为一种专门化方法的特殊之处在于这种方法对录像和录音的依赖,还有这种方法在资料收集中的非介入的立场。这样,那些采用互动分析的研究,就是力图在不介入的情况下、对自然出现的互动进行观察,并记录下来,接下来再通过特定的分析视角来分析这些记录。在互动分析中一般不会出现的是研究者与所选择研究场景中研究对象进行直接对话——访谈。

互动研究最早出现在 1920 年代,作为对正式组织中的小群体进行研究的一种方法,这种方法成为了观察教室活动（Rex & Green, 2008; Rex, Murnen, Hobbs, & McEachen, 2002; Rex, Steadman & Graciano, 2006）和辅助教师培训（Flanders, 1970）的主要方法。近来,互动分析被成对地运用于研究之中,以发展出一些编码系统,这些编码系统可以有力地分析在二分组合行为①中正在发展的趋势（Baucom & Kerig, 2004）。在对组织——如学校委员会、国家立法机构、职业介绍所、公司、街道上的帮派和游戏群体——的微观政治研究中,互动研究可以揭示出权力的动力机制。我们可以看到冲突是如何解决的、统治是如何维持的、意识形态是如何被强加于人的（Corson, 1995）。

因为互动分析被广泛地运用于教育学,尤其是对教室互动的研究,我们将对这类研究进行讨论,接下来还将简单讨论举止神态学和空间关系学,这两类研究在互动研究的发展上具有相当重要的历史地位。

教室互动分析

在很长的一段历史中,借助于多种学科研究,教室互动分析倾向于关注教室中使用的语言以及这些互动如何反映、再生产及形塑更大的社会过程,诸如阶级、种族和性别的权力动态机制。尽管教室互动研究有不同的流派,这些研究一般都"检验教师和学生的行为及策略……[以及这些如何]与对学生的行为评价或者学生的学习指标相联系"（Rex & Green, 2008, p.571）。研究者一般依靠录像或录音来对感兴趣的互动进行永久的记录。

这种类型研究的代表作是雷克斯等人的研究（Rex et al.,

---

① 在第4章"描述研究目的的部分"的第2个脚注中,对"二分组合（dyad）"进行了讨论。"二分组合行为（dyadic behaviors）"指的是夫妻、母女、父母-孩子等这样的二分组合中的互动行为。可参见 Kenny, Detal. (2001) "A social relations variance partitioning of dyadic behavior", in *Psychological Bulletin*, Vol 127(1):128-141. ——译者注

2002），他们使用录像作为收集资料的主要方法、对教师在教室里讲的故事进行了研究。他们指出：

> "老师讲故事的频率、时长和故事的类型，还有他们在什么情境下讲故事，对以下方面有影响：学生认为他们应当怎样表现他们自己、学生认为什么可以算作知识、学生如何在教室中表现出他们的成就。"（Rex et al. ,2002, p. 768）

雷克斯和她的研究生助理每天都对教室中的"对话"进行录像；接下来，他们对这些录像进行了编码，注意到"当老师们在对全班学生说话时会使用叙事式的建构"（Rex et al. ,2002, p. 773）。嵌入在这项研究中的理论概念帮助了雷克斯他们的分析。

互动分析中另一个相对较新的发展，宽泛地说，是教室中的**姿势研究**。这类研究关注的是姿势以何种方式来帮助教—学互动中的意义表达。这里的假设是：姿势及其他的类语言行动能够传达实质性的意义，这将提高对明确语言信息的理解或者使人们分心（下面的举止神态学的部分也会讨论到）。这一领域的研究关注了中学生对科学概念和技巧的学习（Singer, Radinsky, & Goldman,2008）以及对代数概念的学习（Alibali & Nathan,2007）。

互动分析的一个优势是通过录像和录音获得了永久的记录；这有助于保存原始资料，但也产生了一些伦理议题（下文将讨论）。根据分析性范畴的聚焦程度①，互动分析可以产生出可定量化的资料，这也是这种方法的优势。对研究早期的参与观察或访谈所发现的模式进行检验时，互动分析也相当有帮助。

很明显，就像是将范畴用于聚焦观察一样，只有将范畴用

---

① 这里是说：如果对教室互动进行分析的范畴足够聚焦，那么就可以对互动行为进行明确编码，这样就产生了可进行定量分析的材料。这与第6章"物质文化的人造物：文件和其他物品"中提到的、计算特定词语和术语在文本中出现次数的定量描述是类似的。在这里"互动"相当于被用来编码的文本。——译者注

于互动分析,互动分析才是有成效的。如果这些都带有文化偏见,或者是反映出研究者的偏见,或者没有按照场景来进行设计,那么,范畴就可能不会特别有效。互动分析的两个发展很好的"祖父母级"的研究领域——举止神态学和空间关系学——提供了很好的焦点分析的例子。我们接下来就要对此进行讨论。

互动分析的伦理议题

进行互动分析时产生的伦理议题主要是保护并尊重那些参与研究的研究对象。在当今这个时代,数字化的资料永远不能被完全从电脑、磁盘或快速存储器中删除,保护研究对象免于研究资料在将来被不正当,甚至是有害的使用所带来的危险就很成问题。入侵别人的电脑是一种日常事件;因此,保护资料——更重要的是保护研究对象——是最重要的考虑。此外,在呈现研究发现时,使用录像片段这种诱惑是相当吸引人的,但是这可能会违反确保研究对象匿名性的承诺。这对孩子——如教室互动分析中——和其他弱势人群来说尤其如此。

我们接下来要对举止神态学和空间关系学进行简单的讨论,这两种有创造力的方法与互动分析有紧密的联系。

举止神态学

如果我们不仅研究人们说什么,而且也研究他们的身体活动以及其他微妙的、非言语暗示的意义,那么我们对社会的了解就会提高。这是举止神态学研究的工作假设,举止神态学研究的是身体动作,包括表情动作(gestures)和身体姿态(postures),以及这些动作所传达的信息。运动被系统地进行分析,这样研究者就可以确认并解释沟通事件中的重要模式。

伯德惠斯特(Birdwhistell,1970)的经典研究断言,非言语的身体行为跟那些意义重大的声音一样起作用,这些非言语行为就像语言一样被结合到单一的或者相对复杂的沟通单位中。身体的运动,从简单点头到一系列手或腿的姿势,都能够将额外的意义赋予那些说出来的话(如前文讨论所言,在转录访谈的文字稿时,要记住这些姿势)。举止神态学研究以这样一个假设为基础:个人以一种无意识的状态一直在调整适应其他人的出现及其活动。人们的非言语行为受到文化、性别、年龄和其他与心理和社会发展有关的因素的影响。

然而,正确地理解这些身体活动的意义,是运用举止神态学的主要挑战。进行身体语言解读的新手对举止神态科学只有一些"通俗心理学"意义上的理解,他们就可能对行为进行不正确的解释,甚至可能是破坏性的解释。但我们也注意到《眨眼》一书(Gladwell,2005)相当流行①。在本书作者的网站上,他指出《眨眼》一书

> "是关于在眨眼睛时的快速认知,关于此时的思考类型。当你第一次遇到某人,或者走进你考虑购买的房子里,或者是读了一本书开头的几句话,你的意识会花大约两秒钟来快速做出一系列结论。好吧,《眨眼》就是关于那些两秒钟的书,因为我认为我们做出的这些快速结论真的很有力量,而且真正重要,偶尔也真的很好。"(Gladwell. com,n.d.)

我们在这里也要注意到自 1960 年代以来"微表情"方法的发展,这种方法是埃克曼和他的同事发展起来并进行详细论述的(参见例如 Ekman, Campos, Davidson, & DeWaais, 2003; Ekman & Friesen,1975)。举止神态学基本原则的这种扩展及详细阐述聚焦于**微表情**。上述作者认为,当一个人试图掩盖某

---

① 在这里需要特别指出的是,《眨眼》以及下文中谈及的"微表情研究",与格尔茨在《文化的解释》中对"眨眼睛"的讨论有所不同。格尔茨是通过对"眨眼睛"来展示多种意义的可能,而这里的举止神态学分析比较偏心理学层面,是希望从人们的举止神态发现他们的潜意识或者被掩盖遮蔽的看法或情感。关于格尔茨"眨眼睛"的讨论,可参见:施瓦特:"质性研究的三种认识论取向:解释主义、诠释学和社会建构论",载邓津、林肯编:《定性研究:方法论基础》,重庆大学出版社 2007 年版,第 204-231 页。克利福德·格尔茨:"深描说迈向文化的解释理论",载格尔茨著,韩莉译:《文化的解释》,译林出版社1999 年版,第 3-39 页。——译者注

种情感时,这些不自觉的、短暂的面部表情就会出现。正如埃克曼和他的同事(Ekman et al.,2003)所指出的,对这些短暂的、百万分之一秒的表情进行分析,可能会发现这个人正在说谎。他们的这些分析是福克斯电视网的电视剧《别对我撒谎》的基础,剧中的主要人物就是以埃克曼为原型的。

举止神态学的一个优势是,它提供了对特定情境下的互动进行分析的另一种视角。小心一点的话,研究者可以对访谈对象所提供资料的真实性更有信心,如果被访者的身体语言与他所说的话保持一致的话。此外,研究者也可以监视自己的非言语行为,以便对那些给研究对象的信息进行澄清,并在资料收集过程中了解他自己的感觉。

然而,举止神态学也有不足,因为特定的身体运动或姿势所传达的意义并不是普遍的,研究者必须意识到文化差异。在不同文化中,姿势传达出不同的意义。在一些国家中,上下地移动头部表示不,而左右地移动头部表示是。应该以试探性的方式对身体的运动进行解释,并且要特别敏感地对待情境。

空间关系学

另一个互动研究的经典例子是空间关系学,它研究的是人们在他们的文化和环境中对空间的运用。这一术语是由霍尔(Hall,1966)提出的,尽管他并没有在这个领域进行研究。许多研究关注了人们在酒吧、机场、地铁、电梯及其他公共场所的行为,在这些地方人们必须在有限的空间中与其他人待在一起。研究者运用空间关系学,来关注空间是如何被界定和处理的,从人们之间的距离到家具摆放、建筑结构。举例来说,人类学家已经使用了空间关系学来判断文化的区域习俗。空间关系学也被用于研究教室里学生的活动以及那些正在寻求婚姻关系咨询服务的配偶。

运用空间关系学有一些优势。这类研究不唐突,而且通常来说,研究对象很难故意误导观察者。跟举止神态学一样,因为空间关系学关注的是非言语行为,研究对象必须要非常有技巧,才可能"掩饰"他们的感觉。空间关系学在研究人们如何反击对他们空间的入侵方面非常有帮助。类似的是,空间关系学也可用于跨文化研究,因为在不同文化之间,人们对个人空间的运用有很大差别。最后,空间关系分析也有助于研究这样一些领域:座位安排对学生行为的影响,或者拥挤程度对车间生产率的影响。

空间关系学作为资料收集方法的最大挑战是,研究者必须小心地解释观察到的行为。如果研究者是在观察会议或商业聚会,研究对象的就座方式对会议所形成的决议可能会有重要的影响,但资料的解释必须非常仔细。当作为唯一的方法时,空间关系学可能会形成误导,因为研究者的分析中可能会出现一些不存在的关系[1]。然而,空间关系学与其他方法结合则可以提出对社会群体或互动研究的新洞见。

空间关系学中的伦理议题

把空间关系学作为一种资料收集方法可能带来的伦理议题,主要是关于知情同意权以及对研究对象的呈现。如果研究者是在一个大型的公共空间对人们进行观察,比如说机场或者购物中心,研究者并没有告知研究对象,这种方式合乎伦理要求吗?公共空间可以"免除"对以人为研究对象的那些研究的伦理要求吗?另外,在不对研究对象的社会阶层、族群等进行不必要假设的情况下,研究者如何"呈现"这些个体?这些是运用空间关系学时,在研究计划阶段,就需要仔细考虑的事宜。

---

[1] 这里是指由于研究者只采用了空间关系学这一种方法,所以就难以获得通过访谈、人造物分析等可能达到的对情境的理解。而脱离了一定的社会文化情境,人们的行为就有多种解释的可能,那么就可能出现误读或过度解读。——译者注

困境分析

困境分析关注的是研究对象对没有正确答案的情况——也就是困境——的回应。这种方法可以作为访谈中的一个焦点部分,尤其是为了了解研究对象的思考、评估、评价及决断这些过程的核心。然而,困境分析也可以运用于任何关注道德议题及实践的决定做出过程。我们会描绘两种常见的类型。

第一种困境分析是假设的、研究者生成的困境,这是最常见的。研究者会给一些研究对象同一个标准化的困境,并问他们会怎么做、什么会引导他们做出决定。最著名的例子是由寇伯格(Kohlberg,1981)设计的、反映研究对象道德推理的海因兹困境。在这个困境中,海因兹的妻子患了一种致命的疾病,获得救命药物的唯一方法要违背某种神圣的戒律:损坏别人的财产、犯罪或者偷窃。寇伯格用这种方法提出了道德发展理论。不久之后,吉利根(Gilligan,1982)批判了寇伯格的理论和方法,她认为这种理论存在性别歧视,因为寇伯格的样本都是正在读大学的男子。吉利根设计了更情境化且更贴近现实生活的资料收集策略,她的研究主要关注的是女性。结果,吉利根提出了不同的道德发展结论。而来自真实生活的、研究者生成的困境[①],要使用真实的危机——来自历史或者来自典型的工作或家庭生活情境——并询问研究对象的选择以及围绕这些选择的想法和感受。

第二种困境分析是来自真实生活的、研究对象生成的困境,这种方法鼓励研究对象描述他们所做的最困难的或者心里

---

① 这里讨论的是"来自真实生活的、研究者生成的困境",似乎与上下文讨论的、困境分析的两种类型都不同。但实际上与下文所讨论的"来自真实生活的、研究对象生成的困境"应当差异不大,都是由研究者对研究对象真实生活中的困境进行询问,然后由研究对象进行详细阐述。——译者注

最难受的决定,比如说,在他们成长过程中、工作中,或者是他们的家庭中。这样,这些情境就是以一种更自然的形式产生的。尽管这些是聚焦的,但这种方式更接近直截了当的访谈,允许研究对象至少在一定范围内选择要关注的内容。举例来说,马歇尔(Marshall,1992,1993;Marshall,Patterson,Rogers,& Steele,1996)让学校的副校长描述在过去两年中、在他们的工作场所里出现的伦理困境。马歇尔通过标准化的问题来引导研究对象挖掘出影响他们所作选择的限定因素。在访谈中,给一个有同情心的、不做判断的听众深入地讲一个故事,看起来是很顺畅的一件事。这些丰富的资料包括:因为政策而拒绝向学生提供帮助、解雇教师、为避免破坏家庭的稳定而拒绝了职位提升,等等。这种访谈提供了非常丰富的个人情境资料,但是把这些放在一起进行资料分析或写作报告就不是件简单的工作了。

困境分析可以是很有趣的。困境分析每次通常只关注一个被访者,这就提供了论题上的一致性,这种一致性不依赖于学术理论或者研究者灵感(Winter,1982)。它打开了研究对象内心想法的大门,可以设计用来收集标准化的资料。使用已有研究中的洞见对来自真实生活的、研究者生成的困境①好好进行设计,可以相当有帮助,特别是使用有焦点的且标准化的资料收集方法时,这种设计尤其有帮助。通过真实生活中的困境来收集资料总是很愉快的。人们喜欢叙述那些心酸的、英勇的、令人担忧的情况——当这些已成为过去,而人们相信他们已经做出了恰当的决定。困境分析也可能是充满困境的!正如在海因兹的例子中,人们可能不会严肃对待这样的情境,资

① 与上一个脚注相同,这里又出现了"来自真实生活的、研究者生成的困境(real-life, researcher-generated dilemmas)"。应当与困境分析的第二种类型"来自真实生活的、研究对象生成的困境"差异不大。——译者注

料能很好地反映出这一点。此外,对困境及访谈问题的选择也可能会歪曲、形塑人们的选择,产生"有趣"的资料。此外,来自真实生活的、研究对象生成的困境的资料非常个人化,可能很难解释,也很难与其他资料比较。

困境分析中的伦理议题

使用困境分析可能产生的伦理议题主要是:由于痛苦的环境而引发的强烈情感反应。这种情况在研究对象生成的困境分析中更常见,当解释出一些充满问题的情况——可能仍然让人痛苦心酸——会带来眼泪或者愤怒。在研究计划阶段,研究者应当详细论述,在尊重研究对象以及对他们的情感反应保持敏感的原则下,她将如何处理这些情况。

* * * * *

上面的讨论提供了多种方法的拼图,质性研究可能选择采用这些方法来收集有用且有洞见的资料。正如我们一直讨论的那样,一项质性研究采用多于一种的方法是非常常见的。表7.1 和表 7.2 提供了将这些方法中的某一个运用到研究计划之中时,对这种方法的优势和挑战进行评估的标准。我们接下来还要讨论把这些方法结合在一起时需要考虑的关键事宜,并将用一个范例来表明在研究计划的阶段就要做出选择和决定。

表7.1　次要的和专门化的资料收集方法的优势[①]

优　势	使用互联网	影像	历史分析	互动分析	困境分析
促进与研究对象的面对面互动					
有助于揭示研究对象的视角					D
在自然场景中收集资料	X	X		X	
便于即刻追问并要求澄清	X			D	
对记录重要事件、危机和冲突很有价值	X	X	X		X
有助于了解研究对象无意识的想法		X		X	
有助于描述复杂的互动	X	X	X	X	
有助于获得关于非言语行为及沟通的资料		X		X	
便于发现文化的微妙之处		X	X	X	
在提出工作假设时提供了灵活性		X	X	X	
提供了情境知识		X	X		D
便于分析、效度检查和三角互证	X	X		X	X
鼓励协作和合作	X				
资料比较容易分析并概念化					
快速获得大量的资料	D	X	X		
允许范围广的、多种类型的资料及研究对象	X			D	
管理和处理都简单且有效率	X		X	X	
容易定量化并可转换成统计分析				X	
容易普遍化或者有助于其他场景			D	X	
可以借助已有的工具	X			X	X
接触遥远的研究对象	X				

注:"X"指的是存在这种优势,"D"的意思是看情况。

[①] 本章中"表7.1次要的和专门化的资料收集方法的优势"第一列"优势"各单元格的内容,与第6章中"表6.3主要资料收集方法的优势"第一列"优势"的内容一致。两类方法之间可进行对照比较。——译者注

表7.2 使用次要的资料收集方法要面对的挑战[1]

挑 战	使用互联网	影像	历史分析	互动分析	困境分析
使研究者过分关注细节	X	X		X	
由于文化差异,可能带来误解		X	X	X	X
要求技能训练		X			
取决于关键个人的合作					
面临伦理困境	X	X			X
难以复制		X	D		
资料会由于研究者的出现受到影响		D		D	X
昂贵的材料和设备	X	X		D	
可能会引起研究者的不适甚至危险					
过于依赖研究对象的开放和真诚	X				X
过分艺术化的解释会损害研究		X	X		
依赖于初始研究问题的力量		X	X	X	X
取决于研究者的人际交往能力					

注:"X"指的是存在这种挑战,"D"的意思是看情况。

多种资料收集方法的结合

许多质性研究在研究的整个过程中都结合了几种资料收集方法,正如范例 18 中讨论的沙德克-埃尔南德斯的研究计划(Shadduck-Hernandez,1997)。研究者可以评估每种方法的优势和不足,然后判断这种方法是否能够回答研究问题,在某个特定研究的场景中是否有效。在写作研究计划书的草稿时,研

---

[1] 本章中"表7.2 使用次要的资料收集方法要面对的挑战"第一列"挑战"各单元格的内容,与第6章中"表6.4 使用主要资料收集方法要面对的挑战"第一列"挑战"的内容一致。两类方法之间可进行对照比较。——译者注

究者应当考虑根据这项研究中研究场景的微妙之处以及可以获得的研究资源(做的可能性),这种方法是否能够提供好的、丰富的资料,就成本而言是否是有效率的且切实可行。正如我们已经讨论过的,对参与和直接互动的相对强调,表明了对之前讨论的主要方法的强调。然而,对次要的和专门方法的明智使用,在回应研究问题时也可能是相当有创造性的。对使用这些方法的解释说明应当是研究计划书整体论证的一部分。

在考虑使用多种方法时,研究者可以考虑三个问题,这三个问题可以用于整体的研究问题,但在研究计划书的设计及方法部分的发展中至关重要。第一个问题是:某个特定的方法应该以一种更开放的方式来使用,还是应当有更严格的预先设定。第二个问题关注的是整个研究中不同方法的先后顺序:退潮和涨潮。第三个问题考虑的是:关注的焦点是应当更宽泛还是更深入。将不同研究方法结合在一起,鼓励了研究计划书的写作者对这些问题进行考虑。研究计划书的写作者将通过发展出一个明确的(但灵活的)计划来完成这些工作,以便运用多种方法(先访谈后观察,反之亦然),并写清楚研究的中心是宽泛的(许多事件、许多研究对象)还是深入的(几个关键事件、少数研究对象),进而决定访谈和观察的取向,比如说是采取广角的方式还是更聚焦的方式。仔细考虑多种方法的结合以及研究者所做选择背后的推理等相关事宜是很重要的,这表明研究者已经仔细考虑过了这些事宜,而且在心中有一个清晰的计划。研究计划书的评阅人会对那些在设计及方法运用方面提出强有力的详细论述的计划书感到满意。

我们将在范例19中详细展示我们之前的讨论。这个范例描述了研究者在研究长期健康护理机构时如何选择资料收集方法。

范例 19 选择资料收集方法

人们对生命的看法会如何受到长期在健康护理机构居住的影响？一名健康护理管理专业的博士研究生（Kalnins，1986）希望深入且细致地检视那些影响病人看法的情境、过程和互动。这位研究生推断质性研究取向在研究那些涉及复杂社会结构的日常行动和互动方面将最有成果。

这位研究生考虑了多种资料收集策略，她计划结合直接观察、参与观察和半结构访谈。她将从对这所健康护理机构不同区域的患者及工作人员的直接观察开始，"见证患者和工作人员关注的事件，或者对他们而言有特殊象征意义的事件"（Schatzman & Strauss，1973，p. 59）。这将使这位研究者获得一个整体视角，并收集到一些对访谈有帮助的资料。

卡尔宁斯（Kalnins，1986）计划作为一名参与观察者，在自然场景中对这所长期健康照顾机构里的居住者和工作人员进行观察，这将要求她"通过分享他们的日常经验来采用那些研究对象的视角"（Denzin，1970，p. 185）。在她的研究计划书中，卡尔宁斯估计参与观察和访谈将同时进行，这将使从一种方法收集来的资料用于证实一些事件、探讨出现的假设并就研究的进行做出进一步的决定。卡尔宁斯作为参与观察者的角色意味着她将沉浸于她所研究的那些人的生活和活动之中。她理解参与观察的互动—调整本质，这反映了田野观察与其中出现的理论之间的复杂关系，还有这种关系对进一步资料收集方法的影响。卡尔宁斯以威尔逊（Wilson，1977）的研究为指导，决定了要收集的资料以及收集这些资料的方法，威尔逊为了了解意义结构，列出了相互关联的五种资料类型：(1)研究对象间言语互动的形式和内容；(2)研究对象与研究者之间言语互动的形式和内容；(3)非言语行为；(4)行动和不行动（nonaction）的模式；(5)痕迹、档案记录、人造物和文件（Wilson，1977，p. 255）。

为了获得事实、观点和看法（Yin，1984），卡尔宁斯计划进行开放式的结构化访谈（使用问卷），这可以对许多主题进行探讨,但同时又可以聚焦于文化的细微之处、直接的经历以及对其他人的感知、意义和解释。借助这项研究的历史视角,信息也可以从多样的文件和档案中收集。

范例 19 详细展示了研究者如何从一系列的资料收集方法中进行选择,了解每一种方法都有特别的优势,而且每一种方法都将有助于获得某些希望获得的信息。这表明资料收集的策略和方法不是在真空中做出选择的。集中检视可能的方法、试试看、检视这些方法可能的潜力,看看它们是否适合研究问题、研究地点和研究样本,这些都是研究设计时的重要考虑。此外,研究者还应当考虑他们自己成功地运用任何整体研究取向和具体方法的个人能力。因此,研究计划书要说服评阅人:研究者有能力对那些合适的、深思熟虑且全面的资料收集方法进行选择、精炼和运用。正如第 1 章中的讨论,展示研究者在方法上的能力是一项研究"做的可能性"的中心部分。然而,我们也一直在讨论,在研究计划阶段的一个挑战是在研究设计及实施中保持灵活性——这是质性研究的特点。实际情况是:在研究进行的过程中,研究问题可能会改变;相应地,要使用的方法也可能要做出改变,以适应出现的新方向。研究者需要面对挑战,保持这种灵活性。范例 20 就是这样一个例子。

范例20 设计的灵活性

一位研究生打算探讨地方学校委员会对一项州政府训令的实施。罗德里格斯开始计划对一些会议进行参与观察,并对委员会的成员进行深度访谈。资料收集的计划中有进行会议观察的时间表、访谈的目标,还有资料分析及后续资料收集的时间分配安排。然而,在最初的资料收集及预备性的资料分析中,罗德里格斯发现教师们对委员会的不满正在创造出一种意料之外负面后果的模式。这一发现对政策的发展可能有重要的意义。罗德里格斯应该继续他最初的研究问题和资料收集计划吗?

一个替代的研究设计不是会提供更重要的洞见吗？

罗德里格斯指出，如果他可以描述那些出于好意的政策成了阻碍这样一个过程，政策制订者就可以获得一些洞见，以帮助他们在政策制订中做出及时调整。考虑到这项研究可能的好处，罗德里格斯可以选择将之后的资料收集集中于教师的需求与学校委员会的训令之间的冲突。这将要求罗德里格斯借助于额外的研究文献，比如说，教师需求、教师参与决策制订、教师工会等方面的研究。他也需要采用其他资料收集方法（比如对教师们的需求进行调查、观察教师工会的会议、就教师对学校委员会训令进行游说的反应进行历史研究），罗德里格斯可能还需要选择额外的研究场所和研究对象。随着研究问题逐渐聚焦，罗德里格斯最初的研究设计和资料收集看起来也要进行某些改变。

在范例 20 的例子里，研究计划书可能没有包括分析游说努力以及观察集体谈判的计划。然而，如果研究者在早期的资料收集中发现了令人兴奋且重要的焦点，那么研究者应当对研究计划书进行修改，这非常恰当——我们也真心建议这样做。事实上，质性研究取向的一个主要优势就在于它的灵活性，这允许甚至鼓励进探讨、发现和创造。

与选择资料收集的恰当策略一起，研究者应当说明处理、记录和分析资料的复杂过程。这些过程并非离散的、有顺序的事件，而是在质性研究进行的整个过程中辩证地出现的：当讨论主题确认了，当社会场景更深层的结构清楚了，当对最初的研究设计进行了一系列的修订，这样，分析才会开始。然而，在研究计划阶段，研究者应该提出如何对数据进行处理和保存的最初想法，提出关于数据分析过程的初步讨论。我们会在下一章中讨论这些议题。

注：这个范例是虚构的。[①]

---

① 书中的这个注出现在本章的正文之后。——译者注

两位学习者之间的通信

梅兰妮:

你关于我们研究中有太多自己的这个问题,我真的觉得很有道理。我以前是写作指导老师,所以我倾向于相信:跨越不同的类型来写作是很困难的。我很怀疑从你的不同视角来写作同一主题是可能的:既作为研究者,又作为以前的老师,还作为朋友。这些视角在同一主题下不是很不一样吗?它们会在哪里交叉?我逐渐认识到,如果你有意识地采取你许多自我中的一个,然后再从这三个视角对一个议题进行讨论,那么你有可能会很好地理解:你的独特位置如何创造出了一种解释。我说明白了吗?我猜想你可能会发现更多的观点彼此交叉。然而,这可能可以让你检视并诚实地陈述你在研究中的角色。

你肯定也注意到了凯瑟琳和格雷琴书里第4章①讨论的不同研究取向的数量——这至少是有点太多了!有时候要理解某个特定取向的特殊之处可不是件容易的事儿,更不要说觉得只有一种正确的方法来完成一个民族志访谈或者叙事研究。我倾向于仔细阅读不同取向的研究,这些不同的取向可能会使我弄不清楚应该如何进行我的研究。但是,我如何进行这项研究,这项研究对我的影响,这两者之间存在一定的相互作用。

尽管我根本上同意:我们的研究不应该是关于我们自己的,但我不能否认我们的研究在某种不小的程度上反映了我们自己和我们的经历。我们可以说我们的研究在非常真实的意义上是自传式的。毫无疑问,你选择你的研究领域是因为你以某种方式与这个领域联系在一起。想象一下努力地研究一些与你分离的或者你能保持中立的东西!

但是正在进行的聚焦过程中有一些让人仓皇的或放纵的东

---

① 由于阿伦和梅兰妮是在准备本书第4版时进行通信讨论的,所以这里指的应该是本书的第3版或第4版中的第4章"资料收集方法(Data Collection Methods)"。第3版和第4版中的第4章修改不大,这一章既包括了主要的资料收集方法,也包括了次要的收集方法。可以看作是本书第5版(即目前译本)中第6章和第7章的综合。——译者注

西。 跟你一样，我过分关注我自己了（或者说，我的自我）。还有和你一起工作的那些学生的声音和自我。 嗯……我认为这就是那些地方，我们希望我们的导师读了我们的文章，然后说："嗨，这并不是完全关于你的啊。"或者问我们："你是从哪里得出这些呢？" 我认为我们也可以问问其他研究生！ 我从我们的对话中有很多收获。 有人可以聊聊这些事儿真不错，把这些写进电子邮件看起来也有帮助。

希望一切都好！

阿伦

嗨，阿伦：

你有一些很好的观点，尤其是关于我们的研究以某种方式是以我们自己为中心的；不然的话，这就不是我们的研究了。也多谢你的建议；我很喜欢从我的不同自我来进行写作的想法。（我以前是英语老师）我认为从一种特定的方式来进行我们的研究很容易就陷入困境；牢记在技术和资料呈现中的灵活性，这真的会拓宽我们的选择。

我也很愿意仔细思考这些主题。 与另一位研究生朋友一起克服研究中的困难，可以容忍我们的无知！虽然我们对许多不同的事情都知道不少，我们仍然是从个人的、实践的方式来理解这些。 研究生之间的谈话是更容易找到意义的经历——一起工作来创造出一种可以运用于我们个人情况的理解。 我也见过很多其他研究生使用不同的技术。 我的几个朋友致力于生活史和影视民族志。 我是那种倾向于深度访谈以及通过电脑进行互动的那类研究者。 即使我不认为我会采用那些特定类型的技术（只是还没有！），我从这些技术在不同研究取向中的使用里学到了不少东西。 我们也可以从问教授或者读一篇文章更快地获得这类信息，但是我们并不能以相同的方式理解并运用这些。

那么，还有什么你希望讨论的呢？

梅兰妮

关键词

分析质性资料的软件	software for analyzing qualitative data
互动分析	interaction analysis
互联网民族志	internet ethnography
举止神态学	kinesics
空间关系学	proxemics
困境分析	dilemma analysis
历史分析	historical analysis
录像	videos
微表情	microexpressions
协助录音转录的软件	software to assist in transcribing audiotapes
照片	photographs
姿势研究	gesture research
资料收集	data gathering

8

资料的管理、分析与解释

　　一旦研究者已经确定了研究策略，选择了研究地点，选好了研究样本，也决定了收集资料将采用的方法，就应当讨论她将如何对资料进行记录、管理、分析和解释。她也应当提出对资料进行分析或者以某种形式进行汇报的初步想法。在研究计划阶段，这一讨论可能很简单，但应当写出分析和解释的初步策略。此外，还应当告诉研究计划书的读者：资料将被有效地记录和管理，以确保可以很方便地进行检索。研究计划书的写作者要准备好提供一些例子，诸如资料收集和分析的方法将如何运作。试调查或者已有的研究是这类例子的极佳来源。

资料的记录和管理

　　研究计划书中的研究设计部分应该包括用系统的方式对资料进行记录的计划，这种系统方式应当适应于研究类型、研究场景、研究对象，并能表明这个计划将对分析有帮助。研究者应当表明她意识到了记录观察、互动及访谈的技术不能对日常事件的流程有过多打扰。在一些情况下，即使是记一点笔记也会打扰、占据研究场所和研究对象，甚至以某种方式影响研究场所和研究对象。在研究计划书中，研究者应当详细描述使用录音设备、照相机及其他机械装置的任何计划，并表明研究者将使用的资料记录策略是适应研究场景和研究对象的警惕性的,但这些策略只在研究对象同意的情况下才会使用。

研究的类型对这些计划是有影响的。举例来说,在参与行动研究这一类型中,研究者是研究场景的一部分。因为这些取向根本上是互动式的,而且相当全面地让研究对象参与了问题的提出以及资料的收集,研究者的出现不是闯入式的。

然而,无论是哪种质性研究取向,研究者都应当养成一些习惯:在录音记录上做标签、多带几个电池、找到安静的地方来写笔记。这些好习惯的回报是完整无缺的、全面的、组织良好且易于查找的资料。假设一下,仅仅因为你的电池电量不够,使三个小时的、不可能再抓住的、珍贵的访谈没有录上音,这多恐怖!还有一些博士研究生什么都完成了,只剩下博士论文,他们惊慌失措地跟一堆没有整理过的、没有标签的资料在一起,你希望成为他们中的一员吗?经过许多年,研究者已经发展出来一些管理资料的策略,包括:在索引卡片上写上彩色且编了号的编码,还有计算机程序,等等。在过去,这些技术是很神秘的,是田野研究合作者分享内容的一部分,而且很少放在研究报告里作为附录。不管计划采取哪一种方法,这种方法都要能帮助研究者对资料进行组织,并使资料能够方便地进行搜索和操作。即使你的日常工作方法跟一些棒球投手的方法一样可笑,只要它对你有效,你就做吧!

在更客观主义的研究计划书中,研究者可能会有对资料进行编码的预定**范畴**列表。依靠这些范畴,确实有助于检索和分析,但对质性研究的假设来说,还有一点仍然是真实的,研究者应当计划好在研究聚焦的过程中对这些范畴进行修改的决策规则。此外,计划好对笔记进行编码,以明了日期、姓名、头衔、各种事件的参与人员、年表、对场景的描述、地图、社会关系网络表等。这类工作的价值不可估量。在将各种模式拼接在一起的过程中,在对资料分析的范畴进行界定的过程中,以及对进一步的资料收集进行计划而言,尤其是对写作最后研究报告而言,用不同的颜色来编码①是非常有效的工具。那些对各种编码过程的细节非常感兴趣的研究者,可以参考萨尔达纳的研究(Saldana,2009)。

多数介绍质性研究方法的教材都对资料分析的过程进行了讨论。质性研究资料分析的术语包括以下这些:

- 分析性归纳
- 持续的比较分析
- 发展扎根理论
- 模板(template)与编辑

在这一章里,我们将给出一些使用不同术语和技术的例子。研究者不仅必须展示出对这些术语的了解,而且也应该知道如何将这些术语用于他自己的研究问题和概念框架。研究者应该能说这样的话:"为了开始我的资料编码,我将在观察 YY 这类行为时,使用我研究计划书的第 XX 页上列出的概念工具。"研究者必须给出例子,当编好码的资料集中起来,研究者也看出了其中的模式,此时他将如何提出范畴。研究者必须说明他将如何对地点和个案进行概述,如何进行比较,如何尝试**聚类**、等级关系、关系网络、相互关联、**矩阵**以及**类型学**,如何达到资料饱和,还有如何寻找**否定例证**,这样研究者在陈述他的分析性归纳时,听起来就有说服力了。

一般的资料分析策略

将秩序、结构和解释带给收集到的大量资料,这一过程是凌乱的、暧昧不明的,要花很长时间,也是创造性的和令人着迷的。这个过程不是以线性的方式推进的,也不是整整齐齐的。有时候研究者可能会觉得自己就像一位古怪又痛苦的艺术家;

---

① "用不同的颜色来编码(color coding)"指的是用不同的颜色来标注不同范畴的内容。可以是用彩色笔在纸本记录上做记号,也可以在电子文档里用不同颜色的字体或底纹来标注。——译者注

别担心,这是很正常的! 质性研究的资料分析是要找到关系及基本论题的总体陈述;资料分析要探讨、描述并建立起扎根理论(Strauss & Corbin,1997)。正如沃尔科特(Wolcott,1994)所描述的那样,描述、分析和解释,这三种彼此不同的活动通常都是与分析这个术语绑在一起的。他指出:

> "我不认为这三个范畴——描述、分析和解释——是互斥的。也不能清晰地画出分界线,表明从这儿起描述结束了,开始分析了,或者在那儿分析又变成了解释……我确实认为:对此三者进行确认和区分是有意义的,尤其是如果这三个范畴被当作质性研究者在组织和呈现资料时的不同侧重点。"(Wolcott,1994,p.11)

沃尔科特(Wolcott,2009)甚至建议他的博士研究生在研究计划书中就尝试写出最后研究报告的目录! 沃尔科特承认这份目录是会被修改的,他把这样的设计作为一种支持性工具,支持研究者面对从研究计划书到分析再到最后写完报告的巨大挑战。研究计划书中的研究设计部分应当描述关于资料分析的初步决定,并应该说服读者:研究者对质性研究分析的知识足以完成资料的组织、论题的提出和解释,还有报告写作。尽管在研究计划中,无法对任何一个进行详尽地考虑,但研究者应当说服计划书的读者:他对这项研究资料分析阶段的计划已经有所意识,并进行了考虑。接下来就要讨论研究者应该在研究计划书的这一部分进行的一些考虑。

研究者是在收集资料之前就先考虑了资料分析方式,还是在收集资料的同时开始分析,或者是先收集资料然后再分析? 这一选择取决于这项研究的类型以及研究假设。如果研究者从对概念框架的文献综述——这将直接指向资料分析中要使用的预定范畴——开始,研究者将使用类似质性研究的取向在情境中进行假设检验。研究者进行探讨,并不是要为了理解。他的分析是相当技术化的,几乎是统计式的。这些对资料收集及分析的安排是有焦点的、结构紧密的、高度组织的,是很有效

图8.1　分析策略的连续统

来源:Crabtree & Miller,1992, pp. 17-20。使用获得许可。

的。然而,这些安排排除了探索和发现的机会。这些安排通常
也排除了不常见和偶然——不常见和偶然是研究的难题,如果
出现并进行探讨,就将要求重新进行整个研究活动。为资料找
出范畴,就像是要明确界定出矩阵中的单元,这对一项研究来
说是非常重要的聚焦。因此,在效率与设计灵活性之间必须努
力保持平衡。

克拉布里特和米勒提出了一个资料分析策略的连续统(参
见图8.1),尽管他们认为"分析策略之多就像质性研究者的人
数一样"(Crabtree & Miller,1992,p. 17)。在连续统的最左端是
技术的、科学的且标准化的策略,研究者已经假定了这项研究
的客观主义立场,并提前设定了范畴。在另一端是"沉浸其中
的策略(immersion strategies)",范畴并不是预先想好的,而是
主要取决于研究者的直觉和解释能力。克拉布里特和米勒所
说的"模板"和"编辑"这两种分析策略在这个连续统中彼此相
邻。与编辑策略的过程相比,模板策略过程更强调预先想好和
约定好(Crabtree & Miller,1992,pp. 17-18)。模板策略是从一
个模板开始,然后收集有丰富情境的资料,以加入情境细节。
然而,模板策略也可以从一组对资料的编码开始,但是这些编
码在分析推进的过程中,可能要进行修改。在另一方面,编辑
策略的预定性就不那么强。"解释者质朴地对文本进行解读,
不带模板"(Crabtree & Miller,1992,p. 20),在文本的各个片段
中搜索,并提出和阐释意义的范畴。这种方法与近来扎根理论
的讨论有紧密的联系(Charmaz,2000,2005;Harry, Sturges, &

Klingner,2005；Strauss & Corbin,1997)。

在质性研究中,资料收集和分析通常是手牵手同时开展,以建立起连贯的解释。研究者是按初始概念的指导,并在收集和分析资料时进行转化或修订,进而发展出一些理解。研究者的整体策略是更加靠近资料分析连续统中解释性的／主观主义的这一端,而不是技术性的／客观主义的一端。在沙兹曼和施特劳斯(Schatzman & Strauss,1973)至今仍然非常有用的经典作品中,他们描述了资料收集和分析的过程:

> "质性资料非常之复杂,而且也不可转化为标准可测量的单位;质性资料在抽象的水平、出现的频率、与研究中心问题的关系上都有差异。质性资料在来源或基础上也不同,而质性资料是从这些来源和基础而被体验到的。我们的模范研究者在研究过程的很早就开始分析资料了。对研究者来说,这种选择代表了一种分析策略:研究者需要分析,因为研究者一方面通过改变了他看待那些经验时强调的重点,来调整他的观察策略,而那些经验与研究者理解的发展有关,另一方面研究者一般要通过对自己正在形成中的想法进行真正的同步检查和检验,来实现自己对这些想法的控制……也许质性资料分析中最根本的操作是揭示事物、人和事件中有重要意义的类别(classes)和那些使这些事物、人和事件有特点的属性(properties)。在这个过程中,一直贯穿整个研究过程的是,分析者逐渐发现了他自己的一些'这是'(is's)以及一些'因为是'(because's):研究者给类别命名,将它们彼此联系起来,首先是以一些能表现出这些联系的'简单'陈述(命题),然后继续这个过程,直到他的命题以一种紧密度逐渐增加的联系方式形成了一个组合。"(Schatzman & Strauss,1973,pp. 108-110)

研究者应当运用初步的研究问题以及相关的研究文献,在研究计划阶段就发展出资料分析的指南。这种早期的扎根和规划可用于提出几个范畴,最初可以用这些范畴对资料进行编码,以备随后的分析。这些范畴就是生成理论的编码。

内在一致的解释是与相关的概念和论题联系在一起的,是从分析中出现的,因此,有问题的或者不全面的资料将导致新的资料收集和分析,新的资料收集和分析将强化对资料的解释。当很少出现大的修正、概念也与既定的范畴和论题一致时,解释就成形了。当批判性范畴界定好了,范畴之间的关系也建立起来了,这些范畴还整合进了一个精致、可信的解释中,分析就足够了。

分析步骤

典型的分析程序可以分成七个阶段:(1)对资料进行组织;(2)沉浸于资料之中;(3)提出范畴和论题;(4)对资料进行编码;(5)在**分析备忘录**中提出解释;(6)寻找替代性的理解;(7)写作研究报告或以其他方式汇报研究。资料分析的每一阶段都包括以下内容:(1)**资料简化**,大量资料成为了可处理的"大块(chunks)";(2)解释,研究者将意义和看法赋予研究对象的话语和行为。在研究计划阶段,研究者应当初步计划一下这个过程将包括哪些内容。所遵循的程序、关于范畴的最初指示、可能的编码安排,这些都向计划书的读者表明了:研究的这一关键阶段将恰当地进行。

在质性研究和定量研究中,解释这一行为仍然很神秘。这是一个将意义赋予那些原始的、没有表现出意义的资料的必需过程,不管研究者的语言是标准差和均值,还是对普通事件的丰富描述。原始资料并没有一致的意义;解释行为将意义赋予这些资料,并通过写好的报告将这种意义展现给读者。正如巴顿所言,"质性分析将资料转化为发现。这种转化不存在任何公式。指导意见,有。但没有详细说明配料的菜谱……对每一个研究者来说,最后的目的地都是独特的,只有到达了才知道——如果会到达的话"(Patton,2002,p. 432)。在心中牢记这

表8.1 资料收集活动的日志

时 间	地 点	活动	谁	什 么
2005 年 3 月 21 日	佛特河学校	焦点小组	三位老师——乔、玛利亚、马塞拉	把学生整合到教室活动的策略
2005 年 3 月 25 日	佛特河学校	观察	玛利亚的课堂——艾米	看艾米怎么学数学
2005 年 3 月 25 日	艾米的家	访谈	艾米的父母	挑战、支持

个警告,我们提出了一些一般性的步骤对研究计划书中的分析部分进行指导。

组织资料

在开始资料分析时,研究者应当花一段时间来组织材料,这是很重要的。研究者可以把已经收集到的资料列在卡片上,进行一些细微的、必要的修订,以方便对田野笔记进行搜索,还要对那些看起来过多且不可处理的资料进行清理。研究者还应当按照收集这些资料的日期和时间、地点、研究对象,把资料类型记入日志①。这应当是一直在做的工作,对这些"大堆(huge piles)"的资料不时地进行重访。表8.1 提供了一个例子。

现在研究者通常把资料输入到软件程序中,这些软件都是为质性资料的处理和分析而设计的(Richards & Richards,1994;Tesch,1990;Weitzman,2000;Weitzman & Miles,1995。在第7 章的讨论中简单介绍了一些这类软件)。

沉浸于资料之中

与资料的亲密接触是不可替代的。研究者应当把资料当作某些需要依偎、拥抱和更好了解的事物。读、再读、一遍一遍

---

① "日志(log)"原意是指航海日志,要以条目的方式记录船的行驶速度、航行的方向和路程,还有在船上发生的所有对航海有意义的事件。这里是指以条目的方式记录每天在什么时间、什么地点、针对什么人、收集到什么方面的资料。正如表8.1 所示。——译者注

地通读资料,强迫研究者与材料变得亲密。人、事件,甚至说过的话都一直在研究者脑中仔细地思量。正如巴顿所言:

> "通过质性方法获得的资料数量巨大。我发现没有办法让学生做好准备,在资料收集结束以后,他们将发现他们自己要面对一大堆的资料。坐下来,从一页页的访谈记录以及一整堆的田野记录中找出意义,这工作可能是压倒性的。组织和分析那些堆积成山的叙述看起来是不可能的工作。"(Patton,2002,p.440)。

巴顿接下来强调:质性研究的报告包括相当多的描述资料,使用这些资料的目的是为了展示所研究现象的日常事件。仔细考虑资料可以如何简化,在整个研究努力的过程中是很必要的。在一些例子中,就模板策略而言,直接转化为预先设计好的资料记录表是很合适的。迈尔斯和休伯曼(Miles & Huberman,1994)提供了几个记录质性资料的图表。这类技术使资料管理简单化,也有助于确保来自几个研究者的合作的可信度。对那些大规模的、复杂的研究来说,尤其是多地点个案研究,这些技术是极受推崇的(Yin,2003)。然而,在使用图表时,研究者应当小心避免遗漏偶然的发现。对采用编辑策略或沉浸其中策略的研究者来说,资料分析这一阶段是最困难、最复杂、最暧昧不明的,也是最有创造力和最有趣的。

　　至少,研究计划书本身应当根据文献综述来提出可能的论题列表——也就是,理论生成的编码。研究计划书也可以提出那些可能会在现实生活资料中出现的编码——这就是,**现实编码**(in vivo codes)①。举例来说,表8.2 中列出了一个研究项目中提出的论题,这个研究力图探讨教育者如何能够成为社会运动的积极参与者,尽管他们的职业本身是保守的。多数的论题

---

① 在英语中"in vivo"的本意是指"在活的有机体内"。这个英文短语常在对科学实验的描述中与"in vitro"(意指"在试管内")进行比较。在这句话里,"in vivo",如前面的说明,指的是在现实生活这个"活的有机体内"。在这里,作者也有强调这种编码与理论生成编码不同,现实生活是"活的有机体"。这里意译作"现实编码",保留了对现实的强调,但并未能将对现实生活"活的有机体"之意译出。——译者注

表8.2　来自作为积极社会行动——教育者的编码①

理论生成的编码	现实编码
社会运动论题	第一眼看到资料就可能看到的潜在论题
社会网络	招募加入社会运动,而不是有运动传统
对手:对抗的精英;担心受辱、死亡和伤害	教育背景/家庭背景
身份认同、愿景或目的:共同目标	卷入的程度/积极行动的程度
集体行动、社会整合	关键事件/催化剂
持续的互动和动员	当前的政治空间
口号、音乐和象征符号	资源
教育者的困境	拒绝行动主义/"壁橱"积极行动主义
职业生涯	公开的积极行动主义/私人的积极行动主义
个人特质	个人的/政治的
担心对职业的损害	出去参加运动/拥有自己的运动
担心对运动反对	"啊哈"恍然大悟的时刻
担心强加的价值观	

来源:Marshall & Anderson,2008. 使用获得许可。

---

① 这里需要对这个表格的结构进行说明。这个表里的编码可以按列分成两类,一类是"理论生成的编码",另一类是"现实编码"。

　　同时,从表格内容的缩进可以看出第一列中又可以分出两组。这一行以上是左列的前一半,为一组,主要讨论的是社会运动研究相关的编码。这一行以下是左列的后一半,是第二组理论推动的编码,编码是来自对教师职业的研究。而右边一列都是来自现实生活的编码,如右列第一行的单元格所言,是从看到资料开始产生的编码。此列并没有再分组。

　　另外,每一行中左右两个单元格有一定的联系。在这一行"教育者的困境"和"拒绝积极行动主义/'壁橱'积极行动主义"这一行的这两个单元格之间,虽然"教育者的困境"主要是表明这一列下面的单元格是教师生涯研究文献推动的编码,但在对教师行动者进行研究的马歇尔和安德森看来,这种"教育者的困境"在现实生活中,也就是在他们收集到的资料中,就体现为是拒绝行动还是在壁橱里行动。具体而言,马歇尔和安德森在研究中发现,由于教育更强调维持社会秩序,教育者的职业是趋向于保守的,因此对社会运动持拒绝态度;然而,教育又强调推动社会变化,教育者也可能是积极的行动者,只是这种行动可能是以一种隐蔽的、私人的形式进行的。但这个单元格的内容与右列以下的单元格是并列关系,并不是对这些单元格的概述。参见 Marshall & Anderson, 2008。——译者注和编码都来自对社会运动理论以及教育者职业生涯研究的阅读,但许多论题是来自研究者作为局内人、对现实生活中出现的这些议题的感知。

如我们在第 4 章中的讨论,这些论题通常都是在概念框架中展示的,这样,研究者就可以对这些论题之间的可能关系保持敏感,并在资料中看到它们。与此同时,那些预期并假设的关系没有在资料中出现的情况,研究者也会敏锐地进行探讨以寻求解释。

对资料进行编码

对资料进行编码是资料分析思考的正式表现形式。分析中艰苦的工作是提出范畴和论题。研究者接下来可以将一些编码方案用于这些范畴和论题,并彻底地运用编码对资料片段进行标注。编码可以以几种形式出现,关键词的缩写、彩色的着重点、**数字**等,研究者可根据情况选择使用。编码有不同的来源,包括文献综述、资料中出现的话和行为,还有研究者的创造性领悟。随着编码的逐步推进,研究者看到了资料/编码的一些组合方式,分成组或者形成聚类①,看到了行为和情感相伴或以某种模式化的顺序出现的方式。研究者可能会写一份备忘录,这是一份草稿,其中记录了一个关键概念的逐渐明确的定义,并引述了一些资料来对这个关键概念进行阐述(比如"好的婚姻")。研究者写的备忘录也可以是从与研究对象的谈话中得出的某种等级关系以及分类排序(比如"配偶有价值的品质")的一份草稿。研究者用资料阅读和概念框架作为指示,逐步看到资料如何在它们所处的情境中起作用或者置身于情境之中,看到出现了哪些变化以及这些不同的变化出现的频

---

① 将"cluster"译作"聚类",是借鉴了统计分析中对"cluster analysis"译作"聚类分析"、"群集分析"的思路。"聚类"的意思是指把具有一些相似属性的对象放在一起,它更强调的是把相似的对象放在一起,而不是根据确定的标准分成不同的组。可参考本章"提出范畴、论题、类型、矩阵和聚类"中的讨论。——译者注

率如何。随着分析的推进,研究者可以寻找资料的聚类,从一个主要的主题出发,将有关的东西抽离出来,这样,可能就能看到一些事物如何构成了**子聚类**。关于编码的想法可能在任何时间任何地点出现——在电脑前、在餐馆的餐巾纸上、在海边的沙滩上、在洗澡的时候,还有更多!

写作分析备忘录

在**论题式备忘录**和**理论备忘录**中,研究者把他的想法写下来:当他看到资料聚集起来,这些资料如何形成了聚类、模式或论题。最初的文献综述给了研究者一些刺激,对他感到犹豫的一些东西给出了指示,所以有些备忘录读起来就是这样:"我想知道我的资料是不是符合某个模式,而这个模式某种程度上可以由这个或那个理论解释?"或者是"我想在我收集资料时,出现了一组越来越明显的论题。"

在整个分析转化的过程中,按照沃尔科特所说,我们强烈建议研究者要进行写作。把笔记、反思式备忘录、想法、领悟这些都写下来,这些对提出不寻常看法的价值是不可估量的,而这些看法可以使分析从平常的、显而易见的,变成有创造性的。近来有一些学者强调这样一种写作的价值:尽早开始写、通常在整个研究过程中都要写作,尤其是在更聚焦的分析中。比如说,在《小规模研究》一书中,奈特(Knight,2002)的开始章节不是小规模研究的设计,也不是对研究方法的概述,而是关于写作。奈特指出,这一章是关于"写作和思考之间的相互影响,这种影响从小规模研究的开始就出现了……写作是研究过程的一部分"(Knight,2002,p.1)。私人的写作或者更公共的写作都是巨大的刺激——可以孕育创造性,并推动研究者的思考(Knight,2002;Richardson,2000;Richardson & St.Pierre,2005)。如理查森和圣皮埃尔指出:"语言是一种建构的力量,能够创造出对于现实和自己的独特看法。"(Richardson & St. Pierre,2005,p.961)所以,在写作的时候,对语言进行选择,可以带来资料分析中概念层面的编码。写作推动研究者确定了那些包含了一些初始编码的范畴。这也有助于确认已编码资料之间的联系,还可以帮助确定资料中的不足和错误。这也强迫分析者即使是被一些有诱惑力的事物分心的时候,也能保持深思熟虑地沉浸于她的研究之中。这些让研究者分心的东西,如可爱的小狗要出去走走、有朋友建议看个电影,还有你的老板,这些都可以是有益的暂停,甚至可能提供"思考时间",但是写作提供了一种持续思考的结构,在研究者被她资料的丰富与好奇之处推着向前的时候,她会一直在进行这种持续思考。

有些作者已经描述了分析性写作的特定形式——分析性备忘录。正如马克斯韦尔(Maxwell,1996)在对分析性备忘录的讨论中指出的那样,沙兹曼和施特劳斯(Schatzman & Strauss,1973)关于观察笔记、方法笔记、理论笔记和分析性备忘录的经典建议相当有帮助。同一类型的策略但有不同的名字,包括**方法备忘录**、论题备忘录和理论备忘录(Rossman & Rallis,2003)。通过记下在研究者的方法中哪些有效(或者无效)(比如"这个被访者分心了,所以资料可能是不完全的"或者"在以后的观察中,我要聚焦于护士—相关从业人员给予照顾的行为"),这样研究者就有了对田野中研究设计决策的记录。通过写作论题式备忘录,研究者将他认为事件、行为或情感的故事如何看起来是有意义的这些想法放在一起,研究者可以将这些作为建构资料分析的砖块。在理论备忘录中,研究者要处理他的理论及相关研究文献如何可以或者不能解释他的资料,并给予这些资料意义。

巴顿将归纳分析的过程描述为"揭示研究者资料中的模式、论题和范畴,"与此相对的是演绎分析,其中的分析范畴"按照一个存在的框架"提前确定了(Patton,2002,p.453)。研究者可以提出"本土范畴"(Patton,2002,p.457)或者"分析者建构的类型学"(Patton,2002,p.458),以此反映研究对象表达出的理解。本土类型学是由研究对象创造或表达的,是通过分析语言在当地的使用而得以生成的。

提出范畴、论题、类型、矩阵和聚类

尽管研究者通常会设计他们自己的策略,这里要讨论的这

一阶段最好是通过例子来描述。分析过程要求对资料的意识有所提升、对那些资料有更加聚焦的关注,还有对社会生活的微妙及默会的那些潜在力量保持开放的态度。确定突出的论题,并重述那些将人们和场景联系在一起的想法、讲述和信念模式,这是资料分析中在知识上最具挑战性的阶段——研究者可以将整个的努力整合在一起。通过对资料提问以及反思概念框架的过程,研究者在有重要意义的智力活动中将他的想法和资料联系在一起了。

与概念范畴有联系的**开放编码**是第一步。第一步是这样发生的,当研究者持续地比较她对事件、行为和言说的编码,"很快就开始尝试提出具有理论特质的范畴(Glaser & Strauss,1967,p. 106)。这样,资料就可以按照初始编码进行分类。接下来可以按照概念范畴对这些编码进行分类,这就可以看出这些编码的共性——**主轴编码**(Fielding & Lee,1998;Strauss & Corbin,1998)。这些编码围绕交叉的点(或者说主轴)类聚在一起。

另一个分析工具被称为聚类。聚类是一项创造性的工作,研究者绘制出关系的图表——描绘出了那些最具总体性意义东西的轮廓。研究者正在绘制概念的或是情境的地图,以玩耍的方式描绘出资料是如何结合在一起的建构图景。我们用"玩耍"是因为这应当被看作是在打草稿或者是试验。但这仍然可以引向初步的草图,并向前推进到分析。

对编辑策略和沉浸其中策略来说,研究者通过与资料——文本——一起的漫长工作才提出来一些范畴。许多范畴是对一些概念的修改,这些概念原本来自研究者的概念框架和文献综述。这些范畴接下来就成了放置文本片段的桶或篮子。当研究者从她对资料的高强度阅读和重读中,提出概念和范畴之间相互联系的想法,研究者的分析就推进了。在图 8.2 中,我

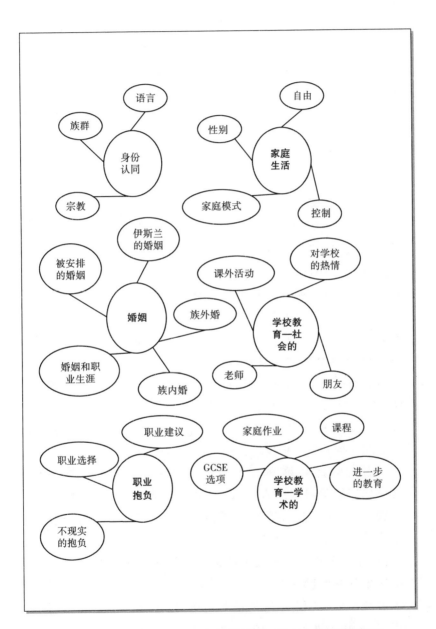

图 8.2 "英国穆斯林女孩的选择"这一研究中的论题和范畴

来源：Basit，2003，p.148. 使用获得许可。

们给了一个例子：从文献综述中产生的论题和范畴被用于一项研究之中,这项研究力图理解的是：对英国穆斯林女孩而言,身份认同、家庭生活、学校教育、职业抱负和婚姻是联系在一起的。通过沉浸于她的资料中,研究者逐渐看到了这些范畴的扩展维度。这就展示了了解这种复杂性的必要,这样,之后的研究者、职业技术人员和政策制订者就可以避免一些简单假设,以免损害这些女孩的机会。

范畴产生的过程包括注意到在研究场景之中或者在研究者表达之中都很明显的、那些值得注意的模式。当意义的范畴显现出来了,研究者应当寻找那些在内部汇聚而在外部存在分歧的范畴(Guba,1978)。这就是说,这些范畴应当自身内部保持一致,而彼此之间存在差别。在这里,研究者并不是要寻找统计学家的那种详尽且互斥的范畴,而是要确认那些突出的、扎根的、由研究场景中的研究对象所持有的意义范畴。

分析者建构的类型学是由研究者创造出来的,扎根于资料,但并不一定是研究对象所使用的。在这样的例子中,研究者会将一套类型学运用于资料之中。跟所有的分析一样,这个过程包含了对模式、论题和范畴的发现,但这个过程可能要冒险"将主要反映了观察者的世界,而不是所研究世界的意义世界强加于研究对象"(Patton,2002,pp.459-460)。一个相关的策略是：通过逻辑推理,各种分类方案相互交叉,产生了新的洞察或者类型学,以推进对资料的进一步探讨。这种交叉分类通常是以矩阵的形式来表现,这表明在已经分析过的资料中存在突破口,表明存在一些领域,在这些领域,资料意义可能合逻辑地显示出来了。然而,巴顿提醒研究者不要让这些矩阵来引导分析,相反要提出**敏感化的概念**来指导进一步的探讨："很容易就让矩阵开始操纵资料,因为分析者被诱惑了,硬把资料放进了由交叉分类创造出来的范畴之中,以填满这个矩阵并使它工作。"(Patton,2002,pp.469-470)图8.3提供了一个合逻辑地建构起来的矩阵的例子。

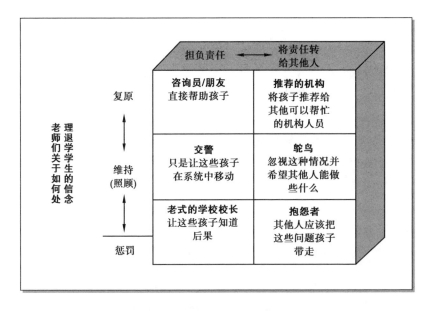

图 8.3　在处理高中退学学生时教师角色的经验类型

引自:Patton,1990,p.413。此处使用获得许可。

在电脑程序的帮助下,这些工具中的任何一个以及任何一种创造性的分析策略,都可以得到处理。对小一些的研究项目而言,也为了更亲密地沉浸于研究者的资料,我们仍然喜欢不用电脑。如范例 21 所示,在电脑出现之前,并没有其他选择。

范例21　电脑使用前的资料处理

在马歇尔对学校行政管理中的女性社会化的博士论文研究中,她发展出了一个很有效率的过程,通过这个过程,资料的转录、组织和分析结合在一起成为了一个操作。那时候还没有协助质性资料管理的文字处理软件或其他电脑程序。现在,对那些不愿使用技术的研究者来说,对那些小的研究项目来说,马歇尔的过程可能仍然有指导意义。观察记录和田野工作前,将研究地点或关注的主要内容所绘成的图,都记录在一本用硬纸做底的、公文纸大小的、能一张一张撕下来的记录本①上,这种记录本可以放在膝盖上,也可以来回翻阅。在每一次访谈之后,马歇尔都部分地将录下来的对话整理成文字形式的田野笔记,挑选概念上具有启发性的短语,这些短语或者是与之前的研究文献有联系,或者是从之前的资料分析中出现的模式。

保存录音中的资料和意义,并将录音整理与初步的分析结合起来,极大地提高了资料分析的效率。研究者录音整理的完成,与文献综述、之前的资料以及脑子里更早的分析备忘联系在一起,这就成为了资料分析中有用的一个部分,而不仅仅是文书工作。

马歇尔的资料分析是由概念框架以及一套指导性假设所指引的。马歇尔尝试用一些概念工具,诸如古德的角色紧张理论(Goode,1960),对访谈资料进行编码。她发现:当女性进入那些被认为是男性类型的职业时,会体验到冲突。马歇尔开始设计职业角色紧张的扎根理论,这种职业角色紧张包括了:由于在男性制订规范的专业领域工作,这些工作要求引起了女性性别

---

① 这里提到的这种本子(hardback legal pad)国内的读者可能比较陌生。国内商家将这种本子称为"拍纸本",目前市场上可以买到A4尺寸的拍纸本。

用硬纸做底(hardback)是指本子最后面的封底是一张硬纸板,而封面不是。

公文纸大小(legal)指的是一种特别的纸张的大小,是美国标准的公文用纸,通常长为14英寸(约35.6厘米),宽为8.5英寸(约21.6厘米)。跟我国常见的A4(长29.7厘米、宽21厘米)纸张相比,宽度差不太多,但要明显长一些。

拍纸本(pad)在美国指的也是一种特别形式的本子,一般是胶装的,胶装的部位是纸张的上面宽的部分,这样,这种本子就是上下翻页的。同时,本子每一页上方胶装部位之下0.8~0.9英寸(2厘米略多)的位置都有细微针孔压出的线,要把便签本上的一页撕断下来就很方便,而且撕下来的每一页大小也一样。

公文纸大小的记录本(legal pad)中的纸张一般是印有横格的,方便书写整齐。另外,每张纸的左边还都从上到下划了一条线,这条线在纸张左边缘的右边1.25英寸(3.17厘米)处。这样这条线就把纸张分成了两个部分,线条右边是一个面积较大的长方形区域,而线条左边则是一个狭长的长条区域。左边的狭长区域可用于对右边区域记录的内容进行补充或者写上标签索引。

译者在这里对这个样式的本子进行了详细描述,主要是因为这种本子在国内使用不多,希望以上略显累赘的描述能让读者对马歇尔使用的本子有一个具体的认识,以便根据上面的描述,在我国的文具市场上寻找合适记录的本子。要获得对这种本子的直观认识,可以通过google图片搜索英文(legal pad)。——译者注

认同及性意识的危机。

通过对资料持续地进行比较分析，马歇尔发现在她的资料中可以看到存在一个转换时期。在这个时期，女性会抵制职业抱负的拉力、会怨恨被排除在外、会对职业和家庭的双重要求感到愤怒，但同时仍然会创造出新的方式来完成这些角色要求。

资料收集、整理和分析是联系在一起的。将资料转成索引卡片、在卡片上写下编码、将卡片分类以确认交叉的范畴、将卡片分成堆，这些工作最终引导马歇尔确认了更广泛、更总体性且更抽象的领域。方法笔记、分析备忘录、理论笔记这些用来写出了个案概述、图表及分组表格，所有这些都是分析的步骤。这很花时间，但这使马歇尔把最初的录音整理与分析结合起来了，避免了对电脑程序的过分依赖，这也使研究有效地得以推进，而没有威胁到质性研究的探索性价值，也没有影响资料质量。

上面的范例 21 描述了处理大量复杂资料的老式方式。

电脑协助的分析

没有什么机械装置可以取代研究者的头脑和创造力。然而，电脑仍然可以作为工具。资料分析的软件程序通常要用关键词的缩写来编码。比如，在一份博士论文研究计划书中，塔克（Tucker，1996）讨论了她将如何使用以下的编码来处理她的资料：

- 编码 TCARE. LIS 的意思是：教师通过倾听所表现出来的关心。
- 编码 TCARE. Q'S 的意思是：教师通过重视学生的问题所表现出来的关心。
- 编码 TDIS. RACISMO 的意思是：教师明显的种族主义所表现

出来的不尊重。①

　　假如塔克不使用电脑软件,她可能会计划使用彩色的点,在访谈文字稿和田野笔记旁边标注,或者也可能会用不同颜色的荧光笔在段落下划线。无论研究者计划用什么样的系统,他都应当知道这个方案将会经历变化——编码不仅仅是技术工作。当研究者对资料进行编码时,新的理解就会出现,对最初的计划进行修改就很必要。电脑软件可以协助主轴编码、聚类以及分析备忘录的写作,电脑软件也有助于研究者对他已经编好码的资料提出质疑。如果在论题备忘录中,研究者提出了这样的想法:在他的研究对象们看来,"对经济安全有贡献"对有价值的配偶而言,是很重要的。研究者可以对他的资料表示怀疑,也许研究者会发现:(1)这对44%的研究对象而言是真实的;(2)那么现在就有新的问题可以用来问另外那56%的研究对象了。这可能会为分析,甚至为新的资料收集指出全新的道路。

----

① 为了让读者能了解具体的编码方式,这里对这三个编码都进行一下解释。正文里已经在编码后面的解释里以括号的形式保留了与编码有关的英文单词。

　　TCARE. LIS 中的 T 是教师(teacher)的首字母。CARE 是关心(caring,是关心 care 的动名词形式)的简写,为了使缩写意义直观明确,所以选择单词的原型(care)来编码。

　　中间的点"."表明编码分成两部分,前面是高一级的编码,有若干编码属于这一类,这里列出的第一个和第二个编码前半部分相同,属于同一类。点后面的就是次一级的编码,LIS 是"听(listeng)"的前三个字母。

　　第二个编码 TCARE. Q'S,中间点的前面一部分与第一个编码相同,后一部分 Q'S 是问题(questions)首字母加复数形式。

　　第三个编码 TDIS. RACISMO,中间点的前面一部分中,T 跟上面的编码一样还是"教师(teacher)",DIS 是"不尊重(disrespect)"的前三个字母,同时这三个字母在英文里也表示否定。中间点后面的 RACISMO 是"种族主义(racism)"加上"公开的(overt)"的首字母。把 O 放在后面,暗示这是 RACISM 的一种,可能还有其他形式的种族主义,可以用后面加字母的方式区分。

　　从这三个编码中可以看出编码的一些原则:要简洁,但同时也要直观,一看就知道是什么意思。用字母缩写单词时要特别注意。

　　从这三个编码还可以看出编码也要遵循一定结构:首先如果有些内容是一个类别下的不同情况,可以用点"."来区分编码的层次;其次,编码要能看出是关于什么人的什么事,所以这里三个编码先是涉及的人,然后是涉及的类别,中间点后面是具体的方面。假设要对学生(student)通过退学(dropout)来表示反抗(resistance)进行编码,就可能是:SRES. DROP。——译者注

提出解释

范畴和论题已经提出,编码也在顺利进行之中,研究者就可以开始这样一个过程:她可以提出对她了解到的东西的综合性解释。解释通常被认为是"讲故事",解释是把意义和连贯性赋予论题、模式和范畴,发展出联系及有意义的并将被阅读的故事线。正如巴顿指出:"解释意味着将意义赋予那些发现了的东西、使研究发现有意义做出说明、提出结论、推出经验、进行推论、琢磨意义,还有其他赋予秩序的工作"(Patton,2002,p. 480)这个阶段的一部分关心是:评价资料的有用性和向心性。研究者应当选择最有价值的资料片段来支持逐渐浮现的故事,以详细阐述正在探讨的问题,并判断这些资料片段如何居于这个逐渐展开的、关于社会现象的故事中心。这些最终都会成为最后研究报告的一部分,我们会在第 10 章谈及。

寻找替代性的理解

如果研究最后做出的描述、推论、解释和说明恰好与研究者所期待的发现一致,该怎么办呢? 资料处理和资料质量评估的过程如何预防这种情况? 谨慎的质性研究从开始就会小心直率地对待这样一种情况:他们的声音、他们的偏见以及他们的身份认同如何影响了他们的研究问题。接下来,在资料分析阶段,这一忠告也会引导着研究者。谨慎的研究者仔细地查看他的资料和他的田野笔记,看看资料在哪些地方由于不完善的研究取向、一个不怎么乐于合作的研究对象、研究者在田野工作早期的错误这些原因而遭到了破坏。研究者会怀疑地看待他自己的观察,会问在哪些地方他可能采纳了他自己的偏见和解释,而不是从研究对象真实的行为、互动、言语和情感中产生的。

研究者发展出了范畴和论题,她对编码的使用正在进行中,众多写好了的分析备忘录概述了研究发现的关键"大块",

研究者一直在评价她发展中的理解的可能真实性。研究者一直在资料之中寻找,她一直在挑战她自己提出的说明和解释。我们使用过一些术语,诸如分析性归纳、持续比较分析和建立扎根理论。这就是研究者这时候做的事情。她在写作个案概述。她在比较一些论题和说明的发展潜力,根据她有的资料来检验这些论题和说明,并看看她是否需要收集更多的或者不同的资料。她在将她逐渐显现的论题和说明跟她在文献综述中看到的论题和说明做比较,她在寻找任何新的变化或惊喜。她在试着创造出矩阵、聚类和等级,以实现建构出一个可信解释的目标,而这种解释将从她的新研究中发展出有意义的知识。她以极大的好奇心来重新检视最初的概念框架和指导假设,看她自己的新资料和分析以何种方式符合或者不符合她早期的论述。这些就是谨慎但有创造力的研究者的活动——也就是,进行持续的比较分析、分析性归纳,也在建构扎根理论。研究者注意到:当她一再地看到或者听到同样的模式,她就会认识到进一步的资料收集不会再带来更多的东西,因为这就是资料的饱和(Saumure & Given,2008)。研究者接下来就会对论题、类型和模式进行检验,同时也会在她的资料中寻找对模式的否定案例。这可能会带来新的资料收集。很有可能,当研究者将这些否定案例整合进扩展的理论建构,她的分析将得以精炼。

我们过去常把**理论饱和**说成是认识到任何附加的资料都只是带来更多相同的发现。戴伊认为饱和是一个"不幸的比喻"(Dey,1999,p. 257),指出我们现在应当说**理论充分**,这是说我们的范畴可以很好地由我们资料来描述,而且这些范畴也与资料很吻合。这承认了这样一个事实:我们永远不能知道每件事情,也永远不会有一个完整的、大写的真理(TRUTH)。

研究者在资料中发现范畴和模式时,他应当对看起来显而易见的那些模式进行批评性的挑战。研究者应当寻求对这些资料以及其中联系的其他可能解释。替代性解释总是存在,研究者必须确认并描述这些替代解释,并表明他所提出的解释是最具可能性的。这里回应了第 1 章中所讨论的研究计划书作为论证(the proposal as an argument),这种说法提出了对资料的一些断言,提供了关于这些断言的坚实证据,在它们之间建立起了合逻辑的关系,并最终总结了这些断言如何与之前的及将来的研究联系在一起。

我们在前面(特别是第 3 章和第 5 章)讨论过设计质性研究的那些方法,这些方法确保质性研究是可信的,确保研究逐步推进并有所发现。几十年间,在质性研究者寻找判断他们的研究是否完整和可信的方法的过程中,质性研究者已经发展出了有用的术语和策略。其中的一些策略是**三角互证**、**成员核查**、**同行汇报**、**交互编码信度**、**核查追踪**和理论充分。

三角互证,在之前的第 3 章和第 5 章已经讨论过了,这需要尽早地融合进资料收集计划之中。三角互证仍然被认为是一种策略,可以帮助研究者确定她对资料的解释是可信的。研究者会用不同的方式展示她得到了研究对象真正的看法和真实的行为。

在成员核查中,研究者设计出了一种方式:询问研究对象研究者是不是"正确地理解了"。最常见的是,研究者在开始写作研究报告之前,先给出一些总结,并要求研究对象有所回应、进行修正并提出进一步的看法。

在同行汇报中,研究者与有相关知识且可以接触到的同行见面,得到同行对编码、个案概述、资料分析过程中所写的分析性备忘录,以及即将完成的报告草稿等的反馈。

核查追踪将在第 9 章中进行更详细的讨论。简单地说,对信息的核实跟踪提供了一种清晰的方式来展示资料是如何收集和处理的——对所有的资料和所有田野中的设计决定都进行叙述,这样任何人都可以追踪其中的逻辑。

交互编码信度[①]是从定量研究借来的术语。当研究者开始并逐步推进对资料的编码时,她发展出了对每一个编码的定义,并要求"一无所知的"编码评审员将这些定义应用于资料,以检查编码意义和应用的一致性。当研究者对她的资料编码与一无所知的编码员的工作之间存在的差异感到困惑时,研究者也可能会发现解释中有趣的微妙之处。在下一章里,我们将更多地讨论处理大量资料的策略,这些方式将使研究过程透明,同时提高研究的信度。

数字是有帮助的

是的,质性研究可以使用数字。首先,当研究者就正在进行的分析向他自己提问时,研究者可能会想知道论题和范畴,或者模式在资料中出现得有多频繁。数字可以很好地确定频率和分布。一项分析表明对经济安全贡献与人们关于"好配偶"的定义高度相关,这是可以检验并进一步推进的。研究者可以问这样的问题:"我研究对象的总体中有多大比例提到这一点? 是以什么模式呢?"这类检验可以用于质性研究报告中,只要读者记得这与定量研究中数字的使用方式是相当不同的。因此,这份研究报告可能会说:"在这项研究中,这种模式表明:结婚时间更长的人更有可能认为配偶的经济贡献是有价值的。这种模式提出了一些有趣的看法,可供进一步研究。"

写作报告或汇报研究

以质性资料为内容来进行写作,不能与分析过程分开,正如我们在前面关于分析性备忘录的写作那一节已经指出的那样。事实上,挑选词汇来概括并反映资料的复杂性,这是分析

---

① "交互编码信度(intercoder reliability)",也有译作"编码员间信度"或"评分者信度"。因为前缀"inter-"有"之间"、"相互"之意,根据下文的详细阐述,这一概念关注的是研究者对资料的编码与编码评审员的编码之间存在的差异,这是对同一资料编码,然后交叉对比。所以意译为"交互编码信度"。——译者注

过程的中心,研究者进行解释工作,关注堆积如山的原始资料中的模式,将意义赋予这些资料。接下来,在第 10 章中,我们会重新讨论这种看法:研究计划书是一个论证,这使意义得以出现,并将逐步导向写作——最后的成果。资料分析过程的许多方面是与研究过程缠绕在一起的(参见第 9 章),资料的分析过程将合逻辑地引向研究的最终成果(参见第 10 章)。

在资料分析和报告写作的不同阶段交织着质性研究的对合理可靠、有用性以及合乎伦理的进行等多种考量。应当在研究计划的整个过程中对这项研究的价值、真实和合理可靠进行考量。举例来说,对角色的考量,应当说明研究者的个人经历,还有这将如何影响事件和意义。这项研究不管是参与式的还是更客观主义的,它在何种方式上改变了日常生活?对研究场所以及在研究场所中的人群和行为进行选择,应当以合理的推理为基础,应当有清晰的解释说明来指导这些选择。第 10 章将继续对写作的讨论,会考虑到对资料分析步骤中的合理可靠、透明度和可信度进行展示的规划。

* * * * *

前面的章节已经帮助研究者穿越了为研究项目建立起一个设计并选择资料收集方法的复杂——有时是冗长乏味的——过程。研究计划书中关于研究设计的部分应当表明研究者有能力进行这项研究;对这些议题、困境、选择以及将要在研究过程中做出的决定有一定的了解;并在研究计划书中沉浸于能够指导质性研究方法以及特定问题的研究文献。研究设计应当好好写,而且应当展示出对不同议题的敏感、对研究的本质及目前实质问题进行反思的能力,以及在研究进行过程中容忍某种模糊性的意愿。这些品质将使研究者在研究过程中处于有利位置。然而,研究者也应当在对质性研究的设计中展示出他对研究所需资源的管理也有所了解。这是下一章的重点。

两位学习者之间的通信

梅兰妮:

好的。 下一个主题! 格雷琴①和我昨天讨论了质性研究时间中的"日常工作"。 也就是那些实践,其中有些会发现是最艰苦且最冗长乏味的(比如,确保你已经给你录音设备换了新电池、记笔记的最合适的笔记本、你用的笔的颜色,等等)。 如果说我对什么事情着迷的话,我想就是这些小事情。 我最怕的是:正在进行访谈或者焦点小组,但我录音设备的电池用光了;或者到了一个地方,结果访谈对象晚了20分钟才出现(或者弄错了日期)。 结果是,我有满满一抽屉用了一半的电池,因为我换电池换得太频繁了,我到达访谈地点也通常会不可想象得早。 我想,当我在做访谈这一类的工作时,我只是希望能把注意力集中在手头的工作。 我跟格雷琴提过,这就像是开车去旅游,而油箱的四分之三是空的。 我上路了,我的眼睛不可避免地有点盯着仪表盘上的油表,我在寻我油箱指针向警戒红线移动的标志。 我开始考虑我应该什么时候停车,这点油我还能开多远。 就这样我错过了这次旅行的所有的景色和声音。

好吧,诚然,这可能只是我以及我对用光汽油/电池的奇怪忧虑。 然而,我确实认为,有些时候我们那么热切地讨论质性工作背后的哲学或理论,我们忘记了:事实上是这些日常生活事件组成了研究项目。 举例说,我写字写得很难看。 然而当我记录田野笔记或者进行访谈的时候,我倾向于写得更快些。 这不是件好事。 没有什么比这更糟了,几个小时之后回头看你的田野笔记,不得不对你自己的笔迹进行长时间的翻译。 我试图好好做田野,所以在准备的时候非常彻底,但总是会有什么问题会出现。

---

① 这里的格雷琴是指本书的作者之一格雷琴·B.罗斯曼(Gretchen B. Rossman),阿伦是她指导的博士研究生。在美国,学生一般用老师的名字(first name)——而不是姓(last name)来称呼老师,以示亲切。用姓来称呼老师,或者以"教授"来称呼,则比较正式。——译者注

　　我刚读完的第5章①讨论了一点怎么写报告（不管是博士论文计划书还是其他）。 当然，要写报告，你就得知道你什么时候能完成资料的搜集和分析。 这对我也是个问题。 在质性研究中没有最终的答案，看起来你得不断地回去进行更多的资料收集和分析。 什么时候你会知道你做完了呢？ 有时候我很担心我对写作真正的报告的恐惧会使我永远处于资料收集/分析阶段！ 我想要是我处于这样的情况，我就得从桥上跳下去了……

　　希望你一切都好！ 周末愉快！

阿伦

嗨，阿伦：

　　那么，在周末的缓刑之后我们又回来了。 我非常同意你在上封电子邮件里说的那些。 比如说，在访谈前有太多小工作需要考虑了，这些工作挤压了访谈的实际目的。 在访谈中写笔记时，我的字也乱七八糟——真是要多谢我的小数码录音笔。

　　对我来说，日常工作是细节取向工作的结果。 我在去教课前都会再三检查我的装备；当我在浏览学术期刊论文时，我会潦草地写些没法读的笔记；在求职面试之前，我偏执地问自己一些毫无价值的问题。 对细节的注意必须在研究过程中占据一部分，否则我们就会错过我们试图收集的研究资料中的许多。正如你指出的，在偏执与自然的谨慎之间存在着界限——电池的事儿是有点容易偏执——但是这种偏执的倾向可能会在之后的路上拯救我们。 当我们在资料分析中遇到问题时，事实上就可以参考我们的笔记或者我们自己转录的访谈文字稿来发现答案。

　　至于说怎么知道我们什么时候能完成，我想你得努力，但要承认这就是个过程。 我的一个教授真的在这个问题上帮助了

---

①　这里指的应该是本书的第3版的第5章"资料的记录、管理与分析"或第4版中的第5章"资料的管理与分析"。与本书第5版(即目前译本)中第8章(即本章)的结构内容有部分重合。——译者注

我，他提醒我资料总是我的，我总是可以用新的研究取向、新的想法、新的视角回头来看这些资料。我做质性研究的一个原因就是，质性研究提出一个答案——而不是唯一正确答案——的能力。所以允许我前进吧，我知道我的研究不是单向的旅程。

谢谢——得去准备我明天要教的课了!

梅兰妮

关键词

成员核查	member checking
持续比较	constant comparative
次聚类	subclusters
电脑辅助分析	computer-assisted analysis
范畴	categories
方法备忘录	methodological memos
分类方法	taxonomies
分析性备忘录	analytic memos
分析性归纳	analytic induction
否定例证	negative instances
核查追踪	audit trails
交互编码信度	intercoder reliability
矩阵	matrices
聚类	clusters
开放编码	open coding
类型学	typologies
理论饱和	theoretical saturation
理论备忘录	theoretical memos
理论充分	theoretical sufficiency
论题备忘录	thematic memos
敏感性概念	sensitizing concepts
三角互证	triangulation
同行汇报	peer debriefing
现实编码	in vivo codes
主轴编码	axial coding
资料简化	data reduction

9

规划时间与资源

对质性研究所需资源的规划与预计过程是研究计划发展的一个部分。通常而言,对一项研究的胜利完成来说,最关键的资源是**时间**、**人员**和**经费支持**。这些资源里的最后一个——经费支持——并不总是很容易就可以得到,尤其是在博士论文研究中;然而,必须对时间及人员给予认真的考虑。只有在研究者仔细地分析并反思了一项研究的需求之后,许多与这项研究有关的隐性花费才可能变得明显。说服可能的经费资助机构这些花费都是值得的,这也可能是一种挑战。

这一章将特别向研究者提供估计质性研究所需资源的策略,但这些原则与推理过程也可用于任何研究项目的计划书。通过三个范例的阐释,我们将提供对资源需求的形成与估计进行考虑时的一般指导原则。范例 22 展示了多研究者、多研究地点的一项研究对资源需求进行规划的过程,为了完成项目,这项研究规划了充足的研究经费以及长时间的框架。范例 23 是一位博士研究生独自向几个经费资助机构申请对她的研究进行资助,并展示了她的计划过程。范例 22 和范例 23 之间的对比是为了展示:每一个研究计划都必须对不同的资源问题进行阐述。最后,范例 24 表明:必须告知研究计划书评阅人关于质性研究分析的工作强度。对一项研究的资源需求进行仔细且细节性的考虑,在以下方面是非常关键的:它表明研究者了解质性研究、知道质性研究的内在灵活性将在某些地方造成资源困难、已经对资源议题进行了仔细考虑并且承认了研究将会产生的资源需求。

首先,直到基本研究设计已经就绪,与资源有关的许多决定才能做出。然而,研究者在努力弄清概念框架及研究设计相关议题时,就应当考虑资源。比如说,除非研究者已经知道她能够获得一些研究经费,否则她就不能够决定进行多研究地点、多人员的研究项目;如果研究者知道她要继续全职工作而且不能够对研究投入必要的时间,那么,她计划进行一项长时间、高强度、参与观察研究就不够慎重。因此对研究所需资源与研究设计的总体决定通常是同时做出的,而且也是一项研究"做的可能性"的主要标志。

在研究计划书的叙述结构中,在讨论了研究设计之后,研究者就应当特别讨论研究的资源需求。这包括时间需求和时间管理、人员需求和人员征募,还有整个研究的经费支持。下面的两个范例之后,将对每一个范例的主要资源需求进行讨论。这两个例子是希望展现出两个相当不同的研究资源配置策略。

为大规模研究进行资源规划

尽管与博士论文研究相比,长时间的复杂研究的资源需求实际上更周密详尽,但这两种研究对所需资源进行估计的过程是相似的。细致清晰的资源配置计划必须遵从一项研究整体设计的流程。多年、多研究地点的比较研究中,这些挑战更严峻。有时候这些研究是几个机构的研究者之间的或者与相关从业人员[①]一起的合作项目。研究范围越大,就需要越多的必要资源来确保以下几点:(1)合适的时间(足够用于描述并分

---

① "相关从业人员(practitioner)",这里指的是相关实践领域(如医疗护理、社会工作等)的专业工作人员。这里表明的是:有一些研究是大学研究机构与实践领域从业人员的合作。——译者注

析实践的细节）；（2）人员（有能力全面且有效地搜集所需资料）；（3）对人员的其他支持，如差旅、资料分析和报告写作。

在估计大规模研究的资源需求时，第一项工作是将研究活动组织成可管理的工作任务。这通常包括：（1）计划；（2）研究团队会议；（3）研究项目负责人会议；（4）咨询委员会会议；（5）去研究地点进行资料收集；（6）资料分析；（7）报告写作；（8）参加学术会议，发布研究成果；（9）准备并运作一个最终的政策论坛，或以其他形式向公众发布研究成果。

对一些大规模研究来说，尤其是那些由美国政府资助的项目，基金会等机构可能会要求进行一次外部"听证会"来对资料、分析及报告进行评审，本质上是要"证明"这项研究进行得很好、资料能够支持分析及发现。马歇尔就有这样的经历。她曾经被招募作为一项大型研究的外部审查人员，她评阅了资料文件、检查了分析，并审阅了研究报告。马歇尔的这种职责是资助机构要求的。这些对估计研究所需资源的意义在于：研究者必须努力地处理他们的资料和分析，创造出"对资料的核查跟踪"，这样外部评审人员（或其他感兴趣的团体）可以进行检查。这种做法对资源也有影响。回忆一下第3章和第8章中的相关讨论，计划对资料进行核查跟踪如何有助于使研究计划书的评阅人相信：这些研究将会系统地、以服从"外部审查"的方式来进行。

在对大规模研究的细节进行考虑时，研究团队在估算相关研究花费时，通常会反复地对研究时间的初始规划进行精心考虑。也就是说，研究团队可以先计划一个理想形态的研究，在这样的研究中，资源实质上是无限的。在想象这种理想研究时，通常会出现有创造力的看法，然后再将这些想法按照资金的上限、有限可用的研究者以及其他可行性的考虑——这就是第1章讨论的"做的可能性"标准——进行调整。通常这样的理想计划会要求沉浸于研究场景之中，并在多个地点进行研究。当对时间、人员和差旅这些现实花费进行估计，就需要进行改进。

范例22 详细叙述了在规划对美国两个州的多元文化学校的成功领导进行质性研究时,资源配置的决定是如何做出的。这个范例复述了这项研究的计划书,并详细叙述了每一项研究任务最后获得的资源配置。

范例22　为大规模研究进行资源规划

"领导有活力的学校,帮助刚到美国的学生:对成功跨文化互动的研究"(Rossman & Rallis,2001)提出了在马萨诸塞大学国际教育中心及康涅狄格大学尼格教育学院进行一项合作研究项目的计划。这项研究的目的是要创造出对这样一种情况的实际描述:在多元文化的学校中领导层是如何起作用的。研究负责人希望了解那些成功的学校校长——更宽泛地说,领导层——如何以同情与尊重来跨越文化差异进行互动。研究负责人提出了以下宽泛的研究问题:

1.在那些向移民、难民、移民儿童提供服务的学校里,学校领导层以什么方式了解并协调多重的跨文化动态?

2.他们如何调停文化差异,这些文化差异可能是容易弄错的、涉及情感的、有幽默感的、会带来伤害的、能带来灵感的?

罗斯曼和拉利斯要设计出一项研究计划,来回应美国教育部教育研究与提高办公室提倡进行田野研究的号召。她们必须做出一系列的决定,支持她们对康涅狄格州和马萨诸塞州12所学校的领导层实践所进行的多研究地点、多研究者、多年度的个案研究。研究项目负责人确认了这项研究重要的那些方面——那些对时间和研究努力(比如更多的资料)有要求的方面,这项研究就逐渐发展起来了。但接下来,理想的研究规划就必须以分配给这项研究的整个预算为基础。通过运用这项研究的概念框架以及教育部对计划书的要求,研究者确保对研究的规划合理可靠地与初始研究问题保持了一致。表9.1展示了研究人员工作日程的最后安排。

在研究计划书的文本中,罗斯曼和拉利斯解释了这项研究将:(1)在向大量刚到美国的学生(暂居移民、移民及难民)提供服务的那些有活力的学校中,确认领导层成功使用的策略;(2)对这项研究进行分析与综合,以发展出可用于学校领导层专业发展的策略;(3)向从业人员(行政管理人员、教师群体、行政管理人员培训项目工作人员和社区群体)、政策制订者和学界发布这些策略。

罗斯曼和拉利斯提议使用多地点个案研究设计来描述并分析马萨诸塞州和康涅狄格州12所学校的领导层,这些学校都是向刚到美国的学生提供良好服务的学校。这个研究项目的发现将通过项目网站、在会议上发言、学术期刊文章和两个政策论坛来向相关从业人员、政策制订者和学界进行发布。此外,这些发现也将与美国国家高危学生教育研究所及美国国家教育管理、财政、政策制订与管理研究所进行交流。

研究设计部分提议进行多地点个案研究。罗斯曼和拉利斯两位项目负责人这样解释:

"地方学校以及学校服务的社区将作为分析的单位。……个案研究是对单一现象的深度探讨,寻求通过对特定案例的近距离检验来理解更大的现象。……这个项目中的个案研究将带来对领导层的切实描述。观察和访谈将产生可以详细展示研究场景复杂性的丰富描述:场景中的结构、政治、文化和道德原则。马萨诸塞州和康涅狄格州将各选择6个研究地点,这样一共是12所学校。每个研究地点都将进行一年时间的田野工作,收集质性资料来对情境中的领导层进行描述。在这个研究项目的第2年,将通过跨个案分析,提出领导层的模型策略。下面描述了每年的关键活动,包括资料收集、资料分析、各研究地点研究者的责任,还有顾问委员会的角色。"

为了证明这项研究的资源需求是正当的,研究计划书还提供了资料收集的细节:

"我们计划在这个项目的第1年在12所学校进行一年时间的田野工作。研究设计将要求各研究地点研究者每个星期去每所学校一天。每个研究者都将主要集中关注两所学校,提供建构领导层模型所需的深度知识。将采用典型的田野工作策略:正式和非正式的观察与对话(既有非正式的,也有结构化的访谈)结合,阅读关键文件。将对校长、学校其他关键领导人、社区成员之间互动进行观察。也将计划对这些关键人物进行访谈。此外,还将进行社区成员和教师的焦点小组访谈。"

表9.1总结了这个项目的活动。研究计划书还解释了给资

料分析分配的资源:

"初步的资料分析将随着研究的展开而进行,各研究地点的研究者收集了信息、对这些信息进行初步分析,以分析性备忘录的形式呈现这些分析,并在研究团队会议上对这些分析进行分享。在研究的第2年,在研究项目的主管和协同主管的指导下,各研究地点的研究者将进行细致的资料分析,以建立关于12所有活力学校的领导层的基本形态。在这个过程中,研究者每个月将至少返回研究地点两次,与校长们及其他研究对象分享正在发展中的结论,并收集所需的额外资料。这将确保这项研究的结论以及发展出的领导层模型能够扎根于学校的现实和研究对象的视角。"

接下来,研究计划书解释了各研究地点研究者的职责,这些研究者将为这个项目进行一年田野工作,并将在第2年积极参与资料分析以及研究成果的发展。研究计划书还说明了顾问委员会的组成和职责,委员会大约每半年开一次会,提出对项目的反馈,并确保出现的研究结果能够整合进政策与从业人员的对话之中。

对研究成果进行说明以及对信息进行发布要求建立这个项目的专门网站,用于分享出现的发现及相关研究文献。这个网站还将与美国国家高危学生教育研究所链接在一起。成果发布的策略还包括召开两次政策论坛、在全国会议上向学术界进行汇报、向学术研究期刊提交论文以及各研究地点研究者的博士论文。

接下来,研究计划书力图证明这项研究所需时间及人员资源的正当性。这项研究需要向一些人员提供薪水,包括项目主管、项目责任人、社区联络人、会计、6个全职的研究地点研究人员(研究相关人员),还有4个兼职的研究助理。项目主管负责对项目的管理,他们20%的工作时间将用于研究报告的写作、对工作人员和项目花销进行监督。项目负责人将在这个项目上投入他们10%的工作时间,对研究地点的研究人员提供支持和监督。社区联络人将投入15%的工作时间,这个项目需要兼职工作的会计。6个研究相关人员由每所大学3人组成,他们的职责是进行田野研究;4个兼职的研究助理将设计并维护项目网页,还要为高级资料分析所用的电脑软件提供支持。表9.2总结了研究计划书中主要的预算项目。

表 9.1　工作时间表

	八月	九月	十月	十一月	十二月	一月	二月	三月	四月	五月	六月	七月
第 1 年（2001 年 8 月—2002 年 7 月）：研究计划和实地研究												
计划	→	→										
以大学为基础的研究团队会议		X	X	X	X	X	X	X	X	X	X	X
整个研究团队的会议	X		X		X		X		X		X	
团队主管及协同主管会议		X		X		X		X		X		X
在研究的学校进行资料收集			→	→	→	→	→	→	→			
在研究的社区进行资料收集	→	→						→		→		
准备/参与学术会议						→	→	→				
计划/组织政策论坛						→	→	→	X			
可发布的成果						报告 1					报告 2	
第 2 年（2002 年 8 月—2003 年 7 月）：资料分析和成果发展												
计划	→	→										
以大学为基础的研究团队会议	→											
整个研究团队的会议												
团队主管及共同主管会议												

续表

第2年(2002年8月—2003年7月):资料分析和成果发展	八月	九月	十月	十一月	十二月	一月	二月	三月	四月	五月	六月	七月
咨询委员会会议												
访问研究地点进行资料确认	→	→	→	→	→	→						
总结访谈	→	→	→	→	→	→	→					
总结田野观察	→	→	→	→	→	→	→					
写作分析性备忘录	→	→	→	→	→	→	→					
写作中期总结	→	→	→									
准备/参与学术会议	→	→	X			→	→	X				
计划/组织政策论坛						→	→	→	→	X		
写作最终报告								→	→	→	→	→
可发布的成果			报告3									报告4

注:报告1=关于学校田野的规划和实施报告;报告2=资料收集的初步报告;报告3=来自学校反馈的报告;报告4=最终报告。

来源:Rossman & Rallis,2001。使用获得许可。

表9.2 预算概述

预算项目	按照教育部的要求	其他形式的资助	合 计
第1年			
直接花费			
1. 工资（美元）	134,201	3,343	137,544
2. 人员奖金	15,678	40,740	56,418
3. 人员差旅	12,340		12,340
4. 设备	11,590		11,590
5. 材料和耗材	1,250		1,250
6. 专家咨询和人员雇佣	318,629		318,629
7. 其他	13,550		13,550
直接花费合计	507,238	44,083	551,321
非直接花费	124,981		124,981
总计	632,219	44,083	676,302
第2年			
直接花费			
1. 工资（美元）	101,672	3,444	105,116
2. 人员奖金	19,571	40,740	60,311
3. 人员差旅	15,940		15,940
4. 设备	0		0
5. 材料和耗材	850		850
6. 专家咨询及人员雇佣	325,087		325,087
7. 其他	13,550		13,550
直接花费合计	476,670	44,184	520,854
非直接花费	109,436		109,436
总计	586,106	44,184	630,290
整个研究的预算			1,306,592

来源：Rossman & Rallis，2001。使用获得许可。

　　一旦罗斯曼和拉利斯决定了这项研究的范围，她们就能够计划这项研究的实施，如表9.1所示。这对这项研究的人员招募也有影响（在上面的范例中进行了讨论），而这对整个预算也有直接影响。在表9.1和表9.2中展示的最后决定是对这项研究的范围、人员需要、研究人员报酬、差旅及资料分析的花费这些进行多次反复估算的最终结果。

时　间

如范例22所示,计划足够的时间来进行一项富有细节但同时又保持"做的可能"的研究,是一项复杂的工作,但也是一项能有回报的工作。即使对有经验的研究者来说,仔细思考不同研究活动所需要的时间也会使人冷静;初学者从这种训练中能够学到很多。比如说,这个范例中描述的每项研究工作都需要一定数目的天数,以便工作能够成功完成。第一步是要决定每次去研究地点开展研究的最佳天数。虽然这取决于这项研究要持续多少年,但是通过决定可能在每个学校要做的访谈数目、要用于观察的小时数,还有与社区成员交谈以及收集文件和其他档案资料所需的时间,研究团队仍然可以估计在每个研究地点的研究所需要的天数。

在质性研究计划书中,分配给资料收集的天数是估计其他工作——如资料处理、分析和报告写作——所需时间的标尺。也就是说,收集资料所需要的时间表明了处理和分析这些资料所需要的时间。一旦研究者对田野工作需要的时间进行了估计,处理资料的计划也就可以提出来了。表9.1中所展示出的对研究时间的估计帮助了建构起对花费进行估计的框架。下文将对此进行讨论。

研究者也应该运用这种框架来表达对实践的关注。一张时间安排的图表、研究议程安排、研究实践的日历、对研究阶段的描述,或者其他具体的计划,这些都向资助机构或博士论文指导委员会表明:研究者已经讨论了将特定的人群、研究场所、时间及资料包括在研究之中的可行性。这展示了这项研究是可行的。但研究者仍然应当提醒这份计划的阅读者:这份计划只是一个指南;这只是一份暂时性的路线图,当对资料进行收集和分析时,当更聚焦的资料收集的新模式出现时,这些很有可能会进行修改。安排研究计划的图表是作为最初接触的一种指导,也是提醒图表的阅读者:质性研究具有内在的灵活性。一旦研究者沉浸于研究之中,图表对研究者本身也是一种重要的提醒——有时是一个固定位置的船锚。

人　员

　　给各项工作分配时间,也会影响一项研究的人员需求。在范例 22 中,研究的范围已经确定了(学校的数目、单人或多人的研究团队),关于人员的决定也就可以做出了。与大学签订研究合同的项目负责人可以将暑假的几个月以及每周的一天用于研究。项目负责人的时间可以由一个研究生组成的小组来弥补,这些研究生作为研究助理将在每个学年的每个星期为这个项目工作一定的小时数。另外,研究计划书中也将给这些学生的暑假研究资助写进了研究预算。表 9.2 概述的项目预算里也详细展示了这些类型的"人员负担"。

经济资源

　　对博士论文研究或者单个研究者的研究来说,分析工作可以帮助研究者决定要购买某些服务——比如说,录音整理成文字稿或者数据处理。这种分析也能向初学者介绍那些与一个项目有关的各种工作。判断一项研究所需要的资源通常需要等到基本的研究设计决定已经做出。然而,那些设计选择必须对可用经费有一定了解才能做出。在前面的范例中,估计预算的人员知道他们两年的研究将限制在大约一共 100 万的预算。

　　尽管这个预算总数对研究计划书写作的新手来说是相当可观的,但计划一项多地点、多年份的研究,同时又将高强度的资料收集作为主要的设计目标,在这样的预算中就相当困难了。差旅和人员花费会随着物价上涨及工资提高而增加,而这些是整个研究预算中的重要部分。

　　另一些与研究活动有关的主要花费包括:(1)本地交通;(2)设备(电脑、传真机);(3)办公用品、电话费和邮费;(4)书籍及订阅的期刊;(5)打印和复印;(6)雇佣服务(录音整理文字稿、数据分析、咨询)。因为资料分析专家的花费差异很大,研究计划书的写作者需要参考当地的花费以及时间安排来发展出质性研究计划书的这一部分。全面地整理录音文字稿需要的时间也是不同的。每一小时的录音整理成文字稿需要三四个甚至七八个小时不等。这样将录音转录成文字稿的花费总是很高的,但也会有巨大的差异。

计划博士论文研究

在大规模研究中遇到的许多议题在范例 23 中——一份博士论文的研究计划书中——也出现了。尽管这项研究的范围要小很多,但在对研究进行规划的时候,出现了相似的资源挑战。

范例23 灵活性与对博士论文研究进行规划

"我应当做明确、相对快速、有限度的、具有'做的可能'所以可以完成,而且与我的职业生涯有联系的一项研究,还是应当做我真的想做的研究,但这个研究可能会乱七八糟也不清晰,也可能是一个挑战且足够新颖可以维持我的兴趣?"(S. Hammonds-White,个人交流[①],1987 年 8 月 5 日)

一位博士研究生发现了在她和她博士论文研究项目完成之间存在着一些绊脚石。她被要求反思一下她提出研究计划的过程。她的回应表明:就跟其他任何形式的重要投资一样,对如何进行研究的初步概念,应当按照预期花费与可能资源之间的比较来进行调节。在这个学生的个案中,她必须衡量精力(她身体的和精神的耐力)、时间和经费。

---

① 一般来说,在社会科学中,"个人交流"之类的引文不会与研究文献中的引文采取一样的夹注格式,也不能用于相关的理论讨论或文献综述。"个人交流"(还有上课用的课件)都不是公开的出版物,这是与研究文献不同的,倒是与质性研究资料收集中访谈形式类似,可按访谈的形式进行注释。——译者注

这位学生所选择的研究方法提出了许多要求。这位学生力图对过程进行探讨,所以她选择了自然主义的研究,这就鼓励她去寻找对现实的多重看法以及建构这些看法的方式。这位学生在心理咨询方面的训练、经历及兴趣,再加上对她在这一领域的知识和能力的积极评价,共同组成了个人精力的出色源泉。这是一个有特别兴趣的领域("愿意做的能力");研究方法也非常适用于研究的实质焦点。然而,研究者也意识到了,个人精力以及对研究主题的深度投入并不足以完成这项研究。

这位学生在大学中寻求两种类型的支持,她把这两种支持描述为"风险支持(risk-taking support)"和"学习支持(learning support)"。前一个鼓励学生超越他/她研究中的成规。第二个则由那些对指导这位学生有兴趣且有必要技能的老师来提供。

在个人精力及对研究的投入、来自老师的支持之外,这位学生研究精力的第三个来源是由一些正在进行博士论文研究的人组成的支持小组。关于这个小组,这位学生写道:"我们每两周见一次面,设定我们自己的短期目标,相互帮助度过这个过程中的情绪起伏。"

由个人进行的质性研究所要求投入的时间是相当多的。这位研究者很快注意到,那些遵从相似研究计划的人,会在他们的研究计划书里规划更多的时间,要比他们认为给预料之外的事务留出的时间还要多。在这位学生的个案中,家庭状况的变故使她必须回到全职工作中去,这样她就不得不在她的研究完成了三分之二的时候搁置她的研究。

能获得的经费资源必须与研究的经费需求相等。看起来可能不一定能获得研究经费时,学生可以选择更小规模的研究,这样她个人就可以承担研究的花费。

范例23详细阐述了在研究中实际且现实的重要性。尽管不可能预计到潜在的绊脚石,但是,通过对可用的精力、时间、经费资源及设备进行诚实的估计,一份深思熟虑且全面的研究计划书将对研究可行性议题进行讨论。

当研究者对上述研究进行规划和执行时，几个资源议题变得很明显。首先，对博士论文研究的投入与范例 22 对研究者的要求是不同的。博士论文通常是一个人的第一份重要、独立的学术作品，比随后的研究项目具有更专业且更个人的重要性。此外，范例 22 所描述的项目中，研究者之间已经存在内在支持。作为由外部机构资助的一个团队项目，在研究者的研究兴趣开始消退时，团队同事的投入以及对资助机构的专业职责可以重建起对研究的兴趣。博士论文则要求不同类型的支持，最重要的是来自导师和同伴的支持。

指导老师和同伴

在计划质性博士论文研究时，学校老师对研究计划书恰当性的判断是至关重要的。论文指导委员会中至少要有一位成员，最好是委员会主席，有进行质性研究的经历。这样的经历使老师可以在怎么现实地给不同工作分配时间方面帮忙做出一些决定，考虑到最重要的一点是质性研究所花的时间会比研究者预计的要长。老师们的支持和鼓励对发展出一份研究计划书是非常重要的，这样的研究计划是有实质内容的、精炼简洁的，也具有"做的可能性"，并且能够在更大的大学共同体中推进某类特定研究及一般质性研究的合法性。

我们的研究生的经验表明：同伴的支持对个人的坚持及情感的坚持也非常重要。学生会发现这些坚持在与老师的商讨中非常有意义，老师们的各种一般要求与强烈要求相互之间可能是冲突的。质性方法的研究生研讨课或高级课程为学生处理一些问题进行讨论提供了出色的框架，学生们要处理的问题可能是来自在研究中的角色管理，或者是计划如何在他们的博士论文中建立扎根理论。学生支持小组也建立起了相互之间的义务，这跟范例 22 中所描述的在团队研究中的相互义务不一样。通过商定截止日期并建立起相互间的承诺，学生们变得更有效率，也更高产。这些支持小组在博士论文研究内在的孤独之间建立了桥梁。最后,重读质性研究的文献既是一种支持,也是对我们所有人面对的传统和挑战的一种提醒。这也将有助于了解威廉·富特·怀特在田野中所处理的伦理困境(Whyte,1980)。

小规模研究的时间

发展出一份质性研究的博士论文研究计划,要求对全面完成这个项目所需要的时间具有敏感性。指导老师的经验就至关重要了。正如第3章的讨论,要遵守伦理审查委员会对合乎伦理推进研究的要求,就要花时间。获准进入研究场所可能要花6个月甚至更多的时间,可能还要求要有外交官的技巧。如范例23中所述,个人情况也可能扰乱研究,戏剧性地改变了学生可用于执行研究的时间和精力。因此,即使不是所有关键事件都可以预计到,跟开始看起来的必要时间相比,计划更多的时间是审慎的。正如洛克等人指出:"相对而言,很少研究能够按时间表完成,**时间的要求总是被低估了**。经常遭遇挫折几乎是难以避免的"(Locke et al.,2000,p.44)。我们都有这样的经历:高年级的博士学生必须找到工作。经济上的需要不得不具有高于完成学位的优先权,至少是以一种时间紧迫的方式。这种情况最经常地延迟研究的完成,而且在几个个案中,这意味着那些学生根本不会完成。尽管很不幸,但这就是博士层级研究的现实。

经　费

在一些领域中(特别是心理健康、城市规划、人类学和国际教育),博士论文研究的经费支持可以通过美国联邦机构或者私人基金会获得。不幸的是,在多数社会科学领域、教育学或其他应用领域,这并不是典型的情况。然而,有些时候会有一些机会,可以给学校教授获得资助的项目做研究助理。这是范例22中的情况。有几个学生获得了年度性的资助,其中的几个学生将他们的研究兴趣与这个研究项目结合在一起。

更常见的情况,尤其是在教学中,就是范例 23 中的情况。学生不得不修改她计划中的研究,以符合她可以投入到这个研究中的个人经济资源。可以回想一下,范例 22 中所描述的、获得了研究资助的那份研究计划经历了同样的命运。研究者们根据研究设计的考虑和研究目的,计划了一个理想的研究,但接下来,就不得不根据资助机构强加的现实预算限制,对理想的研究设计进行修改。

对博士论文研究来说,许多花费,一些是显性的,一些是隐性的,会在研究的过程中出现。提前对这些进行规划,可以使这些花费更容易处理。这些花费提出可以分成三个类别:材料、服务和个人花销。

材料: 完成一项博士论文研究必需的材料可能包括文字处理设备和相应的材料、用于资料分析的电脑软件、电脑磁盘、记录卡片和档案整理系统、录音机和录音带、摄像机和照相机、书、文章,还有完成了的博士论文的复印件。学生应当预计一下每个类别的花费,确保包括了复印学术期刊上的文章、研究进行过程中的草稿及最终文件的相关费用。

就确保论文指导委员会的成员能够对资料、分析和中期发现进行检查而言,与材料有关的花费可能也是必需的。正如大规模研究中确保对信息核查跟踪的讨论,小规模研究的研究者也必须仔细地将他们的研究记录成文件,这样论文指导委员会的成员就可以对资料及分析进行仔细检查,并找到支持最后结果和解释的证据。

服务: 完成博士论文研究所必需的服务根据学生的能力有所不同。然而,通常的服务包括将录音整理成文字稿、文字处理、资料统计分析咨询、专业的校对和编辑。学生通常希望论文的复印件能够以专业的方式装订;这是额外的服务,可能很重要、需要学生仔细考虑。

个人成本: 考虑到要估计单个学生的花费,个人成本是最难详细说明,但可能也是最重要的。博士论文研究跟学生曾经参与的其他学术工作(最有可能的是,学生将来要进行的学术工作)都不同。博士论文研究与讲授学生很多的大课程或者改考卷都不一样。跟这些相比,博士论文研究有相当不同的量级。完成一个项目所必需的持续努力,将占用学生生活中的所有其他承诺的时间,不管这些承诺是关于工作、家庭、朋友,还是专业协会和志愿群体。那些最成功地穿越了博士论文阶段的学生,在他们的家人中或通过朋友和同事建立起了支持网络。博士论文研究计划书中讨论研究者角色的部分(参见第3章①),应当包括评价研究者处理这些个人成本的能力。即使并非所有与个人牺牲有关的成本都可以被估计到,知道这件事不是小事,而且会要求学生这一方做出牺牲,这会使得整个过程更易处理。

　　有些时候,研究者力图寻找新的经费以继续一个发现了有趣资料的项目。要说服资助机构的评审人:对资料进行重新分析是值得做的,这是很难的。范例 24 描述了一位研究者力图说服资助机构的评审人:对质性资料的再次分析是值得给予经费支持的。

范例 24　与评审人同走质性分析之路

　　这项研究收集到的资料来自美国六个州教育政策的关键制订者,这些资料的量非常大,是比较性的,有质性的,也有定量的。从美国国家教育研究所资助的这项研究出发,米切尔、沃特和马歇尔(Mitchell, Wirt & Marshall, 1986)提出了州政府对学校项目及实践影响机制的分类法,并展示了政治文化的影响力以及政策制订者相对权力的影响力,对州政府在教育问题上多做出选择的作用。马歇尔对访谈资料的丰富性非常感兴趣,她开始发展出一套关于假设世界②的扎根理论——政策制订者在

---

① 应该是指本书第 5 章中的"研究者的角色"一节。可能是版本修订过程中的失误。——译者注

② "假设世界(assumptive worlds)"原本是心理学的术语,指的是人们从自己的经验中发展出来的一套关于自己以及所处世界的信念和假设。参见 Kauffman, Jefferey. *Loss of the Assumptive World: A Theory of Traumatic Loss*. prychology press, 2002。——译者注

他们的故事中所展示的、对做成一件事情的方式的理解。尽管这一理论已经出版了(Marshall,Mitchell,&Wirt,1985,1986),下一步研究仍需要经费。在向美国国家科学基金会政治科学项目提交的研究计划中,马歇尔承诺对来自六个州的访谈资料进行再分析,在一个用于资料分析的电脑软件的帮助下,详细阐述这个理论。研究经费可能很少,因为并不要求进行新的资料收集。

几个月之后,马歇尔收到了评审人的意见。其中一位评审人这样写道:"这份研究计划书为政治领域的研究带来了新颖且重要的基础。"另一位评审人注意到:"以系统的方式使用质性资料,并用电脑进行资料处理是有创新的技术,非常值得发展。"然而,第三位评审人提出了反对意见:"这份研究计划是对访谈材料进行质性分析。也许这个术语在其他的研究传统中有一些[其他的]被接受的含义,但目前为止,就我所了解到的,对访谈材料进行质性分析,指的是研究者阅读/倾听访谈资料,并把这些资料在微型电脑上做成文件。"这份研究计划书被资助机构拒绝了。

马歇尔克服了挫败,她修改了她的研究计划,并重新提交了一份有重大改变的研究计划书。首先,关于理论框架、相关文献及研究意义,马歇尔制作了一个图表,追溯了假设世界与其他政治学及教育政策的理论与文献相契合的精确位置。其次,在对质性研究的传统进行了说明之后,马歇尔引用了政治学家们希望更多地通过比较个案研究来建立理论的号召,还有从场景背后发现政策文化的价值如何影响政策结果的号召。第三,通过使用表9.3,马歇尔展示了研究的理论潜力。马歇尔以叙述的方式,描述了理解政策文化的重要性。最后,可能也是最重要的一点,在关于质性研究方法论哲学一节以及使用电脑处理定性资料一节之后,马歇尔写了下面这段关于步骤的描述:

"对那些习惯了统计分析的人来说,质性数据分析看起来很神秘。然而,两种方法的目标是相同的:通过系统的过程来确认社会现象清晰且一致的模式。我将遵循以下步骤:

1. 使用从初步分析中产生的类型,将资料转录为民族志文件。分析来自威斯康辛州、伊利诺伊州、亚利桑那州和加利福尼亚州的田野笔记和访谈录音。

2. 通过检查那些有相关描述符号的电脑文件,来扩展假设世界的规则。比如说,当确认州立法机构小组的行为模式时,使用所有标有"州小组"的文件,或者在确认立法机构工作人员所受到的限制时,使用所有在这个标签之下的田野笔记及访谈引文。

3. 对六个州的资料都进行内容分析:(1)确定行为或信念的任何其他模式;(2)重新界定领域与操作原则。

4. 使用改变了的假设世界的领域与操作原则,对文件资料进行再分析。

5. 对六个州的资料重新排序,直到确认了关于行为和信念系统的清晰的、互斥的、详尽无疑的范畴,这些范畴可以把对政策环境进行描述的那些资料组织起来。

6. 从田野笔记和访谈资料中,以关于假设世界的分析笔记(在西弗吉尼亚州和宾夕法尼亚州的资料中已经开始了)为基础,确认假设世界对政策结构的影响。"

范例 24 展示了这样一个任务:要说服资助机构质性资料的分析是一种高强度工作。质性资料分析对时间和经费都有要求,这并不是简单地坐在一张舒服的椅子中,读读访谈资料。然而,那些更熟悉传统研究的人在为这些工作提供帮助前,可能需要更明确的细节。图表、示意图、时间表、来自那些被高度认可的出版物中的先例,还有对研究步骤的明确描述,这些跟文本结合在一起,就可以是有说服力的。资助机构受到许多迫切研究者的需求的压力,也受同行评审过程的指导,除非每个参与其中的人都能清晰地看到金钱可以转化为知识,否则资助机构是不会提供所需资源的。如果研究看起来像是一个神秘的过程,或者听起来像是简单的归档工作,即使是雇佣研究生

表9.3　假设世界操作原则的功能

行动指导领域和操作原则	维持权力和预期	提升凝聚力
谁对发起立法有权利和责任?		
对州学校管理首席官员的角色规定	X	
对州教育部的角色规定	X	
立法机构—州教育部的角色	X	
立法机构中发起立法意图的多样性	X	
什么政策理念是注定不可接受的		
那些践踏强有力兴趣的政策		X
那些导致公开挑衅的政策		X
那些违背传统与主流利益的政策		X
那些与主流价值相悖的政策争议		X
未经检验的、不可行的政策		X
在政策制订活动中权力的哪些用途是合适的?		
知道你所处的位置,并与有权力的人合作	X	
对每个人都有益的一些东西	X	
触及所有的基础	X	
站在胜者一边	X	
社会关系的限制	X	
对职员的限制	X	
与限制和诡计一起工作	X	
政策行动者对政策网络的支助		X
使用各州之间的比较		X
什么特殊的、州内的情况影响了政策?		
文化特点		X
地理的、人口的特点		X

来源:马歇尔给美国国家科学基金会的资金申请(Marshall,1998)。

助理或者是购买计算机程序这样的小要求也会被拒绝。任何曾经做过质性资料分析人都能理解,但那些资助机构的人必须看到清晰的指示,他们才能够明白这些花费为什么是正当的。范例 24 展示了使相关说明适应知识基础以及评阅人的偏好,通过与评阅人共同走过研究的每一步,以此保证研究者将会产生一些按照评阅人的看法也是有意义的东西。

* * * * *

　　这一章已经展示了规划足够的资源以支持质性研究项目的进行是一个往复的过程。范例 22 可以很合适地重新以"在大的情境中进行规划"为题,因为这项研究向资助机构申请了相当多的经费支持。那项研究的主要问题是,使理想的研究设计能够适应预算的限制。范例 23 描述了与规划博士论文研究有关的一些独特的问题。在博士论文研究中,经费支持在很大程度上是不可能的,同时,时间和个人支持系统也很重要。在研究者设计研究计划书时,每种类型的研究项目都要面对独特的挑战。通过表明研究者意识到了在研究过程中可能出现的这些挑战并对此保持敏感,对这些议题的考虑加强了研究计划书的说服力。最后,范例 24 提醒我们:如果研究计划书不能够引导评阅人对质性分析所需资源有所了解的话,即使是预算很少的研究也可能会受到批评。对这些考虑加以注意,有助于加强整个研究计划书的力量,并更可能使之获得积极的评价。

　　在这本书中,我们已经提出了为质性研究建立起清晰、全面且深思熟虑研究计划书的一些考虑。在最后一章中,我们将把这些考虑描绘成一组标准,以使这些考虑更加明确。

两位学习者之间的通信

嗨，阿伦：

　　好吧。我关于选择的下一个主题是（请击鼓）①时间。你如何使你的研究时间最大化，尤其是对分析和写作来说？你是每天拿出几小时来，还是每周拿出特定的一天，或者只在周末工作，还是等到有大块时间出现的时候抓住这些时间？过去，当我在写一篇长的论文的时候，我会拿出整个下午和晚上的时间，甚至连续工作几天，这样就迅速完成了工作。但这对质性研究来说是不可能的：质性研究中有太多的任务，存在太多层次的复杂性。我对在小块的时间里工作有些怀疑。在很短的一段时间内，你能使自己足够深入地沉浸于工作中，带来任何有质量的成果吗？你难道不需要长时间的投入来欣赏你资料中发现的微妙之处吗？当我真的对某些事情感兴趣，我很容易就会把其他的要求放在一边，集中于那个特定的议题。这有可能对我正在进行的工作有帮助，但其他事情就被放在一边了。突然之间，我的时间成了我必须分配的资源，就像是我汽车里的汽油！无论如何，我对你处理研究过程中的这个特定部分的取向很感兴趣。

　　有一个问题我还没问你：你是怎么将你的研究具体化为一个可处理的问题的？我的研究问题总是太宽泛，我真的在把我的研究兴趣缩小为能起作用的小问题上挣扎。我没有想到研究问题成了研究过程中最艰难的部分之一。毕竟，你有一个问题，你回答这个问题。多天真啊！提出一个好的研究问题是非常困难的，但是只是将一般性的问题缩小，成为一个特定的问题，对我来说，就是一个让人出汗的工作任务。这工作花了那么多时间！你用了什么技术来帮助这个过程呢？你是在做

---

① "请击鼓(drumroll, please)，"这一表述是梅兰妮以风趣的方式表明：下一个主题很重要，应当击鼓欢迎。在美国的娱乐节目中，重要人物出现时，常常会配以架子鼓的击打声来表示欢迎。——译者注

一个包含其他事务的问题，还是几个更聚焦的问题？你也在这个问题上挣扎吗？

希望阿默斯特①的一切都好！我现在得去看堆成堆的论文了……

梅兰妮

嗨，梅兰妮：

关于你提到的时间问题——我试着把我的一天分成阅读的大块时间和写作的大块时间。我是那类如果余生可以在图书馆（物质形式的或者虚拟形式的）里游荡就会感到相当幸福的人。我发现我必须把自己训练好，能够把我阅读的东西放在一边，并真正的用笔在纸上写字。所以我倾向于早上很早起床，读读书，或者就我正在读的东西做做笔记。我喜欢早晨，这看起来是以一种令人满意的方式来开始我的一天。晚上，我试着写写（如果读书的话，我就会睡着）。坚持这个日程安排也能使我坚持工作。我发现，在资料收集和分析的过程中写一小段分析（就像是给我自己一封短信）是相当有帮助的。当这些分析很短的时候，就没有要考虑如何表现的压力，只是感觉到要努力尽早写下我遇到的议题。如果没有别的作用的话，这也不时地使我觉得好像我有一些收获。

我不想永远做学生（不管这有多好！），所以质性研究需要花的时间对我来说是相当多的。时间是一种我不希望被想当然的资源。我知道博士论文有些时候可能要花好几年才能完成；然而，也有人已经告诉我："最好的博士论文是写完了的博士论文。"我知道我的取向是喜欢在文章中挖得越来越深，我有点担心我要花多长时间才能写完博士论文。从界定研究问题到进入田野、收集资料、分析并写作真正的博士论文，我能

---

① 阿默斯特（Amherst）是阿伦所在的城市，也是马萨诸塞大学一个校区的所在地。——译者注

理解为什么有些人永远是 ABD［所有都完成了，除了博士论文］①。

你还问了我如何将研究问题具体化，我在这儿的朋友会大笑的，因为他们要问这个问题的话，我是他们最后问的那个人。跟你一样，我也是从一个很宽泛的问题开始，也试了又试，要使这个问题更明确一些。我的写作老师过去常常建议我：写一篇文章时，最后再写文章的概述部分。这种方式会让你知道概述那一部分事实上要概述什么。我经常发现，直到我身处田野之中，并跟不同人进行了互动之后，我才知道我的研究问题。提醒你一下，这不是什么灵感之类的，只是当时间慢慢过去，逐步发展成了明确的问题。我对这样的实践已经习惯了，我也很幸运我的导师是够耐心和友善，在整个过程中都在迁就我。是的，简洁和精确是我需要努力之处。但是，在某些方面，我必须相信我会把这些解决的。毕竟有人让我加入了这个研究项目；他们肯定是觉得我能做出点东西来……

希望一切都好。我们正在期待着放假，这里的天气太热了。刷牙的时候都会出汗，我都烦了。

照顾好自己！

阿伦

关键词

经费支持	financial support
人员	personnel
时间	time
用于资料分析的电脑软件	data analysis software

---

① 方括号的内容是本书的作者加入的说明。阿伦和梅兰妮都是博士研究生,他们对 ABD (all but dissertation 的首字母)这一缩写的含义应该很明确,所以通信时只写缩写,而不需要写完整。在美国大学中,ABD 指的是那些所有要求都完成了,只剩下博士论文要写的学生。——译者注

10

研究计划作为论证的
再讨论及最终研究报告的筹划

在第 1 章中,也可以说本书自始至终,我们提出了对有凭有据的论证进行准备的指南,这样的论证可以说服阅读者:这项研究应当而且也能够进行。到目前为止应该已经清楚了,研究计划书的所有元素是相互缠绕在一起的。确认一项研究的类型以及这项研究将以何种方式来填补知识、政策及实践中的空白,是与研究者个人的取向缠绕在一起的。比如说,关于研究者角色的考虑,应当说明研究者个人的生平经历以及这些个人经历可能会怎样对事件及意义进行形塑。不管是参与研究还是更客观主义的研究,一项研究将如何改变日常生活之流?选择研究场景并在这一场景中选取人群及行为,应当以坚实的推理为基础,应当说明指导这项选择的合理解释说明,并表明这些选择将如何回应研究问题。正如研究计划书要讨论一项研究的价值、真实及合理,研究计划书也应当讨论资料分析与报告写作的不同阶段。对一项研究的伦理考量也应该贯穿整个研究计划书。

任何一份研究计划书的写作者都应该发展出一套对方法选择的合理解释说明。在质性研究计划书中,一个关键的任务是发展出解释范式——这种观点强调在自然场景中进行研究、研究者作为收集并解释资料的主要工具——的逻辑和论证。质性研究包括一系列的选择:"必须明确地对这些选择及它们的理论推论进行展示。"(Sanjek,1990,p. 395)质性研究通常不再被放在一边,简单地作为一种替代选择或者仅仅是研究的试调查。然而,正如本书这一版本的序言指出,这一点在下文中也会讨论到,质性研究必须留心强有力的、对抗性的保守力量,这在美国特别显著,尤其是美国联邦政府对"**有科学基础的研究**"的号召。面临对质性研究合理性、有效性、有用性和可推论性的争议和挑战时,研究者可以依靠与对这些议题进行讨论的研究文献进行深度对话。

许多社会科学已经把对质性研究的古老怀疑和不信任放在一边了。关于定量研究和质性研究对比①的论证和关注现在可以被重新讨论了。现在研究共同体一般承认:不同研究取向的解释说明和支持标准可以不同。一般来说,在对判断研究合理可靠的标准进行的讨论中,还有对研究类型选择的讨论中,质性研究计划书可以与当前方法论图景保持一致。质性研究计划也许会遭遇来自那些取向更传统的研究者以及那些在研究中关心后现代、女性主义、行动及解放立场的研究者的争论和挑战。然而,质性研究更自然主义且明确的解释取向已经在学界中积聚了支持与发展动力。

在**知识政治**中,某些研究被作为"金科玉律"——是最可靠的、传统的且有特权的研究方式。有权力的且居于支配地位的群体努力维持这些惯例,有些时候会将知识的其他形式及来源边缘化(Lather,1991;Marshall,1997a;Scheurich,1997)。为了促进传统的研究设计,美国教育部要求并支持由"合格的科学家"进行的、"讨论因果问题的"、"采用随机实验设计的"那些研究(Flinders,2003,p. 380),以此作为改造这一领域的方式。这种对定量研究的关注表明,按照新的限制条件,对各种议题的扩展探索不是合格的研究。

然而,我们暂时把这些知识政治的现实放在一边。相反

---

① "定量研究和质性研究对比"的原文为"quantitative versus qualitative"。A versus B 是指 A 和 B 是比赛或诉讼中的双方,这里的意思是:在过去的讨论中,定量研究和质性研究象比赛中的竞争对手。——译者注

的,我们集中关注研究计划和研究者采用的方法,那些研究计划和研究者已经准备好,并且对解释范式进行了清晰的阐述。巴顿很清晰地表达了最根本的关注,他注意到质性研究报告的**可信度**依赖于田野工作中严格方法的使用,依赖于研究者的可信度,依赖于"对自然主义研究、质性方法、归纳分析、目的抽样以及整体思考的欣赏"(Patton,2002,pp.552-553)。发展出能够坚实捍卫一个研究计划的逻辑,需要包括三个大的领域:(1)对研究项目整体合理可靠的标准进行回应;(2)表明这项研究对特定概念框架及研究问题是有用的;(3)展示研究者作为研究工具的敏感性以及保持敏感的能力。对这三个领域的每一个进行仔细考虑,将有助于研究计划书的写作者发展出一套支持这份研究计划的逻辑。

这一章将对第1章到第9章的论点进行再讨论,并帮助研究者提前考虑最终的研究成果或研究报告。当研究者提交研究计划书时,必须对一些问题进行再思考,并准备好回答这些问题,准备好指出研究计划书中的特定部分已经对这些问题进行了讨论。作为一种锻炼,研究者应当假装只是一位读者,而不是计划书的作者,看看对读者来说哪些问题仍然需要回答。不管研究者是要向资助机构提交研究计划书,还是要准备博士论文的**研究计划答辩**①,或者都不是,研究者都应当最后再读读他的研究计划书,并再进行一次实践,这样,研究者就可以平静地回答问题。为了使这件事有趣,研究者可以和一些同为研究者的朋友聚在一起,让那些研究者扮演教授或者资助机构工作人员,对研究计划书进行盘问!

合理可靠的标准

研究者应当在什么地方以及如何对研究的合理可靠、可信度和真实进行论述? 回想一下我们对评价研究项目真实的标

---

① 在我国,对学生而言,"研究计划答辩"也被称为"开题答辩"。——译者注

准所进行的讨论,尤其是在第 3 章和第 8 章。这些原则可以表达为所有社会科学研究都必须回应的问题(Lincoln & Guba, 2000)。首先,一项研究某些特定发现如何是可信的? 我们是以什么标准来对这些发现进行评判? 其次,这些发现如何转化并应用于其他场景或其他人群? 第三,我们如何能够合理地确信:如果一项研究对同一场景中相同的研究对象进行研究,这些发现将会相同? 第四,我们如何确信这些发现反映了研究对象和研究本身,而不是出于研究者成见和偏见的编织? 后现代和女性主义挑战了传统研究的断言,认为所有的发现和真相都出自研究者的偏见和偏好。那些赞成这些立场的人指出:这些倾向应当被用作"建造用的石块 …… 以获得新的知识"(Nielson, 1990, p. 28)。

回想一下林肯和古巴建立起一项研究的"**真值**"(Lincoln & Guba, 1985, p. 290)以及这项研究的应用性、内在一致性和中立性的策略。每一个对人类状况的系统研究都必须论述这些问题。从策略上说,这至少有助于准备好讨论:这些术语是如何与传统实证主义范式——内在效度、外在效度、信度、客观性——并列的;这也有助于讨论林肯、古巴及其他学者所展示的、重建解释性质性研究概念的方式。准备好对这些或其他替代性的构建进行讨论,这些构建给予了质性研究者具有不同涵义的新术语,这些涵义更准确地反映出了质性范式的前提假设。比如可信度,它的目标是展示一项研究是以这样一种方式进行的,确保所有的主体都得到了恰当确认和描述。那么研究就应当"对原本多重现实的建构者来说是可信的"(Lincoln & Guba, 1985, p. 296)。一项质性研究可信度/可相信程度(credibility/believability)的目标是以一项研究的有效性来探讨现实问题或者描述场景、过程、社会群体或互动模式。展示过程和互动复杂性的深度描述将嵌入于资料之中,这些资料是来自对读者而言有说服力的研究场景。在研究场景和研究对象的范围之中,在理论框架和研究设计的限制之中,这项研究就是可信的。因此,质性研究者应当准确地陈述这些界限,进而明确这项研究的边界和局限。

准备好讨论**可转化性**,即,一项研究对有类似情况、类似研究问题或者实践问题的其他研究有所帮助的方式。与那些做出原初发现的研究者相比,表明一组研究发现可以运用于其他情境这种负担,对那些希望将发现进行转化的研究者来说,要更重一些。肯尼迪(Kennedy,1979)将这称为**推论过程的第二个决策跨度**。第一个决策跨度使研究者得以将来自特定样本的发现推论到抽出这个样本的那个总体(假定恰当的总体范围以及对样本的随机选择)。当另一个研究者希望将关于一个感兴趣总体的发现运用于另一个总体,这个总体相信或假定与第一个总体足够相似,以确保这种应用的合理性,这时候,第二个决策跨度就出现了。这里包括了对最初的研究以及第二个研究场景相关性的判断和论证。

然而,一项质性研究对其他场景的可转化性和可推论性可能是有问题的,至少在这些术语的概率意义上是有问题的。将质性研究的发现推论到其他人群、研究场景以及处理安排上——也就是研究发现的外部效度——通常被传统规范视为质性研究取向的弱点。为了应对这些挑战,研究者可以援引最初的理论框架来表明:资料收集和分析将如何受概念和模型的指引。通过这样做,研究者就可以表明这项研究的理论指标。那么,那些在这些相同(或足够类似)指标中制订政策或设计研究的人就可以判断:所描述的个案是否能够推广为新的政策,或者转化到其他研究场景。此外,特定研究的读者或使用者就可以看到:这项研究是如何将自己与一套理论联系在一起的。

比如说,对一所高中的新教工发展项目的个案研究可以与关于组织、领导方式、人员管理等方面创新的应用理论以及成年人职业社会化理论联系在一起。这项研究就可以运用于规划这种发展项目的政策以及对不同场景的研究——不仅是在高中、学校组织和人员发展;也可以包含在对组织的研究,并可以对组织理论的研究文献有所贡献。

准备好讨论可提高一项研究可推论性的策略选择,比如对来自多种来源的资料进行**三角互证**。三角互证是将多于一个来源的资料聚焦于同一个点的行为。这个概念来自于航海科学,已经卓有成效地应用于社会科学研究(参见 Richards,2005;Rossman & Wilson,1994)。不同来源的资料可用于确证、详细叙述或阐明受到质疑的研究(Rossman & Wilson,1994)。设计多个案、多研究对象,或者多于一种资料收集方法的研究,可以极大地加强这些研究对其他场景的有效性。

准备好讨论研究的**可靠性**——展示研究者计划对以下内容进行说明的方式:所研究社会现象的变化及对研究场景不断精炼的理解所带来的研究设计改变。这展示的一系列假定与形塑信度这一概念的假定非常不同。实证主义的信度概念假定存在一个不变的宇宙,在这个宇宙中,研究能够以相当合逻辑的方式进行重复。这种对社会世界不变的假定,与质性/解释取向的假定形成了鲜明的对比,质性和解释取向假定:社会实践总是处于被建构之中,而可重复这个概念本身就是有问题的。

准备好讨论**可证实性**——这些努力可以使质性研究者与传统的客观性概念保持一致。这是要讨论对这样一个问题进行询问的方式,即一项研究的发现是否可以由另一个人或另一项研究来证实,这也是要展示这么做的不可能性与愚蠢。但是仍然要准备好对展示研究者合逻辑的推论和诠释对其他人也有意义进行讨论的方式。读者或者**诤友**①看到了这些推论是如何做出的吗?他们能理解这些推论吗?准备好对这一论断进行论证:质性研究的逻辑和解释本质可以(某种程度上)达到对其他人来说是透明的,进而可以增加关于质性研究的这些主张的力量。

---

① "诤友(critical friend)"是教育学提出的一个概念。在这里,诤友可以定义为一位受信赖的朋友,他/她会花时间来完全理解研究的情境和结果,并提出一些引发争议的问题、提出一些对研究的批判。诤友被视为一项研究成功的推动力。参见 Costa, A. & Kallick, B. (1993)"Through the Lens of a Critical Friend". *Educational Leadership*. 51(2):49-51. ——译者注

准备好回应这样的关心：研究者的自然主体性会对研究产生影响。研究者应当再次断言质性研究的长处，通过展示她将如何发展出对研究对象更深层的理解甚至切身的共情，以实现对研究对象世界的更好理解。研究者的各种洞察增加了她对所研究的复杂社会系统进行描述的可能。然而，研究者应当建立起研究计划的策略，以限制解释中的成见。准备好运用以下策略：

- 计划找一个研究合作者或者一个可以充当诤友这一角色的人，他们会深思熟虑且和善地质疑研究者的分析。
- 准备好时间进行交互检查、同行汇报，准备好用于发现否定案例的时间。
- 描述资料分析将如何运用之前的研究文献，但又不会被这些文献所限制；描述资料分析将如何包括对资料的检查及再检查，包括对可能的替代性解释的有目的的检验。
- 提供明确描述性的、非评价性的研究笔记的例子：计划做两套记录，一套是描述，而另一套是临时的范畴与研究者的个人反应。
- 引用之前对研究中的偏见、主体性及资料质量这些议题进行过讨论的研究者。
- 计划对资料收集及分析策略进行核查追踪。（参见 Lincoln & Guba，1985；Richards，2005）

很清楚的是，关于好的质性研究的评价标准不同于为实验和实证主义研究而发展出来的标准。然而，详细地论述这两种标准之间的异同，仍然是很有帮助的。质性研究并不宣称是可复制的。研究者有目的地避免了对研究条件的控制，并集中于按照它们的自然呈现来对情境脉络及相互关系进行记录。研究者的目标是：在一个灵活的研究设计中，通过改变研究策略，发现这种复杂性。这并不能被将来的研究者所复制，也不应当试图这么做。

然而，质性研究者可以通过以下步骤来回应传统社会科学对**可复制性**的关注。首先,质性研究者可以断言:质性研究(事实上是所有的研究)在本质上都不能够复制,因为现实世界是变化的。第二,研究者计划保存完备的笔记及日记或日志,这些将记录下每一个研究设计决策及其背后的解释说明。这样研究者就允许其他人对他们的研究步骤、研究方式和决策进行检查。最后,研究者计划以有条理的、可进行查找的方式来保存所有的资料,这样,如果研究发现受到挑战,或者其他研究者希望对这些数据进行再分析,研究者都可以使这些资料方便可用。

然而,对于强调质性研究解释优势的那些研究来说,对主观性的接受更加重要。三角互证并不是关于如何接近"真相",而是发现了解社会世界的不同视角。另一套标准来自这样一个假定:如果研究有助于提升解放意义上的变化,那么这项研究就是好的;这是源自女性主义理论及批判理论。判断好研究的这种标准支持了一些研究的价值,这些研究突出了压迫性的权力关系,并且通常是在合作的行动研究中,对研究对象进行了赋权。最后,也是相关的,我们可以看到,在对研究的价值进行判断时,有一种正在出现的倾向:通过对研究结果的汇报或表演来判断。这样,人们会因为研究叙事的美学、戏剧、诗歌或其他表演的层面,而认为研究是有价值的(McCall,2000)。无论研究者的研究计划书中存在什么样的哲学假定,研究者都应当很好地回应这个重要的问题:你如何能够确信你的现实的、深厚的、引起共鸣的发现,在事实上,不是错误的?传统的现实主义回应将非常不同于批判民族志研究计划写作者的回应。每一种回应在它了追寻好研究而提出的论证及策略中都必须是有说服力的。

有些描述研究的目的是呈现出对现实的厚描,这些研究可以遵循一些传统的科学标准,如使用比较分析,并在资料收集、交叉检验及交互编码一致性中强调精确。举例来说,迈尔斯和休伯曼的指南(Miles & Huberman,1994)以及安法拉、布朗和曼吉欧尼的研究(Anfara,Brown,& Mangione,2002)都对此进行了阐述。然而,对质性研究的价值与真实的评价标准的持续讨论是相当有说服力的。质性研究不是幼稚的自然主义"(Smith & Deemer,2000),质性研究承认理解是相对的,存在**多重理解**;最好的情况是:就已有的知识来看,我们提交的研究报告应当是真实的。正如史密斯和迪莫所言:

> "相对主义只是对我们人类限度的表达:我们必须把我们自己看作实践的及道德的存在,并放弃对脱离我们的历史、文化和性别化存在方式的那些知识的奢望。"(Smith & Deemer,2000,p.886)

最后,"标准不应该被认为是一种抽象,而应该是一个关于特征的列表,我们认为,或者说是或多或少同意,在任何时间和地点,这些特征将好的研究与差的研究区分开了"(Smith & Deemer,2000,p.894)。

提前计划并思考最终研究成果如何会被判定为"好的",这对研究计划书的写作者来说是一个有益的练习。马歇尔(Marshall,1985a,1990)提出了可应用于质性研究报告的标准;我们已经把这些标准应用在此处对研究计划书写作的讨论。注意到这些议题,可以确保写出一份合理可靠且有说服力的研究计划书。

研究设计和方法应当明确详细

研究者对研究设计和方法进行详细说明,这样阅读者就可以判断这些设计和方法是否合适且有意义。研究者的说明既包括了一般意义上的对质性研究的合理解释说明,也包括了对这项研究所定位的特定研究类型的解释说明。研究者讨论了进入田野并维持角色、资料收集、记录、分析、伦理以及退出田野时预计要采用的方法。研究者描述了研究地点和研究样本将如何选择。资料收集和分析会公开地进行,而不是保持神秘。

研究者清晰地陈述了任何可能影响研究的假设。对研究者的倾向进行了说明,研究者也致力于某种初步的自我反思,以解释个人的主观性。研究者通常会援引其他人的研究来清晰地说明她将如何成为一个调整好了的研究工具,她的个人天赋、经验上的偏见以及洞察力都会有意识地被运用。研究者指出:她会留意进行自我分析,并在她变得过于主观且对她的解释不那么具有批判性时,将承认这一点。作为这个过程的一部分,研究者将对概念框架进行分析,找出其中的理论偏见。此外,研究者还清晰地说明她将如何以反思的态度,致力于指出资料收集和分析中的价值判断和个人观点,并将对此进行讨论。比如说,研究者在区分描述性田野笔记("屋顶上有几个洞,有几块瓦片不见了")和判断性田野笔记("许多房子荒废了")时将保持警惕。

研究者会写下他对含糊的容忍,写下他将如何寻找替代解释、找到否定案例,并使用不同的方法来确保研究发现是强有力的且有真凭实据的(比如,三角互证)。一些方法被建议用于确保资料的质量(如信息提供者对相关情况的了解、主观性以及直率),并通过建立跨文化的视角来防止文化中心主义的解释。

研究者描述了初步的观察——试调查——或者她在田野中刚开始的几天,以此展示研究问题是如何从观察中产生的,而不是单纯产生于在图书馆里的研究。研究者很小心地对那些正在被研究的东西保持敏感:伦理标准得以维持。研究者认为研究场景中的人们将以某种方式获益(从一个小时充满同情的倾听,到感觉到被赋予了权力来参与行动以改变他们生活的某些方面)。

研究问题和资料的相关性应当明确并经过严格论证

研究者讨论了原始资料中如何会有足够的证据来展示那些资料与他的解释之间的联系。研究者展示了资料如何以一种可阅读的、可接近的形式——也许在图形、模型、图表和图像的协助下——展示出来。研究者清楚地陈述了初步的研究问题,并指出那些收集到的数据将使他得以回应哪些研究问题,及提出进一步的问题。计划中的这项研究与已有研究之间的关系是明确的。研究者讨论了这项研究将如何以一种其他研究者、相关从业人员和政策制订者可接受的方式来汇报研究发现。研究者指出,他将可以对发现进行恰当的翻译,以使其他人可以及时地运用这些发现。

研究应当定位于学术脉络中

研究者的研究计划承认质性研究在可推论性上存在局限。一个更重要的工作是协助计划书的读者看到研究发现的潜在可转化性,并展示这项研究是如何置身于大的图景之中的。研究者必须有说服力,能够整体地看待研究场景以理解系统之间的关系,能够追寻历史脉络以理解制度和角色是如何发展的。

研究者可以指出:在参考之前确认的现象来对中心概念进行界定时,她的研究将超越现有的框架,挑战旧式的思考方式(如在罗莎莉·瓦克斯对美国原住民的研究中所力图做的那样①)。研究者可以指出:她的高度描述性的民族志叙述将揭示一些未知的现实,这些现实对创造出有效的项目和政策很重要(如对为人父母的少年进行的民族志或个案研究)。第 4 章详细地讨论了使用文献综述来把一项研究定位于之前的研究之中、定位于政策和实践对信息的需求之中的方法。第 5 章也指出了,研究设计中的哪几个部分必须清楚地说明为什么质性研究取向对于要寻求的问题来说是必须的。

应当保存记录

研究者描述了资料将如何保存,并可用于其他分析。研究者把所有的田野分析都记录成文件。此外,也明确提到了要有研究程序的**运行记录**,也许将包括作为附件、放在最后的研究报告中的一份核查跟踪。第 8 章和第 9 章详细讨论这将如何处理。

---

① 指的是"范例 13 建立信任"中所引述的研究。——译者注

注意这些标准将确保质性研究计划书的基础扎实,可以表明对真实这类议题的关注,并展示研究计划书的写作者对这些议题有相当的了解。有许多议题需要在研究计划书中进行讨论,而另一些议题可以在研究计划书的答辩会议上进行讨论,或者是回应资助机构质询时进行讨论(参见 Marshall,1985b,1990。其中对跨越学术和政治争论,进而发展出一套"好的研究的标准"进行了讨论)。

最后,研究者必须减少这样一种恐惧(既包括他们自己的,也包括计划书评阅人的):研究者将待在田野中,而在需要对资料进行分析时,他们就抛锚了。研究者需要展示他们从资料收集推进到资料分析、从解释推进到写作的能力。试调查、假设模型,或者可能的资料分析范畴的大纲都可以作为研究计划书的附件。质性研究者应当意识到:这些模型、大纲和范畴主要是启发性的——它们是开始观察和分析的临时指南。然而,它们也再次向那些对质性研究的含糊与灵活感到不满的人们提供一些确定性。这些指南有助于表明:质性研究者在对资料的收集和分析中受到一些具体而系统的过程的指导。第 8 章提出了一些推进分析的策略。然而,质性研究仍然不能因施万特(Schwandt,1996)所称的**标准学**——一些限制过多且预先设定的列表——而陷入困境。

清晰明了应当与学术上的可信度保持平衡

读者是很重要的。研究计划书中深刻的哲学论述,还有大量的行话、引述和冗长的背景知识,这会给研究计划书的一些评阅人留下了深刻的印象。而另一些评阅人则会快速地略过这些,并问:"牛肉在哪儿?"或者说:"好吧。告诉我你想做什么、为什么、怎么做?"博士研究生应当小心计算好如何平衡他们的研究计划书以及他们对问题的回答。考虑到这些学生对他们的教授都很了解,这些都应该提前计划好。寻求资助的申请人应当进行侦查,发现任何跟他们的读者有关的事情——基金会之前的项目、这些项目可能的评审人的风格和偏好。所有的申请人都可以从西尔弗曼的"反对垃圾的策略（anti-bullshit agenda）"中获益（Silverman,2007,p.139）。西尔弗曼建议质性研究者考虑将清晰、理性、经济、优美以及真实这些作为标准来计划他们研究计划书和最终报告。研究计划书应该多长？最终报告应当多长？也许答案都是"看情况"或者"足够长,可以在清晰明了与恰当的学术可信度之间保持平衡"。

展示研究问题本质上的质性取向

许多对好的质性研究的标准进行的讨论都强调资料收集和分析的透明,强调收集和呈现证据的步骤的"系统化"。还有一些标准也很重要。研究问题在现实世界的重要性、潜在发现的实践价值、研究对象将在什么程度上从研究中获益,这些都是正在出现的标准。然而经常的情况是,为了使一项提出的设计有效并与传统研究一致,评阅人会建议对原初的设计进行改变。这些评阅人可能会指出:用于探索研究的时间是浪费,或者他们会建议进行试调查;评阅人可能会试图把这项研究的本质从民族志的探索研究,改变为对更传统的研究设计的描述。评审人可能会担心研究设计太"紧张"了。因此,研究者的说明必须用他们方法的力量来撼动读者,只有这些方法才能回答他们要研究的那些未回答的问题。研究者也必须减少读者的一些担忧,包括研究设计"过于松散"、沉浸于自然情境以及花费在探索研究上的时间等方面。

质性研究取向的价值

在第1章中并贯穿全书,我们对研究方法与研究问题的契合进行了讨论。在提交研究计划书时,这种契合构成了最根本的,也是潜在的最有说服力的论证。仅仅通过引用邓津和林肯（Denzin & Lincoln,2005）以及拉利斯和罗斯曼（Rallis & Rossman,in press）的论述来对此表示赞同是不够的！

　　研究者必须能够强有力地说明研究方法的必要性,这些研究方法在文化上是敏感的,而且在现实世界中可以确认情境中产生的模式。研究者必须能够有效地写出和说出:为什么不可测量的资料是很有价值的。研究者对之前研究留下了未回答问题的宽泛批评,这些未回答的问题使得自然地进行观察或关注**主位视角**的需求相当清晰,而对那些未回答问题的宽泛批评则支持了研究者的判断。展示持续的社会问题一直没有得到解决,这可以强化研究者的计划:把问错了问题的那些大规模问卷调查放在一边,相反,要对卷入这些社会问题的人群的叙事进行探讨。质性研究的"工具箱可以使研究者发展出概念"(Morse,2004),尽管在田野中的概念化和理论建构并不充分。通过展示质性研究的这种价值,研究者也可以支持她的研究计划。如果能够明智地使用幽默的比喻和小机智,也会有帮助。举例来说,研究者可以使用莫尔斯对顽固的医学研究的批评:即使是质性问题,医学研究也坚持使用定量方法,就像"要用链锯机来钉钉子"(Morse,2004,p.1030)。

　　女性主义、后现代和批判理论家邀请我们从事这样一些研究:这些研究不会将研究对象"他者化(otherize)",并且具有**解放的潜能**。这些研究者通常以合作的方式,力图发现并创造出知识,这些知识对那些总是被主流边缘化的群体是有帮助的。因此,这种形成中的标准对这些研究计划给予了特别的信任和价值,这些研究计划将挑战主流(处于支配的)实践,或者将把一些研究对象包括在研究中,而在之前的政策和研究中,这些研究对象的意义建构被忽视了(Carspecken,1996;Harding,1987;Lather,1991;Marshall,1997b;Scheurich,1997)。研究的实践效用愈发成为了有价值的标准,尤其是对行动研究来说,还有当解决紧迫问题需要那些以研究为基础的建议时也是如此。

　　这样,使用质性取向可以带来的价值需要以有说服力的方式进行详细阐述。研究计划书的写作者必须预计评审人的关注,并引导评审人理解研究设计的解释说明和例子。范例25和范例26展示了两位研究者如何发展出关于他们研究的解释说明。范例25描述了研究者如何估计资助机构对质性研究意义的挑战。范例26展示了一位博士研究生如何成功地经受住了一些挑战,这些挑战质疑了他在田野工作中改变研究设计的权利,即使这些改变是必要的或谨慎的。

范例25　证明在探索研究上花时间是正当的

一项研究要对三所处于变化中的高中进行深度个案研究(Rossman et al.,1984)。内部评审时这项研究受到了好评,尽管一位行政管理人员对质性研究的价值有不少担忧。这份研究计划书被转交到一个美国联邦资助机构。作为今后五年的一组研究的主要部分,这份研究计划将在那里接受细致的审查。

当研究团队坐上了一列南行①的列车,团队成员开始思考他们可能被要求回答的问题的类型。他们的抽样计划肯定会受到挑战:为了找到研究团队需要的那些类型的高中,"提高"②的标准不得不相当宽泛。研究一所学校的文化这样的观念对学界的许多人来说也很新颖,更不要说是华盛顿的官员们。研究团队估计会被问到学校文化这一概念的意义,也会被要求陈述关于文化变迁和文化转型的理论观点。

这激励研究者们谨慎地发展出一套解释说明,这套解释说明要以其他研究者的应用研究为基础,而不是依赖于人类学的建构。当研究者重新检视这套逻辑时,有三点看起来最突出。首先,研究计划假定短期快速的研究方式不可能充分探讨学校里的变化。相反,人们之间互动的复杂性、新的项目、人们深信的信念和价值,还有其他组织事件,这些都要求长时间的、深入的研究取向。其次,那时候对中学里的变迁过程所知甚少。多数之前的研究关注的都是小学,而且可能将在小学的研究发现不那么恰当地推论到中学。这项计划中的研究力图弥补这个不

---

① 这里指的应该是从马萨诸塞大学到华盛顿特区的火车是向南行驶。这项研究的研究者(如罗斯曼)来自马萨诸塞大学,而多数联邦资助机构的办公室在美国的首都华盛顿特区。——译者注

② 这项研究的研究主题应该是涉及了高中里的一些"提高",所以需要以此为标准来选择学校。——译者注

足。最后,已经有不少关于教师们抗拒变迁的研究。这项研究的解释说明和意义在于它将揭示这一理论中的一部分,透过表面并探讨那些卷入到复杂变迁中的老师们对这些变迁意义的看法。

这份研究计划要求长时间地投入到选中研究的三所高中的社会世界之中。研究团队估计到了这对他们的时间分配是一个挑战,他们决定要捍卫他们的时间分配,不仅要通过上面所说的合理解释说明来捍卫之,而且要通过这样一个观点:要了解复杂过程,就需要花恰当的时间进行探索研究——也就是说,互动和信念系统的变迁出现得很慢。

在两个小时的答辩之后,研究团队认为答辩时他们的表现不错,但他们也意识到了资助机构还没有接受质性研究较长的时间安排。在协商中,研究团队必须修改在每所学校进行一年的观察这一最初计划。为了避免这个项目被拒绝,研究团队同意在冬季和春季学期花 6 个月时间来收集资料。

在这个范例中,研究者就这项研究的主要方面发展出来一套合理可靠的逻辑。对这项研究实质焦点的解释出自概念框架以及这项研究的重要性。通过展示进行探索研究的必要,主要的研究取向——长时间地投入到社会世界中——也得以正当化。

对文化理解的探寻,不但要求高强度且长时间地投入到研究场景中,而且要求设计的灵活性。举例来说,在拉弗尔克和布朗(Laverack & Brown,2003)对斐济社区的研究中,他们讨论了他们需要进行调整适应,考虑到群体动力学——较方便的空间安排、性别动力学,还有关于时间的协定和概念。如果不对传统的西方假设进行调整,他们的研究就会失败。要说服对质性研究缺乏了解的人——研究设计的灵活性至关重要,这对质性研究申请人来说,是一个艰难的障碍。范例 26 展示了一个虚构的经济学博士研究生成功地回答了对设计灵活的必要性提出挑战的那些问题。

范例26 捍卫灵活性

卡茨在大学二年级学习微观经济学课程之前,他就对家庭财政决策很感兴趣。在微观经济学课程中接触到的理论使他的兴趣更加明晰,并且使他的研究兴趣找到了学术传统。在卡茨的博士学习期间,他却从一种跨文化的视角来继续他的兴趣,卡茨在导师允许的范围内尽可能多地选了人类学的课程。

当卡兹读到对其他文化中的家庭的个案研究时,他的兴趣提高了。相当自然地,卡兹对人类学家用来收集资料的方法产生了兴趣;这些方法看起来与计量经济学甚至经济史学的方法非常不同。但卡茨沉浸于这些方法之中时,他更加着迷了。现在,他即将开始他的博士论文,卡茨已经说服了论文指导委员会的一位成员支持他的研究计划:卡茨将对不同社会经济环境中的五个家庭进行长时间的深度研究。当他准备与论文指导委员会的另外两位成员见面时,卡茨重新研究了他的研究计划书的优势。

首先,他是在探讨五个家庭内部决策的形成过程——还没有经济学研究有所涉及。这些研究价值的一部分在于这项研究将有助于理解特定财政行为的信念、价值和动机。其次,卡茨将对方法也有所贡献,因为他使用了新的研究方法来讨论这个主题。他可以依靠两三个质性经济学家的研究——这是在他们的领域中颇有建树的学者,卡茨要以此展示已经有其他人冒过这样的险,而且还活下来了!

第三,卡茨已经全面地梳理了方法的研究文献,获得了一些信息,以此来展示他对许多将出现的议题有所了解:研究计划书的研究设计部分超过 60 页[①],而且讨论了每一个可以想到的议题。卡茨并没有试图解决所有这些议题,相反,他表明他意识到了这些议题可能会出现,他对其他人如何处理这些议题有所了

① 一般来说,美国大学里学生作业的标准是 Times New Roman 字体,字号为 12 号,双倍行距,这样下来一页大约是 250~300 个单词。研究设计部分超过 60 页,从篇幅上就可以表明这位学生对博士论文研究如何进行已经进行了仔细的考虑。——译者注

解,而且他将对各种方法决定所表现出来的妥协也有所警惕。

在与论文指导委员会成员的会谈中,研究设计部分的全面和丰富很好地帮了他的忙。那些完整地被记录下来的主题以及敏锐的讨论展示了博士研究生中不多见的知识和老练。然而,卡茨没有估计到一位指导委员会成员提出了一个更大的问题:样本这么小,这项研究将有何意义呢?

幸运的是,卡茨想起了肯尼迪(Kennedy,1979)提出的关于如何从单一个案研究进行推论的一个论断。卡茨将他的研究概念化为一系列的家庭生活史,仔细地对这些家庭中的关系进行划界,就可以从这些家庭生活史中发现分析性概念。卡茨的研究与多地点的个案研究是一样的,卡茨的研究计划书也可以从这个角度来进行评价。这个逻辑被证明是有足够说服力的,卡茨的论文指导委员会批准了他的研究计划。

在范例25和范例26中,每一份研究计划都要求进行一场思考仔细的、全面的、合逻辑的答辩。当研究计划被作为一个论证,这样的一些要求,如提供一个清晰的组织结构、记录主要的研究决策、展示一项研究整体上的合情合理,都更加明确了。遵循我们在这里提供的建议,将有助于质性研究计划书的写作者仔细考虑这项计划中的研究在概念上和方法上的正当性,并帮助计划书的写作者思考对研究计划作出合理的解释说明。在规划对研究计划书的答辩时,我们建议研究者对资助机构或论文指导委员会可能提出的问题进行估计。

准备好答案,并进行演练,将对答辩有帮助。表10.1和10.2列出了我们遇到过的不同类型的问题。表10.1中的问题来自那些几乎没有质性研究经历的评审人,而表10.2中的问题则来自那些对质性研究方法很熟悉的评审人,他们在寻找研究计划书中各种决策的正当性。

表 10.1 几乎没有质性研究经历的评阅人提出的问题

我对这些不熟悉；你能解释一下你要采用的质性研究方法吗？

你为什么不在这项研究中使用问卷调查？

我没有看到任何数字——这怎么是个真正的研究？

你的控制组是什么？

这个能够怎么进行推论呢？

如果你是那个收集并分析资料的人，我们怎么能知道你是对的？

你怎么能够保持客观？

你怎么能证实你的发现呢？

你能解释一下"扎根理论"这个说法吗？

解释一下"自然浮现的抽样（emergent sampling）"这个概念（或者"自然浮现的资料分析"）。

看起来你把故事作为你的资料收集的一部分。这些故事是真的吗？

在不知道你在寻找什么的情况下，你怎么能够研究？

你将如何运用这些发现？ 你怎么解释这么小的样本就可以了？

我想这会是一个有趣的故事，但是我担心你是不是能在学术期刊上发表它。

我不知道你如何能够获得可以给政策制订者真正的答案的那些发现。

表 10.2 熟悉质性研究方法的评阅人提出的问题

我很喜欢你的研究设计，但是你研究发现的意义是什么？

你是怎么在研究主题和质性或定量研究取向之间进行匹配的？

可以相信你能在一年内完成这项研究吗？

你会通过什么过程来将你的资料范畴化呢？

你会怎么讨论和处理这项质性研究中的信度和效度呢？

你能给我一个从概念到资料收集的例子吗？ 从诠释到可以推论的发现？ 其他自然主义的研究，或者处理否定案例的方式怎么样？

如果你不能接近你要研究的人群，你怎么办？ 如果那些人不愿意跟你说话呢？

你如何合乎伦理地正当化你要弄乱别人生活的这份计划？

最终的研究成果看起来是什么样子的？

你能给我一些可以用来比较的研究作为例子吗？

你怎么能够将你的质性研究压缩成一篇 12 页的、可用于发表的学术期刊文章呢？ 你将如何从你生活中找出时间来集中进行这项研究呢？

你怎么知道什么时候停止收集资料呢？

政策制订者或相关从业人员将如何运用你的发现呢？

什么样的哲学假定指导了你确保你研究中的"善（goodness）"呢？

你不应该尝试一下这些全新的东西吗，比如表演民族志？

尽管这些问题中的一些可能不会明确地说出,但它们会出现在基金会官员或者博士论文指导委员会成员的脑海中。建立起一套支持计划中的这项质性研究的逻辑,将有助于打消怀疑,并强化计划书中的论证。为了减轻忧虑、缓解质询的紧张,申请人可以讲讲故事。比如说,为了解释以人为研究工具的灵活性和反思性,研究者可以读一段纳拉杨(Narayan,1993)关于在喜马拉雅山麓做田野调查的叙述——她是如何被认定为来自她母亲的村庄、来自孟买,作为本地人、作为局外人。但是当她出现在婚礼上时,"这些场合可以增加一些异国情调,我就毫无争议地被称为'来自美国'……她从那儿到这儿这一路都是为了这件事,是的,还有她的照相机和她的录音机"(Narayan,1993,p. 674)。这样,她就被当作一位尊贵的客人,即使在场的很多人认为美国人是野蛮人,因为从电视上看,美国人穿的衣服不多。

表明审慎

现在,在 21 世纪,已经有专注于质性研究的学术期刊和手册,也有一些博士项目有时候对质性研究能力有要求,研究者有充足的资源可以援引。在我们尊重旧传统的同时,就像玛格丽特·米德和其他经典民族志研究者那样进入田野并且能够创造出策略,当前年轻的研究者能够也应当汲取那些发现中的智慧。此外,研究者也可以经常引用那些她自己研究领域中一些使用质性研究方法的学者,这些学者带来了重要的、新颖的理解。

质性研究是**可尊敬的**,并且在诸如护理以及那些涉及健康、疾病和生命中的转变的实践学科中,得到了发展(Sandelowski & Barroso,2003)。心理学传统上是与控制性实验以及创造出心理过程数理模型的统计分析联系在一起。在这个领域中,一些学者意识到了:需要把质性研究作为一种钻研"个人'生活世界'……和对事件的不同社会解释"的方法

（Ashworth，2003，p. 4）。质性方法对社会工作和新闻学这些领域来说很自然，这些领域里正在发展出相关研究文献和课程，对技能以及关于好研究的标准进行打磨（Morse，2003；Shaw，2003；Shaw & Ruckdeschel，2002）。在五年内提交给英语教学期刊的文章中有95%本质上是质性研究（Smagorinsky，2007）。其他一些领域则可能仍然只能一年看到一本稀有的质性研究出版物。

在展示计划进行的质性研究的价值时，也许最好的策略是将研究者所在研究领域或相似领域中重要的质性研究书籍及学术期刊文章的复印件，拿给可能持批评态度的委员会成员和评阅人分享。一些（定量）社会学家可能仍然会挑战《白衣男孩》（Becker，Geer，Hughes，& Strauss，1961）和《无声的对话》（Olesen & Whittaker，1968）中对职业文化适应的理解，或者几乎看不到《工作和家庭系统》（Piotrkowski，1979）或拉鲁的《主场优势》（Lareau，1989）的详细附录中所展示出的质性研究方法的审慎的价值。但其他人将会很开放地对这些进行学习。也许有些人仍然想知道坎特（Kanter，1977）怎么会愿意花那么多时间来研究一个行业，但其他人会发现坎特在《公司里的男人和女人》中所展示的受阻碍的职业流动，对个人、对女性和少数族裔、对人员管理者都很有价值。引用这些书，甚至展示这些处理得很好且很重要的质性研究的复印件，都可能给评价者和评阅人留下印象，并打消他们的疑虑。

熟读质性研究方法的研究取向及最终报告，熟读研究者自己的学科及那些有声望的知名学者的书和文章，能够很好地支持论证一项研究计划的价值，并且能够为说服那些怀疑这项研究是否能完成的人提供很好的支持。在展示质性研究对年轻学者来说是一个可行的职业选择时，先例也是很有用的。沃尔科特（Wolcott，2009）发现学术出版社在以下领域更愿意对质性出版物敞开大门：非洲研究、人类学、艺术史、亚洲研究、古典研究、文化研究、欧洲历史、电影、高雅文化、性别研究、地理学、犹太人研究、拉美研究、法学、语言学、文学研究、中东研究、音乐、自然史、哲学、摄影、政治学、宗教学、科学、社会学和女性研究。[①] 具有讽刺意味的是,即使美国联邦政府贬低质性研究类型的价值,但美国大学却仍然在为专业职位登广告招聘人员来教授质性研究!

筹划最终报告、博士论文或书

正如我们在第 8 章中所展示的,资料分析和写作是缠绕在一起的。格莱斯这样说:"写作把形式给予了研究者小心地范畴化并组织起来的资料。"(Glesne,2006,p. 173)我们建议研究者在研究计划阶段考虑一下他将在最终报告中采用哪些形态。对博士论文来说,这项工作通常可以简略叙述最终文件中包括的章节。对获得经费资助的研究计划来说,成果汇报也许需要阶段性的写作报告,还有会议、简报、纪录片或者展览。从事表演民族志或自我民族志这类研究的研究者通常会提供替代性的实验性形式来展现并再现他们的研究发现。这样,剧场短剧、诗歌和多媒体的呈现都可以称为这些类型研究的"最终成果"。然而,尽管对其他替代性的成果发布策略及报告形式感兴趣,写作书面报告仍然是汇报研究结果的主要形式。

有几种报告写作的模型。沃尔科特(Wolcott,2009)描述了几种平衡描述、分析和解释的方法。巴顿对描述和解释的平衡进行了讨论,他指出"无尽的叙述成了它自己的障碍。……描述为引向解释的分析提供了架构"(Patton,2002,p. 503)。

在泰勒和博格丹(Taylor & Bogdan,1984,Chap. 8-12)的经典研究中,他们建议了五种不同的路径。首先,在纯粹描述的生活史中,作者呈现出一个人对他或她生活的描述,以这种生活的社会意义为描述提供框架。第二种是呈现通过深度访谈和参与观察收集到的资料,在访谈和观察中,研究对象的视角得以展示,他们的看法影响了研究报告的结构。第三种取向试

---

① 这些领域的排列是按照英文首字母的顺序进行排列的。——译者注

图将实践(社会现象的现实)与理论联系起来。对描述性资料进行总结,并与更一般的理论建构联系在一起。泰勒和博格丹的第四种研究取向是最具理论性的。为了展示这种取向,他们提到了一项研究,这项研究关注的是为认知上有问题的个人提供帮助的一些制度。研究报告讨论了制度化的社会学理论,讨论在整体制度中对环境进行象征管理的社会学理论。这项研究的最终报告力图从在不同研究条件下收集的、几种不同类型制度的资料中建构理论。这项研究的研究者引用了论及在多种困难环境中自我呈现的一份研究报告,这份报告力图推导出跨越制度、人物和环境的理论结论。

在范梅南(Van Maanen,1988)的知名研究《田野故事》中,他确认了质性写作的三种不同类型。现实主义者的故事是最容易辨认的,它展示了对一个文化的现实主义叙述,并发表在学术期刊上或者作为学术专著发表,以第三人称的叙述清晰地将研究者和研究对象区分开。这种类型是由民族志的老前辈——玛格丽特·米德、威廉·富图·怀特、霍华德·贝克和布罗尼斯拉夫·马林诺夫斯基——建立起来的,这一传统建立了质性研究可信度、价值和可尊重度的标准。范梅南将这些视为经常是"平直的、干巴巴的,有时候是不可忍受的无趣"(Van Maanen,1988,p.48)。

告白故事是对"田野工作中所忍受的艰苦这样的微型闹剧"相当个人化的叙述(Van Maanen,1988,p.73)。这种类型的目标是展示作者在观察时的权力,展示好的田野习惯的训诫,以让人们注意到建构文化解释作为社会科学一部分的方式。鲍德梅克的《陌生人和朋友》(Powdermaker,1966)是这种类型的经典范例。

在印象故事中,田野工作者展示了她自己的经历,作为一种自我民族志。鲍恩的研究(Bowen,1964)提供了一个焦点的例子,更近一些的例子包括克里格的研究(Krieger,1985)和索恩的研究(Thorne,1983)。在这种类型中,将研究者从研究对象中分离出来,这种分离是很模糊的,故事是通过田野工作事件的年表来叙述的,让人们不仅注意到被研究的文化,而且也注意到作为文化描述和解释一部分的经验。

对研究者社会位置、道德规范和政治立场的考量,会影响报告的写作。研究者可能会选择呈现多个真相或多重视角,或者宣称认定了一个单一的真相。选择说"我对这一事件进行了解释",而不说"资料揭示了",这必须是一个清楚的决定。后现代和女性主义的讨论有助于研究者澄清这些决定。写下你的关于别人生活的真相,是一种对权力的断言,可能会违反之前对合乎伦理地工作及保持对研究对象敏感性的主张(Lather,1991;Tierney & Lincoln,1997)。

皮昂塔尼达和加曼(Piantanida & Garman,1999)提出了判断博士论文做得好且写得好的标准的一份有用清单。这份清单包括以下几点:

- 完整——"在研究是如何进行与知识是如何从中产生的,这二者之间建立了逻辑清晰的联系"(p. 147)。
- 真实——"有证据表明:研究者……具一种思维取向,这种思维取向趋向于进行真正的研究"(p. 147)。
- 严格——"研究者思考的谨慎、准确和优雅"(p. 149)。
- 用途——"展示那些对目标读者有帮助的方式"(p. 152)。
- 生命力——创造出"对所研究现象和情境产生相同感受的感觉"(p. 152)。
- 美学——与宇宙万物,与精神,建立联系。
- 伦理学——展示对信任和伦理敏感的强烈的、紧密的联系。

需要承认,一些博士论文的写作者如果对美学标准有困难,他们可以获得赦免。但其他标准对一份有价值的博士论文来说是本质要素。

另一份有益的指南来自柯弗尔和布林克曼(Kvale & Brinkmann,2009,pp. 279-281),这是关于报告访谈引文的规则。

- 引文需要与整体的文本有联系。
- 引文应当置于情境之中。

- 引文应当被解释。
- 在引文和文本之间应当存在平衡。
- 引文应当短小。
- 只用最好的引文。
- 访谈笔记一般来说应当转化为书面写作的类型。
- 应当也有一个简单的信号系统用于编辑引文。

当这份指南用于访谈时,这些规则将帮助写作者考虑如何呈现各种类型的资料。存在许多类型的呈现方式,所以研究者需要发展出适宜于他的研究类型、他的读者以及他的能力的他自己的呈现方式。

在弗林夫伯格(Flyvbjerg,2001)的一份非常不同的记录中,他敦促研究报告写作者向范式型的和行动取向的写作推进,并参照实践来考虑写作者的价值观。弗林夫伯格引述了亚里士多德的**实践智慧**,这种实践智慧强调"一般和具体之间的互动,强调考虑、判断和选择……经验"(p.57),这种实践智慧是关于理智德性①的,是高于并超越知道如何做的技术。它要求对这样一些问题进行深入的沉思,如"我们向何处去?""这是值得追求的吗?"以及"应该做什么"。这样研究者的报告就不仅仅是一份直截了当的、客观的社会科学报告。举例来说,在那些被边缘化的或被殖民的社区进行研究,研究通常是对研究者有利的,对被研究对象而言积极的结果则很少。此时,这样的沉思就尤其令人不安。邓巴汇报了来自美国原住民研究中的一段引文:"每次研究做完了,我的文化中就有一小块被抹掉了。"(Dunbar,2008,p.91)

有四种质性研究的类型以及它们相应的报告值得特别注意——(1)个案研究;(2)行动研究;(3)表演民族志;(4)自我民族志。这些研究类型都是从这样一个假设开始的:研究必须在自然场景中开始,而且必须将社会政治情境整合进来。这些

---

① "理智德性(intellectual virtue)"来自亚里士多德对人类德性(virtue,即美德)的划分。这种德性是理性与实践的结合。——译者注

类型可以使用所有的资料收集策略,它们典型的报告形式是相当不同的。

个案研究报告

对特定组织、项目或过程(或者这些的某种组合)进行研究的报告,通常被称为个案研究(Yin,2003)。个案研究的资料收集依赖于历史分析和档案文件分析、访谈,还有很典型的某些形式的观察。社区研究、组织研究及项目评估的丰富传统记录下了阐释的力量,这样的研究深入并细致地关注某种社会现象的特定案例。个案研究将读者带入到情境之中,在这种情境中可以看到在那些更加分析性的报告形式中一般不能展示的生动和细节。

行动研究报告

对那些希望提高自身及他人状况并发现和解决问题的从业人员的研究,通常也是由这些从业人员进行的研究,被称为行动研究。研究问题是与研究对象共同合作界定的;研究者的角色通常是一个促进者,他可以通过咨询、提出现实问题、综述现有研究文献中的知识来扩展研究问题。尽管行动研究遵从系统研究的传统,但创新的且处于发展中的资料收集策略也许会随着研究的进行而加入(Noffke & Somekh,2009;Selener,1997;Stringer,1999)。来自行动研究的报告也可以采取多种形式。书面报告可以是以研究对象的利益及需求为基础的,而且是合作完成的。通常来说,短的口头报告或者以照片剪辑、展览或纪录电影的形式对所学到经验进行展示,是比较受欢迎的。

行动研究根本上是由研究对象根据他们自己的用途来决定的,而不是研究者的学术需求决定的。报告应当真实地体现这一指导原则。不管报告采取何种形式,报告都有一种内在的适用性。对研究对象有意义,可以比方法上的严格更重要(Argyris & Schön,1991)。研究者也是研究的参与者,可以成为被信任的局内人,以比传统的观察者角色不可能获得的方式与研究对象接触(Cole,1991)。通常行动研究者会采取积极行动的、批判的和解放的立场,将研究过程作为在组织或社区中赋权的过程(Cancian & Armstead,1992;Fals-Borda & Rahman,1991;Freire,1970;Kemmis & McTaggart,2005;Reason,1994)。

研究者希望他们的报告会对社会进步有所贡献,或者直接对行动和参与的研究取向有所贡献,或者间接地提高政策或项目决策(参见第 2 章中对研究潜在意义的讨论)。然而,选择参与行动研究可以是一种意识形态立场——以直接的方式力图改变世界的决心——正如范例 27 所展示的那样。

范例 27 计划对质性参与评估进行汇报

研究设计和资料收集策略可以按照有助于研究对象个人积极参与的方式来安排。这种做法的一个例子是保罗·卡斯特罗的研究。卡斯特罗是一位社会工作的研究生,他设计了对北卡罗莱纳州共同学习项目的参与评估研究(Castelloe & Legerton,1998)。这个共同学习项目按照设计要实现两个目的:(1)提高 3~5 岁孩子的学校生活准备,这些孩子没有学前教育的经历;(2)加强这些孩子的照看人提供教育及提供发展支持的能力。

卡斯特罗援引了弗雷泽的研究(Fraser,1997)以及墨菲和勒克劳的研究(Mouffe & LeClau,1985),卡斯特罗为他的研究项目设计了一套激进的民主哲学,创造出了与研究对象分享权力的评估过程。尽管传统的研究设计将研究者(们)放在决定研究设计和提出研究问题这样唯一的位置上,参与行动研究却将被研究的人们带入了研究过程。由于卡斯特罗对草根变化和民主过程很感兴趣,他民主地将研究对象包括进来,以此安排他的资料收集。这种研究取向引导了资料收集技术的设计,资料收集包括了不同层次的个人(包括传统上在研究中不被倾听的人们,也包括这项政策希望帮助的那些个人——照看人以及学生)。

卡斯特罗将进行评估所需的技能教授给项目工作人员和社区成员,以此来设计他的研究。按照这个角色安排,卡斯特罗决定充当这个合作评估过程的协助者和"共同工作者"。评估的指导原则、计划、问题及目标都设计为由卡斯特罗与项目工作人员、项目参与者、项目所在社区共同合作完成。

选择的主要资料收集技术是深度访谈、观察方法和焦点小组访谈。卡斯特罗创造了将研究对象包括到研究决策过程中的一些策略。比如说,卡斯特罗与项目管理人员、项目工作人员及社区成员共同合作提出了访谈问题,并要求他们提供对资料文字稿的反馈。

卡斯特罗关注民主过程的哲学和解释说明,这指导了他的整体研究取向:将研究对象包括到研究过程中,并检验共同学习项目是不是民主的、参与型的且包容性的。卡斯特罗与研究对象以合作的方式决定了研究报告怎样进行以及什么时候进行。这些考虑强化了他们共同工作的民主原则。

表演民族志汇报

表演民族志是"在舞台上对来自民族志研究的笔记进行再呈现"(Alexander,2005,p.411),在其中,文化以被表演的、身体化的方式来呈现,而不是排他的文本方式。表演的观念来自这样一种想法:文化材料和文化理解可以表现为戏剧,有相应的剧本、道具、场景、服装和活动(McCall,2000)。这样,表演民族志的呈现不仅仅是文本(民族志、剧本),而且也是以表演或戏剧形式对文化知识进行身体化的瞬时描写,就像舞台作品、艺术、舞蹈、故事讲述、街头戏剧或者电影(Conrad,2008)。然而,最近关于表演民族志的研究坚持维护表演民族志批判与解放的潜能。正如亚历山大指出:这种类型的一些研究,但并不是所有研究,在政治上和实践上是与批判教学法①的原则联系在一起的(Alexander,2005,p.424)。

自我民族志

自我民族志受到表演民族志所提出的一些挑战的影响,打乱并挑战了质性研究中关于呈现的传统观念。霍尔曼·琼斯主要通过诗歌来表述她的研究和她的政治观点,她这样写到:自我民族志"与人类学、社会学、心理学、文学批评、新闻和传媒的研究及写作实践交叉,并受惠于之……更不要说我们喜欢的故事讲述者、诗人和音乐家"(Jones,2005,p.765)。以自我民族志的方式来呈现研究,可以采取传统的形式如文本,这类文本通常很接近那种以研究者和她的声音作为叙事中心的研究报告。其他形式可能是诗歌或剧场演出或音乐作品。在自我民族志中的呈现,是在展示一个人自己的故事,通过暗含的或明确的断言:个人叙事指导、破坏、煽动了行动,并指引了政治、文化和认同。

范例28 直接引自塔萨潘(潘)·萨里杨特(Sariyant,2002)的自我民族志。她的文献综述非常有创造性,在理论上也很有趣。尽管以与多数文献综述不一样的方式"被表演"出来,但萨里杨特的文献综述对自我民族志的感知是正确的,而且读起来相当有趣。

> **范例28 潘在(学术)奇境②:话语综述**
>
> 知晓需要知晓者。进入任何大图书馆,都会被如此多的废纸包围,直到那些收集在图书馆里的文本被解码了。图书馆收

---

① "批判教学法(critical pedagogy)",也被译作"批判教育学",这种教学方式力图帮助学生质疑、挑战人们习以为常的居于主导地位的信念与实践。在这里是指表演民族志通过表演来达到对日常生活世界的反思和质疑。——译者注

② "潘在(学术)奇境"的英文"Pan in(Academic)Wonderland"暗中引述英国童话人物彼得·潘(Peter Pan)以及另一个英国童话故事《爱丽丝漫游奇境(Alice in wonderland)》。因为作者的名字昵称也是潘,所以她把这份自我民族志式的文献综述以此命名,表明她的这份自我民族志在写作手法上有丰富的想象。——译者注

藏的"知识"是由知晓者的身体来承担的,这些人可以诠释、评估,或者用一个词,阅读(MacIntyre,1981,转引自 Steedman,1991,p.53)。

我不知道我在这儿坐了多久。我可能在那张椅子上打了很长时间的瞌睡。我的背很疼。我的眼睛灼热。当我往四周看的时候,我注意到坐在离我不远处读书的那几个人已经不在那儿了。透过我桌子附近的窗户闪耀着的午后阳光也不见了。这一刻这个房间里的气氛让我感觉恐惧不安。这个房间看起来相当阴暗。一列一列的大书架看起来像幽灵一般,就像是一个神秘地牢的墙壁。然而,我进来的时候从书架上拿出了几本书,在我读完之前,我不打算离开图书馆的这间房间。我快速地将那些愚蠢的图像从我的头脑中清除。

在站了一会儿并伸展了一下我疲惫的身体之后,我向电灯开关走去,我记得在对面角落的墙上看到了电灯开关。当我向那面墙走去,我眼睛的余光忽然注意到在那个角落的桌子周围安静地坐着的几个人的侧影。这些人是谁?他们为什么坐在黑暗中交谈?是图书馆的幽灵吗?我脊背上感到一阵凉意。我全身都起了鸡皮疙瘩。我无法决定我是应该跑出那间房间还是继续走向那个电灯开关并尽快把灯打开。在我做出反应之前,我听到来自那张桌子的一个温和的声音:"你要加入我们吗?"我愣住了。另一个人招了招手,把我算作桌旁的一员,并对我说:"请把灯打开,然后加入我们。"尽管我很担心,我一开灯这些人就会消失,我还是很快地把灯打开了。

我松了一口气,他们没有消失。在他们的头顶上白炽灯柔和的灯光中,那些剪影变成了七个看起来像是学者的女性和男性——准确地说,五位女性和两位男性——他们坐在那儿,对我微笑。他们并不是我一开始以为的幽灵。尽管他们的脸看起来很熟悉,但我想不起来我在哪儿见过他们。……坐在一位白胡子老人右手边的一位白人男性催促我:"来吧,加入我们的谈话。"跟这些人谈话?哦,天哪!他们看起来很学术、很有知识。

我跟他们能说什么，或者跟他们讨论什么？"来吧，坐在我旁边。这有把椅子。"一个和蔼的、像妈妈一样的女性指着她旁边的空椅子对我说，她坐在那个白胡子老人的左手位置。

当我坐下来的时候，我很快地介绍了一下我自己。"我叫潘，是国际教育中心的博士研究生，我来自泰国。我现在正在写博士论文。我在泰国的非正式教育部工作。一般来说，我的工作是开展以社区发展为目的的教育。我对发展话语、非正式教育及赋权教学法之间的关系进行探讨很感兴趣，特别是对泰国农村女性而言。我希望……"

"等一下，"在我说完之前，那个白胡子老人打断了我，"你不是要在你的博士论文中研究所有这些研究主题吧，是吗？"我摇了摇头，说不是。一位短发女性问了一个我害怕面对的问题："你研究的焦点是什么？"我低头看着桌子，很不好意思地承认："我还不是很确定。"当我抬起头，我看到每张脸上都露出了同情。我听到了一个很快的耳语："学术界的新兵"，这使我很不安，耳朵都红了。在我想清楚怎么捍卫我自己之前，在我右手边的黑头发女性建议："为什么我们不开始问问她，为什么她想了解这些研究主题，她想从那些话语中获得什么，那些话语与她的博士论文主题有怎样的关系。那么，我们可以给她一些建议。"这位女士转向我，说道："你能给我们详细解释一下吗？"我的脸忽然变白了，感到受了胁迫，每一双询问的眼睛都盯着我。

在某些程度上更传统一些的脉络中，范例 29 和范例 30 描述了研究者在进行报告写作时所面对的挑战以及所做的考虑。范例 29 展示了分析和写作是怎样在整个研究过程中交织在一起的，范例 30 是关于乱伦的一项研究，写作要面对的挑战相当大。

范例29 报告和分析的配置

通常,资料分析和研究写作被认为,也被描绘为,两个分离的过程。然而,研究者越来越多地将研究写作当作一次机会:在报告中展示资料分析是如何开展的。格斯尔-佩平(Gerstl-Pepin,1998)在她对教育改革的研究中相当出色地完成了这一工作。

格斯尔-佩平建构了一个理论框架,批判性地检验了北卡罗莱纳州的一项以艺术为基础的教育改革运动是否充当了一个反公共的领域(Fraser,1997),并带来了对教育政策和教育改革的民主式构建。尽管对检验关于民主建构起来的改革的前景这样的理论议题很感兴趣,格斯尔-佩平也对讲述改革运动的故事感兴趣。

为了平衡这两种兴趣,格斯尔-佩平决定采取与拉瑟和史密斯(Lather & Smithies,1997)相似的研究取向,并将她在思考研究问题时的转换与整个文本编织在一起。格斯尔-佩平将研究者的思考发展过程包括到自己的研究兴趣中,这是来自对转换中的研究范式的意识,这种转换中的范式强调研究者的主体性。在分析资料时,格斯尔-佩平遇到了研究过程中"可教育的时刻"①,在研究过程中,她的对研究的概念化和理解都发展并改变了。格斯尔-佩平将这些片段都包括在她关于改革运动的所讲述的故事中,以独立的文本框的形式,并以"插叙:对研究的反思"作为这些片段的标题。这些部分被包括在叙事的不同地方,描述了格斯尔-佩平的思考过程及研究焦点的转化。这些片段就像是故事里的故事,力图允许读者不仅参与到改革过程的故事中来,也参与到研究者的发现过程中来。

尽管我们经常对伦理进行讨论,我们在讨论最终报告的计划时,必须对此再次讨论。即使是以深切的伦理关怀对田野进入及资料收集进行了处理,在研究者考虑最终报告的形式时,

① "可教育的时刻(teachable moment)"是教育学中的一个术语,指在某些时刻对一些特定主题或观点的学习变得更可能也更容易。——译者注

新的伦理议题仍然会出现。你必须计划好这样一点：研究者不应当在她研究项目的结束时，才很惊奇地意识到，如果出版研究报告的话，她会造成伤害。我们最后一章的最后一个例子，范例30，展示了在汇报禁忌主题时面对的伦理困境。

范例30　谈论禁忌：继续研究关系

在对资料的分析和写作中，基格尔曼（Kiegelmann，1997）创造了许多方法来保护她的研究对象。这通常是很重要的，但对基格尔曼关于兄妹/姐弟乱伦的研究来说，她特别清楚：研究对象信任她，把她们生活中充满情感的并且是高度敏感的方面告诉了她。一位研究对象甚至把童年时的日记给基格尔曼看，在日记中有这位研究对象在乱伦发生几分钟后写下的记录。基格尔曼和研究对象成立了支持小组，在研究完成之后也继续见面。

当资料分析推进时，基格尔曼确认了研究论题，并注意到研究对象的谈话中存在着一定范围的微妙之处。之前的研究文献引导了她，尤其是关于女孩对女性特质——"好女孩"和女孩了解事物的方式——的讨论。三种声音的汇聚出现了：（1）沉默的声音；（2）身体化的声音；（3）命名的声音。基格尔曼为每个女性研究对象都写了传记，并把传记拿给研究对象看，邀请她们进行评论。基格尔曼从研究对象那里收到了反馈和评论，她把这些也整合进了她的写作。当研究接近完成时，基格尔曼把整个故事的草稿拿给所有研究对象看。每个研究对象都用这个机会来提供更多的细节，但都没有改变基格尔曼的解释。此外，基格尔曼还邀请研究对象直接写下给这个研究的读者的陈述，让这些女性说出最后的话。这样，信任关系超越了研究的时间得以维持，研究的真实性提高了，基格尔曼避免了忽视研究对象对她们生活进行再现时所面对的权力和控制。

范例30展示了对研究对象的高度伦理敏感。基格尔曼（Kiegelmann，1997）在整个过程中尊重研究对象的生活故事以及她们的声音。这包括了几次往返重复：写传记、把传记给研

究对象看、请她们评论、将她们的反馈包括进来、让研究对象看报告的草稿、要求进一步的评论、在最终的文本中包括这些女性的最后评论。尽管这个过程很花时间,它表明了基格尔曼对这些女性以及对她研究中伦理行为的深切投入。

*　*　*　*　*

哲学的追问及改变中的范式强调了研究者的主观性以及他与研究过程的关系。写下分析性备忘录、方法笔记或者在报告中安排插叙,这些都使得过程更加透明。在过去,科学的传统致力于没有生命的最终报告。然而,质性研究通常充满了现实的唤起情感的引文,而且标题和小标题都来自学术引文和口语引文的某种结合,这使得研究者有创造力。因此,关于年老退伍军人的研究可以用"老兵照顾:'谁关心我们?'"为题,这就比一般的报告引起了更多的关注。

博士生的指导老师不会对他们所指导博士候选人所写的多个草稿不断地提出建议,也不会牢牢控制这些候选人的整个分析和写作过程。根据沃尔科特(Wolcott,2009)的许多暗示,我们喜欢那些看得比学生更远的导师,他会告诉他的学生要写哪些方面。

当研究者仔细思考最终报告的"样子"时,他们应当以这份报告将如何使用为基础,考虑要包括什么以及要采用什么形式。由基金会、政府机构或者商业机构资助的研究,也许有定好了的形式。博士论文最终通常是源自实证主义传统的仿制形式,但也会进行一些改变,这样"研究发现"这一节会很长,也许会有一些章节从题目上就可以看出是要讨论五六个论题。那些希望能够出版的研究报告会使用出版者认为对机场的售货亭或者学术图书馆有吸引力的形式。那些有丰富研究过程记录的学者也可能更幽默、更有创造力。罗伯特·科尔斯(Coles,1977)对儿童危机的研究系列包括了儿童的蜡笔画,还有丰富的描述。科尔斯努力说服了出版商,这些资料对报告至关重要,这些500多页的书是值这个价的。科尔斯在关于他写作方法的讨论中,甚至说:"我在我的限度中,努力信奉社会小品文的传统。……我想这本书是临床观察、叙事描写、口述史、心理分析和社会评论的混合。"(Coles,1977,p. 59)由于科尔斯的学术研究经历,他可以不管学术传统的要求,但没有几个博士研究生能够做相同的事。关于报告的形式,我们的底线建议是:对你的目标读者、对你的最初目的,还有从开始推动你研究意图的热情来说,什么形式最有效!

在研究计划的阶段就规划最终报告的"样子",这看起来可能很专横。然而,研究计划的所有方面都对最终报告有影响。研究类型、"做的可能性"、研究者的角色、研究伦理、研究场景、资料收集、资料处理以及分析策略这些方面的决定都会影响最终的报告。要计划写作,就要提前思考——你会怎样从做研究开始跳跃到真正的写作。沃尔科特(Wolcott,2009)的简单建议仍然很有帮助:从描述开始,从方法开始,但要开始做!

最后的话

发展出质性研究计划书的过程——各部分之间的交叉使得修改成为必需——将创造出最终成果,这一成果将说服读者并发展出对研究者自己的研究指南的解释说明。这将使研究方法的选择正当化,并展示研究者进行研究的能力。写作和创造的过程将帮助研究者发展出引领及指导研究的逻辑和计划。花在写作研究计划书上的时间、思考和能量将收获回报。在理论上合理可靠、在方法上合乎伦理、有效且深思熟虑的研究计划书将给人以深刻影响。一份研究计划书展示了研究者有能力清楚地对田野工作的"善"进行论证,有能力发现合理的、可信的且有说服力的方式来分析和展示一项研究,这份研究计划书就会为你的研究努力真正做好准备。

准备一份好的研究计划书,准备好投入你的研究。你将准备好进入质性研究的旅程,这是愉快的、充满挑战的、"有规则的混乱"(Lather,2009)。

两位学习者之间的通信

梅兰妮：

我想我要提出与我今天早上回应的焦点问题有关的另一个议题。 当人们问我是做什么的时候，我通常回应我是一个职业学生。 我非常享受作为一个全职学生的自由，但没有人可以永远做学生。 我希望我的博士论文是一份有力量的论文（毕竟我只打算写一篇博士论文）。 我喜欢你的想法，跟同样在写博士论文的朋友组建一个博士论文工作小组。 这看起来是一个很好的方式，可以建立起支持小组，在这个过程中相互帮助。 然而，我也发现，我在我的博士论文研究过程中走得越远，我就与我的同伴们越疏远。 如果不是因为有研究助理的工作，我可能根本就不会在学校出现。 我可以很容易就会在田野里待上一段时间，与那些我过去关心的人失去联系。 你对此是怎么想的？ 有什么事情是需要关心的吗？

希望一切都好！

阿伦

嗨，阿伦：

我想孤立对研究生来说（也许也包括教授们）是一个重大的议题。 事实上，这是我在开始研究生生活的第一天就意识到了的问题。 我怎么能够在专注于我自己专门兴趣的同时，又能跟我的同伴们保持足够的一致？

我在博士论文支持小组上的意见跟你一致。 在这儿的几年里，我试着建立了写作小组或者阅读小组或者只是纯粹的支持小组，但是我至今只有非常有限的成果。 每个人都很忙，有许多其他要花时间的事儿；没有对小组会面的真正承诺，这就被放到一边了。 我想知道是不是所有的博士论文小组都是这样的命运。 毕竟，博士论文小组确实比阅读小组肩负更重的使命，而且也有明确的成果可以在小组会议上介绍。 我觉得我在这个过程中需要与人的接触。 在某些方面，研究对研究者而言是相当去人性化的。 你可以连续花几天在声音文件、学术期刊、田野笔记的草稿、电脑打印稿上，而没有一点实质的与人的接触。你被存在于纸上的人们所包围，但没有一个物理上真实的人！就像我很愿意有人能够通读我的草稿并且质疑我的方法，我也很愿意有人谈论日常议题，诸如研究者面临的障碍、给指导委员会的成员写信、工作地点、和/或忘记吃晚饭这样的事情。我真的很看重与人的接触。这也是为什么我的研究兴趣总是与关系有关，我也很愿意这样的联系能够作为整个研究过程的一种支持。

这就是我的一点看法。再谈！

梅兰妮

关键词

标准学	criteriology
多重理解	multiple understandings
解放的潜能	liberatory potential
可复制性	replicability
可靠性	dependability
可确定性	confirmability
可信度	credibility
可转化性	transferability
可尊敬度	respectability
牢牢控制	handholding
三角互证	triangulation
实践智慧	phronesis
推论过程的第二个决策跨度	second decision span in generalizing
写作、汇报和呈现的形式	forms of writing, presentation, and representation
研究计划答辩	proposal defense
"有科学基础的研究"	"scientifically based research"
运行记录	running record
"真值"	"truth value"
诤友	critical friend
知识政治	politics of knowledge
主位视角	emic perspectives

扩展阅读
参考文献

第 1 章

质性研究介绍

Bogdan, R. C. , & Biklen, S. K. (2006). *Qualitative research for education: An introduction to theory and methods* (5th ed.). Boston: Allyn & Bacon.

Corbin, J. , & Strauss, A. (2008). *Basics of qualitative research: Techniques and procedures for developing grounded theory* (3rd ed.). Thousand Oaks, CA: Sage.

Eisner, E. W. (1991). *The enlightened eye: Qualitative inquiry and the enhancement of educational practice.* New York: Macmillan.

Ellingson, L. L. (2009). *Engaging crystallization in qualitative research: An introduction.* Thousand Oaks, CA: Sage.

Flick, U. (2009). *An introduction to qualitative research* (4th ed.). London: Sage.

Glesne, C. (2005). *Becoming qualitative researchers: An introduction* (3rd ed.). New York: Longman.

Hesse-Biber, S. N. , & Leavy, P. (2006). *The practice of qualitative research.* Thousand Oaks, CA: Sage.

Janesick, V. J. (2004). *"Stretching" exercises for qualitative researchers* (2nd ed.). Thousand Oaks, CA: Sage.

Patton, M. Q. (2002). *Qualitative research and evaluation methods* (3rd ed.). Thousand Oaks, CA: Sage.

Pope, C. , & Mays, N. (2006). *Qualitative research in health care.* Oxford, UK: Blackwell.

Rossman, G. B. , & Rallis, S. F. (2003). *Learning in the field: An introduction to qualitative research* (2nd ed.). Thousand Oaks, CA: Sage.

Silverman, D. (Ed.). (2004). *Qualitative research: Theory, method, and practice* (2nd ed.). London: Sage.

Silverman, D. , & Marvasti, A. (2008). *Doing qualitative research: A comprehensive guide* (2nd ed.). Thousand Oaks, CA: Sage.

Willis, J. W. (2007). *Foundations of qualitative research: Interpretive and critical approaches.* Thousand Oaks, CA: Sage.

质性研究设计与计划书写作

Biklen, S. K. , & Casella, R. (2007). *A practical guide to the qualitative dissertation.* New

York：Teachers College Press.

Creswell, J. W. (2007). *Qualitative inquiry and research design：Choosing among five approaches* (2nd ed.). Thousand Oaks, CA：Sage.

Creswell, J. W. (2009). *Research design：Qualitative, quantitative, and mixed methods approaches* (3rd ed.). Thousand Oaks, CA：Sage.

Herr, K., & Anderson, G. L. (2005). *The action research dissertation：A guide for students and faculty.* Thousand Oaks, CA：Sage.

Maxwell, J. A. (2005). *Qualitative research design：An interactive approach* (2nd ed.). Thousand Oaks, CA：Sage.

Merriam, S. B. (2009). *Qualitative research：A guide to design and implementation.* San Francisco：Jossey-Bass.

Piatanida, M., & Garman, N. B. (1999). *The qualitative dissertation：A guide for students and faculty.* Thousand Oaks, CA：Corwin Press.

Schram, T. H. (2006). *Conceptualizing and proposing qualitative research* (2nd ed.). Upper Saddle River, NJ：Pearson Prentice Hall.

第 2 章

主要的质性研究类别

民族志

Atkinson, P. A., & Delamont, S. (Eds.). (2008). *Representing ethnography：Reading, writing and rhetoric in qualitative research.* London：Sage.

Atkinson, P. A., Delamont, S., Coffey, A., Lofland, J., & Lofland, L. (Eds.). (2007). *Handbook of ethnography.* London：Sage.

Crang, M., & Cook, I. (2007). *Doing ethnographies.* Thousand Oaks, CA：Sage.

Fetterman, D. (2009). *Doing ethnography：Step-by-step* (3rd ed.). Thousand Oaks, CA：Sage.

Gobo, G. (2008). *Doing ethnography.* London：Sage.

Pink, S. (2009). *Doing sensory ethnography.* London：Sage.

Tedlock, B. (2005). The observation of participation and the emergence of public ethnography. In N. K. Denzin & Y. S. Lincoln (Eds.), *The SAGE handbook of qualitative research* (3rd ed., pp. 467-481). Thousand Oaks, CA：Sage.

Ybema, S., Yanow, D., Wels, H., & Kamsteeg, F. (2009). *Organizational ethnography：Studying the complexity of everyday life.* London：Sage.

现象学

Beverly, J. (2000). Testimonio, subalternity, and narrative authority. In N. K. Denzin & Y. S. Lincoln (Eds.), *Handbook of qualitative research* (2nd ed., pp. 555-565). Thousand Oaks, CA：Sage.

Caelli, K. (2000). The changing face of phenomenological research：Traditional and American phenomenology in nursing. *Qualitative Health Research*, 10(3), 366-377.

Center for Advanced Research in Phenomenology. (2005). *What is phenomenology?* Retrieved May 9, 2009, from www. phenomenologycenter. org/phenom. htm

Cohen, M. Z. , Kahn, D. L. , & Steeves, R. H. (2000). *Hermeneutic phenomenological research : A practical guide for nurse researchers.* Thousand Oaks, CA: Sage.

Groenewald, T. (2004). A phenomenological research design illustrated. *International Journal of Qualitative Methods*, 3(1), Article 4. Retrieved May 9, 2009, from www. ualberta. ca/ ~ iiqm/backissues/3-1/html/groenewald. html

Kvale, S. , & Brinkmann, S. (2009). *Interviews : Learning the craft of qualitative research interviewing* (2nd ed.). Thousand Oaks, CA: Sage.

Moustakas, C. (1994). *Phenomenological research methods.* Thousand Oaks, CA: Sage.

Van Manen, J. (Ed.). (1995). *Researching lived experience : Human science for an action sensitive pedagogy.* Albany: State University of New York Press.

Wronka, J. (2008). *Human rights and social justice : Social action and service for the helping and health professions.* Thousand Oaks, CA: Sage.

社会传播研究

Roth, W. -M. (2001). Gestures : Their role in teaching and learning. *Review of Educational Research*, 71(3), 2-14.

Schiffrin, D. , Tannen, D. , & Hamilton, H. (Eds.). (2001). *Handbook of discourse analysis.* Oxford, UK: Blackwell.

专门的质性研究类型

叙事分析与批判话语分析

Chase, S. E. (2005). Narrative inquiry : Multiple lenses, approaches, voices. In N. K. Denzin & Y. S. Lincoln (Eds.), *The SAGE handbook of qualitative research* (3rd ed. , pp. 651-679). Thousand Oaks, CA: Sage.

Cheek, J. (2004). At the margins? Discourse analysis and qualitative research. *Qualitative Health Research*, 14(8), 1140-1150.

Clandinin, D. J. , & Connelly, F. M. (2000). *Narrative inquiry : Experience and story in qualitative research.* San Francisco: Jossey-Bass.

Czarniawska, B. (2004). *Narratives in social science research.* Thousand Oaks, CA: Sage.

Daiute, C. ,& Lightfoot, C. (2004). *Narrative analysis : Studying the development of individuals in society.* Thousand Oaks, CA: Sage.

Josselson, R. (Ed.). (1996). *Ethics and process in the narrative study of lives.* Thousand Oaks, CA: Sage.

Josselson, R. , & Lieblich, A. (Eds.). (1993). *The narrative study of lives.* Newbury Park, CA: Sage.

Peräkylä, A. (2005). Analyzing talk and text. In N. K. Denzin & Y. S. Lincoln (Eds.), *The SAGE handbook of qualitative research* (3rd ed. , pp. 869-886). Thousand Oaks, CA: Sage.

Riessman, C. K. (2007). *Narrative analysis : Methods for the human sciences.* Thousand Oaks, CA: Sage.

Rogers, R. (Ed.). (2004). *An introduction to critical discourse analysis in education.* Mahwah, NJ: Lawrence Erlbaum.

Ten Have, P. (2007). *Doing conversation analysis* (2nd ed.). Thousand Oaks, CA: Sage.

行动研究

Greenwood, D. J. , & Levin, M. (2007). *Introduction to action research: Social research for social change* (2nd ed.). Thousand Oaks, CA: Sage.

Kincheloe, J. L. (1991). *Teachers as researchers: Qualitative inquiry as a path to empowerment.* London: Falmer.

McNiff, J. , & Whitehead, J. (2003). *Action research: Principles and practice.* London: Routledge.

McNiff, J. , & Whitehead, J. (2009). *Doing and writing action research.* London: Sage.

Noffke, S. E. , & Somekh, B. (Eds.). (2009). *The SAGE handbook of educational action research.* London: Sage.

Reason, P. W. , & Bradbury, H. (2006). *Handbook of action research* (concise paperback ed.). Thousand Oaks, CA: Sage.

Sagor, R. (2005). *Action research handbook: A four-step process for educators and school teams.* Thousand Oaks, CA: Corwin.

Stringer, E. T. (2007). *Action research: A handbook for practitioners* (3rd ed.). Thousand Oaks, CA: Sage.

Stringer, E. T. , Christenson, L. M. , & Baldwin, S. C. (2009). *Integrating teaching, learning, and action research: Enhancing instruction in the K-12 classroom.* Thousand Oaks, CA: Sage.

参与行动研究

Brock, K. , & McGee, R. (2002). *Knowing poverty: Critical reflections on participatory research and policy.* Sterling, VA: Earthscan.

Cooke, B. , & Kothari, U. (Eds.). (2001). *Participation: The new tyranny?* London: Zed Books.

Hart, R. A. (1997). *Children's participation: The theory and practice of involving young citizens in community development and environmental care.* London: Earthscan.

Hickey, S. , & Mohan, G. (Eds.). (2004). *Participation: From tyranny to transformation?* London: Zed Books.

Kemmis, S. , & McTaggart, R. (2005). Participatory action research: Communicative action and the public sphere. In N. K. Denzin & Y. S. Lincoln (Eds.), *The SAGE handbook of qualitative research* (3rd ed. , pp. 559- 603). Thousand Oaks, CA: Sage.

Maguire, P. (2000). *Doing participatory research: A feminist approach.* Amherst, MA: Center for International Education.

McIntyre, A. (2008). *Participatory action research.* Thousand Oaks, CA: Sage.

McNiff, J. , & Whitehead, J. (2009). *Doing and writing action research.* London: Sage.

McTaggart, R. (Ed.). (1997). *Participatory action research: International contexts and consequences*. Albany：State University of New York Press.

Park，P.，Brydon-Miller，M.，Hall，B.，& Jackson，T.（Eds.）.（1993）. *Voices of change：Participatory research in the United States and Canada*. Toronto，Ontario，Canada：Ontario Institute for Studies in Education Press.

Van der Riet，M.（2008）. Participatory research and the philosophy of social science：Beyond the moral imperative. *Qualitative Inquiry，14（4）*，546-565.

Whyte，W. F.（Ed.）.（1991）. *Participatory action research*. Newbury Park，CA：Sage.

批判民族志和后批判民族志

Carspecken，P. F.（1996）. *Critical ethnography in educational research：A theoretical and practical guide*. New York：Routledge & Kegan Paul.

Crang，M.，& Cook，I.（2007）. *Doing ethnographies*. Thousand Oaks，CA：Sage.

Cruz，M. R.（2008）. What if I just cite Graciela? Working toward decolonizing knowledge through a critical ethnography. *Qualitative Inquiry*，14（4），651-658.

Gitlin，A.（Ed.）.（1994）. *Power and method：Political activism and educational research*. New York：Routledge.

Madison，D. S.（2005a）. *Critical ethnography：Method，ethics，and performance*. Thousand Oaks，CA：Sage.

Madison，D. S.（2005b）. Critical ethnography as street performance：Reflections of home，race，murder，and justice. In N. K. Denzin & Y. S. Lincoln（Eds.），*The SAGE handbook of qualitative research*（3rd ed.，pp. 537-546）. Thousand Oaks，CA：Sage.

Marcus，G.，& Fischer，M.（1986）. *Anthropology as cultural critique：An experimental moment in the human sciences*. Chicago：University of Chicago Press.

Morrow，R. A.，with Brown，D. D.（1994）. *Critical theory and methodology*. Thousand Oaks，CA：Sage.

Noblit，G. W.，Flores，S. Y.，& Murillo，E. G.，Jr.（Eds.）.（2005）. *Postcritical ethnography：Reinscribing critique*. Cresskill，NJ：Hampton Press.

Weis，L.（1990）. *Working class without work：High school students in a de-industrializing economy*. New York：Routledge.

Weis，L.，& Fine，M.（Eds.）.（2000）. *Construction sites：Excavating race，class，and gender among urban youth*. New York：Teachers College Press.

表演民族志和以艺术为基础的质性研究

Alexander，B. K.（2005）. Performance ethnography：The reenacting and inciting of culture. In N. K. Denzin & Y. S. Lincoln（Eds.），*The SAGE handbook of qualitative research*（3rd ed.，pp. 411-441）. Thousand Oaks，CA：Sage.

Bagley，C.（2008）. Educational ethnography as performance art：Towards a sensuous feeling and knowing. *Qualitative Research*，8（1），53-72.

Barone，T.，& Eisner，E.（2006）. Arts-based educational research. In J. L. Green，G. Camilli，& P. B. Elmore（Eds.），*Handbook of complementary methods in education*（3rd ed.，pp. 95-108）. New York：Routledge.

设计质性研究:有效研究计划的全程指导

Boal, A. (1997). *Theater of the oppressed.* London: Pluto Press.

Boal, A. (2002). *Games for actors and non-actors* (2nd ed.). London: Routledge.

Denzin, N. (2003). *Performance ethnography: Critical pedagogy and the politics of culture.* Thousand Oaks, CA: Sage.

Furman, R., Langer, C. L., Davis, C. S., Gallardo, H. P., & Kulkarni, S. (2007). Expressive research and reflective poetry as qualitative inquiry: A study of adolescent identity. *Qualitative Research,* 7(3), 301-315.

Madison, D. S., & Hamera, J. (Eds.). (2005). *Handbook of performance studies.* Thousand Oaks, CA: Sage.

Miller-Day, M. (2008). Performance matters. *Qualitative Inquiry,* 14(8), 1458-1470.

Said, E. W. (2007). *Music at the limits: Three decades of essays and articles on music.* New York: Columbia University Press.

互联网/虚拟民族志

Dicks, B., Mason, B., & Atkinson, P. (2005). *Qualitative research and hypermedia.* London: Sage.

Dicks, B., Soyinka, B., & Coffey, A. (2006). Multimodal ethnography. *Qualitative Research,* 6(1), 77-96.

Gajjala, R. (2004). *Cyber selves: Feminist ethnographies of South Asian women.* New York: AltaMira Press.

Garcia, A. C., Standlee, A. I., Bechkoff, J., & Cui, Y. (2009). Ethnographic approaches to the Internet and computer-mediated communication. *Journal of Contemporary Ethnography,* 38 (1), 52-84.

Hine, C. (2000). *Virtual ethnography.* London: Sage.

Mann, C., & Stewart, F. (2002). Internet interviewing. In J. Gubrium & J. A. Holstein (Eds.), *Handbook of interview research: Context and method* (pp. 603-627). Thousand Oaks, CA: Sage.

Mann, C., & Stewart, F. (2004). Introducing online methods. In S. N. Hesse-Biber & P. Leavy (Eds.), *Approaches to qualitative research: A reader on theory and practice* (pp. 367-401). New York: Oxford University Press.

Markham, A. N. (2004). Internet communication as a tool for qualitative research. In D. Silverman (Ed.), *Qualitative research: Theory, method, and practice* (2nd ed., pp. 95-124). London: Sage.

Olesen, V. (2009). Do whatever you can: Temporality and critical, interpretive methods in an age of despair. *Cultural Studies: Critical Methodologies,* 9(1), 52-55.

Williams, M. (2007). Avatar watching: Participant observation in graphical online environments. *Qualitative Researcher,* 7(1), 5-24.

女性主义研究

Brown, L. M. (2005). In the bad or good of girlhood: Social class, schooling, and white femininities. In L. Weis & M. Fine (Eds.), *Beyond silenced voices: Class, race, and gender in United States schools* (2nd ed. , pp. 147-161). Albany: State University of New York Press.

Butler, J. (1999). *Gender trouble: Feminism and the subversion of identity*. New York: Routledge.

Calas, M. , & Smircich, L. (1996). From "the woman's" point of view: Feminist approach to organization studies. In S. R. Clegg, C. Hardy, & W. R. Nord (Eds.), *Handbook of organization studies* (pp. 218-257). London: Sage.

Cannella, G. S. , & Manuelito, K. D. (2008). Feminisms from unthought locations: Indigenous worldviews, marginalized feminisms, and revisioning an anticolonial social science. In N. K. Denzin, Y. S. Lincoln, & L. T. Smith (Eds.), *Handbook of critical and indigenous methodologies* (pp. 45-59). Thousand Oaks, CA: Sage.

Dillard, C. B. (2003). The substance of things hoped for, the evidence of things not seen: Examining an endarkened feminist epistemology in educational research and leadership. In M. D. Young & L. Skrla (Eds.), *Reconsidering feminist research in educational leadership* (pp. 131-159). Albany: State University of New York Press.

Harding, S. (Ed.). (1987). *Feminism and methodology*. Bloomington: Indiana University Press.

Herr, R. S. (2004). A third world feminist defense of multiculturalism. *Social Theory & Practice*, 30(1), 73-103.

Hesse-Biber, S. N. , & Leavy, P. (2007). *Feminist research practice: A primer*. Thousand Oaks, CA: Sage.

Hill Collins, P. (1991). *Black feminist thought*. New York: Routledge.

Kleinman, S. (2007). *Feminist fieldwork analysis*. Thousand Oaks, CA: Sage.

Laible, J. (2003). A loving epistemology: What I hold critical in my life, faith, and profession. InM. D. Young & L. Skrla (Eds.), *Reconsidering feminist research in educational leadership* (pp. 179-192). Albany: State University of New York Press.

Lather, P. (1991). *Getting smart: Feminist research and pedagogy with/in the postmodern*. New York: Routledge & Kegan Paul. Lather, P. (2007). *Getting lost: Feminist efforts towards a double(d) science*. Albany: State University of New York Press.

Marshall, C. (Ed.). (1997). *Feminist critical policy analysis: A perspective from primary and secondary schooling*. London: Falmer.

Marshall, C. , & Young,M. (2006). Gender and methodology. In C. Skelton, B. Francis, & L. Smulyan, *Handbook of gender and education*. Thousand Oaks, CA: Sage.

Nielson, J. (Ed.). (1990). *Feminist research methods: Exemplary readings in the social sciences*. Boulder, CO: Westview.

Olesen, V. (2000). Feminisms and qualitative research into the new millennium. In N. K. Denzin & Y. S. Lincoln (Eds.), *Handbook of qualitative research* (2nd ed. , pp. 215-255). Thousand Oaks, CA: Sage.

Olesen, V. (2005). Early millennial feminist qualitative research: Challenges and contours. In N. K. Denzin & Y. S. Lincoln (Eds.), *The SAGE handbook of qualitative research* (3rd ed. , pp. 235-277). Thousand Oaks, CA: Sage.

Reinharz, S. (1992). *Feminist methods in social research*. New York: Oxford University Press.

Scott, J. W. (1986). Gender: A useful category of historical analysis. *The American Historical Review*, 91(5), 1053-1075.

Young, M. D., & Skrla, L. (2003). Research on women and administration: A response to Julie Laible's loving epistemology. In M. D. Young & L. Skrla (Eds.), *Reconsidering feminist research in educational leadership* (pp. 201-210). Albany: State University of New York Press.

文化研究

Barker, C. (2003). *Cultural studies: Theory and practice* (2nd ed.). Thousand Oaks, CA: Sage.

Barthes, R. (1972). *Mythologies*. London: Cape.

Gannon, S. (2006). The (im)possibilities of writing the self-writing: French poststructural theory and autoethnography. *Cultural studies: Critical methodologies*, 6(4), 474-495.

Gray, A. (2003). *Research practices for cultural studies: Ethnographic methods and lived cultures*. London: Sage.

Hall, S. (Ed.). (1997). *Representation: Cultural representations and signifying practices*. London: Sage.

hooks, b. (2004). Culture to culture: Ethnography and cultural studies as critical intervention. In S. N. Hesse-Biber & P. Leavy (Eds.), *Approaches to qualitative research: A reader on theory and practice* (pp.149-158). New York: Oxford University Press.

Miller, G., & Fox, K. J. (2004). Building bridges: The possibility of analytic dialogue between ethnography, conversation analysis, and Foucault. In D. Silverman (Ed.), *Qualitative research: Theory, method, and practice* (2nd ed., pp. 35-55). London: Sage.

Prior, L. (2004). Following Foucault's footsteps: Text and context in qualitative research. In S. N. Hesse-Biber & P. Leavy (Eds.), *Approaches to qualitative research: A reader on theory and practice* (pp. 317-333). New York: Oxford University Press.

Ryen, A. (2002). Cross-cultural interviewing. In J. Gubrium & J. A. Holstein (Eds.), *Handbook of interview research: Context and method* (pp. 335-354). Thousand Oaks, CA: Sage.

Saukko, P. (2003). *Doing research in cultural studies: An introduction to classical and new methodological approaches*. London: Sage.

Saukko, P. (2008). Methodologies for cultural studies: An integrative approach. In N. K. Denzin & Y. S. Lincoln (Eds.), *The landscapes of qualitative research* (3rd ed., pp. 457-475). Thousand Oaks, CA: Sage.

Surber, J. P. (1998). *Culture and critique: An introduction to the critical discourse of Cultural Studies*. Boulder, CO: Westview Press.

批判种族理论

Bernal, D. D. (2002). Critical race theory, Latino critical theory, and critical raced-gendered epistemologies: Recognizing students of color as holders and creators of knowledge. *Qualitative Inquiry*, 8(1), 105-126.

DeCuir, J. T., & Dixson, A. D. (2004). "So when it comes out, they aren't that surprised that it is there": Using critical race theory as a tool of analysis of race and racism in education. *Educational Researcher*, 33, 26-31.

Dixson, A. D., & Rousseau, C. K. (2005). And we are still not saved: Critical race theory in education ten years later. *Race, Ethnicity, & Education*, 8(1), 7-27.

Dixson, A. D., & Rousseau, C. K. (2007). *Critical race theory in education: All God's children got a song*. New York: Routledge.

Ladson-Billings, G. J. (1997). *The dreamkeepers: Successful teachers of African-American children*. San Francisco: Jossey-Bass.

Ladson-Billings, G. J. (2001). *Crossing over to Canaan: The journey of new teachers in diverse classrooms*. San Francisco: Jossey-Bass.

Ladson-Billings, G. J. (2005). *Beyond the big house: African American educators on teacher education*. New York: Teachers College Press.

Ladson-Billings, G. J., & Donnor, J. (2005). The moral activist role of critical race theory scholarship. In N. K. Denzin & Y. S. Lincoln (Eds.), *The SAGE handbook of qualitative research* (3rd ed., pp. 279-301). Thousand Oaks, CA: Sage.

Yosso, T. J. (2005). Whose culture has capital? A critical race theory discussion of community cultural wealth. *Race, Ethnicity, & Education*, 8(1), 69-91.

酷儿理论

Butler, J. (1999). *Gender trouble: Feminism and the subversion of identity*. New York: Routledge.

Halperin, D. M. (1990). *One hundred years of homosexuality and other essays on Greek love*. New York: Routledge.

Hawley, J. C. (2001a). *Postcolonial and queer theories: Intersections and essays*. Westport, CT: Greenwood Press.

Hawley, J. C. (2001b). *Postcolonial, queer: Theoretical intersections*. Albany: State University of New York Press.

Jagose, A. (1996). *Queer theory: An introduction*. New York: New York University Press.

Rhyne, R. (2000). Foucault, Michel (1926-1984). In G. E. Haggerty (Ed.), *Gay histories and cultures: An encyclopedia* (Vol. 2, pp. 337-338). New York: Garland.

Seidman, S. (1996). *Queer theory/sociology*. Cambridge, MA: Blackwell.

Stein, A., & Plummer, K. (1996). "I can't even think straight": "Queer" theory and the missing sexual revolution in sociology. In S. Seidman (Ed.), *Queer theory/sociology* (pp. 129-144). Cambridge, MA: Blackwell.

Sullivan, N. (2003). *A critical introduction to queer theory*. New York: New York University Press.

酷儿理论与质性研究

Allen, L. (2006). Trying not to think "straight": Conducting focus groups with lesbian and gay youth. *International Journal of Qualitative Studies in Education*, 19, 163-176.

Donelson, R., & Rogers, T. (2004). Negotiating a research protocol for studying school-based gay and lesbian issues. *Theory Into Practice*, 43(2), 128-135.

Grossman, A. H., & D'Augelli, A. R. D. (2006). Transgendered youth: Invisible and vulnerable. *Journal of Homosexuality*, 51, 111-128.

Kong, T. S., Mahoney, D., & Plummer, K. (2002). Queering the interview. In J. F. Gubrium & J. A. Holstein (Eds.), *Handbook of interview research: Context and method* (pp. 239-258). Thousand Oaks, CA: Sage.

Mayo, C. (2007). Queering foundations: Queer and lesbian, gay, bisexual, and transgender educational research. *Review of Research in Education*, 31, 78-94.

McCready, L. T. (2004). Understanding the marginalization of gay and gender non-conforming Black male students. *Theory Into Practice*, 43, 136-143.

第 3 章

Adams, T. E. (2008). A review of narrative ethics. *Qualitative Inquiry*, 14(2), 175-194.

Beach, D. (2003). A problem of validity in educational research. *Qualitative Inquiry*, 9(6), 859-873.

Bhattacharya, K. (2007). Consenting to the consent form: What are the fixed and fluid understandings between the researcher and the researched? *Qualitative Inquiry*, 13(8), 1095-1115.

Cho, J., and Trent, A. (2006). Validity in qualitative research revisited. *Qualitative Research*, 6(3), 319-340.

Cho, J., and Trent, A. (2009). Validity criteria for performance-related qualitative work: Toward a reflexive, evaluative, and co-constructive framework for performance in/as qualitative inquiry. *Qualitative Inquiry*, 15(6), 1013-1041.

Davies, D., and Dodd, J. (2002). Qualitative research and the question of rigor. *Qualitative Health Research*, 12(2), 279-289.

Ellingson, L. L. (2009). *Engaging crystallization in qualitative research: An introduction.* Thousand Oaks, CA: Sage.

Flick, U. (2009). *An introduction to qualitative research* (4th ed.). Thousand Oaks, CA: Sage.

Guillemin, M., and Gillam, L. (2004). Ethics, reflexivity, and "ethically important moments" in research. *Qualitative Inquiry*, 10(2), 261-280.

Hostetler, K. (2005). What is "good" education research? *Educational Researcher*, 34(6), 16-21.

Kirkhart, K. E. (1995). Seeking multicultural validity: A postcard from the road. *Evaluation Practice*, 16(1), 1-12.

Kvale, S. (1995). The social construction of validity. *Qualitative Inquiry*, 1(1), 19-40.

Lather, P. (1993). Fertile obsession: Validity after poststructuralism. *Sociological Quarterly*, 34(4), 673-693.

Lather, P. (2001). Validity as an incitement to discourse: Qualitative research and the crisis of legitimation. In V. Richardson (Ed.), *Handbook of research on teaching* (4th ed., pp. 241-250). Washington, DC: American Educational Research Association.

Maxwell, J. A. (2004). Causal explanation, qualitative research, and scientific inquiry in *education. Educational Researcher*, 33(2), 3-11.

Milner, H. R. (2007). Race, culture, and researcher positionality: Working through dangers seen, unseen, and unforeseen. *Educational researcher*, 36(7), 388-400.

Rallis, S. F., and Rossman, G. B. (in press). Reflexive research practitioners. *International Journal of Qualitative Studies in Education*, 23(3).

Rossman, G. B., and Rallis, S. F. (in press). Everyday ethics: Reflections on practice. *International Journal of Qualitative Studies in Education*, 23(3).

Sikes, P., and Goodson, I. (2003). Living research: Thoughts on educational research as moral practice. In P. Sikes, J. Nixon, and W. Carr (Eds.), *The moral foundations of educational research: Knowledge, inquiry and values* (pp. 32-51). Berkshire, UK: Open University Press.

Wolcott, H. F. (2002). *Sneaky kid and its aftermath: Ethics and intimacy in fieldwork*. Walnut Creek, CA: AltaMira.

第 4 章

Barbour, R. (2008). *Introducing qualitative research: A student's guide to the craft of doing qualitative research*. Thousand Oaks, CA: Sage.

Bloomberg, L., & Volpe, M. (2008). *Completing your qualitative dissertation*. Thousand Oaks, CA: Sage.

Cheek, J. (2000). an untold story? Doing funded qualitative research. In n. K. Denzin & Y. S. Lincoln (Eds.), *Handbook of qualitative research* (2nd ed., pp. 401-420). Thousand Oaks, CA: Sage.

Cheek, J. (2008). Funding. In L. M. Given (Ed.), *The Sage encyclopedia of qualitative research methods* (pp. 360-364). Thousand Oaks, CA: Sage.

Coley, s. M., & Scheinberg, C. A. (2000). *Proposal writing* (2nd ed.). Thousand Oaks, CA: Sage.

Creswell, J. W. (1998). *Qualitative inquiry and research design: Choosing among five traditions*. Thousand Oaks, CA: Sage.

Creswell, J. W. (2003). *Research design: Qualitative, quantitative, and mixed methods approaches* (2nd ed.). Thousand Oaks, CA: Sage.

Glesne, c. (2006). *Becoming qualitative researchers: An introduction* (3rd ed.). Boston: Pearson.

Janesick, V. J. (1994). The dance of qualitative research design. In n. K. Denzin & Y. S. Lincoln (Eds.), *Handbook of qualitative research* (pp. 209-219). Thousand Oaks, CA: Sage.

Kohli, R. (2008, april). *Breaking the cycle of racismin the classroom: Critical race reflections fromfuture teachers of color*. Paper presented at the meeting of aERa, san Diego, ca.

Lee, T. s. (2006). "I came here to learn how to be a leader": an intersection of critical pedagogy and indigenous education. *InterActions: UCLA Journal of Education and Information Studies*, 2(1), 1-24.

Locke, L. F., Spirduso, W. W., & Silverman, S. J. (2000). *Proposals that work: A guide for planning dissertations and grant proposals* (4th ed.). Thousand Oaks, CA: Sage.

Madison, D. S. (2005). *Critical ethnography: Method, ethics, and performance.* Thousand Oaks, CA: Sage.

Marshall, C. (2008). *Making the impossible job possible.* unpublished grant proposal, University of North Carolina at Chapel Hill.

Maxwell, J. A. (2005). *Qualitative research design: An interactive approach* (2nd ed.). Thousand Oaks, CA: Sage.

Piantanida, M., & Garman, N. B. (1999). *The qualitative dissertation: A guide for students and faculty.* Thousand Oaks, CA: Corwin Press.

Schram, T. H. (2006). *Conceptualizing and proposing qualitative research.* upper saddle River, nJ: Pearson.

Silverman, D. (2005). *Doing qualitative research* (2nd ed.). Thousand Oaks, CA: Sage.

Smith, D. E. (2005). *Institutional ethnography: A sociology for people.* Lanham, MD: AltaMira Press.

Strauss, A., & Corbin, J. (1990). *Basics of qualitative research.* Newbury Park, CA: Sage.

Strauss, A. L. (1969). *Mirrors and masks.* Mill valley, ca: sociology Press.

Weis, L., & Fine, M. (2000). *Speed bumps: A student-friendly guide to qualitative research.* new York: Teachers college Press.

Wronka, J. (2008). *Human rights and social justice: Social action and service for the helping and health professions.* Thousand Oaks, CA: Sage.

Ybema, S., Yanow, D., Wels, H., & Kamsteeg, F. (2009). *Organizational ethnography: Studying the complexity of everyday life.* London: sage

第 5 章

解释说明和逐渐展开的研究设计

Becker, H. S., Geer, B., Hughes, E. C., & Strauss, A. L. (1961). *Boys in white: Student culture in medical school.* Chicago: University of Chicago Press.

Brantlinger, E. A. (1993). *The politics of social class in secondary schools* (1st ed.). New York: Teachers College Press.

Campbell, A. (1991). *The girls in the gang* (2nd ed.). Cambridge, UK: Blackwell.

Chase, S. E. (1995). *Ambiguous empowerment: The work narratives of women school superintendents.* Amherst: University of Massachusetts Press.

Dicks, B., Soyinka, B., & Coffey, A. (2006). Multimodal ethnography. *Qualitative Research,* 6(1), 77-96.

Janesick, V. J. (1994). The dance of qualitative research design. In N. K. Denzin & Y. S. Lincoln (Eds.), *The Sage handbook of qualitative research* (pp. 209-219). Thousand Oaks, CA: Sage.

Kanter, R. M. (1977). *Men and women of the corporation.* New York: Basic Books.

Lesko, N. (1988). *Symbolizing society: Stories, rites, and structure in a Catholic high school.* New York: Falmer.

Metz, M. H. (1978). *Classrooms and corridors: The crisis of authority in desegregated secondary schools.* Berkeley: University of California Press.

Olesen, V. L. , & Whittaker, E. W. (1968). *The silent dialogue: A study in the social psychology of professional socialization.* San Francisco: Jossey-Bass.

Smith, L. (1971). *Anatomy of an educational innovation.* New York: Wiley.

Valli, L. (1986). *Becoming clerical workers.* Boston: Routledge & Kegan Paul.

Whyte, W. F. (1981). *Street corner society: The social structure of an Italian slum* (3rd ed.). Chicago: University of Chicago Press.

研究地点和抽样

Polkinghorne, D. E. (1989). Phenomenological research methods. In R. S. Valle & S. Halling (Eds.), *Existential-phenomenological perspectives in psychology* (pp. 41- 60). New York: Plenum Press.

个人反思

Brizuela, B. M. , Stewart, J. P. , Carrillo, R. G. , & Berger, J. G. (Eds.). (2000). *Acts of inquiry in qualitative research* (Reprint Series No. 34). Cambridge, MA: Harvard Educational Review.

deMarrais, K. B. (Ed.). (1998). *Inside stories: Qualitative research reflections.* Mahwah, NJ: Lawrence Erlbaum.

Eisner, E. W. (1991). *The enlightened eye: Qualitative inquiry and the enhancement of educational practice.* New York: Macmillan.

Geertz, C. (1988). *Works and lives: The anthropologist as author.* Palo Alto, CA: Stanford University Press.

Gitlin, A. (Ed.). (1994). *Power and method: Political activism and educational research.* New York: Routledge.

Glesne, C. , & Peshkin, A. (2005). *Becoming qualitative researchers: An introduction.* (3rd ed.). White Plains, NY: Longman.

Golde, P. (1970). *Women in the field.* Chicago: Aldine.

Jorgensen, D. L. (1989). *Participant observation: A methodology for human studies.* Newbury Park, CA: Sage.

Kanuha, V. K. (2000). Being native versus going native: Conducting social work research as an insider. *Social Work*, 45(5), 439- 447.

McLaughlin, D. , & Tierney, W. G. (1993). *Naming silenced lives: Personal narratives and processes of educational change.* New York: Routledge.

Piotrkowski, C. S. (1979). *Work and the family system: A naturalistic study of working-class and lower-middle-class families.* New York: Free Press.

Toma, J. D. (2000). How getting close to your subjects makes qualitative data better. *Theory into practice*, 39(3), 177-184.

Van Maanen, J. (1988). *Tales of the field: On writing ethnography.* Chicago: University of Chicago Press.

Weis, L. , & Fine, M. (2000). *Speed bumps: A student-friendly guide to qualitative research.* New York: Teachers College Press.

Whyte, W. F. (1984). *Learning from the field: A guide from experience.* Beverly Hills, CA: Sage.

商议进入田野及接近研究对象

Bogdan, R. C., & Biklen, S. K. (2006). *Qualitative research for education: An introduction to theory and methods* (5th ed.). Boston: Allyn & Bacon.

Collins, M., Shattell, M., & Thomas, S. P. (2005). Problematic interviewee behaviors in qualitative research. *Western Journal of Nursing Research*, 27(2), 188-199.

Dewing, J. (2002). From ritual to relationship: A person-centered approach to consent in qualitative research with older people who have dementia. *Dementia*, 1(2), 157-171.

Donelson, R., & Rogers, T. (2004). Negotiating a research protocol for studying school-based gay and lesbian issues. *Theory Into Practice*, 43(2), 128-135.

Eisner, E. W. (1991). *The enlightened eye: Qualitative inquiry and the enhancement of educational practice.* New York: Macmillan.

Feldman, M. S., Bell, J., & Berger, M. T. (Eds.). (2003). *Gaining access: A practical and theoretical guide for qualitative researchers.* Walnut Creek, CA: AltaMira Press.

Lifton, R. J. (1991). *Death in life: Survivors of Hiroshima.* Chapel Hill: University of North Carolina Press.

Patton, M. Q. (2001). *Qualitative research and evaluation methods* (3rd ed.). Newbury Park, CA: Sage.

Schwartz, H., & Jacobs, J. (1979). *Qualitative sociology: A method to the madness.* New York: Free Press.

Symonette, H. (2008). Cultivating self as responsive instrument: Working the boundaries and borderlands for ethical border crossings. In D. M. Mertens & P. E. Ginsberg (Eds.), *The handbook of social research ethics* (pp. 279-294). Thousand Oaks, CA: Sage.

Taylor, S. J., & Bogdan, R. (1998). *Introduction to qualitative research: The search for meanings.* New York: Wiley.

Yeh, C. J., & Inman, A. G. (2007). Qualitative data analysis and interpretation in counseling psychology: Strategies for best practices. *The Counseling Psychologist*, 35, 369-403.

个人困境、政治困境和伦理困境

Bowen, E. S. (1964). *Return to laughter.* Garden City, NY: Doubleday.

Brainard, J. (2001). The wrong rules for social science? *Chronicle of Higher Education*, 47(26), A21-A23.

Christians, C. G. (2000). Ethics and politics in qualitative research. In N. K. Denzin & Y. S. Lincoln (Eds.), *The Sage handbook of qualitative research* (2nd ed., pp. 133-155). Thousand Oaks, CA: Sage.

Copp, M. A. (2008). Emotions in qualitative research. In L. M. Given (Ed.), *The Sage encyclopedia of qualitative research methods* (pp. 249-252). Los Angeles: Sage.

Emerson, R. (2001). Introduction. In R. Emerson (Ed.), *Contemporary field research: A collection of readings* (pp. 255-268). Prospect Heights, IL: Waveland.

Everhart, R. B. (1977). Between stranger and friend: Some consequences of long-term fieldwork in schools. *American Educational Research Journal*, 14,1-15.

Fine, M. (1994). Negotiating the hyphens: Reinventing self and other in qualitative research. In N. K. Denzin & Y. S. Lincoln (Eds.), *The Sage handbook of qualitative research* (pp. 70-82). Thousand Oaks, CA: Sage.

Galliher, J. F. (1983). Social scientists' ethical responsibilities to superordinates: Looking up meekly. In R. Emerson (Ed.), *Contemporary field research: A collection of readings* (pp. 300-311). Prospect Heights, IL: Waveland.

Glesne, C. (1989). Rapport and friendship in ethnographic research. *International Journal of Qualitative Studies in Education*, 2, 43-54.

Kleinman, S., & Copp, M. A. (1993). *Emotions and fieldwork.* Newbury Park, CA: Sage.

Krieger, S. (1985). Beyond subjectivity: The use of self in social science. *Qualitative Sociology*, 8, 309-324.

Lincoln, Y. S. (1997). Self, subject, audience, text: Living at the edge, writing in the margins. In W. G. Tierney & Y. S. Lincoln (Eds.), *Representation and the text: Re-framing the narrative voice* (pp. 37-55). Albany: State University of New York Press.

Lincoln, Y. S. (2005). Institutional review boards and methodological conservatism: The challenge to and from phenomenological paradigms. In N. K. Denzin & Y. S. Lincoln (Eds.), *The SAGE handbook of qualitative research* (3rd ed., pp. 165-181). Thousand Oaks, CA: Sage.

Lincoln, Y. S., & Tierney, W. G. (2004). Qualitative research and institutional review boards. *Qualitative Inquiry*, 10(2), 219-234.

Olesen, V., & Whittaker, E. (1967). Role-making in participant observation: Processes in the research-actor relationship. *Human Organization*, 26, 273-281.

Peshkin, A. (1988). In search of subjectivity: One's own. *Educational Researcher*, 17, 17-21.

Punch, M. (1986). *The politics and ethics of fieldwork.* Beverly Hills, CA: Sage.

Punch, M. (1994). Politics and ethics in qualitative research. In N. K. Denzin & Y. S. Lincoln (Eds.), *The Sage handbook of qualitative research* (pp. 83-97). Thousand Oaks, CA: Sage.

Rabinow, P. (1977). *Reflections on fieldwork in Morocco.* Berkeley: University of California Press.

Rist, R. (1981, April). *Is there life after research? Ethical issues in the study of schools.* Paper presented at the annual meeting of the American Educational Research Association, Los Angeles.

Smith, M. (1999). Researching social workers' experiences of fear: Piloting a course. *Social Work Education*, 18(3), 347-354.

Spradley, J. S. (1979). *The ethnographic interview.* New York: Holt, Rinehart & Winston.

Thorne, B. (2001). Political activist as participant observer: Conflicts of commitment in a study of the draft resistance movement of the 1960s. In R. Emerson (Ed.), *Contemporary field research: A collection of readings* (pp. 216-234). Prospect Heights, IL: Waveland.

Van Maanen, J. (2001). The moral fix: On the ethics of fieldwork. In R. Emerson (Ed.), *Contemporary field research: A collection of readings* (pp. 269-287). Prospect Heights, IL:

Waveland.

Wax, M. L. (2001). On field-workers and those exposed to fieldwork: Federal regulations and moral issues. In R. Emerson (Ed.), *Contemporary field research: A collection of readings* (pp. 288-299). Prospect Heights, IL: Waveland.

Welland, T., & Pugsley, L. (2002). *Ethical dilemmas in qualitative research*. Hants, UK: Ashgate.

Wolcott, H. F. (2002). *Sneaky kid and its aftermath: Ethics and intimacy in fieldwork*. Walnut Creek, CA: Alta Mira Press.

伦理审查委员会

Boser, S. (2007). Power, ethics and the IRB: Dissonance over human participant review of participatory research. *Qualitative Inquiry*, 13(8), 1060-1074.

Cheek, J. (2007). Qualitative inquiry, ethics, and politics of evidence: Working within these spaces rather than being worked over by them. *Qualitative Inquiry*, 13(8), 1051-1059.

Koro-Ljungberg, M., Gemignani, M., Brodeur, C. W., & Kmiec, C. (2007). The technologies of normalization and self: Thinking about IRB's and extrinsic research ethics with Foucault. *Qualitative Inquiry*, 13(8), 1075-1094.

Lincoln, Y. S. (2005). Institutional review boards and methodological conservatism: The challenge to and from phenomenological paradigms. In N. K. Denzin & Y. S. Lincoln (Eds.), *The SAGE handbook of qualitative research* (3rd ed., pp. 165-181). Thousand Oaks, CA: Sage.

Lincoln, Y. S., & Tierney, W. G. (2004). Qualitative research and institutional review boards. *Qualitative Inquiry*, 10(2), 219-234.

Wiles, R., Charles, V., Crow, G., & Heath, S. (2006). Researching researchers: Lessons for research ethics. *Qualitative Research* 6(3), 283-299.

研究者的角色、接近研究对象以及与特定人群有关的伦理议题

Dewing, J. (2002). From ritual to relationship: A person-centered approach to consent in qualitative research with older people who have dementia. *Dementia*, 1(2), 157-171.

Holmes, R. (1998). *Fieldwork with children*. Newbury Park, CA: Sage.

Hood, Jr., R. W. (2000). A phenomenological analysis of the anointing among religious serpent handlers. *International Journal for the Psychology of Religion*, 10(4), 221-240.

Jackson, B. (1978). Killing time: Life in the Arkansas penitentiary. *Qualitative Sociology*, 1, 21-32.

McLarty, M. M., & Gibson, J. W. (2000). Using video technology in emancipatory research. *European Journal of Special Needs Education*, 15(2), 138-139.

Peek, L., & Fothergill, A. (2009). Using focus groups: Lessons from studying daycare centers, 9/11, and Hurricane Katrina. *Qualitative Research*, 9(1), 31-59.

Pepler, D. J., & Craig, W. M. (1995). A peek behind the fence: Naturalistic observations of aggressive children with remote audiovisual recording. *Developmental Psychology*, 31(4), 548-553.

Thomas, S. P., & Pollio, H. R. (2002). *Listening to patients: A phenomenological approach to nursing research and practice.* New York: Springer.

Turner, W. L., Wallace, B. R., Anderson, J. R., & Bird, C. (2004). The last mile of the way: Understanding caregiving in African American families at the end-of-life. *Journal of Marital & Family Therapy*, 30(4), 427-488.

Wenger, G. C. (2003). Interviewing older people. In J. A. Holstein & J. F. Gubrium (Eds.), *Inside interviewing: New lenses, new concerns* (pp. 111-130). Thousand Oaks, CA: Sage.

第 6 章

观察与参与观察

Adler, P. A., & Adler, P. (1994). Observational techniques. In N. K. Denzin & Y. S. Lincoln (Eds.), *Handbook of qualitative research* (pp. 377-392). Thousand Oaks, CA: Sage.

Bogdan, R. C., & Biklen, S. K. (2006). *Qualitative research in education: An introduction to theory and methods* (5th ed.). Boston: Allyn & Bacon.

Brock, K., & McGee, R. (2002). *Knowing poverty: Critical reflections on participatory research and policy.* Sterling, VA: Earthscan.

Cooke, B., & Kothari, U. (Eds.). (2001). *Participation: The new tyranny?* London: Zed Books.

Delamont, S. (2001). *Fieldwork in educational settings: Methods, pitfalls, and perspectives* (2nd ed.). London: RoutledgeFalmer.

DeWalt, K. M., & De Walt, B. R. (2001). *Participant observation: A guide for fieldworkers.* Walnut Creek, CA: AltaMira Press.

Emerson, R. M., Fretz, R. I., & Shaw, H. L. (1995). *Writing ethnographic fieldnotes.* Chicago: University of Chicago Press.

Hickey, S., & Mohan, G. (Eds.). (2004). *Participation: From tyranny to transformation?* London: Zed Books.

Jorgensen, D. L. (1989). *Participant observation: A methodology for human studies.* Newbury Park, CA: Sage.

Lee, R. M. (1995). *Dangerous fieldwork.* Thousand Oaks, CA: Sage.

Lofland, J., & Lofland, L. H. (1995). *Analyzing social settings: A guide to qualitative observation and analysis* (3rd ed.). Belmont, CA: Wadsworth.

Nordstrom, C., & Robben, A. (1995). *Fieldwork under fire: Contemporary studies of violence and survival.* Berkeley: University of California Press.

Smith, C. D., & Kornblum, W. (Eds.). (1996). *In the field: Readings on the field research experience.* Westport, CT: Praeger.

Spradley, J. S. (1980). *Participant observation.* New York: Holt, Rinehart & Winston.

Wolcott, H. F. (2005). *The art of fieldwork* (2nd ed.). Walnut Creek, CA: AltaMira Press.

Wolcott, H. F. (2008). *Ethnography: A way of seeing* (2nd ed.). Walnut Creek, CA: AltaMira Press.

深度访谈

Gubrium, J. F. , & Holstein, J. A. (Eds.). (2002). *Handbook of interview research.* Thousand Oaks, CA: Sage.

Gubrium, J. F. , & Holstein, J. A. (2003). *Postmodern interviewing.* Thousand Oaks, CA: Sage.

Holstein, J. A. , & Gubrium, J. F. (Eds.). (2003). *Inside interviewing: New lenses, new concerns.* Thousand Oaks, CA: Sage.

Kvale, S. , & Brinkmann, S. (2009). *InterViews: Learning the craft of qualitative research interviewing* (2nd ed.). Thousand Oaks, CA: Sage.

Patton, M. Q. (2002). *Qualitative research and evaluation methods* (3rd ed.). Thousand Oaks, CA: Sage.

Peace, S. D. , & Sprinthall, N. A. (1998). Training school counselors to supervise beginning counselors: Theory, research, and practice. *Professional School Counseling,* 1(5), 2-9.

Riessman, C. K. (2002). Analysis of personal narratives. In J. F Gubrium & J. A. Holstein (Eds.), *Handbook of interview research* (pp. 695-710). Thousand Oaks, CA: Sage.

Rubin, H. J. , & Rubin, I. S. (2004). *Qualitative interviewing: The art of hearing data* (2nd ed.). Thousand Oaks, CA: Sage.

Weiss, R. S. (1994). *Learning from strangers: The art and method of qualitative interview studies.* New York: Free Press.

民族志访谈

Bateman, B. E. (2002). Promoting openness toward culture learning: Ethnographic interviews for students of Spanish. *Modern Language Journal,* 86(3), 318-331.

Crivos, M. (2002). Narrative and experience: Illness in the context of an ethnographic interview. *Oral History Review,* 29(2),13-15.

Edmondson, R. (2005). Wisdom in later life: Ethnographic approaches. *Ageing and Society,* 25 (3), 339-356.

Montgomery, L. (2004). "It's just what I like": Explaining persistent patterns of gender stratification in the life choices of college students. *International Journal of Qualitative Studies in Education,* 17(6), 785-802.

Spradley, J. S. (1979). *The ethnographic interview.* New York: Holt, Rinehart & Winston.

Turner,W. L. ,Wallace, B. R. , Anderson, J. R. , & Bird, C. (2004). The last mile of the way: Understanding caregiving in African American families at the end-of-life. *Journal of Marital & Family Therapy,* 30(4), 427-488.

Westby, C. , Burda, A. , & Mehta, Z. (n. d.). Asking the right questions in the right ways: Strategies for ethnographic interviewing. *The ASHA Leader Online.* Retrieved February 25, 2009, from http://www. asha. org/publications/leader/archives/2003/q2/f 030429b. htm.

Wolcott, H. F. (1985). On ethnographic intent. *Educational Administration Quarterly,* 3, 187-203.

现象学访谈

Collins, M., Shattell, M., & Thomas, S. P. (2005). Problematic interviewee behaviors in qualitative research. *Western Journal of Nursing Research*, 27(2), 188-199.

Holstein, J. A., & Gubrium, J. F. (1995). *The active interview.* Thousand Oaks, CA: Sage.

Hood, R. W., Jr. (2000). A phenomenological analysis of the anointing among religious serpent handlers. *International Journal for the Psychology of Religion*, 10(4), 221-240.

Lackey, N. R., Gates, M. F., & Brown, G. (2001). African American women's experiences with the initial discovery, diagnosis, and treatment of breast cancer. *Oncology Nursing Forum*, 28(3), 519-527.

Maloy, R., Pine, G., & Seidman, I. (2002). *Massachusetts teacher preparation and induction study report: First year findings* (National Education Association Professional Development School Research Project Teacher Quality Study). Washington, DC: National Education Association.

Mosselson, J. (2006). *Roots and routes: Bosnian adolescent refugees in New York.* New York: Peter Lang.

Seidman, I. E. (2006). *Interviewing as qualitative research: A guide for researchers in education and the social sciences* (3rd ed.). New York: Teachers College Press.

Thomas, S. P., & Pollio, H. R. (2002). *Listening to patients: A phenomenological approach to nursing research and practice.* New York: Springer.

VanManen, M. (1990). *Researching lived experience: Human science for an action sensitive pedagogy.* Buffalo: State University of New York Press.

焦点小组访谈

Allen, L. (2006). Trying not to think "straight": Conducting focus groups with lesbian and gay youth. *International Journal of Qualitative Studies in Education*, 19, 163-176.

Botherson, M. J. (1994). Interactive focus group interviewing: A qualitative research method in early intervention. *Topics in Early Childhood Special Education*, 14(1), 101-118.

Hennink, M. M. (2007). *International focus group research: A handbook for the health and social sciences.* Cambridge, UK: Oxford University Press.

Hennink, M. M. (2008). Emerging issues in international focus group discussions. In S. N. Hesse-Biber & P. Leavy (Eds.), *Handbook of emergent methods* (pp. 207-220). New York: Guilford Press.

Krueger, R. A., & Casey, M. A. (2008). *Focus groups: A practical guide for applied research* (4th ed.). Thousand Oaks, CA: Sage.

Linhorst, D. M. (2002). A review of the use and potential of focus groups in social work research. *Qualitative Social Work*, 1(2), 208-228.

Morgan, D. L. (1997). *Focus groups as qualitative research* (2nd ed.). Thousand Oaks, CA: Sage.

Peek, L., & Fothergill, A. (2009). Using focus groups: Lessons from studying daycare centers, 9/11, and Hurricane Katrina. *Qualitative Research*, 9(1), 31-59.

Stewart, D. W. , & Shamdasani, P. N. (1990). *Focus groups*: *Theory and practice*. Newbury Park, CA: Sage.

生活史、叙事研究和数字化故事讲述

Adams, T. E. (2008). A review of narrative ethics. *Qualitative Inquiry*, 14(2), 175-194.

Atkinson, R. (1998). *The life story interview*. Thousand Oaks, CA: Sage.

Bell, J. S. (2002). Narrative inquiry: More than just telling stories. *TESOL Quarterly*, 36(2), 207-213. Center for Digital Storytelling [Web site]. Accessed October 24, 2009, at www. storycenter. org/index1. html

Clandinin, D. J. , & Connelly, F. M. (2000). *Narrative inquiry*: *Experience and story in qualitative research*. San Francisco: Jossey-Bass.

Clandinin, D. J. , Huber, J. , Huber, M. , Murphy, M. W. , & Orr, A. M. (Eds.). (2006). *Composing diverse identities*: *Narrative inquiries into the interwoven lives of children and teachers*. New York: Routledge.

Conle, C. (2000). Narrative inquiry: Research tool and medium for professional development. *European Journal of Teacher Education*, 23(1), 49-54.

Conle, C. (2001). The rationality of narrative inquiry in research and professional development. *European Journal of Teacher Education*, 24(1), 21-33.

Digital Storytelling Association [Website]. Accessed April 8, 2009, at www. dsaweb. org/

Educause. (n. d.). *Educause learning initiative*:*156 resources*. Accessed April 8, 2009, at www. educause. edu/Resources/Browse/EDUCAUSELearningInitiative/33152

Etter-Lewis, G. , & Foster, M. (1996). *Unrelated kin*: *Race and gender in women's personal narratives*. New York: Routledge.

Gluck, S. B. , & Patai, P. (Eds.). (1991). *Women's words*: *The feminist practice of oral history*. New York: Routledge.

Goldman, R. , Hunt, M. K. , Allen, J. D. , Hauser, S. , Emmons, K. , Maeda, M. , et al. (2003). The life history interview method: Applications to intervention development. *Health Education & Behavior*, 30, 564-581.

Hodgson, K. (2005). *Digital storytelling*: *Using technology to tell stories*. Retrieved April 8, 2009, from www. umass. edu/wmwp/DigitalStorytelling/Digital/20Storytelling/20Main/ 20Page. htm iMovie™ [Computer software]. Retrieved October 29, 2009, from www. apple. com/ilife/imovie/

Josselson, R. (Ed.). (1996). *Ethics and process in the narrative study of lives*. Thousand Oaks, CA: Sage.

Josselson, R. , & Lieblich, A. (Eds.). (1993). *The narrative study of lives*. Newbury Park, CA: Sage.

Lieblich, A. , Tuval-Mashiach, R. , & Zilber, T. (1998). *Narrative research*: *Reading, analysis, and interpretation*. Thousand Oaks, CA: Sage.

Mandelbaum, D. G. (1973). The study of life history: Gandhi. *Current Anthropology*, 14, 177-207.

Martin, R. R. (1995). *Oral history in social work*: *Research, assessment, and intervention*.

Thousand Oaks, CA: Sage.

Miller, R. L. (1999). *Researching life stories and family histories.* Thousand Oaks, CA: Sage.

Mitchell, W. J. (Ed.). (1981). *On narrative.* Chicago: University of Chicago Press.

MovieMaker™ [Computer software]. Retrieved October 29, 2009, from www. microsoft. com/ windowsxp/downloads/updates/moviemaker2. mspx

Narayan, K. , & George, K. M. (2003). Personal and folk narratives as cultural representation. In J. F. Gubrium & J. A. Holstein (Eds.), *Postmodern interviewing* (pp. 123-139). Thousand Oaks, CA: Sage.

Narrative Inquiry: The Forum for Theoretical, Empirical, and Methodological Work on Narrative [Web site]. Accessed March 2, 2009, at www. clarku. edu/faculty/mbamberg/narrativeINQ/

Riessman, C. K. (1993). *Narrative analysis.* Newbury Park, CA: Sage.

Riessman, C. K. (2002). Analysis of personal narratives. In J. F. Gubrium & J. A. Holstein (Eds.), *Handbook of interview research* (pp. 695-710). Thousand Oaks, CA: Sage.

Slim, H. , & Thompson, P. (1995). *Listening for a change: Oral testimony and community development.* Philadelphia: New Society.

Stanley, L. , & Temple, B. (2008). Narrative methodologies: Subjects, silences, re-readings and analyses. *Qualitative Research*, 8(3), 275-282.

Thompson, P. R. (2000). *The voice of the past: Oral history* (3rd ed.). Oxford, UK: Oxford University Press.

Wengraf, T. (2001). *Qualitative research interviewing: Biographic narrative and semi-structured methods.* London: Sage.

Yow, V. R. (1994). *Recording oral history: A practical guide for social scientists.* Thousand Oaks, CA: Sage.

对精英的访谈

Aberbach, J. D. , & Rockman, B. A. (2002). Conducting and coding elite interviews. *PS: Political Science & Politics*, 35(4),673- 676.

Becker, T. M. , & Meyers, P. R. (1974-1975). Empathy and bravado: Interviewing reluctant bureaucrats. *Public Opinion Quarterly*, 38, 605- 613.

Bennis, W. , & Nanus, B. (1985). *Leaders: The strategies for taking charge.* New York: Harper & Row.

Delaney, K. J. (2007). Methodological dilemmas and opportunities in interviewing organizational elites. *Sociology Compass*, 1(1), 208-221.

Hertz, R. , & Imber, J. B. (1995). *Studying elites using qualitative methods.* Thousand Oaks, CA: Sage.

Marshall, C. (1984). Elites, bureaucrats, ostriches, and pussycats: Managing research in policy settings. *Anthropology and Education Quarterly*, 15, 235-251.

Odendahl, T. , & Shaw, A. M. (2002). Interviewing elites. In J. F. Gubrium & J. A. Holstein (Eds.), *Handbook of interview research* (pp. 299-316). Thousand Oaks, CA: Sage.

Thomas, R. (1993). Interviewing important people in big companies. *Journal of Contemporary Ethnography*, 22(1), 80-96.

对儿童的访谈和研究

Cappello, M. (2005). Photo interviews: Eliciting data through conversations with children. *Field Methods*, 17(2), 170-184.

Daniels, D. H., Beaumont, L. J., & Doolin, C. A. (2002). *Understanding children: An interview and observation guide for educators.* Boston: McGraw-Hill Higher Education.

Eder, D., & Fingerson, L. (2003). Interviewing children and adolescents. In J. A. Holstein & J. F. Gubrium (Eds.), *Inside interviewing: New lenses, new concerns* (pp. 33-53). Thousand Oaks, CA: Sage.

Faller, K. C. (2003). Research and practice in child interviewing. *Journal of Interpersonal Violence*, 18(4), 377-389.

Fine, G. A., & Sandstrom, K. L. (1988). *Knowing children: Participant observation with minors.* Newbury Park, CA: Sage.

Greene, S., & Hogan, D. (Eds.). (2005). *Researching children's experiences: Approaches and methods.* London: Sage.

Hart, R. A. (1997). *Children's participation: The theory and practice of involving young citizens in community development and environmental care.* London: Earthscan.

Kortesluoma, R. L., Hentinen, M., & Nikkonen, M. (2003). Conducting a qualitative child interview: Methodological considerations. *Journal of Advanced Nursing*, 42(5), 434-441.

Lewis, A., & Porter, J. (2004). Interviewing children and young people with learning disabilities. *British Journal of Learning Disabilities*, 32(4), 191-197.

Moore, T., McArthur, M., & Noble-Carr, D. (2008). Little voices and big ideas: Lessons learned fromchildren about research. *International Institute for Qualitative Methodology*, 7(2), 77-91.

Smith, A. B., Taylor, N. J., & Gollop, M. M. (Eds.). (2000). *Children's voices: Research, policy and practice.* Auckland, NZ: Pearson Education.

Wilson, J. C., & Powell, M. (2001). *A guide to interviewing children: Essential skills for counsellors, police, lawyers and social workers.* New York: Routledge.

跨越社会身份认同的访谈

Bell, J. S. (2002). Narrative inquiry: More than just telling stories. *TESOL Quarterly*, 36(2), 207-213.

Bloom, L. R., & Munro, P. (1995). Conflicts of selves: Non-unitary subjectivity in women administrators' life history narratives.

In J. A. Hatch & R. Wisniewski (Eds.), *Life history and narrative* (pp. 99-112). London: Falmer Press.

Dunbar, C., Jr., Rodriguez, D., & Parker, L. (2003). Race, subjectivity, and the interview process. In J. A. Holstein & J. F. Gubrium (Eds.), *Inside interviewing: New lenses, new concerns* (pp. 131-150). Thousand Oaks, CA: Sage.

Edmondson, R. (2005). Wisdom in later life: Ethnographic approaches. *Ageing and Society*, 25 (3), 339-356.

Foster, M. (1994). The power to know one thing is never the power to know all things: Methodological notes on two studies of Black American teachers. In A. Gitlin (Ed.), *Power and method: Political activism and educational research* (pp. 129-146). London: Routledge.

Kong, T. S. K., Mahoney, D., & Plummer, K. (2003). Queering the interview. In J. A. Holstein & J. F. Gubrium (Eds.), *Inside interviewing: New lenses, new concerns* (pp. 91-110). Thousand Oaks, CA: Sage.

Milner, H. R. (2007). Race, culture, and researcher positionality: Working through dangers seen, unseen, and unforeseen. *Educational Researcher*, 36(7), 388-400.

Reinharz, S., & Chase, S. E. (2003). Interviewing women. In J. A. Holstein & J. F. Gubrium (Eds.), *Inside interviewing: New lenses, new concerns* (pp. 73-90). Thousand Oaks, CA: Sage.

Riessman, C. K. (1991). When gender is not enough: Women interviewing women. In J. Lorder & S. A. Farrell (Eds.), *The social construction of gender* (pp. 217-236). Newbury Park, CA: Sage.

Ryen, A. (2003). Cross-cultural interviewing. In J. A. Holstein & J. F. Gubrium (Eds.), *Inside interviewing: New lenses, new concerns* (pp. 429-448). Thousand Oaks, CA: Sage.

Schwalbe, M. L., &Wolkomir, M. (2003). Interviewing men. In J. A. Holstein & J. F. Gubrium (Eds.), *Inside interviewing: New lenses, new concerns* (pp. 55-71). Thousand Oaks, CA: Sage.

Subedi, B., & Rhee, J. (2008). Negotiating collaboration across differences. *Qualitative Inquiry*, 14(6), 1070-1092.

Wenger, G. C. (2003). Interviewing older people. In J. A. Holstein & J. F. Gubrium (Eds.), *Inside interviewing: New lenses, new concerns* (pp. 111-130). Thousand Oaks, CA: Sage.

Wieder, A. (2003). White teachers/white schools: Oral histories from the struggle against apartheid. *Multicultural Education*, 10(4), 26-31.

翻译和转录

Birbili, M. (2000). Translating from one language to another. *Social Research Update*, 31. Retrieved February 27, 2009, from http://sru. soc. surrey. ac. uk/SRU31. html

Edwards, R. (1998). A critical examination of the use of interpreters in the qualitative research process. *Journal of Ethnic & Migration Studies*, 24(1), 197-208.

Esposito, N. (2001). From meaning to meaning: The influence of translation techniques on non-English focus group research. *Qualitative Health Research*, 11(4), 568-579.

Maranhão, T., & Streck, B. (Eds.). (2003). *Translation and ethnography: The anthropological challenge of intercultural understanding*. Tucson: University of Arizona Press.

Maynard-Tucker. G. (2000). Conducting focus groups in developing countries: Skill training for local bilingual facilitators. *Qualitative Health Research*, 10(3), 396-410.

Poland, B. D. (2003). Transcription quality. In J. A. Holstein & J. F. Gubrium (Eds.), *Inside interviewing: New lenses, new concerns* (pp. 267-287). Thousand Oaks, CA: Sage.

Singal, N., & Jeffery, R. (2008). Transcribing and translating data. In *Qualitative research skills workshop: A facilitator's reference manual*. Cambridge, UK: RECOUP (Research Consortium on Educational Outcomes and Poverty). Retrieved February 27, 2009, from http://manual. recoup. educ. cam. ac. uk

Temple, B. (1997). Watch your tongue: Issues in translation and cross-cultural research. *Sociology*, 31(3), 607-618.

Temple, B. (2008). Narrative analysis of written texts: Reflexivity in cross language research. *Qualitative Research*, 8(3), 355-365.

Temple, B., & Young, A. (2004). Qualitative research and translation dilemmas. *Qualitative Research*, 4(2), 161-178.

Tilley, S. A. (2003). "Challenging" research practices: Turning a critical lens on the work of transcription. *Qualitative Inquiry*, 9(5), 750-773.

使用文件和物质文化

Busch, C., De Maret, P. S., Flynn, T., Kellum, R., Le, S., Meyers, B., et al. (2005). *An introduction to content analysis*. Retrieved March 2, 2009, from the Colorado State University Writing Center Web site at http://writing. colostate. edu/guides/research/content/ pop2a. cfm

Hodder, I. (2000). The interpretation of documents and material culture. In N. K. Denzin & Y. S. Lincoln (Eds.), *Handbook of qualitative research* (2nd ed., pp. 703-716). Thousand Oaks, CA: Sage.

Neuendorf, K. A. (2002). *The content analysis guidebook*. Thousand Oaks, CA: Sage.

Neuendorf, K. A. (n. d.). *The content analysis guidebook online*. Retrieved March 2, 2009, from http://academic. csuohio. edu/kneuendorf/content

Rosenberg, L. (2006). *Rewriting ideologies of literacy: A study of writing by newly literate adults*. Unpublished PhD dissertation, University of Massachusetts, Amherst.

Storey, W. K. (2004). *Writing history: A guide for students*. New York: Oxford University Press.

第 7 章

电脑程序和互联网技术

Anderson, T., & Kanuka, H. (2003). *E-research: Methods, strategies, and issues*. Boston: Allyn & Bacon.

Bagley, C. (2008). Educational ethnography as performance art: Towards a sensuous feeling and knowing. *Qualitative Research*, 8(1), 53-72.

Basit, T. N. (2003). Manual or electronic? The role of coding in qualitative data analysis. *Educational Research*, 45(2),143-154.

Baym, N. K. (2000). *Tune in, log on: Soaps, fandom and online community*. Thousand Oaks, CA: Sage.

Best, S. J., & Krueger, B. S. (2004). *Internet data collection*. Thousand Oaks, CA: Sage.

Buchanan, E. A. (Ed.). (2004). *Readings in virtual research ethics: Issues and controversies*. Hershey, PA: Information Science.

Chen, S., Hall, G. J., & Johns, M. D. (Eds.). (2003). *Online social research: Methods, issues and ethics*. New York: Peter Lang.

Couper, M. P. , & Hansen, S. E. (2003). Computer-assisted interviewing. In J. A. Holstein &
J. F. Gubrium (Eds.), *Inside interviewing: New lenses, new concerns* (pp. 195-213).
Thousand Oaks, CA: Sage.

Davidson, J. , & Jacobs, C. (2008). The implications of qualitative research software for doctoral
work. *Qualitative Research Journal*, 8(2), 72-80.

Gajjala, R. (2004). *Cyber selves: Feminist ethnographies of South Asian women.* New York:
AltaMira Press.

Garcia, A. C. , Standlee, A. I. , Bechkoff, J. , & Cui, Yan. (2009). Ethnographic approaches
to the Internet and computer-mediated communication. *Journal of Contemporary Ethnography*,
38(1), 52-84.

Gatson, S. N. , & Zwerink, A. (2004). Ethnography online: "Natives" practicing and inscribing
community. *Qualitative Research*, 4(2), 179-200.

Gough, S. , & Scott, W. (2000). Exploring the purposes of qualitative data coding in educational
enquiry: Insights from recent research. *Educational Studies*, 26, 339-354.

Hewson, C. , Yule, P. , Laurent, D. , & Vogel, C. (2003). *Internet research methods: A
practical guide for the social and behavioral sciences.* Thousand Oaks, CA: Sage.

Hine, C. (2001). *Virtual ethnography.* London: Sage.

Hughey, M. W. (2008). Virtual (br) others and (re) sisters: Authentic black fraternity and
sorority identity on the Internet. *Journal of Contemporary Ethnography*, 35(5), 528-560.

James, N. , & Busher, H. (2006). Credibility, authenticity and voice: Dilemmas in online
interviewing. *Qualitative Research*, 6(3), 403-420.

Kendall, L. (2002). *Hanging out in the virtual pub: Masculinities and relationships online.*
Berkeley: University of California Press.

Lee, B. K. , & Gregory, D. (2008). Not alone in the field: Distance collaboration via the
Internet in a focused ethnography. *International Journal of Qualitative Methods*, 7(3), 30-46.

Leedy, P. D. (Ed.). (1997). *Practical research: Planning and design* (6th ed.). Upper
Saddle River, NJ: Prentice Hall.

Mann, C. , & Stewart, F. (2000). *Internet communication and qualitative research: A handbook
for researching online.* London: Sage.

Mann, C. , & Stewart, F. (2003). Internet interviewing. In J. F. Gubrium & J. A. Holstein
(Eds.), *Postmodern interviewing* (pp. 81-105). Thousand Oaks, CA: Sage.

Markham, A. N. (2004). Internet communication as a tool for qualitative research. In D.
Silverman (Ed.), *Qualitative research: Theory, method and practice* (pp. 95-124). London:
Sage.

Markham, A. N. (2005). The methods, politics, and ethics of representation in online
ethnography. In N. K. Denzin & Y. S. Lincoln (Eds.), *Handbook of qualitative research*
(3rd ed. , pp. 793-820). Thousand Oaks, CA: Sage.

Miller, D. , & Slater, D. (2000). *The Internet: An ethnographic approach.* New York: Berg.

Sade-Beck, L. (2004). Internet ethnography: Online and offline. *International Journal of
Qualitative Methods*, 3(2), Article 4. Retrieved March 2, 2009, from www. ualberta. ca/ ~
iiqm/backissues/3_2/ pdf/sadebeck. pdf

Seale, C. F. (2003). Computer-assisted analysis of qualitative interview data. In J. A. Holstein

& J. F. Gubrium (Eds.), *Inside interviewing: New lenses, new concerns* (pp. 289-308). Thousand Oaks, CA: Sage.

Selwyn, N. (2002). Telling tales on technology: The ethical dilemmas of critically researching educational computing. In T. Welland & L. Pugsley (Eds.), *Ethical dilemmas in qualitative research* (pp. 42-56). Hants, UK: Ashgate.

Seymour, W. S. (2001). In the flesh or online? Exploring qualitative research methodologies. *Qualitative Research*, 1(2), 147-168.

Sixsmith, J., & Murray, C. D. (2001). Ethical issues in the documentary data analysis of Internet posts and archives. *Qualitative Health Research*, 11(3), 423-432.

Tesch, R. (1990). *Qualitative research: Analysis types and software tools.* New York: Falmer Press.

Ward, K. J. (1999). Cyber-ethnography and the emergence of the virtually new community. *Journal of Information Technology*, 14, 95-105.

Williams, M. (2007). Avatar watching: Participant observation in graphical online environments. *Qualitative Researcher*, 7(1), 5-24.

软 件

Atlas. ti 6. 0 for Windows [Computer software]. Trial copy available at the Atlas. ti Scientific Software Development Web site at www. atlasti. com

Dragon Naturally Speaking 10 for Windows [Computer software]. Retrieved March 3, 2009, from the Nuance Communications, Inc. Web site at www. nuance. com/naturallyspeaking

e-Speaking [Computer software]. Retrieved March 3, 2009, from www. e-speaking. com

The Ethnograph 6. 0 for Windows [Computer software]. Retrieved February 27, 2009, from the Qualis Research Web site at www. qualisresearch. com

Express ScribeTranscription Playback Software for Windows [Computer software]. Retrieved March 2, 2009, from the NCH Software, Inc. Web site at www. nch. com. au/scribe

NViv08 for Windows [Computer software]. Trial copy available at the QRS International Web site. Accessed March 2, 2009 at www. qsrinternational. com

Olympus Digital Wave Player 2 [Computer software]. Retrieved October 26, 2009, from www. olympusvoice. com. au/products/digital/notetakers/vn240pc_specifications. html

Pinnacle Studi012 [Computer software]. Retrieved March 3, 2009, from www. pinnaclesys. com/PublicSite/us/Products/Consumer + Products/Home + Video/Studio + Family/ (Avid Technology, Inc.)

SurveyMonkey [Computer software]. Retrieved March 5, 2009, from www. surveymonkey. com

Sykpe [Computer software]. Retrieved October 26, 2009, from www. Skype. com

历史分析

Barzun, J., & Graff, H. F. (2004). *The modern researcher* (6th ed.). Belmont, CA: Wadsworth.

Berg, B. L. (2004). *Qualitative research methods for the social sciences* (5th ed.). Boston: Pearson.

Brooks, P. C. (1969). *The use of unpublished primary sources.* Chicago: University of Chicago

Press.

Crivos, M. (2002). Narrative and experience: Illness in the context of an ethnographic interview. *Oral History Review*, 29(2),13-15.

Edson, C. H. (1998). Our past and present: Historical inquiry in education. In R. R. Sherman & R. B. Webb (Eds.), *Qualitative research in education: Focus and methods* (pp. 44-57). New York: Falmer Press.

Gottschalk, L. A. (1969). *Understanding history*. New York: Knopf.

Hodder, I. (2000). The interpretation of documents and material culture. In N. K. Denzin & Y. S. Lincoln (Eds.), *Handbook of qualitative research* (2nd ed., pp. 703-716). Thousand Oaks, CA: Sage.

Schutt, R. K. (2001). *Investigating the social world: The process and practice of research*. Thousand Oaks, CA: Pine Forge Press.

Storey, W. K. (2004). *Writing history: A guide for students*. New York: Oxford University Press.

Tuchman, G. (1994). Historical social science. In N. K. Denzin & Y. S. Lincoln (Eds.), *Handbook of qualitative research* (pp. 306-323). Thousand Oaks, CA: Sage.

Zinn, H. (2005). *A people's history of the United States: 1492-present*. New York: Harper.

录像和照片

Asch, T. (Producer). (1970). *The feast* [Motion picture]. Washington, DC: U. S. National Audiovisual Center.

Beckman, K., & Ma, J. (Eds.). (2008). *Still moving: Between cinema and photography*. Durham, NC: Duke University Press.

Campbell, L. H., & McDonagh, D. (2009). Visual narrative research methods as performance in industrial design education. *Qualitative Inquiry*, 15(3), 587-606.

Cappello, M. (2005). Photo interviews: Eliciting data through conversations with children. *Field Methods*, 17(2), 170-184.

Collier, J., & Collier, M. (1986). *Visual anthropology: Photography as a research method*. Albuquerque: University of New Mexico Press.

Gardner, R. (1974). *Rivers of sand* [Motion picture]. New York: Phoenix Films.

Harper, D. (1994). On the authority of the image. In N. K. Denzin & Y. S. Lincoln (Eds.), *Handbook of qualitative research* (pp. 403-412). Thousand Oaks, CA: Sage.

Hockings, P. (Ed.). (1995). *Principles of visual anthropology*. New York: Mouton de Gruyter.

Kopal, M., & Suzuki, L. A. (Eds.). (1999). *Using qualitative methods in psychology*. Thousand Oaks, CA: Sage.

McLarty, M. M., & Gibson, J. W. (2000). Using video technology in emancipatory research. *European Journal of Special Needs Education*, 15(2), 138-139.

Noyes, A. (2004). Video diary: A method for exploring learning dispositions. *Cambridge Journal of Education*, 34(2), 193-209.

Pepler, D. J., & Craig, W. M. (1995). A peek behind the fence: Naturalistic observations of aggressive children with remote audiovisual recording. *Developmental Psychology*, 31(4), 548-553.

Photovoice. org [Web site]. Accessed April 8, 2009, at www. photovoice. org

Pink, S. (2001). More visualizing, more methodologies: On video, reflexivity and qualitative research. *Sociological Review*, 49(4), 586-599.

Prosser, J. (1998). *Image-based research: A sourcebook for qualitative researchers.* London: Falmer Press.

Raingruber, B. (2003). Video-cued narrative reflection: A research approach for articulating tacit, relational and embodied understandings. *Qualitative Health Research*, 13 (8), 1155-1169.

Rollwagen, J. (Ed.). (1988). *Anthropological filmmaking.* New York: Harwood Academic.

Rose, G. (2008). *Visual methodologies: An introduction to the interpretation of visual methods* (2nd ed.). Thousand Oaks, CA: Sage.

Sabin, A. (Cinematographer). (2008). *Intimidad* [Motion picture]. Available at the Carnivales que Films Web site at www. carnivalesquefilms. com/intimidad. html

Visual Anthropology. net. Accessed March 3, 2009, at www. visualanthropology. net

Wang, C., & Burris, M. A. (1997). Photovoice: Concept, methodology, and use for participatory needs assessment. *Health Education & Behavior*, 24(3), 369-387.

Wang, C. C., & Pies, C. A. (2004). Family, maternal, and child health through photovoice. *Maternal and Child Health Journal*, 8(2), 95-102.

Wiseman, F. (Director). (1969). *High school* [Motion picture]. Boston: Zippora Films.

Wright, T. (2008). *Visual impact: Culture and meaning of images.* Oxford, UK: Berg.

互动分析、举止神态学和空间关系学

Alibali, M., & Nathan, M. (2007). Teachers' gestures as a means of scaffolding students' understanding: Evidence from an early algebra lesson. In R. Goldman, R. Pea, B. Barron, & S. Derry (Eds.), *Video research in the learning sciences* (pp. 349-366). Mahwah, NJ: Lawrence Erlbaum.

Birdwhistell, R. L. (1970). *Kinesics and context: Essays on body motion communication.* Philadelphia: University of Pennsylvania Press.

Corson, D. (1995). Ideology and distortion in the administration of outgroup interests. In D. Corson (Ed.), *Discourse and power in educational organizations* (pp. 87-110). Cresskill, NJ: Hampton Press.

Edgerton, R. B. (1979). *Alone together: Social order on an urban beach.* Berkeley: University of California Press.

Ekman, P., Campos, J., Davidson, R. J., & DeWaals, F. (2003). *Emotions inside out: 130 years after Darwin's "The Expression of the Emotions in Man and Animals."* New York: Annals of the New York Academy of Sciences.

Ekman, P., & Friesen, W. V. (1975). *Unmasking the face: A guide to recognizing emotions from facial clues.* Upper Saddle River, NJ: Prentice Hall.

Flanders, N. A. (1970). *Analyzing teaching behavior.* Reading, MA: Addison-Wesley.

Freedman, J. (1975). *Crowding and behavior.* New York: Viking Press.

Guerrero, L. K., DeVito, J. A., & Hecht, M. L. (Eds.). (1999). *The nonverbal communication reader: Classic and contemporary readings* (2nd ed.). Prospect Heights, IL: Waveland Press.

Hall, E. T. (1966). *The hidden dimension.* Garden City, NY: Doubleday.

Hall, E. T. , & Hall, M. R. (1977). Nonverbal communication for educators. *Theory Into Practice*, 16, 141-144.

Jordan, B. , & Henderson, A. (1995). Interaction analysis: Foundations and practice. *Journal of the Learning Sciences*, 4(1),39-103.

Keegan, S. (2008). Projective techniques. In L. Given (Ed.), *The Sage encyclopedia of qualitative research methods*(pp. 686-688). Thousand Oaks, CA: Sage.

Kering, P. K. , & Baucom, D. H. (Eds.). (2004). *Couple observational coding systems.* Mahwah, NJ: Lawrence Erlbaum.

Rex, L. A. , & Green, J. L. (2008). Classroom discourse and interaction: Reading across the traditions. In B. Spolsky & F. Hull(Eds.), *Handbook of educational linguistics* (pp. 571-584). Wiley-Blackwell.

Rex, L. A. , Murnen, T. J. , Hobbs, J. , & McEachen, D. (2002). Teachers' pedagogical stories and the shaping of classroom participation: The dancer and the graveyard shift at the 7-11. *American Educational Research Journal*, 39(3), 765-796.

Rex, L. A. , Steadman, S. , & Graciano, M. (2006). Researching the complexity of classroom interaction. In J. L. Green, G. Camilli, & P. E. More (Eds.), *Handbook of complementary methods in education research* (pp. 727-772). Mahwah, NJ: Lawrence Erlbaum.

Rutter, D. R. (1984). *Aspects of nonverbal communication.* Amsterdam: Swets & Zeitlinger.

Scherer, K. R. , & Ekman, R. (Eds.). (1982). *Handbook of methods in nonverbal behavior research.* New York: Cambridge University Press.

Siegman, A. W. , & Feldstein, S. (Eds.). (1987). *Nonverbal behavior and communication* (2nd ed.). Hillsdale, NJ: Lawrence Erlbaum.

Singer, M. , Radinsky, J. , & Goldman, S. R. (2008). The role of gesture in meaning construction. *Discourse Processes*, 45(4),365-386.

Soley, L. , & Smith, A. (2008). *Projective techniques for social sciences and business research.* Milwaukee, WI: Southshore Press.

困境分析

Baron, R. S. , & Kerr, N. L. (2003). Social dilemmas. In R. S. Baron & N. L. Kerr (Eds.), *Group process, group decision, group action* (2nd ed. , pp. 139-154). Philadelphia: Open University Press.

Eek, D. (n. d.). *To work or not to work? A social dilemma analysis of health insurance.* Retrieved June 29, 2005, from www. psy. gu. se/download/gpr983. pdf

McCrea, H. (1993). Valuing the midwife's role in the midwife/client relationship. *Journal of Clinical Nursing*, 2(1), 47-52.

Simpson, B. (2003). Sex, fear, and greed: A social dilemma analysis of gender and cooperation. *Social Forces*, 82(1), 35-52.

Van Lange, P. A. M. , Van Vugt, M. , Meertens, R. M. , & Ruiter, R. A. C. (1998). A social dilemma analysis of commuting preferences: The roles of social value orientation and trust. *Journal of Applied Social Psychology*, 28(9), 796-820.

Van Vugt, M. (1997). Concerns about the privatization of public goods: A social dilemma *analysis. Social Psychology Quarterly*, 60(4), 355-367.

Webb, J., & Foddy, M. (2004). Vested interests in the decision to resolve social dilemma conflicts. *Small Group Research*, 35(6), 666-697.

第 8 章

资料分析

Anfara, V. A., Jr., Brown, K. M., & Mangione, T. L. (2002). Qualitative analysis on stage: Making the research process more public. *Educational Researcher*, 31, 28-38.

Atkinson, P., & Delamont, S. (2005). Analytic perspectives. In N. K. Denzin & Y. S. Lincoln (Eds.), *The SAGE handbook of qualitative research* (3rd ed., pp. 821-840). Thousand Oaks, CA: Sage.

Charmaz, K. (2006). *Constructing grounded theory: A practical guide through qualitative analysis*. Thousand Oaks, CA: Sage.

Coffey, A. (1996). *Making sense of qualitative data: Complementary research strategies*. Thousand Oaks, CA: Sage.

Cohen, L., Manion, L., & Morrison, K. (2007). *Research methods in education*. New York: Routledge.

Dey, I. (1999). *Grounding grounded theory: Guidelines for qualitative inquiry*. San Diego, CA: Academic Press.

Emerson, R. M., Fretz, R. I., & Shaw, L. L. (1995). *Writing ethnographic fieldnotes*. Chicago: University of Chicago Press.

Fielding, N. G., & Lee, R. M. (1998). *Computer analysis and qualitative research*. London: Sage.

Goetz, J. P., & LeCompte, M. D. (1981). Ethnographic research and the problem of data reduction. *Anthropology & Education Quarterly*, 12(1), 51-70.

Harry, B., Sturges, K. M., & Klingner, J. K. (2005). Mapping the process: An exemplar of process and challenge in grounded theory analysis. *Educational Researcher*, 34(2), 3-13.

Katz, J. (2001). *Analytic induction revisited*. In R. M. Emerson (Ed.), *Contemporary field research* (2nd ed., pp. 331-334). Prospect Heights, IL: Waveland Press.

Kerig, P. K., & Baucom, D. H. (Eds.). (2004). *Couple observational coding systems*. Mahwah, NJ: Lawrence Erlbaum.

Krippendorf, K. (2004). *Content analysis: An introduction to its methodology* (2nd ed.). Thousand Oaks, CA: Sage.

Madison, D. S. (2005). *Critical ethnography: Method, ethics, and performance*. Thousand Oaks, CA: Sage.

Marshall, C., & Anderson, A. L. (Eds.). (2008). *Activist educators: Breaking past limits*. New York: Routledge.

Miles, M. B., & Huberman, A. M. (1994). *Qualitative data analysis: An expanded sourcebook* (2nd ed.). Thousand Oaks, CA: Sage.

Mills, G. E. (1993). Levels of abstraction in a case study of educational change. In D. J. Flinders & G. E. Mills (Eds.), *Theory and concepts in qualitative research: Perspectives from the field* (pp. 103-116). New York: Teachers College Press.

Morse, J. M. , & Richards, L. (2002). *Read me first for a user's guide to qualitative methods.* Thousand Oaks, CA: Sage.

Neuendorf, K. A. (2002). *The content analysis guidebook.* Thousand Oaks, CA: Sage.

Patton, M. Q. (2002). *Qualitative research and evaluation methods* (3rd ed.). Thousand Oaks, CA: Sage.

Richards, L. (2005). *Handling qualitative data: A practical guide.* Thousand Oaks, CA: Sage.

Ryan, G. W. , & Bernard, H. R. (2000). Data management and analysis methods. In N. K. Denzin & Y. S. Lincoln (Eds.), *Handbook of qualitative research* (2nd ed. , pp. 769-802). Thousand Oaks, CA: Sage.

Saldana, J. (2009). *The coding manual for qualitative researchers.* Thousand Oaks, CA: Sage.

Sandelowski, M. , & Barroso, J. (2003). Writing the proposal for a qualitative research methodology project. *Qualitative Health Research*, 13, 781-820.

Sanjek, R. (1990). On ethnographic validity. In R. Sanjek (Ed.), *Fieldnotes: The makings of anthropology* (pp. 385- 418). Ithaca, NY: Cornell University Press.

Saumure, K. , & Given, L. M. (2008). Data saturation. In L. M. Given (Ed.), *The SAGE encyclopedia of qualitative research methods* (Vol. 1, pp. 195-196). Thousand Oaks, CA: Sage.

Silverman, D. (1993). *Interpreting qualitative data: Methods for analyzing talk, text and interaction.* London: Sage.

Silverman, D. (2000). Analyzing talk and text. In N. K. Denzin & Y. S. Lincoln (Eds.), *Handbook of qualitative research* (2nd ed. , pp. 821-834). Thousand Oaks, CA: Sage.

Silverman, D. (2005). *Doing qualitative research* (2nd ed.). Thousand Oaks, CA: Sage.

Silverman, D. (2007). *A very short, fairly interesting and reasonably cheap book about qualitative research. .* Thousand Oaks, CA: Sage.

Strauss, A. , & Corbin, J. (Eds.). (1997). *Grounded theory in practice.* Thousand Oaks, CA: Sage.

Tanaka, G. (1997). Pico college. In W. G. Tierney & Y. S. Lincoln (Eds.), *Representation and the text: Re-framing the narrative voice* (pp. 259-304). Albany: State University of New York Press.

Thornton, S. J. (1993). The quest for emergentmeaning: A personal account. In D. J. Flinders & G. E. Mills (Eds.), *Theory and concepts in qualitative research: Perspectives from the field* (pp. 68-82). New York: Teachers College Press.

Wolcott, H. F. (1994). *Transforming qualitative data: Description, analysis, and interpretation.* Thousand Oaks, CA: Sage.

Yeh, C. J. , & Inman, A. G. (2007). Qualitative data analysis and interpretation in counseling psychology: Strategies for best practices. *The Counseling Psychologist*, 35, 369- 403.

资料的质量和分析的质量

Cho , J. , & Trent, A. (2006). Validity in qualitative research revisited. *Qualitative Research*, 6 (3), 319-340.

Cho, J. , & Trent, A. (2009). Validity criteria for performance-related qualitative work: Toward a reflexive, evaluative, and coconstructive framework for performance in/as qualitative inquiry. *Qualitative Inquiry*, 15(6), 1013-1041.

Kvale, S. (1995). The social construction of validity. *Qualitative Inquiry*, 1(1), 19-40.

在创造性和控制之间的连续统

Coffey, A. (1996). *Making sense of qualitative data: Complementary research strategies.* Thousand Oaks, CA: Sage.

Janesick, V. J. (2000). The choreography of qualitative research design. In N. K. Denzin & Y. S. Lincoln (Eds.), *Handbook of qualitative research* (pp. 1-29). Thousand Oaks, CA: Sage.

Janesick, V. J. (2004). *Stretching exercises for qualitative researchers* (2nd ed.). Thousand Oaks, CA: Sage.

van den Hoonard, D. K., & van den Hoonard, W. C. (2008). Data analysis. In L. M. Givens (Ed.), *The SAGE encyclopedia of qualitative research methods* (Vol. 1, pp. 185-186). Thousand Oaks, CA: Sage.

Wolcott, H. F. (2009). *Writing up qualitative research.* Thousand Oaks, CA: Sage.

使用电脑软件进行分析

Auerbach, C., & Silverstein, L. B. (2003). *Qualitative data: An introduction to coding and analysis.* New York: NYU Press.

Basit, T. N. (2003). Manual or electronic? The role of coding in qualitative data analysis. *Educational Research*, 45(2), 143-154.

Bazeley, P. (2007). *Qualitative data analysis with NVivo.* Thousand Oaks, CA: Sage.

Kelle, E. (Ed.). (1995). *Computer-aided qualitative data analysis.* Thousand Oaks, CA: Sage.

Lewins, A., & Silver, C. (2007). *Using software in qualitative research.* Thousand Oaks, CA: Sage.

Piety, P. (2009, April). *The network model case study: A research method for studying educational practice across organizations.* Paper presented at the annual meeting of the American Educational Research Association, San Diego, CA.

Richards, T. J., & Richards, L. (1994). Using computers in qualitative research. In N. K. Denzin & Y. S. Lincoln (Eds.), *Handbook of qualitative research* (pp. 445-462). Thousand Oaks, CA: Sage.

Seale, C. F. (2003). Computer-assisted analysis of qualitative interview data. In J. A. Holstein & J. F. Gubrium (Eds.), *Inside interviewing: New lenses, new concerns* (pp. 289-308). Thousand Oaks, CA: Sage.

Tesch, R. (1990). *Qualitative research: Analysis types and software tools.* New York: Falmer Press.

Weitzman, E. A. (2000). Software and qualitative research. In N. K. Denzin & Y. S. Lincoln (Eds.), *Handbook of qualitative research* (2nd ed., pp. 803-820). Thousand Oaks, CA: Sage.

Weitzman, E. A., & Miles, M. B. (1995). *Computer programs for qualitative data analysis.* Thousand Oaks, CA: Sage.

读者

Barone, T. (2008). Audience. In L. M. Givens (Ed.), *The SAGE encyclopedia of qualitative research methods* (Vol. 1, pp. 37-38). Thousand Oaks, CA: Sage.

第 9 章

Cheek, J. (2000). An untold story? Doing funded qualitative research. In N. K. Denzin & Y. S. Lincoln (Eds.), *Handbook of qualitative research* (2nd ed., pp. 401-420). Thousand Oaks, CA: Sage.

Cheek, J. (2008). Funding. In L. M. Given (Ed.), *The SAGE encyclopedia of qualitative research methods* (pp. 360-364). Thousand Oaks, CA: Sage.

Coley, S. M., & Scheinberg, C. A. (2000). *Proposal writing* (2nd ed.). Thousand Oaks, CA: Sage. (See Appendix A on estimating time)

Locke, L. F., Spirduso, W. W., & Silverman, S. J. (2000). *Proposals that work: A guide for planning dissertations and grant proposals* (4th ed., chap. 9 & 10). Thousand Oaks, CA: Sage.

Morse, J. M. (1994). Designing funded qualitative research. In N. K. Denzin & Y. S. Lincoln (Eds.), *Handbook of qualitative research* (pp. 220-235). Thousand Oaks, CA: Sage.

Penrod, J. (2003). Getting funded: Writing a successful qualitative small-project proposal. *Qualitative Health Research*, 13(6), 821-832.

Tripp-Riemer, T., & Cohen, M. Z. (1991). Funding strategies for qualitative research. In J. M. Morse (Ed.), *Qualitative nursing research: A contemporary dialogue* (pp. 243-256). Newbury Park, CA: Sage.

第 10 章

研究计划答辩

Bloomberg, L. D., & Volpe, M. (2008). *Completing your qualitative dissertation: A roadmap from beginning to end*. Thousand Oaks, CA: Sage.

Meloy, J. M. (1994). *Writing the qualitative dissertation: Understanding by doing*. Hillsdale, NJ: Lawrence Erlbaum.

Piantanida, M., & Garman, N. B. (1999). *The qualitative dissertation: A guide for students and faculty*. Thousand Oaks, CA: Corwin Press.

写作、汇报和呈现的形式

Conrad, D. H. (2008). Performance ethnography. In L. M. Given (Ed.), *The SAGE encyclopedia of qualitative research methods* (pp. 607-611). Thousand Oaks, CA: Sage.

DeCuir, J. T., & Dixson, A. D. (2004). "So when it comes out, they aren't that surprised that it is there": Using critical race theory as a tool of analysis of race and racism in education. *Educational Researcher*, 33, 26-31.

Denzin, N. K., Lincoln, Y. S., & Smith, L. T. (Eds.). (2008). *Handbook of critical and indigenous methodologies*. Thousand Oaks, CA: Sage.

Dunbar, C. , Jr. , Rodriguez, D. , & Parker, L. (2003). Race, subjectivity, and the interview process. In J. A. Holstein & J. F. Gubrium (Eds.), *Inside interviewing: New lenses, new concerns* (pp. 131-150), Thousand Oaks, CA: Sage.

Ellis, C. , & Bochner, A. P. (Eds.). (1996). *Composing ethnography: Alternative forms of qualitative writing.* Walnut Creek, CA: AltaMira.

Flyvbjerg, B. (2001). *Making social science matter: Why social inquiry fails and how it can succeed again.* Cambridge, UK: Cambridge University Press.

Flyvbjerg, B. (2004). Five misunderstandings about case study research. In C. Seale, G. Gabo, J. F. Gubrium, & D. Silverman (Eds.), *Qualitative research practice* (pp. 420- 434). Thousand Oaks, CA: Sage.

Furman, R. , Langer, C. L. , Davis, C. S. , Gallardo, H. P. , & Kulkarni, S. (2007). Expressive, research and reflective poetry as qualitative inquiry: A study of adolescent identity. *Qualitative Research*, 7(3), 301-315.

Gitlin, A. (Ed.). (1994). *Power and method: Political activism and educational research.* New York: Routledge.

Glesne, C. (2006). *Becoming qualitative researchers: An introduction.* Boston: Allyn & Bacon.

Kvale, S. , & Brinkmann, S. (Eds.). (2009). *Interviews: Learning the craft of qualitative research interviewing* (2nd ed.). Thousand Oaks, CA: Sage.

Narayan, K. , & George, K. M. (2003). Personal and folk narratives as cultural representation. In J. F. Gubrium & J. A. Holstein (Eds.), *Postmodern interviewing* (pp. 123-139). Thousand Oaks, CA: Sage.

Noffke, S. E. , & Somekh, B. (Eds.). (2009). *The SAGE handbook of educational action research.* London: Sage.

Richardson, L. (1990). *Writing strategies: Reaching diverse audiences.* Newbury Park, CA: Sage.

Richardson, L. (1994). Writing: A method of inquiry. In N. K. Denzin & Y. S. Lincoln (Eds.), *Handbook of qualitative research* (pp. 516-529). Thousand Oaks, CA: Sage.

Richardson, L. , & St. Pierre, E. A. (2005). Writing: A method of inquiry. In N. K. Denzin & Y. S. Lincoln (Eds.), *The SAGE handbook of qualitative research* (3rd ed. , pp. 959-978). Thousand Oaks, CA: Sage.

Silverman, D. (2007). *A very short, fairly interesting and reasonably cheap book about qualitative research.* Thousand Oaks: Sage.

Stake, R. (1995). *The art of case study research.* Thousand Oaks, CA: Sage.

Tierney, W. G. , & Lincoln, Y. S. (Eds.). (1997). *Representation and the text: Re-framing the narrative voice.* Albany: State University of New York Press.

Van Maanen, J. (1988). *Tales of the field: On writing ethnography.* Chicago: University of Chicago Press.

Van Maanen, J. (Ed.). (1995). *Representation in ethnography.* Thousand Oaks, CA: Sage.

Wolcott, H. F. (2009). *Writing up qualitative research* (3rd ed.). Thousand Oaks, CA: Sage.

Zinsser, W. (1990). *On writing well: An informal guide to writing nonfiction* (4th ed.). New York: Harper.

译后记

　　研读并翻译本书，对我而言，是一件愉快的事。这本书应该算作教材，旨在为那些计划进行质性研究的学生和学者提供指导，帮助他们发展并写出质性研究计划。然而，在对质性研究设计进行的讨论中，本书对整个质性研究方法的方方面面都进行了讨论，所以，本书也可以视为质性研究的一份简要指南。

　　本书作者在序言里明言：这本书主要针对的读者是博士研究生。但在我看来，这本书对我国的硕士研究生或者本科生同样适用，甚至可能更有帮助。书中的实例丰富，通过例子来展示规则和原理，讨论深入浅出。对质性研究初学者而言，本书可以作为初探门径的指南；对有一些质性研究经验的读者而言，本书提供了对质性研究方法及相关实践进行检视和反思的机会；对关注质性研究方法讨论的研究者而言，本书不但梳理了质性研究方法的各种学术源流，而且还涉及了近年来新兴的一些讨论。此外，虽然本书的两位作者都是教育学学科背景，但她们明确地将本书定位于社会科学及应用领域。书中的例子除了来自教育学相关研究外，还涉及经济学、人类学、社会学、政治学以及护理学、社会工作，等等。不同学科背景的读者在阅读本书时，都会发现自己学科的经典研究，会读到自己熟悉的一些讨论。

　　本书的优点体现在三个方面。首先，本书是按照准备一份质性研究计划书的过程来组织章节结构的。也就是说，本书不但包括了质性研究计划书的各个部分，而且将这些以一个过程的方式展现出来了，即详细地展示了质性研究设计的步骤。从研究主题和研究问题，到概念框架，再到资料收集方法与资料分析方法，以及最终报告的写作与呈现，本书都详细地论述了相关的规划设计。因此，本书不但对质性研究的设计进行了指导，实际上也对整个质性研究的开展过程进行了概述和讨论。

本书的第二个优点是:在为质性研究设计提供清晰且明确的指导的同时,也一再强调实践的复杂性,进而强调要在质性研究设计中保留灵活性,确保研究者在开展研究的过程中能够对研究计划进行调整。正是出于对研究实践的关注,本书也始终强调要对研究保持反思性,其中特别强调了要小心谨慎地对待质性研究中的各种伦理议题。在这一点上,本书体现出了质性研究的一些本质特点,如聚焦于现实生活世界,以生活于其中的人的福祉为研究准则,等等。

与实践关怀一致,本书还特别关注研究的现实社会意义。在我看来,这也是本书的最重要的优点。本书明确地强调了研究者需要考虑自己的研究可以为政策制订者提供哪些帮助、可以如何帮助被压迫群体和被边缘化的群体发出自己的声音,甚至实现"解放"。这种对研究实际功用的强调也体现在本书的行文写作之中。本书不仅讨论了女性主义、批判种族主义等在方法上的取向,而且将这些理论的主张贯彻到了本文的遣词造句中。例如,对"他/她"的使用,还有在对各族裔的称呼中也使用了避免种族偏见的说法,如非裔美国人、亚裔美国人。可以说,本书一直保持了对权力关系的警惕。虽然这只是一本方法教材,但两位作者在其中充分展示了她们基本的理论关怀。

当然,本书也存在一些不足。中美两国社会现实和教育体制所造成的隔阂是难以避免的,虽然本书也包括了在亚洲、非洲等地进行研究的实例,甚至包括了一位中国留学生的研究项目(范例5)。此外,尽管本书的两位作者在跨越学科界限方面做出了卓有成效的努力,但来自不同学科的读者仍然可以发现:本书对方法的讨论中忽视了自己所在学科的一些重要关注。比如,由于我本人的社会学背景,就会为本书在研究地点选择以及访谈对象选择上对"社会结构"的关注不足而感到遗憾。当然,要提供一本关注我国社会现实、同时关照各学科学术源流的方法指南,还有待我国各学科质性研究学者的努力与合作。

作为本书的译者,我非常高兴地看到本书的两位作者在讨论对访谈的翻译时,已经说出了我在翻译本书时的切身体会:翻译是微妙而复杂的,决不仅仅是技术工作。我也同意本书作者的看法:翻译包含了判断和解释。所以,这个译本应该视为我对本书英文版本的一种判断和理解。在"信达雅"的翻译标准中，虽然我只是努力在达到"信"，但正如本书作者所言，翻译的绝对准确几乎可以说是一种妄想，翻译者只能从翻译者自己的立场并以翻译者自己的方式，做到对原文的合理的接近。当然，这并不能成为我的遁词。这个译本中一定存在着错误和失误，虽然我已经尽可能地努力并小心。希望读者能不吝指出这个译本的种种不足，以待进一步的修订，并以此敦促我继续努力。另外，在翻译本书的过程中，我还加入了一些译者注。请读者将这些注解当作我的读书笔记，其中有我在进行翻译时的犹豫，也有我对一些术语的浅显理解。将这些笔记呈现在这个译本中，是希望以此能够与读者进行更多的交流。

此外，翻译，特别是对重要术语的翻译，也是学科规范建设和讨论的基础。诸如我在译者注中的一些讨论："explain"和"interpret"哪一个译作"解释"更准确？"data"是应该译作"数据"还是"资料"？这并不是简单的翻译问题，术语翻译是与基本的理论和方法立场联系在一起的。比如，在定量研究中"data"当然指的是"数据"，那么质性研究收集到的"data"也称为"数据"是否合适？当然，更本质的一个讨论也许是："qualitative"应当译作"定性"还是"质性"？这个讨论实际上不但涉及美国——或更广泛意义上的西方——的相关学科传统，而且也涉及我国社会科学学科规范的提出与建立以及相关研究取向的发展。

就社会学而言，自1980年代社会学重建后，"定性方法"与"定量方法"就被作为社会学研究具体方法的两个取向。所以，我个人目前仍然偏好"定性"一词。一方面，这是我个人经历造成的顽固——如"国家图书馆"已经正名十多年，但我仍然常常用改名前的简称"北图"来指称之。另一方面，我的这种顽固也有一定的学科规范考量。"定性"与"定量"这两个词，就如英文"qualitative"与"quantitative"一样，既有相同也有相异。尽管如有学者指出，许多冠名"定性"的研究多是空泛之论，但是有些麻婆豆腐难以入口，并不是"麻婆豆腐"的错。在我国社会学界重建以来的这三十余年中，"定性研究方法"一直有系统且相对规范的界定，在方法论、方法取向和研究步骤这些方面也都进行了充分讨论，并发展出了多元的传统。比如说，就方法论而言，实证主义虽然在我国社会学研究中有相当的影响,但并不能说是主导范式,更遑论唯一。

然而,在本书中,我最后还是同意选择"质性"这一翻译。这种选择既是出于对近年来我国其他学科学者对推进"质性"研究努力的敬意,也是对"质性"研究多元立场的尊重。翻译成"定性"还是"质性",如本书作者在讨论研究方法选择时所言,并不是单选题中的唯一正确答案。况且,"质性"与"定量"完全相异的名称,也算道出了"qualitative"与"quantitative"这两种研究取向的一些真章。

本书的翻译也该算作对我自己质性研究方法学习和思考的一次小结。在这里,首先要感谢万卷方法丛书的策划人员与编辑:不仅感谢你们把这本书交给我所体现的对我的信任,而且感谢你们近年来在推动我国方法研究与讨论上的不懈努力。本书的编辑和审校人员指出了译稿中的许多不足甚至错误,特别致谢! 当然,我最应该感谢的是北京大学和美国加州大学圣地亚哥分校教过我的老师们,特别是质性研究方法的老师们:在你们的引领下,我才得以领略了质性研究方法的魅力。此外,我也要感谢曾与我一起进行田野工作的老师、同学、同事和学生们:如果没有与你们一起的研究经历,我不可能体会到质性研究实践中的艰难与愉悦。特别感谢我在中国政法大学社会学院的几位同事,谢谢你们在方法讨论中给我的促进和砥砺。

关于最后的感谢,我希望追随本书两位作者在扉页上的题献。所以,这本书的翻译是送给过去六年里出现在我的方法专题课和研讨课上的学生们:谢谢你们对课程的投入,这是我一直在努力的动力之一。希望这本书不仅可以帮助你们更系统地了解质性研究方法,而且希望这本书能够在你们筹划一项研究,且捍卫之、践行之的时候给予你们陪伴。去做研究吧! 只有在做研究的过程中,你们才能对质性研究方法有真正的体认,也才能对我们身处的这个世界以及我们自己有更切身的了解。最后的两句话也是我写给本书所有读者的话。

何江穗

2014 年 4 月